자기
절제
사회

SELF CONTROL SOCIETY

자기
절제
사회

유혹 과잉 시대,
어떻게 욕망에
대항할 것인가

대니얼 액스트
구계원 옮김

민음사

서문

    오늘날 작가에게 중용은 고통이다. 물론 중산층의 미덕에 대해서는 어느 정도 동의하지만, 두둑한 연금 저축, 질풍노도 같은 첫 새벽의 카풀, 몇십 년 동안 지속된 결혼 생활의 서사시를 읽고 싶어 하는 사람은 없다. 그리고 모든 작가는 이 사실을 잘 알고 있다.

    "평온한 가정생활의 행복은 이야깃거리가 되지 못한다." 메리 브런튼 Mary Brunton은 2세기 전 『자제력 *Self-Control*』이라는 교훈적인 소설에서 이렇게 결론지었다. "절제된 애정, 완화된 욕망, 든든한 고용, 경건한 명상에서 솟아나는 기쁨은 느껴야 하는 것이지 글로 표현할 수 있는 것이 아니다." 그렇기 때문에 브런튼이 나쁜 남자 친구에게서 벗어나기 위해 자작나무 껍질로 만든 카누에 몸을 묶고 캐나다의 폭포 아래로 떨어지는 소설의 여주인공을 그려 냈는지도 모른다. 사람들은 이 결말을 비웃었지만 덕분에 책은 잘 팔렸다.

지금도 이런 종류의 이야기가 잘 팔린다. 물론 독자를 계산대로 이끄는 것은 작가가 마음속 악마로부터 손에 땀을 쥐게 하는 탈출을 감행하는 이야기지만 말이다. 오늘날 자제력에 대한 책은 아무리 잘 포장한다 해도 사악한 중독을 정복하려는 작가의 몸부림에 대한 것 정도다. 문제는 내가 최선을 다하는데도 불구하고 나만큼 따분하게 사는 사람은 없다는 것이다. 비록 내가 이메일을 좀 자주 확인하기는 하지만 나는 아무것에도 중독되지 않았다. 가끔 체중이 너무 떨어지는 당황스러운 경우를 제외하고 체중 관리에도 전혀 문제가 없다. 예전에는 치기 어린 행동을 하기도 했지만 안타깝게도 그 어떤 것에 대해서도 극단적인 상황까지 가 본 적은 없다. 종교적인 열정으로 황홀감이나 분노를 느껴 본 적도 없다. 대체로 나는 영적인 것에 둔감한 편이다. 내가 종교적이라 할 만큼 열심히 하는 것이라고는 자동차를 관리하는 것 정도다. 다만 딱 한 번 일 때문에 라스베이거스에 갔다가 도박에 빠진 적이 있다는 사실만은 인정해야겠다. 당시 나는 펜실베이니아대학교와 다트머스대학교 사이의 미식축구 경기에 돈을 걸었다가 10달러를 잃었고, 그때의 뼈저린 기분은 아직도 생생하게 남아 있다.

  하지만 그럼에도 불구하고 나는 자제력 문제를 안고 있다. 책상에 앉아 위의 세 문단을 쓰기까지 얼마나 오랜 시간이 걸렸는지 상상이 가는가? 글쓰기의 시작은 물론 인터넷에서 피아니스트 폴 블레이Paul Bley의 방대한 음반 목록을 섭렵하는 것이다. 여기서 인터넷은 모든 사람의 가장 선량한 의도를 여지없이 와해하는 저주받은 수단이다. 그리고 그렇게 하는 동안 자연스럽게 배가 고파진다. 식사를 하고 나서는 기운을 회복하기 위해 낮잠을 잔다. 바로 이 문단을 '작업'하는 동안, 나는 내 대단한 이메일 리스트에 한 줄 보태기 위해서 독창적인 기교와 위트가 담긴 메시지를 전 세계의 지인들에게 전달한다. (오늘날 대부분의 작가들이 그렇듯이, 내가 가장 다작할 수 있는 매체는 바로 이메일이다.) 빨래를 하고, 헬스클럽에 가서 운동을 하고, 여태 미루고 있던 집안 수리 작업을 하기 위해 여기저기 길이를 잰다. 심지어 좋은 가격에 전자제품을 파는 행사가 없는지 테크바겐 사이트techbargain.com를 꼼꼼히 살피기까지 한다. 하지만 나는 사실 좋은 행사가 무엇인지조차 모르겠다.

이 모든 정신없는 샛길로 빠지는 동안 마음속 깊은 곳에서는 언젠가 이 서문을 써야 한다는 생각이 고개를 든다. 글을 쓰는 데 시간이 오래 걸릴수록 들어오는 돈은 줄어들고 자존심은 땅으로 떨어진다. 나는 점점 불안해지고, 결국은 분노까지 느끼게 된다. 어느 정도 시간이 지나면 글을 써야 한다는 생각에 압도된다. 의지는 충분히 있었다고 단언할 수 있음에도 며칠 동안이나 그 일을 실천하지 못하고, 결국 아직까지 완료하지 못한 상태로 남겨 두었다. 도대체 어떻게 이런 일이 가능하단 말인가? 다시 말해 도대체 자제력을 발휘하는 것은 왜 그토록 어려운가?

그리고 도대체 왜 어떤 사람들에게는 다른 사람보다 자제력을 발휘하는 것이 훨씬 더 어려워 보이는가? 주변 환경의 문제일까? 어쩌면 유전자의 문제일지도 모른다. 조상들이 우리의 DNA에 운명을 심어 놓은 것이다. 그리고 그 운명에 온순하고 가정적인 여러분의 아버지가 언젠가 영화 「맨츄리안 캔디데이트Manchurian Candidate」에 나오는 살인자나 말레이시아의 펭가목pengamok, 20~40대 남성이 갑자기 광기를 일으키며 손에 잡히는 무기로 사람들을 살해하는 증후군처럼 미친듯이 날뛰도록 프로그래밍되어 있다면 어떨까?

이 책은 이에 대한 답을 찾아보려는 노력의 결과이다. 나는 매우 흥미로운 사실들을 발견했다. 미루기가 작가들을 끈질기게 따라다니는 산업재해라는 사실을 포함해서 말이다. 예를 들면 빅토르 위고는 하인에게 자기 옷을 압수하도록 하여 자신이 밖에서 딴짓을 하지 못하도록 만들었다.[1] 방앗간에서 떡을 뽑듯 줄기차게 통속소설을 펴내던 어빙 월리스 역시 이런 문제를 겪고 있었다. 월리스는 이 문제를 「유명 소설가의 자제력 발휘 기술Self-Control Techniques of Famous Novelists」이라는 논문에서 다루었다.

그래도 내가 동종 업계에 종사하는 다른 작가들과 적어도 한 가지 문제는 공유하고 있다는 사실을 알게 되니 얼마나 다행인가. 작가들의 괴이한 역사를 익히 아는 소설가로서 나는 작가들의 삶이 얼마나 엉망진창인지 아주 잘 알고 있다. 콜리지의 아편중독이나 포크너의 주벽을 생각해 보자. 알코올중독, 방탕함을 비롯한 이러한 과도함이 위대함을 보장해 주지 않을지는 모르지만, 이것이 신이 주신 문학적 은총의 표시라면 어떻겠는가? 수없이 많은 의심에도 여러분이 진정으로 선택받은 사람들 중 한 명임을 나타내는 소중한 징표라면? 수년간 세금 신고서에 '작가'라는 직업명을 써넣었는데도 그 같은 증거를 어디에서도 찾아볼 수 없었다면?

나는 과잉, 또는 과잉의 부족에도 그 모호함이 신호를 보내리라고 자위한다. 한편 중독 없이 글을 쓰는 우리들은 적어도 현명하게 플로베르의 뒤를 따르고 있노라고 주장할 수 있을 것이다. 플로베르는 우리에게 이렇게 촉구한 바 있다. "규칙적이고 질서 있는 삶을 살라. 작품에서 과격함과 독창성을 발휘할 수 있도록."

이어지는 내용은 내가 쓸 수 있는 최대한 과격하고 독창적인 글이다. 독자들이여, 메모할 준비를 하라.

차례

1 유혹의 민주화

자유는 위험하다.
—— 알베르 카뮈(Albert Camus)

덩치가 크고 쾌활한 그레그 킬고어는 직업상 끊임없이 놀라운 일을 접한다. 어느 날 킬고어는 친구에게서 체중이 363킬로그램이나 되는 남자가 죽자 그 거대한 몸을 냉동고 안에 밀어 넣을 수가 없어서 시체 안치소에서 골머리를 앓았다는 이야기를 들었다. 킬고어가 이런 이야기를 듣는 것은 그가 뚱뚱한 사람들을 위한 전동 화장실인 리프트시트LiftSeat를 판매하고 있기 때문이다. 그것도 보통 뚱뚱한 사람들이 아니라 어마어마하게 뚱뚱한 사람들 말이다. '리프트시트 600'은 체중이 최대 272킬로그램(600파운드)까지 나가는 사람도 쉽게 일으켜 준다는 의미에서 그런 이름이 붙었다. 워낙 엄청난 숫자인 만큼 그 정도로 체중이 나가는 사람은 아직 드문 편이지만 그 숫자는 빠르게 증가하고 있다. 게다가 초고도 비만인들의 몸집도 급격하게 불어나고 있어서 리프트시트 주식회사는 그 변화에 대응하느라 매우 분주하다. 킬고어는 이렇게 말했다. "다음 모델은 340킬로그램까지 생각하고 있습니다."

나는 댈러스 외곽의 한 리조트에서 열린 미국 대사성질환 및 위절제술 학회의 제26차 연례 회의에서 그를 만났다. 그리고 그곳에서 나는 340킬로그램용 제품도 충분하지 않다는 사실을 발견했다. 어떤 참가 업체들은 453킬로그램까지 100그램의 오차 내로 정확히 측정할 수 있는 전자 체중계와 121센티미터 너비의 수술대를 선보이고 있었다. (일반적인 수술대의 너비는 91센티미터다.) 돌봐 주는 사람을 위험에 빠뜨리지 않고도 극도로 뚱뚱한 사람을 들어 올릴 수 있는 똑똑한 공기 주입식 매트리스는 771킬로그램까지 수용할 수 있다고 한다. 거의 1톤에 육박하는 무게다. 그리고 놀랍게도 참가 업체들의 탁자 위에는 대부분 과자가 놓여 있었다. 마치 이 업계에 몸담고 있는 사람들까지 체중 감량 수술대에 올리려고 단단히 벼르고 나온 것처럼 말이다.

위장의 일부를 제거하여 열량 섭취를 제한하는 위절제술의 대두는 이 책이 주제로 다루는 딜레마, 즉 자유와 풍요로움이 넘쳐 나는 상황에서 자기 절제가 얼마나 어려운지에 대해 많은 것을 시사해 준다. 비만이 상대적으로 드물었던 30년 전만 해도 수술의 힘을 빌려 열량을 제한한다는 것은 상상 속에서나 가능한 일이었다. 하지만 오늘날에는 체중 감량 수술이 너무 보편화되어 그 자체가 어엿한 산업으로 발전했을 정도다. 이제는 위절제술만 전문적으로 시술하는 의료 센터와, 환자들이 수술 비용을 충당할 수 있도록 도와주는 금융회사, 그리고 의사들이 "환자들을 수술대에 눕히는 데 방해되는 장해물을 제거할 수 있도록" 도와주는 웹 사이트도 생겼다. 자동차를 비롯한 다양한 제조업체가 수년간 내리막길을 걷는 반면, 튼튼한 바퀴가 달린 들것과 아주 긴 복강경 시술 도구(두꺼운 지방층을 뚫고 안쪽 깊은 곳까지 닿을 수 있도록)를 제조하는 업체들은 호황을 누리고 있다. 최근 미국에서 시술되는 체중 감량 수술은 연간 22만 건이라는 엄청난 숫자에 달한다.

체중 감량 수술은, 인간의 욕구를 흔들어 놓는 유혹이 유래가 없을 만큼 만연한 세상에서 스스로를 억제하기가 얼마나 어려운지를 뚜렷하게 보여 주는 신호다. 심지어 그러한 욕구를 충족하지 않기를 선호하는 경우에도 말이다. 자기 절제는 본질적으로 매우 까다로운 문제다. 아무도 내 머리에 총구를 겨누지 않고 나의 바람이 물리법칙에 위배되지 않는다면, 걸음을 한 발짝 내딛거나 전화기의 숫자판을 누르는 것처럼 쉽게 내 의지대로 행동할 수 있어야 하지 않겠는가?

자기 절제 문제는 주변 환경이 끈질기게 유혹의 손길을 뻗치는 오늘날 더욱 시급하게 다가온다. 예를 들어 미국이 아직 금융 위기의 타격을 받지 않았던 2006년에는 대출업자들이 신용카드 가입 권유서를 담은 광고물을 80억 통이나 발송했다. 이것들 각각은 재정 위기로의 초대장이나 마찬가지다. 이렇게 발급된 신용카드 중 일부는 사람들을 더 살찌우는 데 사용되었음이 분명하다. 1인당 패스트푸드 매장의 수가 1970년에서 2004년 사이에 다섯 배 이상으로 증가했기 때문이다.

도박은 어떤가? 1970년에는 도박이 합법인 주가 네바다뿐이었고, 복권이 발행되는 주도 뉴햄프셔, 뉴저지, 뉴욕밖에 없었다. 지금은 상황이 완전히 역전되어 카지노나 복권, 혹은 두 가지를 모두 합법화하지 않은 주는 유타와 하와이뿐이다. 게다가 이렇게 거의 어디서나 도박을 즐길 수 있는 환경도 충분하지 않다는 듯이 인터넷은 24시간 내내 집에서 사생활을 보장받으며 편하게 해외의 '버추얼 카지노'를 즐기도록 유혹한다.

이런 변화 때문에 많은 사람들이 일상생활에서 끊임없이 자제력을 시험받고 있다. 사람들이 예전보다 의지가 약해진 것이 아니다. 현대 생활에서는 인간보다 훨씬 진화된 다양한 유혹들이 매일매일 우리를 둘러싸고 있는 것이다. 유혹에 대한 사고방식 역시 변했다. 이제 나쁜 평판을 받는 것은 방종이 아닌 죄책감이다. 이제 우리는 열정을 칭송한다. 사후 세계에 대한 오랜 집착을 버리고, 여전히 상당한 영향을 미치고 있는 따분한 청교도적 전통을 떨쳐 버리는 법도 배웠다. 유일하게 남은 것은 새롭게 얻은 자유로 자살하지 않도록 주의하는 것뿐이다. 이 평등한 땅에는 맥도날드, 신용카드, 인터넷 등 대량 소비 무기가 어디에나 존재하기 때문이다.

유혹은 교외의 패스트푸드 매장처럼 기하급수적으로 증가하는 반면, 여러가지 사회적 제약들이 약화되고, 외부 규제 체계 자체가 흔들리게 되었다. 특히 외부 규제는 지금껏 우리가 충동을 억누를 수 있도록 도와 왔으나 자본주의의 대두로 인하여 힘을 잃었다. 우리는 이제까지 약 100년에 걸쳐 빅토리아시대의 질식할 것 같은 삶에서 탈출하기 위해 노력해 왔다. 데이비드 마퀀드David Marquand는 빅토리아 시대의 삶을 "순응이라는 거대한 이불이 그것을 만들어 낸 사람들을 너무나 부드럽게, 하지만 너무나 치명적으로 짓누르는 삶"이라고 표현했다.[1] 대부분의 영역에서 우리는 성공을 거두었다. 서구 세계에서 전통, 이데올로기, 종교는 모두 어느 정도 제약을 완화했다. 이제 사람들은 그 어느 때보다 더 자유롭게 살고, 사랑하고, 자신의 의견을 표현하게 되었다. 그리하여 적어도 서구 문화에서는 기원전 5세기 소포클레스Sophokles 이후 연극의 주요 소재로 사용되어 왔던 인간 대 사회라는 주제가 다소 힘을 잃게 되었다.

우리가 음식, 술, 돈 등을 비롯한 다양한 곤경에 빠지기 쉬워졌다는 것은 사실상 인류 진보의 증거이기도 하다. 모든 유혹이 민주화된 것이다. 이러한 추세는 산업혁명 이후로 인간의 자유가 크게 확대된 결과이며, 20세기에 접어들면서 더 큰 탄력을 받았다. 서구 사회 사람들은 허리가 휘는 노동, 고정된 성 역할, 육체적 쾌락에 대한 금기 등에서 해방되었다. 전 세계에서 점점 더 많은 사람들이 무지와 빈곤, 관습에서 벗어나 자유를 얻은 것은 어쩌면 문명의 가장 위대한 업적일지도 모른다. 그러나 그 업적의 대가로 개인은 자기 절제라는 측면에서 더 많은 부담을 지게 되었다. 더 이상 전통이나 공동체, 혹은 사회적 낙인이라는 잔인한 관행이 우리가 정도를 벗어나지 않도록 규제하지 않기 때문이다.

물론 우리 모두는 상충되는 욕망을 지니고 있기 때문에 자제력을 발휘하는 것은 언제나 어려운 문제다. 욕망은 유혹이 얼마나 강력하게 끌어당기는지에 따라 커졌다 줄어들기를 반복하며, 유혹의 강도는 인접성에 따라서도 달라진다. 성경에도 언급되어 있듯이 아담과 이브가 자기 절제에 실패하여 에덴동산에서 추방당한 이후부터 인간은 끊임없이 식욕과 씨름해 왔다. 고대 그리스 인들은 이 주제가 미덕, 정치, 심지어 영혼에 대한 생각과 연관되어 있다고 보고 이를 철저히 다루었다. 플라톤은 이 주제를 한 차례 이상 언급했으며, 사람들은 자신에게 최선이 무엇인지 잘 모를 수 있어도, 자신의 의지에 반하는 행동을 할 수는 없다고 생각했다. 반면 아리스토텔레스는 의지박약이 매우 분명한 현실이라는 점을 알았다. 그는 집착에 가까울 정도로 이 문제를 자세하게 기술했기 때문에 오늘날까지도 그의 분석은 설득력을 지닌다.

이 문제에 대해 고민한 사람은 그리스 인들만이 아니었다. 자기 절제의 문제는 오래 전부터 다이어트 하는 사람, 늦장 부리는 사람, 바람둥이뿐 아니라 철학자, 신학자, 심리학자, 경제학자 등 모든 종류의 사상가들을 매료해 왔다. 성 바오로는 선에 대한 열망에도 불구하고 이질적으로 보이는 충동, 즉 '내 안에 사는 원죄'가 자신을 악으로 몰고 간다며 한탄했다. 중세의 기독교인들은 7대 죄악(교만, 나태, 분노, 색정, 과욕, 질투, 탐욕)에 대해 우려했는데, 그중에서 교만과 질투를 제외한 다섯 가지가 자기 절제의 부족에서 기인한다. 데이비드 흄David Hume은 장기적 목표보다 단기적 보상을 선호하는 근시안적인 성향이 불변하는 인간의 본성이며, 여기에는 엄청난 정치적 결과가 뒤따른다고 생각했다. 욕망의 억압에 대한 현대적 이론을 구축한 프로이트는 담배에 대한 욕구를 억누르지 못해, 6년 동안 구강암으로 끔찍하게 고통받으면서도 계속 연기를 뿜어 대다가 결국 목숨을 잃고 말았다.

사회는 방종과 구속 사이를 오가는 경향이 있다. 예를 들어, 19세기 초반에 미국인들은 술을 너무 많이 마셔서 미국의 상징이 분홍 코끼리pink elephant, 술 취한 눈에 보이는 헛것을 뜻하는 말가 아니라 흰머리독수리인 게 기적이라고 생각될 정도였다. 하지만 이에 대한 국가적인 반성이 일면서 미국인들이 벌이는 술잔치의 빈도가 뚝 떨어졌다. 범죄, 10대 임신을 비롯한 다른 무질서의 징후도 이와 비슷하게 줄어들었다가 늘어나기를 반복했다. 엘리엇 스피처Eliot Spitzer, 존 에드워즈John Edwards, 타이거 우즈Tiger Woods의 스캔들도 역사상 비슷한 사례를 무수히 찾아볼 수 있다. 사회학자 게리 앨런 파인Gary Alan Fine은 "황금기에 대한 믿음은 오해의 소지가 있다. 예전에는 여배우들이 속옷을 입지 않았다는 사실을 그다지 노골적으로 과시하지 않았을지 모른다. 그러나 코미디언 마이클 리처즈Michael Richards와 논란을 즐기는 라디오 진행자 돈 아이머스Don Imus는 인종 차별적 발언으로 크게 질책받았다. 이 사례는 콜 포터Cole Porter가 작곡한 노래 「무엇이든 좋아anything goes」에도 불구하고 우리가 '무엇이든 용서된다.'라고 생각하지는 않음을 다시 한 번 일깨워 준다."라고 지적했다.[2]

미국의 특징적인 문학 유형이라면 세계가 지옥으로 향하고 있다는 한탄을 꼽을 수 있다. 이는 인간 역사의 모든 세대에 존재했던 종교에 가까운 신념에서 생겨난다. 그러나 세계는 결코 지옥으로 치닫고 있지 않다.(내가 아무리 히스테리에 사로잡히더라도 그런 주장을 펼 수는 없을 것이다.) 평균 수명은 매년 늘어나고 폭력 범죄는 지난 30년간 최저치를 기록하고 있으며, 상사는 더 이상 여비서(혹은 남비서!)의 엉덩이를 쫓아다닐 수 없다. 따라서 여러분은 도덕적 공황에 빠질 필요가 없다. 자유와 풍족함의 문제, 나아가 유혹으로 가득한 환경에서 욕구를 조절하는 문제를 안고 있음을 오히려 고맙게 생각해야 하는 것이다.

그렇다고 해도 문제는 어디까지나 문제다. 자유세계에 사는 개인에게는 가장 크고 까다로운 도전이 될 만큼 중대한 문제다. 이는 단순히 절제를 통해 우아하게 살고자 하는 차원을 넘어선다. 영혼이 아니라 목숨이 걸린 문제이기 때문이다. 미국에서는 흡연, 나쁜 식습관, 과음, 위험한 성관계 탓에 연간 100만 명 이상이 사망하는데, 이는 미국인 전체 사망률의 50퍼센트에 육박한다.[3] 이러한 행동을 하는 사람들 가운데 다수는 그 일이 위험하다는 사실을 알고 있다. 또 적지 않은 사람들이 담배 한 대, 컵케이크 하나, 콜라 한 잔을 더 즐기고 싶은 욕망을 느끼지만 사실은 그런 행동을 하지 않기를 원한다.

이러한 요인들로 일찍 세상을 뜨는 사망자 100만 명이 얼마나 큰 숫자인지 더 실감나게 살펴보도록 하자. 예나 지금이나 우리 자신과의 싸움만큼 많은 사상자를 낸 무력 분쟁은 없었다. 심지어 미국 전사자 수가 40만 명에 달했던 제2차 세계대전조차 여기에는 비할 바가 아니다. 헬멧과 소송, 규제 등으로 보면 현대인들은 안전에 대한 강박관념에 사로잡힌 것처럼 보이지만, 개개인으로 보면 천천히 한 발자국씩 자살하고 있는 것이나 마찬가지다.

우리는 약간의 자제로 양과 질 모두에서 삶을 향상시킬 수 있다. 남성의 경우 절제를 발휘하면 결혼 생활을 유지할 가능성이 커진다. 안정된 결혼생활을 예측하는 신뢰할 수 있는 변수는 남자에게 충동을 억제할 수 있는 능력이 있는가 여부다. 만약 여러분이 학생이라면 자제력을 발휘할 경우 더 뛰어난 성적을 받고 높은 학위를 딸 가능성이 크기 때문에 일생 동안 더 많은 돈을 벌 수 있다. 10대 청소년을 대상으로 연구를 실시한 결과 자제력이 지능지수IQ보다 학업 성적을 훨씬 정확하게 가늠하는 척도라는 사실이 드러났다. 또 상대적으로 자제력이 강한 여학생들이 남학생들보다 학업 성취도가 더 높은 이유도 여기에서 찾을 수 있다. 자제력이 뛰어난 사람은 교육 수준이 높고, 폭력 성향이 적으며, 술과 마약을 남용할 확률도 적고, 수입이 높으며, 낙관적인 세계관을 가지고 있다. 가톨릭교회 인사 997명을 대상으로 한 연구에서는 나이, 성별, 교육 수준 등의 요소를 모두 감안하고도[4] "충동을 조절하며 목표를 향해 나아가는 성향"으로 정의되는 성실성 테스트에서 높은 점수를 받은 사람은 알츠하이머병에 걸릴 위험이 89퍼센트나 낮다는 사실이 밝혀졌다.

그럼에도 불구하고 자기 절제는 사실상 신비에 싸여 있다. 나는 이 책을 집필하면서 본격적으로 자기 절제 문제에 대해 조사하기 시작했는데, 깊숙이 파고들수록 더 어리둥절해지기만 했다. 순식간에 질문 위에 또 다른 질문이 쌓였다. 의지란 선천적으로 타고나는 것인가, 아니면 습득할 수 있는 것인가? 거식증이나 강박 장애를 겪는 사람은 자기 절제가 부족한 것인가, 아니면 지나치게 많은 것인가? 프로이트가 말했듯 본능의 억제는 문명의 대가인가? 곧 자기 절제라는 개념 자체가 모순된 것, 또는 중복된 개념처럼 보이기 시작했다. 내가 아니면 누가 나를 책임질 수 있단 말인가. 내가 나 자신을 통제하는 데 실패한 경우 누구에게, 혹은 무엇에게 그 일을 맡겨야 한단 말인가? 인간은 이해할 수 없는 신비한 충동에 조종되는 로봇에 지나지 않는다는 주장이 과연 일리가 있을까? 만약 그렇다면 실수에 책임을 물을 수 있을까?

다른 어떤 곳보다 자기 절제의 딜레마를 뚜렷하게 관찰할 수 있는 나라는 유혹의 민주화가 절정에 달한 미국이다. 불경기가 찾아오기 전까지 미국에서의 삶은 마음껏 먹을 수 있는 거대한 뷔페와 다를 바 없었다. 열량, 신용, 섹스, 술과 마약을 비롯해 거의 모든 요소를 역사상 어느 때보다 과도하게 취할 수 있는 환경이었다. 접시에 음식을 잔뜩 담으면서 내일부터 다이어트를 시작하겠다고 다짐할지 몰라도, 다음날에도 여전히 뷔페는 그 자리에 있다. 그리고 다음 날 아침 우리는 다시 굶주림을 느낀다.

의지 장애가 전보다 훨씬 빈번하게 나타나는 이유 중 하나도 이것일지 모른다. 거식증이나 강박 장애가 흔한 질병은 아니지만 50년 전보다 오늘날 훨씬 더 많이 나타나는 것은 분명하다. 주의력 결핍 장애와 모든 종류의 중독이 폭발적으로 증가했음은 물론이다. 이런 사례가 늘어난 이유는 의사들이 단순히 전보다 자주 이런 진단을 내려서이기도 하지만 동시에 환경이 변했기 때문이기도 하다. 오늘날 코카인, 쇼핑, 또는 섹스에 쉽게 중독될 수 있다는 사실은 우리가 그만큼 돈, 관습, 수치심이라는 제약에서 벗어났음을 나타내는 증거다. 사하라 이남 아프리카에서는 강박적으로 음식을 먹는 사람이나 비디오 게임 중독자를 거의 발견할 수 없고, 거식증 환자는 말할 것도 없다. 그러나 서구 사람들은 거의 모든 것을 손에 넣을 수 있기 때문에 거의 모든 것에 집착할 수 있으며 여기에는 음식을 거부하는 것도 포함된다. 한마디로 집착에 빠질 수 있는 기회가 넘쳐 나는 것이다.

미국은 자기만족과 관련된 모든 영역에서 개척자 역할을 해 왔지만, 다른 많은 것들과 마찬가지로 세계 나머지 지역도 빠르게 미국을 따라잡고 있다. 오래전의 북미, 유럽 인들이 그랬던 것처럼 중국과 인도에 사는 많은 사람들이 결핍에서 벗어나고 있고, 생활수준이 높아지고 삶이 풍족해지면서 이 지역의 여러 기업들은 갖가지 묘안을 짜내 상품 판매를 예술의 경지까지 올려놓았다. 이들은 맛, 색, 소리, 심지어 냄새까지 동원하여 소비자의 거부감을 극복하고 있다. (여러분에게 무언가를 팔고자 하는 사람보다 여러분의 선택에 더 큰 관심을 기울이는 사람은 없다.) 얼마 전까지만 해도 식생활과 관련된 가장 큰 문제가 충분한 식량의 확보였던 국가에서조차 비만 인구가 증가하고 있으며, 이는 전 세계적인 현상이다. 한국, 터키를 비롯한 여러 국가들은 신용카드 문제로 몸살을 앓았다. 방종은 전염되는 것처럼 보인다. 한 금융 관계자의 말에 따르면 "미국이 해외로 수출한 것 중 하나가 빚 문화다."[5]

2007~2009년의 금융 위기는 현대사회가 자제력에 가하는 위험을 가장 분명하게 보여 준 사례라고 할 수 있다. 정부와 중국에서 들어오는 값싼 이자의 자금, 불충분한 정부 규제, 무모한 경영진, 대출과 위험 부담의 분리 등 이런 위기가 닥친 데에는 여러 가지 원인이 있었지만, 그 밑바탕에는 철저한 규제 실패가 깔려 있었다. 물론 여기에는 다른 어떤 것보다 중요한 자기 절제 문제도 포함된다. 대출업자와 수백만의 소비자들은 상환이 불가능한 대출에 미래를 저당 잡히는 데 암묵적으로 동의했다. 소비자 부채가 엄청난 수준에 도달한 가운데 국가 저축률은 제로로 떨어졌다. 금융기관들은 왜곡된 보상 체제를 교묘히 이용하여 위험을 무릅쓰면서 재산을 불렸다.

미국은 전에도 불황을 겪었지만 이번만큼은 상황이 달랐다. 이번에는 개인들이 추락한 것이었다. 대출 받아 집을 사고, 신용카드 빚을 지고, 4달러짜리 커피를 마시며, 기름을 마구 먹는 SUV를 리스한 모든 사람이 영향을 받았다. 한때 부유층의 전유물이던 무모한 과소비의 기회는 이제 사실상 거의 모든 미국인들에게 열려 있다고 해도 과언이 아니며, 무모한 투자도 다를 바 없다. 갑자기 우리 모두가 엠마 보바리Emma Bovary, 플로베르가 쓴 장편소설 『마담 보바리』의 여주인공으로 외도와 빚내기를 일삼음가 된 것이다. 그녀는 따분한 나머지 방종을 저질렀고, 마침내 빚쟁이가 돈을 갚으라고 하자 겁에 질리고 말았다. "보바리 부인은 사회가 자신의 상상력, 육체, 꿈, 욕구에 족쇄를 채우고 있다고 느꼈다." 마리오 바르가스 요사Mario Vargas Llosa는 『끝없는 탐닉The Perpetual Orgy』에서 "엠마는 고통받고, 부정을 저지르고, 거짓말 하고, 도둑질했으며, 종국에는 스스로 목숨을 끊었다."라고 쓰기도 했다.

욕구에 대한 우리의 태도는 욕구를 마음껏 충족시키기 위한 공간이 확대되면서 진화했다. 최근에는 과학적 연구를 통해 인간이 자신의 행동을 통제할 수 있다는 생각 자체를 의심하기 시작했는데, 이는 법적, 윤리적으로 상당히 중요한 의미를 지닌다. 수많은 실험을 실시한 결과 우리는 우리가 어떤 일을 왜 하는지 알지 못하는 경우가 많다는 것과, 행동을 규제하는 능력은 의식의 통제 영역 밖에 있는 다양한 요소로부터 영향을 받는다는 사실이 드러났다.(유전자, 점심 식사, 또래 등이 이에 해당한다.) 행동주의에서는 인간이 환경적인 신호에 반응하는 로봇에 지나지 않는다고 주장한다. 유전학 연구가 발전하면서, 인간을 재프로그래밍하는 것은 더 어려워졌다. 이런 상황에서는 자유의지에 대한 회의적 시각이 확대되고 개인의 책임에 대한 믿음이 약해질 수밖에 없다. 시간이 지나면서 점점 더 많은 행동을 본의가 아닌 것으로 보게 되었고, 범죄가 하나의 질병이라는 사고방식이 자리 잡았다. 네가 "진짜로 스스로를 통제하고 있다고 생각해? 글쎄, 난 네가 제정신이 아니라고 생각해."라는 노래를 부른 날스 바클리Gnarls Barkley, 흑인 듀오 그룹의 씨로 그린Cee-Lo Green은 우리 모두의 심정을 대변하고 있다.

자제력은 전통적으로 차지해 왔던 위상을 일부 잃었다. 여기에는 그럴 만한 이유가 있다. 과거에는 의도가 아무리 순수하다고 해도 상상할 수 있는 모든 충동과 사치를 억누르도록 누군가가 지속적으로 촉구했다. (한때는 아이를 안아 주는 것도 질책을 받았으며, 자위를 하면 눈이 멀고 정신병자가 된다고 했다.) 마침내 마음이 욕구에서 멀어지게 될 때까지 말이다. 비만 치료회의 같은 장소에서는 더 이상 아무도 폭식에 대해 이야기하지 않는다. 한때 성격 문제라고 간주되었던 마약 남용이나 비디오 게임 중독 등도 병의 일종으로 생각하게 되었다. 조금씩 우리 자신에게는 책임이 없다는 쪽으로 상황이 흘러가고 있는 것이다. 그에 따라 다양한 행동에 영향을 미칠 수 있는 우리의 역량은 인정받지 못하고 있다. 뉴욕 주지사(성매매 추문으로 자리에서 물러난 주지사의 후임)의 최측근 가운데 한 명은 5년간 소득세를 납부하지 않아 법정 시비에 휘말리게 되었다. 그러자 그의 변호사는 그가 '세금 비신고 증후군'에 시달리고 있다고 주장했다.

자비로움에서 비롯되었다고는 해도 이러한 사고방식의 변화는 인간을 동물과 구별하는 특징, 즉 더 큰 목표를 위해 충동을 억누르는 능력 자체를 약화시키는 역설적인 결과를 가져왔다. 우리가 겪는 어려움의 중심에는 우리의 행동 가운데 어떤 부분이 자발적인가에 대한 혼란이 자리 잡고 있다. 우리는 점점 플라톤이 개척한 개념, 즉 자해는 자발적인 행동의 범주에 속하지 않는다는 생각에 따라 행동하고 있다. 스스로에게 해를 끼칠 때에는 반드시 무지나 질병, 또는 유전자나 환경의 부정적인 영향이 작용하고 있다는 의미다. 그렇지 않으면 누가 스스로에게 해를 입힐 수 있겠는가?

이 문제에서 우리는 플라톤이 아니라 아리스토텔레스를 따라야 한다.

아리스토텔레스는 자기 파괴적인 행동이 무모함이나 나약함 때문에 발생하는 경우가 많다는 사실을 이해했다. 어떤 경우에든 행동은 '통제 불가능한', 또는 인간의 선택 역량을 넘어서는 것으로 간주되어서는 안 된다. 최소한 본인의 묵인 없이는 특정한 행동이 나올 수 없기 때문이다. 이 책의 목표는 사실 인간이 선택한 행동이라는 좁은 영역을 확대하여 대부분의 과도한 행위를 질병의 범주에서 제외하는 것이다. 자유의지에 지배되는 행동과 그로 인한 결과의 범위는 이제까지 우리가 믿어 온 것보다 훨씬 넓다. 100퍼센트 자발적인 행동은 아니라 할지라도 스스로의 행동에 책임지도록 한다면 우리는 충동에 무릎 꿇기보다 의식적으로 올바른 행동을 추구할 가능성이 크다. 여기서 얻을 수 있는 긍정적인 결과는 더 많은 사람들이 소소한 방식으로나마 자신의 운명을 스스로 통제하게 되는 것이다. 이렇게 하려면 일종의 신뢰가 필요하지만 선택할 수 있는 역량은 어디까지나 우리 자신에게 있다. 그러한 희생을 통해 펼쳐지는 미래를 그려 볼 수 있는 상상력도 필요하다. 또 우리가 선호하는 행동을 추구하기 위한 방법을 강구해야 하므로 현명함도 필요하다. 이 세 가지가 없다면 우리는 너무도 쉽게 자신의 가장 큰 적이 되고 말 것이다.

댈러스 부근에서 열린 한 회의에 참석했던 어느 날 아침 나는 그런 광경을 직접 목격했다. 모텔에서 아침으로 탄수화물을 잔뜩 섭취하던 나는 자제심 문제에 대한 책 때문에 심란해 하던 한 비만 간호사를 만났다. 비만 치료 수술을 했음에도 너무나 뚱뚱했던 그 간호사는 비만은 자제심의 문제가 아니라고 주장했다. 그녀는 최근의 비만 문제는 유전 때문이거나 과당 함량이 높은 옥수수 시럽, 패스트푸드, 건강한 식생활에 대한 지식 부족, 광고, 또는 과일과 야채를 쉽게 구할 수 없는 환경 때문에 생기는 결과라고 했다. 고등교육을 받은 이 육중한 의료 보건 전문가는 이런 주장을 펼치는 동안 크림치즈를 덕지덕지 바른 와플이 잔뜩 담긴 스티로폼 접시를 두 개나 비웠다. 물론 그 간호사의 주장에는 사실에 근거한 그럴듯한 논지가 담겨 있었다.

이 모든 상황에서 도출할 수 있는 긍정적인 소식은 세계 대부분의 지역에서 생존보다는 비교적 감당하기 쉬운 자제력 문제를 고민하게 되었다는 점이다. 반대로 부정적인 소식은 현대사회에서 자제력을 발휘하기가 너무나 어렵다는 점이다. 자기 절제는 몹시 중요한 요소이기 때문에 정말 안타까운 일이다. 나는 이런 말을 하면서 미래에 대해 약간의 공포를 느끼지 않을 수 없다. 보통 이런 문제는 사적인 자리에서는 헛소리를 하거나, 매춘부를 찾아가거나, 하룻밤 섹스 상대를 찾아다니면서 다른 사람에게 훈계하기 좋아하는 위선적인 잔소리꾼에게서만 관찰할 수 있는 것이기 때문이다. 이런 비열한 사람들은 오래전부터 있었다. 아마 금주법 시대의 주류 밀매점은 이런 사람들로 북적였을 것이다. 윌리엄 베넷William Bennett은 가치 문제와 관련하여 유명세를 떨쳤고, 『미덕의 책The Book of Virtues』을 펴내기까지 했지만 결국 그가 라스베이거스 카지노에서 거액의 돈을 굴리는 도박꾼이라는 사실이 밝혀졌다. 용기 있는 청춘들을 응원하는 소설을 써서 유명해진 허레이쇼 앨저Horatio Alger는 소년들을 지나치게 가까이 하다가 매사추세츠 주를 떠나야 했다. (앨저가 작가인 동시에 목사였다는 말은 했던가?) 자제력은 언제나 조심스러운 주제이고, 과도하게 자제력에 대해 목소리를 높이던 사람도 종국에는 "신사는 다른 사람에게 미덕을 강요하지 않는다."라는 존 듀이John Dewey의 경고를 따르게 될 것이다.[6]

자기 절제의 윤리적 측면을 살피다 보면 결국 정치적인 문제로 이어지게 된다. 삶의 대부분이 자제력과 자신이 내린 결정의 결과라고 믿는 사람들은, 자신의 삶이 대부분 유전자와 환경 즉 본인이 결코 통제할 수 없는 요인들이 축적된 결과라고 생각하는 사람과 비교할 때 세금, 규제, 재분배에 대해 매우 다른 생각을 갖게 될 것이다. 일반적으로 보수 성향의 사람들은 인간은 스스로를 통제할 수 있다는 사실을 더 굳게 믿는 것처럼 보인다. 물론 해당 행동이 여성이나 소수자들, 또는 지구 환경에 해로운 행동인 경우에는 양측의 입장이 바뀐다. 어쨌든 의지와 관련하여 많은 사람들이 어려움을 겪고 있기 때문에 정부가 어느 정도까지 우리를 우리 자신으로부터 구해 내기 위해 노력해야 하느냐에 대해 커다란 의문이 제기된다. 양측 모두 보다 폭넓은 자유를 옹호한다고 주장하지만, 사람들이 더 많은 자유를 행사하지 못하도록 하는 정부의 개입을 지지한다. 그것이 이혼이나 낙태(보수주의자들이 끔찍하게 싫어하는 것) 억제를 통해서냐, 아니면 세금 인상과 규제 강화(진보주의자들의 영원한 공격 대상)를 통해서냐의 차이일 뿐이다.

그러나 자기 절제가 윤리적인 문제인가, 또는 과연 자기 절제라는 것 자체가 존재하는가를 판단하기 전에 우선 자기 절제라는 것이 도대체 무슨 뜻인지에 대해 분명하게 짚고 넘어가는 것이 좋겠다. 배우 데이비드 듀코브니가 2008년에 '섹스 중독' 치료 시설에 들어갔을 때, 우리는 이를 일종의 자기 절제 문제라고 인식했다. 비록 면죄부를 주듯 질병을 암시하는 용어를 사용하기는 했지만 말이다. 어쨌거나 '자기 절제'라는 용어는 여러 가지 방식으로 널리 사용되며, 이 주제를 의미 있게 분류해 보면 도대체 자기 절제가 무엇인지에 대해 보다 명확히 이해할 수 있을 것이다.

『아메리칸 헤리티지 사전American Heritage Dictionary』에는 자기 절제의 정의가 "본인의 의지로 감정, 욕망, 또는 행동을 통제하는 것"이라고 실려 있다. 이 정의는 그다지 적절하다고 볼 수 없으며, 대답보다 더 많은 의문을 제기한다. 슈퍼볼 경기를 보면서 피자와 포테이토칩을 잔뜩 먹는 바람에 다이어트에 실패했다면, 이 음식이 입속으로 들어가게 한 것은 여러분이 아니면 누구의 의지란 말인가? 타이거 우즈는 칵테일 웨이트리스들을 정복하는 동안 자기 절제 문제를 겪었는가, 아니면 자신의 의지에 충실히 따르며 될 수 있는 한 많은 여자들에게 손을 댔는가?

이 문제를 보다 잘 이해하기 위해 잠시 욕구에 대해 생각해 보도록 하자. 욕구는 크게 우리가 좋아하는 것과 그렇지 않은 것이라는 두 가지 범주로 나눌 수 있다. 내가 자기 절제라는 말을 할 때 의미하는 바는, 자신이 진정으로 추구하고자 하는 욕구가 어떤 것인지 판단한 다음 보다 마음이 덜 끌리는 욕구의 도전에 대항하여 선호하는 욕구를 고수하는 것을 의미한다. 과거에 품었을지도 모르는 오래된 욕구와 실제로 느끼는 욕구 사이의 차이는 매우 중요하다. 의식적인 개입 없이 우리를 괴롭히는 여러 가지 욕망과 열망을 1차적 욕구라고 부르자. 그리고 다른 욕구, 즉 우리가 실제로 선호하는 중요한 욕구들은 2차적 욕구라고 부르겠다.

『허튼소리에 대하여*On bullshit*』라는 책이 베스트셀러 목록에 오르면서 잠시나마 철학계 외부에서도 유명 인사가 되었던 철학자 해리 프랑크푸르트Harry Frankfurt는 이런 2차적 욕구야말로 인간을 인간답게 만드는 것이라고 생각했다. 프랑크푸르트의 주장에 따르면 사고할 수 있는 생물체는 많기 때문에 인류를 다른 생명체와 구분하는 것은 바로 우리 의지의 '구조'라는 것이다. 이것은 우리가 동기부여를 선택하거나 심지어는 유발할 수 있는 방법, 또는 스스로의 의지를 형성할 수 있는 방법을 의미한다. 특정한 선호를 가지고 있다는 점에서 인간이라는 정체성이 만들어지고, 인간은 욕구에 부합하는 행동을 할 수 있는 범위까지 자유를 누릴 수 있다. 쉽게 말해 여러분을 좋은 인간으로 만드는 것은 바로 자기 절제라는 뜻이다.

그렇다면 이제 2차적 욕구가 없는 사람, 예를 들어 해로운 욕구를 지니고 있음에 조금도 개의치 않는 마약중독자를 생각해 보자. 이 사람은 취하고 싶으면 마약을 한다. 그는 '마약에 대한 욕망을 만족시킬 것이냐, 아니면 여기에 대항하여 싸워야 하느냐' 하는 생각 자체를 하지 않는다. 프랑크푸르트의 관점에 따르면, 이 사람은 자신의 의지에 대해 전혀 관심을 쏟지 않으며, 그런 면에서 '동물과 다를 바 없는 존재'라는 것이다.[7] 프랑크푸르트에게 마약중독자는 인간이 아니라 한낱 방종한 존재에 불과하다. (스스로의 욕구에 대한 대응 또는 그것의 본질에서 인간성을 찾은 사람은 프랑크푸르트가 처음이 아니었다. 존 스튜어트 밀John Stuart Mil 역시 거의 같은 방식으로 인격을 정의했다. "욕구와 충동은 인간의 문화에 따라 발달되고 수정되기 때문에 인간 본성의 표현이라 할 수 있다. 욕구와 충동을 다스릴 수 있는 사람은 인격을 갖추었다고 할 수 있다. 하지만 욕구와 충동을 조절하지 못하는 사람에게는 인격이 없다.")[8]

따라서 자기 절제는 어떤 것이든 자신의 2차적 욕구를 존중하고 고수하는 데 달려 있다고 할 수 있을지도 모르겠다. 그리고 대부분의 경우 우리는 이렇게 할 수 있다. 단지 의도를 형성하고 이를 고수하는 방법을 찾아내기만 하면 되는데, 이러한 과정을 통해 우리는 더 행복하고 건강해질 뿐만 아니라 훨씬 더 자유로워진다. 존 로크John Locke는 이렇게 썼다. "우리에게는 이런저런 욕구에 대한 추구를 지연할 힘이 있다. 모든 사람이 매일같이 스스로를 시험해 보듯 말이다. 나는 이것이 모든 자유의 근원이라고 생각한다."[9]

자신이 선호하는 욕구가 항상 금주, 순결 등을 비롯한 여러 전통적인 미덕과 결부되어 있을 필요는 없다. 심사숙고하는 과정을 통해 절약하기보다는 약간의 사치를 누리기로, 심지어는 배우자를 속이고 부정을 저지르기로 결정했을 수도 있지만 이러한 욕구를 실행하기 위해서는 엄청난 자기 절제가 필요하다. 이렇게 말하면 가치에 대한 일종의 불가지론처럼 보일지는 모르지만 실제로 사람들은 형편없는 2차적 욕구 때문에 어려움을 겪기도 한다. 허클베리 핀은 미시시피 강 뗏목을 함께 탔던 탈주 노예 짐을 고발하지 않은 데 대해 크게 자책했다. 『죄와 벌 Crime and Punishment』에서 라스콜니코프는 다른 사람의 목숨을 빼앗는 것을 두려워하지만, 왜곡된 2차적 욕구에 부응하기 위해 결국 전당포 주인을 살해하고 만다. 유대인 살해에 대해 주저하는 마음을 억지로 다잡았던 나치 당원들의 보고서도 있다. 그들은 나치 독일의 괴상한 명령에 따라야 한다는 2차적 욕구를 느끼고 있었고, 그렇게 하기 위해 방아쇠를 당기지 말아야 한다는 1차적 욕구를 극복해야 했던 것이다.

따라서 우리가 직면하는 어려움은 짐에 대한 허클베리 핀의 동정심과 같은 본능을 무시하지 않으면서 2차적 욕구에 부응해야 한다는 것이다. 본능은 어떻게 살고, 어떤 인간이 될 것이냐에 대한 의식적인 선택만큼이나 인간성 형성에 중요한 역할을 한다. 모든 본능이 비도덕적인 것은 아니며, 대부분의 본능은 매우 오랫동안 존재해 온 것이다.

이 책에서 자기 절제는 특별한 이유가 없는 자기희생이나 반사적인 자기부정을 의미하지는 않는다. 오히려 자기 절제는 자아에 대한 확인을 나타낸다. 자제력을 발휘하려면 본능을 거부하기보다는 조금 더 완전한 인격의 형태로 통합해야 하기 때문이다. 단순히 즉각적인 즐거움이나 고통보다는 훨씬 더 많은 것을 고려해야 한다. 내가 이야기하고자 하는 자제력은 최대한 심사숙고한 결과와 이에 부합하는 행동을 의미한다.

그리고 이것은 결코 쉽지 않다. 이 책을 집필하면서 깨달은 가장 중요한 사실은 우리가 더 바람직한 행동을 하는 것이 가능하기는 하지만 혼자 힘으로는 불가능하다는 점이다. 합리적인 법적 기반과 강력한 사회적 유대라는 제도의 도움 없이 의지 그 자체만으로는 목표를 달성할 수 없다. 충동을 다스리고자 하는 욕구에는 원하는 행동에 전념할 수 있는 수단이 동반되어야 한다. 그래야만 의지의 힘이 흔들리는 불가피한 순간 쉽게 무릎 꿇지 않을 수 있다. 이성의 힘만으로는 열정을 압도할 수 없기 때문에 일종의 전략을 사용해야 하는 것이다.

자기 절제와 관련하여 중요한 것은 오히려 의지보다는 미래를 내다볼 수 있는 능력, 즉 비전이다. 비전이 있어야 단기적인 선택에 대한 장기적인 결과가 생생하게 떠오르기 마련이다. 그런 의미에서 우리의 약점은 사실상 상상력의 부재다. 우리는 앤서니 트롤럽Anthony Trollope의 『관리인The Warden』에 등장하는 빚더미에 앉은 건달 펠릭스 카버리와 마찬가지다. 카버리는 자신이 겪는 문제가 '순간적인 편리함'에 문제를 일으키지 않는 한 "미래의 불행을 내다볼 상상력을 갖추지 못한 사람이었다."[10] 그러나 자기 절제는 지금 이 순간 이상의 미래를 그려 보는 것, 크고 지속적인 희망을 위해 만족감을 잠시 뒤로 미루는 것을 의미한다. 순간적인 생각으로는 길을 떠나기 전 한 잔 더 하는 것이 좋을지 모르지만 음주 운전으로 유치장에서 눈뜨는 일은 피해야 하니까 말이다.

안타깝게도 즉각적인 보상은 언제나 눈에 쉽게 들어오기 때문에 안개에 싸인 먼 미래의 보상보다 훨씬 매력적이다. (그렇기 때문에 바보 같은 행동을 '근시안적'이라고 부르는 경우가 많다.) 이는 현대의 신경 과학자들이 여러 차례 증명한 사실이지만, 그럴 필요 없이 그저 소크라테스에게 물어보았다면 번거로운 수고를 덜 수 있었을 것이다. 소크라테스는 프로타고라스와의 대화에서 이렇게 이야기한다. "내 질문에 대답해 보시오. 같은 크기의 사물도 가까이 있으면 더 크게 보이고, 멀리 떨어져 있으면 더 작게 보이지 않소?"[11]

인간과 자기 절제 사이의 끝없는 싸움의 역사는 여러 가지 이유에서 흥미로운 주제다. 특히 고대 그리스 인들부터 현대사회의 고역에 이르기까지 같은 주제가 여러 차례 반복되었고, 또 유혹 그 자체만큼이나 오랫동안 존재해 왔기 때문이다. 여기에는 자제력이 자유인가, 아니면 속박인가에 대한 논의부터 충동의 본질, 개인을 스스로에게서 보호하는 정부의 역할, 사회적인 맥락에서 개인의 위치, 상업이 어떻게 파괴적인 역할 혹은 억제하는 역할을 하는가, 우리 각자가 어떤 방식으로든 나뉘어 있다는 생각(몸과 영혼, 동물과 신, 열정과 이성, 자아와 본능적 충동), 오늘을 위한 삶과 내일을 위한 계획의 비중은 어떠해야 하는가, 마지막으로 우리의 자아 중 하나가 다가오는 유혹에 맞서 다른 자아들을 통제하기 위해 사용하는 도구는 무엇인가 등이 포함된다.

현대 과학은 자기 절제라는 결코 완수될 수 없는 문제의 속성을 파악하는 데 약간의 실마리를 던져 주었으나, 그 결과는 양방향으로 작용한다. 과학은 마음속으로 가장 순종하기를 바라는 부분을 통제하는 기술을 제공하여 우리를 도울 수 있다. 반면 과학은 인간의 자제력이 우리가 원하는 것보다 훨씬 부족하다고 주장함으로써 문제를 더욱 복잡하게 만들기도 했다. 이제 피고 측 변호인들은 살인 사건 재판에서 신경 과학이라는 망치와 끌을 가지고 개인의 책임이란 건물을 조금씩 깎아내리는 데여념이 없다. 마침내 우리는 인간의 자제력이 어디에 위치하고 있는지 알아냈을 수도 있고 가장 근본적인 차원에서 이 기능을 다루는 방법도 발견했을지도 모른다. 하지만 이러한 지식에는 이에 대한 진정한 책임은 과연 누구에게, 혹은 무엇에 있는가 하는 끈질긴 의구심이 함께한다.

자기 절제 문제는 더 이상 개인의 문제가 아니다. 마약에 대한 인간의 욕구는 라틴아메리카에서 아프가니스탄에 이르기까지 정치적, 경제적으로 다양한 문제를 야기하고 있다. 마약을 합법화하면 이러한 문제가 분명 약간 완화되기는 하겠지만 자제력 문제를 더 심각하게 만드는 대가를 치러야 할지도 모른다. 또 지구온난화란 우리가 화석연료 사용을 자제하지 못한 결과가 아니면 무엇이겠는가? 인간의 활동이 잠재적으로 재앙에 가까운 기후 변화를 야기한다는 증거를 고려할 때, 쾌적하고 안전한 지구라는 조금 더 장기적인 만족을 위해 약간의 편리함, 약간의 돈, 약간의 쾌락을 포기하고 충동에 저항할 수 있는 우리의 집단적인 능력에 지구의 운명이 달려 있을지도 모른다. 최소한 최근 국제 금융 체제가 붕괴 위기에까지 처했던 것은 미국의 대출 기관 및 대출자들, 그리고 우리 모두의 자제력 부족에서 가장 큰 원인을 찾을 수 있을 것이다.

궁극적으로 자제력이라는 것은 인간의 조건과 연관된 문제이자, 우리에게 자유의지가 있는가, 우리가 합리적인가, 우리가 과연 현대사회에 적합하지 않은 모습으로 진화했는가의 문제다. 사람들 대부분은 판매대 위에 놓인 달콤한 치즈 케이크(또는 회계 부서에 새로 들어온 예쁜 신입 사원)를 포기할 때 전두엽 피질이 그러한 '실행' 기능을 한다는 사실을 알지 못한다. 우리는 한때 자제력이 순수한 선이었으나, 훗날 억압으로 퇴색되고 질병의 원인으로 손가락질 받게 되었다는 사실을 잊는다. 우리는 대뇌 변연계, 진화의 역할, 벤저민 프랭클린이 보여 준 공적인 모습의 진정성, 포도당의 영향, 빌리 와일더Billy Wilder의 영화, 또는 미래를 내다보는 오디세우스의 천재성에 대해 생각하지 않지만, 이 모든 것은 치즈 케이크에 대한 여러분의 욕구뿐만 아니라 그 욕구에 대한 여러분의 반응과도 관련이 있다. 굴복할 것이냐, 굴복하지 않을 것이냐? 그것이 문제로다.

2 역겨운 과잉

맹세컨대 나도 이렇게 말하는 것이 썩 유쾌하지는 않지만, 인간의 그릇된 행동은 매우 심각한 결과를 야기할 수 있다. 담배를 생각해 보자. 모든 미국인이 금연하면 연간 46만 7000명의 생명을 구할 수 있고, 고혈압(대부분 건강에 해로운 생활 습관 때문에 발생한다.)을 근절하면 39만 5000명의 생명을 구할 수 있다. 또 모든 사람이 적정한 수준으로 체중을 감량한다면 21만 6000명의 생명을 구하게 된다.

이러한 숫자는 다양한 질병이 공공 보건에 미치는 영향을 가늠하기 위해 여러 과학자들이 협력하여 실시한 획기적인 연구 「미국의 예방 가능한 사망 원인 — 식습관, 생활 습관, 대사적 위험 요소의 비교 위험 평가」에서 발췌한 것이다. 이 연구에서는 흡연, 음주, 과체중, 고혈압, 운동 부족 등을 포함한 행동 위험 인자 열두 개를 검토했다. 몇몇 인자는 겹치는 속성이 있기 때문에 각각에서 구할 수 있는 생명을 단순히 더할 수는 없다.

예를 들어 비만은 고혈압을 유발하는 경우가 많다. 그러나 이 논문의 공동 집필자 중 하나인 하버드 공중 보건 대학원의 마지드 에자티Majid Ezzati 박사는 중복되는 수를 감안하더라도 매년 100만 명 이상이 이 열두 가지 해로운 행동 탓에 목숨을 잃고, 여기에는 직접적인 요인(지나친 알코올 섭취)과 간접적인 요인(오메가-3 지방산 공급원인 생선을 거의 먹지 않는다.)이 모두 포함된다는 이야기를 들려주었다.

조금 더 적나라하게 표현해 보자. 사람들이 단순히 더 건강한 생활 방식을 따르기만 해도 매년 미국에서 발생하는 250만 명의 사망자 중 거의 절반에 가까운 수를 줄일 수 있다는 뜻이다. 물론 죽음 자체를 막을 수는 없으므로 수명을 약간 더 늘려 줄 뿐이지만 말이다. 이는 환경오염과 의료 혜택 부재 등 다른 요인 때문에 발생하는 사망자 수와는 비교조차 안 될 만큼 어마어마한 수치다. 물론 전 국민 의료보험이 도입되면 사망자 감소에 큰 도움이 될 것이다. 그러나 이 연구의 저자들도 인정하는 대로, 미국에서는 몇 가지 커다란 위험 인자에 대한 대책을 세우는 것이 단순히 모든 사람에게 의료보험을 제공하는 것보다 훨씬 많은 생명을 구할 수 있다. 하버드대학교에서 실시한 한 연구에서 제시한 최근의 추정치로는 전 국민 의료보험 제공으로 구할 수 있는 생명의 숫자는 연간 4만 5000명이라고 한다. 앞서 언급한 100만 명과 비교조차 할 수 없는 수치다.

문제는 의료가 아니라 행동이다. 건강에 해로운 유혹이 넘쳐 나는 환경과 이를 직면해야 하는 우리의 약한 의지가 문제다. 이러한 유혹이 제공하는 즐거움은 즉각적이고 확실한 반면, 딱 한 번 하고 싶은 대로 했을 때 나타나는 부정적인 영향은 거의 제로에 가깝다. 다른 말로 하면 자기 절제가 문제라는 뜻이다.

미국인들의 사망 원인 순위의 10위권 내를 살펴보면 항목 대부분에서 자기 절제 실패의 흔적을 찾을 수 있다. 1980년부터 2000년 사이에 의학의 발달로 관상동맥 관련 사망자 수가 급격히 감소했음에도 불구하고 매년 사망 원인 1위를 지키는 심장병을 예로 들어 보자. 주요 위험 인자는 비만, 흡연, 나쁜 식습관, 운동 부족 등이다. 모두 좋지 않다는 사실을 알면서도 (그리고 더 건강한 생활을 바라면서도) 어쩔 수 없이 하는 행동들이다.

혹 암은 어떤가? 미국암학회American Cancer Society에서는 모든 암의 3분의 1 정도가 흡연과 연관되어 있으며, 다른 3분의 1은 비만, 나쁜 식습관, 운동 부족과 연관되어 있다고 한다. 당뇨병은 몸에 좋지 않은 음식의 지나친 섭취와 깊은 상관관계가 있으며,[1] 당뇨병의 합병증으로 자주 발생하는 신부전도 마찬가지다. 사실 미국에서 발생하는 모든 사망의 약 3분의 1은 딱 세 가지 행동에서 원인을 찾을 수 있다. 흡연, 운동 부족, 부적절한 식습관이 바로 그것이다.

대부분의 건강 문제는 남용 때문에 생긴다. 남용의 대상이 완전히 무해하게 보이는 치즈 버거 같은 음식인 경우가 적지 않지만 말이다. 그러나 우리는 보다 직접적인 해를 끼치는 요인에도 취약하다. 현재까지 최대 규모를 기록하고 있는 2001~2002년의 대대적인 의존도 조사에서는 무려 미국 성인의 30퍼센트가 알코올 남용이나 의존 증세를 겪은 적이 있으며, 10퍼센트는 약물 남용이나 의존 증세를 경험한 적이 있다는 사실이 밝혀졌다.[2] (물론 일부는 중복된다.)

미국인이 자신에게 가하는 해악은 끔찍한 수준이지만 이는 미국만의 문제가 아니다. 일반적으로 세계에서 가장 소득이 높은 국가들 사이에서 폐암(주요 원인은 흡연이다.)은 여러 가지 사망 원인 가운데 세 번째로 높은 비중을 차지한다. 예방 가능한 질병인 에이즈는 저소득, 중간 소득 국가에서 네 번째로 비중 있는 사망 원인이다.[3] 세계보건기구WHO 보고서에 따르

면 유럽에서 예방 가능한 만성질환으로 사망하는 사람의 비율은 전체의 86퍼센트에 달한다고 한다.[4]

여기에는 매년 수천 명의 생명을 앗아 가는 살인이나 자살은 전혀 포함되어 있지 않다. 그러나 우리들 대부분은 새우튀김, 과음, 운동 대신 선택한 나쁜 텔레비전 프로그램의 바다에 빠져 천천히 때 이른 죽음을 향해 나아가고 있다. 딱 한 번의 강력한 자살 충동 대신, 수천 개의 사소한 충동들에 굴복하고 있는 것이다. 물론 이러한 충동들을 따로 놓고 보면 별 해가 없지만 축적되면 치명적인 결과를 낳는다.

그러나 이것이 과연 자기 절제의 문제라고 확신할 수 있을까? 사람들이 위험과 행동 결과 사이의 절충에 만족한다면 어떨까? 혹은 위험에 대해 충분히 이해하지 못해 현명한 선택을 하지 못하는 것이라면 어떨까? 어쩌면 문제는 단순히 무지에서 나오는 것일지 모른다.

그러나 이러한 가정을 반박하는 증거가 있다. 사람들은 대체로 자신의 행동에 따르는 위험을 알고 있으며, 할 수만 있다면 다르게 행동하기를 절실히 바란다는 것이다. 실제로 행동 방식을 바꾸는 사람들도 많다. 그러나 자기 절제 문제가 대체로 그렇듯이, 건강에 좋지 않은 습관을 가진 사람들은 자신과 싸움을 벌이는 것처럼 보인다. 확실한 증거를 보여 주기 위해 담배의 문제점을 살펴보도록 하자.

담배, 사악한 잡초

매년 흡연으로 사망하는 인구는 전체 사망자의 5분의 1이라는 놀라운 결과가 있다. 이처럼 엄청난 수의 사망자 대부분은 죽음을 자초한 것이지만, 그 가운데 3만 8000명은 간접흡연 때문에 사망했다. 따라서 이로 인한 사망은 살인까지는 아니더라도 적어도 과실치사 정도로는 간주할 수 있다. 간접흡연으로 발생하는 사망자 수는 매년 교통사고로 죽는 사망자 수와 비슷한 수준이다. 사실 간접흡연은 가장 심각한 살인 방법이다. 총이나 칼처럼 고전적인 방법으로 살해되는 미국인은 연간 약 1만 7000명, 즉 간접흡연으로 인한 사망자의 반수에도 미치지 못한다. 게다가 흡연으로 인한 사망자보다 훨씬 더 많은 사람들이 폐기종과 같은 심각한 질환에 시달린다. 임산부의 흡연은 조산과 유아 사망의 주요 원인이 된다. 심지어 과학자들은 연기가 사라진 후 남는 화학물질에 의한 3차 간접흡연에 대해서도 경고하고 있다.

담배가 매우 유해하다는 사실만으로 흡연이 자제력 문제라고 주장할 수는 없다. 흡연자들의 행동으로 미루어 볼 때, 많은 사람들이 흡연을 즐기는 것처럼 보이므로 흡연자들은 단순히 자신의 선호에 따라 행동하고 있다고 결론지어야 할지도 모른다. 많은 경제학자들도 아마 비슷한 결론에 도달할 것이다. 노벨 경제학상 수상자 폴 새뮤얼슨Paul Samuelson은 젊은 시절(1947년) 『경제 분석의 기초Foundations of Economic Analysis』라는 영향력 있는 저서를 발표하며 '현시 선호 이론Revealed preference, 시장에서 관찰 가능한 소비자 행위만으로 수요 법칙을 이끌어 내는 이론'을 제시했다. 여러분은 프루스트를 읽거나 일기 쓰는 것을 좋아한다고 주장할 수 있고, 실제로도 그것이 자신이 진심으로 선호하는 활동이라고 믿을지도 모른다. 그러나 여러분이 여가 시간을 전부 텔레비전에서 진흙탕 레슬링이나 홈쇼핑 채널을 보는 데 사용한다면, 새뮤얼슨이 생각하는 여러분의 선호 활동이 무엇일지는 분명하다. 「꿀벌의 우화Fable of the Bees」라는 풍자시로 '공공의 이익을 위한 부도덕'을 옹호했던 버나드 맨더빌Bernard de Mandeville은 300년 전에 이러한 견해를 멋지게 요약했다.

나는 인간이 가장 좋아한다고 말하는 것을 즐거움이라 부르지 않는다. 그
보다는 좋아하는 것처럼 보이는 것을 즐거움이라 부른다. 전혀 상반되는 즐거
움에 탐닉하고 일상적으로 추구하는 모습을 보면서 어떻게 그 사람의 가장 큰
즐거움이 마음을 갈고닦는 것이라 믿을 수 있겠는가?[5]

다르게 생각하는 사람들도 있다. 역시 상당히 오래되고 완고한 견해로,
인간은 때로 자신의 진정한 욕구에 충실하지 못한 경우가 있다는 주장이
다. 이 논리로 보면 자기 절제와 관련된 실패는 인간의 안녕을 심각하게
저해하는 비극이다. 예를 들어 로크는 자유로운 사람의 말을 그대로 받아
들여야 한다고 믿었다. 만약 누군가의 행동이 그 사람이 표현하는 희망과
다르다면 아마도 그 사람은 자신의 행동을 유도하는 욕구를 좋아하지 않
을 것이라 믿었던 것이다.

그렇다면 흡연자들은 이 가운데 어느 쪽에 속하는가? 언뜻 보기에는
맨더빌의 주장이 일리 있는 것 같다. 4500만 명에 달하는 미국의 흡연자
들은 이 치명적인 습관을 유지하기 위해 상당히 따가운 시선과 비용을 감
수한다. 이들은 질병, 조기 사망, 사랑하는 사람들에게 미치는 간접흡연의
해악까지도 감수할 만큼 흡연을 너무나도 사랑하는 것이 분명하다. 그리
고 흡연에는 나름대로의 장점이 있다. 폐에 가득 연기를 채움으로써 느낄
수 있는 행복과 니코틴 흡입으로 일어나는 것처럼 보이는 급격한 도파민
분비 외에도 흡연은 실제로 다른 영역에서 자기 절제를 촉진시킨다. 예를
들어 흡연은 식욕을 억제하는 효과가 있으므로 담배를 피우는 사람들은
보다 쉽게 체중을 조절할 수 있으며, 집중력을 높여 업무에 쉽게 매진할

수 있다.

하지만 흡연자들이 흡연의 위험성, 또는 치명적인 암에 걸렸을 때 담배를 피우지 않았을 경우 확보할 수 있었던 몇 년의 인생을 그들이 얼마나 소중하게 생각할지에 대해 잘못된 정보를 가졌을 가능성도 충분하다. 담배가 뇌에 미치는 생화학적 영향 때문에 이 문제에 대해 합리적인 판단을 내릴 수 없는 상태인지도 모른다. 아니면 이들은 단순히 하루하루를 충실히 살아가고 있는지도 모른다. 흡연자들은 담배 한 대가 장기적인 건강에 그다지 큰 영향을 미치지 않으리라는 것을 안다. 따라서 담배를 피우는 것이 기쁨이라면, 매번 결정의 순간마다 담배에 불을 붙이는 것이 합리적이다. 이러한 근시안적인 선택은 때때로 개선 조치라고 불리기도 한다. 사실 미루기를 좋아하는 사람들이 하는 행동도 이와 다를 바 없다. ("인터넷 서핑 몇 분 더 한다고 무슨 문제가 생기겠어?") 경험에서 나온 충고를 하자면 이는 악마의 함정이다.

그러나 사실 흡연자들 대부분은 담배에 대한 강한 욕구에 굴복하는 것을 달가워하지 않는다. 흡연을 확실한 자기 절제 문제라고 할 수 있는 이유는 대부분의 흡연자들이 담배를 끊고자 하기 때문이다.

이는 단순한 추측이 아니다. 미국 정부에서 실시한 전화 조사 결과를 보면 흡연자의 70퍼센트가 담배를 끊고 싶다고 대답했다고 한다. 물론 사람들이 설문 조사에서 이런 문제에 대해 항상 진실만을 말하는 것은 아니지만 이것이 단지 허풍은 아니라는 증거가 있다. 2006년에 실시한 조사에서 미국 흡연자들의 44퍼센트가 지난 1년간 적어도 하루 이상 금연하여 담배를 끊으려고 시도했다는 사실이 밝혀졌다.[6] (성공의 가장 정확한 예측 변수는? 교육이다.) 여러 해 동안 담배를 피워 온 줄리아 핸슨Julia Hansen은 몹시도 담배를 끊고 싶어서 스스로를 구속했다. 『담배 연기 속의 삶A Life in

Smoke』이라는 회고록에서 그녀는 담배를 끊기 위해 남편에게 자신을 일주일 동안 식당에 있는 라디에이터에 사슬로 묶어 달라고 부탁했다고 밝혔다. 또 핸슨은 공공연하게 금연 선언을 하여 스스로에게 족쇄를 채우는 현명한 방법을 택했다. "절대 실패할 수는 없었다. 가족과 시댁 식구들을 포함하여 너무도 많은 사람에게 식당에 묶이는 일에 대해 이야기했다. 이번에야말로 담배를 끊겠다고 동네방네 소문을 냈다. ……이제 스스로 만든 금연 선언의 덫에 꼼짝없이 갇혀 버린 나는 주먹을 꼭 쥐고 이를 악물지 않을 수 없었다."[7]

담배를 끊으려고 노력하지 않는 사람들, 또는 담배를 끊으려고는 하지만 몸을 묶거나 공공연하게 금연 선언을 할 정도에는 미치지 못하는 사람들 모두 애초에 담배 피우는 습관을 들이지 않았으면 하고 바랄 것이다. 마법사가 지팡이를 휘둘러 고통 없이 담배를 끊게 해 주는 기회가 있다면 아마도 흡연자들 대부분이 덥석 받아들일 것이다. 물론 흡연을 통해 즐거움을 얻을 수는 있지만, 이미 오랫동안 담배를 피워 온 사람이라면 다음번 담배에 불을 붙임으로써 얻을 수 있는 기쁨은 고작 괴로운 금단 증상을 늦추는 것에 불과할지도 모른다.

따라서 흡연은 심각한 자기 절제 문제다. 그렇다면 얼마나 심각한가? 세계보건기구의 추정에 따르면 지구온난화로 인한 사망자 수는 매년 15만 명에 달하며, 2030년까지는 그 숫자가 두 배로 증가할 것이라고 한다. 한편 2030년까지 담배로 인한 사망자 수는 전 세계에서 800만 명에 달할 것이라고 추정되는데 이는 기후 변화로 인한 사망자 수의 약 27배에 달한다. 이러한 결과를 보면 한 가지 의문이 떠오른다. 지구온난화와 자기 절제 중 어떤 것이 더 심각한 공중 보건 문제인가?[8]

묵직한 사회문제, 비만

페르시아 만 한쪽에 위치한 조용한 나라였던 카타르에서 엄청난 석유와 천연가스 층이 발견되었지만 카타르 국민들은 한동안 그에 따른 부를 거의 누리지 못했다. 카타르 왕이 대부분의 돈을 유통시키지 않았기 때문이다. 그러나 젊은 후계자가 왕위에 오르자 상황이 변했다. 경제는 번성했고, 카타르 사람들은 세계에서 가장 부유한 국민 가운데 하나가 되었다. 동시에 카타르 사람들은 세계에서 가장 뚱뚱한 국민이라는 수식어도 얻었다. 경쟁은 갈수록 치열해지고 있지만 말이다. 이제 중국, 브라질을 비롯한 세계 곳곳에서 점점 더 많은 사람들이 과체중 상태에 접어들고 있다. 인터넷, 농구와 마찬가지로 비만의 유행은 미국에서 시작되었지만 나머지 지역들도 미국을 따라오기에 여념이 없는 것 같다.

아마도 전 세계에서 진행되는 체중과의 전쟁보다 인간 자제력 문제의 본질을 더 적나라하게 드러내는 문제는 없을 것이다. 30년 전만 해도 세계에서 가장 심각한 식량 문제는 기아였고, 오늘날에도 곳곳에서 수많은 사람들이 굶주림에 시달리고 있다. 그러나 이제 막 생활이 풍족해지기 시작한 사람들 수억 명과, 예전부터 부유했던 사람들 수억 명의 입장에서 비만은 점점 심각해지는 공중 보건 문제일 뿐이다.

특히 엄청난 허리둘레가 과잉의 상징이 되고, 비만이 '새로운 담배'라고 일컬어지며 심각한 보건 문제로 떠오른 미국에서는 이런 현상이 더 뚜렷하게 나타난다. 미국인들의 체중은 지난 30년간 빠른 속도로 증가하고 있으며 대략 성인의 3분의 1 정도가 비만이고, 3분의 1은 과체중에 해당한다. 이런 놀라운 현상의 원인은 기술, 사회적인 변화, 풍족함 등 자제력 문제에서 흔히 언급되는 것들이다. 이 모든 요소는 사람들이 계속 뚱뚱해져

가는 동안 물가 상승률을 감안한 열량 섭취 비용은 에덴동산 이후 최저 수준으로 떨어졌다는 놀라운 사실에서 잘 드러난다. 예를 들어 1919년 미국에서는 1.36킬로그램의 닭을 사기 위해 평균 158분간 일해야 했지만 이제 그 숫자는 15분 가까이로 떨어졌다. 품을 들여 털을 뽑을 필요가 없어졌음은 물론이다. 탄산음료, 냉동 조리 식품, 패스트푸드, 기타 식품의 가격 역시 떨어졌다. 감자를 생각해 보자. 제2차 세계대전 이전에 미국인들은 다량의 감자를 소비했지만 프렌치프라이는 거의 먹지 않았다. 프렌치프라이를 만들기 위해서는 너무 많은 노력이 필요했기 때문이다. 하지만 지금은 식품 과학이 발달하여 맥도날드에서 쉽게 프렌치프라이를 구할 수 있으며, 집에서 간단하게 전자레인지로 조리할 수 있는 냉동 프렌치프라이도 저렴한 가격에 판매되고 있다. 예상대로 미국의 감자 소비량은 급증했고, 증가분의 대부분은 튀김의 형태로 소비되었다. 그러나 이러한 변화에도 불구하고 인간의 몸은 새로운 환경에 적응하도록 빠르게 진화하지 못했고, 그 결과 유감스럽게도 미국인의 상당수가 적정 체중보다 더 무거워지게 되었다.

과체중이 얼마나 위험한지에 대해서는 다소 논란의 여지가 있지만, 상충되는 연구로 깊이 들어가지 않고도 상당히 위험하다는 한마디로 요약할 수 있을 것 같다. 특히 비만인 사람들에게는 말이다. 안타깝게도 과체중 미국인의 절반 정도가 이 범주에 속하고, 정부에서는 비만 인구의 비율이 지난 30년 사이에 두 배 이상 증가했다고 한다.

그렇다면 '비만'이란 정확히 무엇일까? 오늘날 일반적으로 키와 몸무게의 상관관계를 나타내는 수단은 체질량지수BMI이다. 완전하다고는 할 수 없지만 이 지수로 대체적인 비만 정도를 가늠할 수 있다. 체질량지수 계산 공식은 다음과 같다.

$$\frac{체중(kg)}{키(m) \times 키(m)}$$

　인터넷에서 흔히 찾을 수 있는 체질량지수 계산기를 사용하여 간단하게 자신의 체질량지수를 알아볼 수 있다. 정부 발표에 따르면 정상 체질량지수는 18.5에서 24.9 사이라고 한다. 숫자가 30을 넘으면 비만이다. (예를 들어 키가 175센티미터인 사람이 비만에 속하려면 체중이 92킬로그램이 되어야 한다.)

　비만은 미국인들의 체중 범주 가운데 가장 빠르게 증가하는 영역이기도 하다. 질병통제예방센터에서 실시한 전화 조사 자료를 분석한 랜드 연구소의 보건 경제학자 롤런드 슈투름Roland Sturm은 체질량지수가 40 이상인 '병리학적 비만' 상태의 미국인이 1986년에서 2000년 사이에 네 배나 증가하여 400만 명에 달한다는 사실을 발견했다. 또한 체질량지수가 50 이상인 초고도비만은 다섯 배 증가하여 50만 명에 달했다. (오늘날 이 숫자는 더욱 증가했음이 분명하다.) 전형적인 초고도비만 환자는 대개 178센티미터의 키에 169킬로그램이 나간다. 체질량지수 30 이상의 단순 비만은 같은 기간 동안 두 배 증가했다. 전화 인터뷰에 응한 사람들이 키를 약간 높여 말하거나 체중을 약간 줄여 말하는 경우가 많다는 점을 잊지 말자. 이런 경향까지 감안하면 비만에 해당하는 사람의 수는 더욱 많아질 것이다.

　우리는 어쩌다 이 지경까지 왔을까? 미국인들의 체중 문제는 비교적 최근에 생긴 현상이다. 역사적으로 오랫동안 풍부한 영양 섭취를 했던 미국인들은 다른 나라 사람들보다 큰 키를 자랑했고, 이는 국가 생산력의 기반이 되었다. 20세기가 시작될 무렵에는 돈이 많은 사람들만 뚱뚱했다. 재력가들의 넉넉한 뱃살은 당시의 사진과 소설에서도 분명히 드러나고, 캘리포니아 리버사이드에 있는 미션 인에 가면 지금도 윌리엄 태프트

William Taft 대통령의 거대한 체구를 지탱하기 위해 1909년에 제작된 특대형 의자를 볼 수 있다. (100년이 지난 지금 열량이 민주화되자 상류층은 날씬한 몸매를 유지하면서 차별화를 꾀한다. 태프트와 정반대에 서 있는 사람이 바로 날씬한 경주견 같은 몸매를 갖춘 버락 오바마Barack Obama다.) 1960년부터 1980년까지 미국의 성인 가운데 비만 인구의 비율은 대략 15퍼센트 부근에 안정적으로 머물렀다. 그러나 그 후 비율이 급격하게 증가하기 시작하여 2004년에는 33퍼센트에 달했다.

이 기간 동안 무엇이 변했는가? 당연히 유전자는 아니다. 물론 해당 기간 동안 이민 인구가 늘어나 유전자 구성이 다소 변하기는 했지만 진화적인 관점에서 볼 때 우리는 여전히 희소성에 따라 움직이는 생명체다. 변한 것은 삶의 방식이다. 미국인들의 체중이 본격적으로 늘어나기 시작한 것은 1980년경으로, 이때는 오늘날 비만 문제의 궁극적인 상징인 전자레인지가 보편적으로 보급되기 시작한 시기와 일치한다. 전자레인지는 비만 문제를 야기한 범인이라기보다는 상징에 가까우나, 1칼로리를 섭취하는 데 필요한 노력이 얼마나 급격하게 감소했는지를 현실적으로 잘 나타내 주는 비유다. 자동차가 늘어났고, 텔레비전 리모컨처럼 열량 소모를 줄여 주는 여러 기술들이 발달했다. 기업들은 먹음직스러워 보이는 고칼로리 식사를 짧은 시간에 저렴한 가격으로 제공하는 법을 거의 완벽하게 갈고 닦았으며, 이제는 자동차에서 내리지 않고도 그런 미심쩍은 음식들을 거의 어디에서나 쉽게 손에 넣을 수 있다.

따라서 섭취하는 음식의 양이 늘어난 것도 놀랄 만한 일은 아니다. 1인당 식품 섭취량을 비교적 정확하게 나타내 주는 지표인 '낭비량 보정 후 식품 가용량' 자료를 살펴보면 1980년에는 미국인 한 사람이 1년에 2196칼로리를 섭취했음이 드러난다. 그러나 2008년에 이르면 이 숫자가 2674칼로리에 달해 22퍼센트의 증가를 보여 준다. 또한 음료 선택의 변화 추이로 분명하게 알 수 있듯이 섭취하는 음식의 질도 떨어지고 있다는 근거가 있다. 미국 농무부의 보고에 따르면 "1947년과 2001년 사이에 1인당 탄산음료 소비량은 세 배 이상 증가한 반면 우유 섭취량은 거의 절반으로 떨어졌다. 1947년에는 미국인들이 평균 41.6리터의 탄산음료와 151.4리터의 우유를 섭취했다. 2001년에는 1인당 우유 섭취량이 83.2리터로 떨어진 반면 탄산음료 소비는 185.4리터로 급증했다."[9] 비평가들이 '액체 사탕'이라고 비판하는 감미료를 넣은 탄산음료는 이제 미국인들이 섭취하는 전체 칼로리의 10퍼센트를 차지한다.

건강에 해로운 식습관은 비만 외에도 다른 생물학적인 변화를 야기한다. 설탕이 많이 든 음식을 다량 섭취하면 시간이 지남에 따라 인슐린 민감도가 떨어져서 당뇨병으로 이어진다. 지방 함유량이 높은 식사에 노출된 쥐는 배부름을 나타내는 호르몬에 대한 민감도가 떨어져서 계속 먹이를 먹는다. 극단적으로 칼로리가 높은 식사는 소녀들의 평균 사춘기 시작 연령을 11세로 낮춘 주범으로 보이는데, 그보다 더 일찍 사춘기에 도달하는 여자아이들도 부지기수다. 탄수화물 함유량이 높은 고칼로리 식사는 두뇌 성숙을 1~2년 정도 늦추는 원인이 된다는 보고도 있다. 오늘날에는 지나친 열량 섭취가 두뇌 발달에 중요한 단백질인 뇌유래신경영양인자 brain-derived neurotrophic factor, BDNF 지수를 낮추기 때문에 열아홉에서 스무 살 정도가 되어야만 두뇌가 완전히 성숙하게 되는지도 모른다. (두뇌 성숙이 지연된다는 것은 자제력을 최대로 발휘할 수 있는 역량을 갖추는 시기가 늦춰진다는 뜻이기도 하다.)[10]

처방약 보험회사인 메드코 헬스 솔루션Medco Health Solutions의 연구에 따르면 처방약 보험에 가입한 미국인 가운데 대다수가 하나 이상의 처방약을 정기적으로 복용하고 있다고 한다. 미국인들이 가장 광범위하게 복용하는 약은 혈압과 콜레스테롤 수치를 낮추는 약이다. 메드코의 의학 책임자 로버트 엡스타인Robert Epstein 박사는 말했다. "솔직히 말해 상당 부분이 비만과 관련이 있습니다. 오랫동안 소파에 앉아 텔레비전만 보는 문화가 정착했습니다. 이런 상황에서는 다이어트나 운동을 하기보다는 입에 알약을 하나 털어 넣는 편이 훨씬 쉽지요."

각 시대마다 특징적인 질병이 있다면 현시대를 특징짓는 질병은 대사 증후군metabolic syndrome이라고 해야 할 것이다. 대사는 신체에 들어오고 나가는 에너지 사이의 균형을 조절하는 몇 가지 중요한 화학적 과정이다. 이 과정은 보통 매우 정교하게 조절되어 있어 배고플 때 음식을 찾는 것 이상의 별다른 의식적인 노력이 필요하지 않다. 그러나 대사 증후군 환자의 경우 이러한 과정에 심각한 이상이 나타나며, 이는 대부분 많은 열량을 섭취하고, 고도의 기술을 사용하는 현대 생활 방식의 결과로 나타난다. 대사 증후군의 정의는 다양하지만, 심장폐혈액연구원National Heart, Lung, and Blood Institute은 이를 고혈압, 고혈당, 과도한 허리둘레처럼 심장마비, 뇌졸중, 당뇨병 등의 질병을 유발할 수 있는 몇 가지 특정한 문제를 가진 경우로 정의한다.

나이와 유전은 대사 증후군을 야기하는 주요 원인이지만, 대사 증후군은 과식이나 운동 부족과도 깊은 관계가 있다. 따라서 이 증후군을 앓고 있는 사람들의 몸집이 그토록 비대한 것이다. 성인 인구의 약 4분의 1에 해당하는 4700만 명이라는 놀라운 숫자가 대사 증후군을 앓고 있으며, 점점 늘어나는 비만 인구를 고려할 때 대사 증후군의 발생 빈도 역시 점점 더 늘어날 것이다. 2004년에 《당뇨병 치료Diabetes Care》에 발표된 연구에서 얼 S. 포드Earl S. Ford 박사와 동료들은 이렇게 적었다. "대사 증후군이 빈

번해짐에 따라 향후 당뇨병 및 심혈관 질환이 증가할 가능성이 크다."[12]

제2형 당뇨병은 이미 경각심을 불러일으킬 만한 수준에 도달했다. 전체 당뇨병 사례 중 90퍼센트 이상을 차지하는 제2형 당뇨병은 보통 과체중 성인에게서 발견되는데, 그 수는 갈수록 늘어나고 있다. 1980년 미국에는 당뇨병 환자가 560만 명이었다. 그러나 2007년이 되자 그 수는 네 배 이상 증가하여 2400만 명이 되었다. 이 외에도 5700만 명이 당뇨병 전기^{혈당이 정상} ^{보다는 높지만 당뇨병으로 진단할 만큼 높지는 않은 상태}에 해당하는 것으로 추산된다. 미국 성 인의 11퍼센트가 당뇨병을 앓고 있으며 이 비율은 체중과 함께 증가하는 추세다. 그러나 이 영역에서도 중국이 상당히 강력하게 도전해 오고 있다. 삶이 윤택해진 덕분에 중국의 당뇨병 인구는 현재 9200만 명으로 세계 1 위다. 성인 10명 가운데 1명이 당뇨병에 시달린다는 중국의 상황은 미국 과 거의 비슷할 정도로 위험해졌다.[13]

이 비극적인 이야기에서 가장 중요한 문제는 사람들이 자연법칙에 부 합하고 스스로도 만족하는 체중을 유지할 수 없다는 점이다. 뚱뚱한 체 격을 원하는 사람은 거의 없다. 미국인들은 체중을 줄이기 위해 엄청난 양의 돈과 에너지를 소비하는데, 그 이유 중 하나는 과체중이 상당한 수 준의 사회적, 의학적, 재정적 불이익을 야기하기 때문이다. 그러나 식습관 은 그 결과에 관계없이 크게 달라지지 않는 것으로 보인다. 그야말로 전형 적인 자발적 행동이다. 우리는 식욕을 그리 달가워하지 않으면서도, 정상 체중을 위해 그것을 극복하지 못하는 것이다.

아마도 우리가 사는 새로운 세상이 그렇게 하도록 내버려 두지 않는 것 인지도 모른다. 이 문제가 성인의 3분의 2라는 엄청난 숫자에 영향을 미 친다는 사실을 생각해 보면 미국인들이 게걸스럽게 음식을 먹어 치우는 것이 과연 자발적인 것인지, 혹 기술, 풍족함, 사회적 변화가 날씬한 몸매를 유지하고자 하는 우리의 욕구를 마구 짓밟아 버린 탓에 뚱뚱함이 피할 수 없는 선택이 되어 버린 것은 아닌지 의문이 생긴다. 분명한 사실은 상당수의 마약중독자가 약을 끊는 데 성공하는 반면, 대부분의 뚱뚱한 사람들은 (체중 감량에 대한 신체의 지긋지긋한 저항 때문에라도) 계속 과체중인 상태로 살아간다는 점이다.

많은 사람들에게 식사는 천천히 진행되는 자살 행위나 다름없다. 그러나 죽음으로 가는 지름길 역시 간과해서는 안 될 것이다. 그 지름길 또한 자제력 문제에 대해 많은 것을 시사해 주기 때문이다.

자살의 사회학

매년 전 세계에서 대략 100만 명 정도가 스스로 목숨을 끊는다. 물론 자살을 기도하는 사람은 더 많다. 선진국의 자살률은 지난 20년간 약간의 감소세를 보이고 있지만 전 세계 자살률이 지난 50년간 60퍼센트나 증가했다는 사실은 상당히 걱정스러운 일이다. 미국은 1950년대 이후 자살률이 어느 정도 하락 추세를 보이고 있지만, 그럼에도 불구하고 연간 자살자 수는 3만 2000명이 넘고, 자살이 사망 원인 가운데 11위를 차지하고 있다. (살인보다 순위가 훨씬 높다.) 미국에서는 남성의 자살률이 여성보다 네 배나 높지만 자살 시도 횟수는 여성이 남성보다 두 배가 많다. 이러한 결과는 수단의 차이에서 발생한다. 남성들이 자살의 수단으로 흔히 선택하는 총은 가장 높은 치사율을 기록하고 있으며, 자살로 인한 사망 가운데 약 절반이 총을 사용한 자살이다.

B. F. 스키너B. F. Skinner는 이렇게 주장했다. "자살은 또 다른 형태의 자

기 절제다."[14] 사실 햄릿의 말처럼 "마음의 번뇌와 인간 숙명의 수천 가지 고통을 잊는 데" 죽음보다 더 효과적인 방법은 없다. 속세의 번뇌를 벗어 버리겠다는 마음이 2차적 욕구에 해당한다고 해도 그리 불합리한 주장은 아니다. 그러나 이런 결정은 일반적으로 깊은 고민을 거쳐 이루어진다기보다 상당히 충동적인 경우가 많다. 햄릿 본인도 이 부분에서 자신의 충동이 "결단력 본래의 색", 즉 "망설임이라는 창백한 색으로 덮인다."라고 불평했다.

총과 자살에 대해 우리가 아는 몇 가지 사실들도 이를 뒷받침한다. 빈곤 같은 요인들을 감안하더라도 총기 소지 비율이 높은 주는 상대적으로 높은 자살률을 기록하고 있다. 하지만 그 외에는 총과 다른 수단을 사용한 자살 사이에 어떤 상관관계도 없다.[15] 다른 말로 하면 총을 갖고 있을 경우 자살하려는 충동을 충족시키기가 너무도 쉽다는 뜻이다. 이는 자살이 생각만큼 자제력과 깊이 연관되지 않을 수도 있음을 시사한다. 실의에 빠진 총기 소유자를 예로 들어 보자. 비록 열쇠를 가지고 있다 하더라도 총이 안전하게 잠긴 보관함에 들어 있는 경우, 또는 총과 총알이 각기 다른 방에 보관되어 있어 총을 사용하기가 번거롭다면, 그 약간의 지체가 자살을 결심한 사람이 마음을 가라앉히고 자살하겠다는 생각 자체를 버리게 하는 중요한 분기점이 될 수도 있다.

자살 방지는 총기 규제를 주장하는 사람들의 논리 중에서도 가장 설득력 있는 주장에 속하며, 왜 사람들을 스스로에게서 보호해야 하는지 보여 주는 좋은 사례다. 총이 자살을 부추긴다는 이야기는 예전부터 널리 알려졌던 사실이다. 약 100년 전, 빈 정신분석학회Vienna Psychoanalytic Society 회의에서 데이비드 오펜하임David Oppenheim은 이렇게 말했다. "장전된 권총은 자살에 대해 긍정적인 생각을 불어넣는다."[16] 사람들의 손에서 권총을 빼앗는 것은 다리에 장애물을 설치하는 것과 비슷한 효과를 낸다.

실제로 워싱턴의 듀크 엘링턴 다리에서는 이 방법이 큰 효과를 발휘했다. 당시 록 크리크 강을 가로지르는 4.5미터 높이의 다리들에는 어떤 보호물도 설치되어 있지 않아서 한쪽 다리에서 다른 쪽 다리들이 훤하게 들여다보였다. 샌프란시스코의 금문교처럼 듀크 엘링턴 다리 역시 투신자살을 시도하는 사람들이 자주 선택하는 장소였다. 그러다 1980년대에 여기에 자살을 방지하는 장애물을 설치하자는 안이 제기되었다. 이 안에 반대하는 사람들은 그런 장애물을 설치하면 쓸데없이 역사적인 다리의 경관만 망치게 될 것이라고 주장했다. 듀크 엘링턴 다리에서 뛰어내릴 수 없게 되면 대신 근처에 있는 태프트 다리에서 뛰어내릴 테니까. 그러나 반대를 무릅쓰고 장애물이 설치되었고, 엘링턴 다리에서의 자살률은 제로로 떨어졌다. 반면 태프트 다리에서의 자살률에는 변화가 없었다.[17]

자살이 충동적 행동, 즉 자기 절제 문제라는 가장 확실한 증거는 난방에 천연가스를 사용하게 되면서 자연스럽게 실험이 진행된 영국에서 찾을 수 있다. 영국은 오랫동안 싸고 풍부한 석탄가스에 의존해 왔다. 하지만 석탄가스는 일산화탄소를 다량 방출하기 때문에 밀폐된 공간에서는 몇 분 안에 질식으로 사망할 수 있다. 1950년대 후반까지 일산화탄소 중독은 영국에서 일어나는 자살의 절반 정도를 차지했고, 시인 실비아 플라스Sylvia Plath도 1963년에 바로 이 방법으로 집에서 목숨을 끊었다. 가스를 틀어 놓고 오븐에 머리를 들이밀고 있었던 것이다. 그러나 사실상 천연가스로의 전환이 완료된 1970년대 초반이 되자 영국의 자살률은 3분의 1 정도로 떨어졌고, 그 후 비슷한 수준을 유지하고 있다. 이는 한 가지 자살 방식을 사용할 수 없게 되었다고 해서 사람들이 바로 다른 방법에 의지하는 것은 아님을 나타낸다. 석탄가스는 자살을 너무도 편리하게 만들었기 때문에 순간 모든 것을 끝내고 싶다는 마음이 든 불행한 사람들이 어딘가에 가거나 무언가를 사지 않고도 충동적으로 자살할 수 있는 수단이 되었다. 앞으로도 여러 차례 설명하겠지만 자제력 문제에서 타이밍은 매우 중요하다. 아주 약간의 저항만 있어도 생명을 구할 수 있기 때문이다.

자살이 충동적인 행동이라는 생화학적 증거도 있는데, 이 증거는 세로토닌과 연관이 있다. 여러분은 아마도 프로작Prozac, 우울증 치료제의 상품명 같은 선택적 세로토닌 재흡수 저해제와 관련해서 세로토닌이라는 말을 들어 보았을 것이다. 선택적 세로토닌 재흡수 저해제는 세로토닌을 더 많이 필요로 하는 사람들에게 세로토닌 분비량을 늘려 줌으로써 항우울제 역할을 한다. 이 책에 자주 등장하는 또 하나의 생화학 물질인 도파민과 마찬가지로 세로토닌 역시 기분과 행동을 통제하는 데 중요한 역할을 하는 신경전달물질이다. 또 자살과 세로토닌 기능 장애 사이에 깊은 상관관계가 있다는 연구가 폭넓게 진행되고 있다. 전두엽 피질로 흘러드는 세로토닌의 양이 줄어들면 충동성이 증가하고, 생각과 행동을 억제할 수 없게 되며, 자신의 목숨을 스스로 끊을 확률이 높아지는 것으로 보인다.[18] 핵심 세로토닌 수용기를 제거한 쥐들은 보다 충동적이고 공격적인 성향을 보였고, 코카인과 알코올도 더 많이 소비했다.[19] 한편 선택적 세로토닌 재흡수 저해제를 비둘기에게 투여한 결과 충동성이 줄어든 것처럼 보였다. 인간의 경우 낮은 세로토닌 수치는 자살뿐 아니라 자해, 병적인 도박이나 도벽을 포함한 모든 종류의 충동적이고 파괴적인 행동과 관련된 것으로 알려져 왔다.[20]

그러나 자살이 언제나 충동적인 것은 아니다. 고문을 견디지 못하고 비밀을 누설할 가능성을 없애기 위해 청산가리 캡슐을 삼키는 비밀 요원처럼 자살이 합리적인 자기 절제 수단인 경우도 있다. 이 경우에는 자신의 목숨을 끊음으로써 원하지 않는 선택의 가능성을 완전히 제거한다. 시한부 인생을 사는 환자들도 이처럼 비극적인 선택으로 더 심각한 고통을 감내해야 하는 가능성을 제거해 버릴지 모른다. 한동안 사람들에게 '죽음의 본능'이 있다는 이상한 주장을 펼쳤던 지그문트 프로이트는 수년간의 암 투병 끝에 결국 한계에 도달했고, 의사에게 자신의 고통을 끝내 달라고 간청했다. 의사는 독극물을 주입하여 그의 간청을 들어주었다.

프로이트는 흡연 때문에 예정보다 일찍 생을 마감했다. 인생 전체로 보면 그는 무수한 시가를 태워 얻은 보상과 삶의 몇 년을 교환한 것에 만족했을지도 모른다. 그러나 너무도 많은 사람들이 프로이트를 따라 때 이른 죽음을 맞이하고 있다. 우리가 그토록 경멸하는 습관의 안내를 받아서 말이다.

3 스스로를 구속하기

만약 우리가 언제나 현명한 선택을 한다면
그다지 도덕적인 사람이 될 필요는 없을 것이다.
— 장자크 루소, 『고백록』

여기 아주 중요한 문제가 있다. 스펀지밥 네모바지와 시인 새뮤얼 테일러 콜리지Samuel Taylor Coleridge 사이에는 어떤 공통점이 있을까? 여러 음절로 된 이름, 낭만적인 감성, 바다와의 깊은 연관성. 어쩌면 어딘가 이 두 인물을 진지하게 다루는 대학 영문학부가 있을지도 모른다. 그러나 이 섬뜩할 만큼 놀라운 연관성조차 이야기의 전모를 드러내지는 않는다.

우선 콜리지의 사례부터 시작해 보자. 「늙은 선원의 노래The Rime of the Ancient Mariner」라는 작품으로 유명한 시인 콜리지에게 가장 큰 걸림돌은 바로 아편이었다. 콜리지는 한동안 자신이 아편에 손대지 못하도록 돈을 주고 힘센 남자들을 고용하기도 했다. 그러나 문제는 나중에 그가 아편을 하고 싶어서 안달이 났을 때, 그에게 고용된 사람들이 약을 손에 넣으려고 혈안이 된 주인에게 해고당하지 않으면서 자신들의 임무를 완수할 방법을 알아내야 했다는 점이다. 토머스 드퀸시Thomas De Quincey의 이야기에 따르면 고용인 가운데 한 사람이 콜리지에게 바로 어제 무슨 수를 써서라도 자신이 아편에 손대지 못하게 해야 한다고 말했다는 사실을 일깨워 주었다고 한다. "제기랄, 제기랄!" 콜리지가 대답했다. "어제는 벌써 옛날일세. 이 사람아, 꼭 필요한 때에 아편이 없어서 죽은 사람들이 있다는 걸 아는가?"

자제심 때문에 죽을 수 있다면 건전한 스펀지밥은 이미 오래전에 명을 다했을 것이다. 그리고 바로 여기에서 스펀지밥과 콜리지 사이에 존재하는 가장 근본적인 공통점이 포착된다. 이 네모난 만화 주인공 역시 한때 콜리지가 고용한 사람들처럼 혼란스러운 입장에 놓여 비슷한 고민을 했던 적이 있다는 사실 말이다. 스펀지밥의 구두쇠 주인인 집게 사장이 사랑에 눈이 멀어 상대인 퐁퐁 부인에게 값비싼 선물을 하느라 돈을 마구 쓰게 되었다. 절제되지 않는 자신에 깜짝 놀란 집게 사장은 믿음직한 스펀지밥에게 돈 관리를 맡기고, 자신이 더 이상 돈을 쓰지 못하게 해 달라고 부탁했다. 그러나 때가 되자 집게 사장은 네모바지를 입은 믿음직한 스펀지밥에게 이전의 명령을 어기도록 간청하고 윽박질렀다.[1] 스펀지밥은 하루에 5실링을 받고 콜리지가 아편에 손대지 못하도록 막았던 짐꾼과 마부들처럼 불행한 입장에 놓이게 되었다.

만약 여러분이 이런 것들을 단순히 옛날이야기나 만화에나 나오는 이야기라고 생각한다면 아마도 신문을 자주 보지 않았기 때문일 것이다. 여기에는 유명인들이 더 이상 짐꾼이나 마부에게 의지할 필요가 없다는 내용이 실려 있다. 오늘날 중독 방지 전문 경호원은 부유한 주인들이 좋아하는 약물에 손대지 않도록 막는 일을 하면서 5실링과는 비교도 안 될 만큼 많은 돈을 받는다. 이러한 경호원 중에는 과거에 알코올 또는 마약 중독자였던 경우가 적지 않다. 같은 맥락에서 하이어드 파워Hired Power라는 기업은 자격증을 갖춘 마약 및 알코올 상담사가 경영하고, 미국 19개 주에 걸쳐 거의 100명의 경호원을 고용한 것으로 알려져 있다. 또 이 기업의 경쟁사인 소버 챔피언Sober Champion은 뉴욕, 로스앤젤레스, 런던에 지사를 두고 있다. 많이 각색되기는 했지만 실제 한 경호원의 모험 이야기는 「클리너The Cleaner」라는 텔레비전 드라마의 모티프가 되기도 했다.[2]

우리 모두는 자신이 무언가를 하지 못하게끔 누군가에게 부탁하는 것이 어떤 일인지 잘 알고 있다. 여기에는 식사하러 가면서 배우자에게 자신이 그날 밤 술을 두 잔 이상 마시지 못하게 해 달라고 부탁하는 것처럼 사소한 부탁도 있다. 반면 생사가 걸린 중대한 부탁을 하게 될 때도 있는데 우울증에 시달리던 앤드루 솔로몬Andrew Solomon의 경우가 그랬다. 그는 총을 구입한 후 그 총으로 자살하게 될지도 모른다는 불안감에 총을 다른 사람에게 맡기기로 했다. 솔로몬은 이렇게 썼다. "우습지 않은가? 자신의 총을 스스로에게 겨눌지도 모른다며 두려워하다니. 어딘가 다른 곳에 보관해 두고 누군가에게 그 총을 내게 돌려주지 말라고 지시해야 하다니."[3]

이 같은 행동 가운데 가장 유명한 사례는 역사상 가장 위대한 이야기 중 하나에서 찾을 수 있다. 앞으로 이 책에서 여러 차례 다루겠지만, 자기 절제에 집착했던 그리스 인들이 들려주는 이야기다. 약삭빠른 오디세우스는 트로이전쟁을 마치고 고향으로 향하는 배 위에서 부하들에게 돛대에 그를 묶고 자신들의 귀는 밀랍으로 막으라고 지시했다. 세이렌의 치명적인 유혹의 노래를 듣고 배에서 뛰어내리지 않도록 말이다. 이런 방식으로 우리의 영웅 오디세우스는 자신의 예측 가능한 (그리고 잠재적으로 치명적인) 욕구를 원천적으로 차단했으며, 이를 통해 자신의 명민함을 보여 주었다. 오디세우스가 만약 자아 인식이 부족한 사람이었다면 자신의 의지만을 믿었을지도 모른다. 그러나 오디세우스는 유혹에 흔들리지 않는 사람은 없다는 사실을 알았고, 그렇기 때문에 그가 자제력의 역사에서 그토록 중요한 존재인 것이다. 그가 사용했던 기술은 지금까지도 유혹에 대항하는 인간에게 가장 강력한 무기이다. 따라서 오디세우스와 세이렌의 만남은 그야말로 중대한 사건이라 할 수 있다.

시간적 비일관성, "그때는 그때고."

사람을 고용하여 아편굴 근처에 가지 못하도록 하거나 스스로에게 겨눌지도 모르는 총을 다른 사람에게 넘기는 등, 자신의 행동을 구속하는 오디세우스의 기술을 자기 절제 분야에서는 예방 조치라고 부른다. 이러한 조치는 나중에 찾아올 욕구의 예측 가능한 힘에 맞서 미리 자신을 구속하는 데 사용된다. 예방 조치는 도저히 저항할 수 없을 듯한 유혹에서 안전한 거리에 떨어져 있는 동안 스스로가 선택할 수 있는 길을 제한하는 것이다.

우리는 왜 자기 절제를 위해 이러한 구속 도구가 필요한 것일까? 이렇게 스스로를 구속하면 마치 유령이 스크루지를 괴롭히는 것처럼 미래가 현재에 어두운 그림자를 드리우는데 말이다. 그 이유는 자기 절제 전문가들이 시간적 비일관성이라고 부르는 괴로운 문제 때문이다. 시간적 비일관성은 욕구의 상태에 따라 선호도가 바뀌는 안타까운 현상을 나타내는 말이다. 아편에 대한 콜리지의 상충하는 견해를 생각해 보자. 콜리지가 정신이 말짱하고 차분한 상태일 때는 아편에 취하지 않는 쪽을 더 선호했기 때문에 일부러 사람을 고용하면서까지 아편에서 멀어지고자 했다. 그러나 아편에 대한 갈망이 솟아나면 고용인들에게 자신을 가로막지 말라고 호소했다. 선호가 완전히 반대로 바뀌었기 때문이다.

이런 일은 우리 모두에게 일어난다. 일, 다이어트, 운동, 금주, 정절, 그 외의 여러 가지 다른 미덕을 행해야겠다는 최선의 의지로 눈을 떴다가도 시간이 흘러 유혹이 눈앞까지 다가오면 굴복해 버리고 마는 일이 얼마나 많은가? 존 치버John Cheever는 이렇듯 상충하는 우선순위에 대해 끊임없이 고민하는 모습을 일기에 생생하게 기록했다. 치버의 지독한 알코올중독은 자상한 남편이 되고 많은 작품을 집필하겠다는 그의 욕구와 상충했다. 치버는 매일 아침 저녁이 될 때까지 술을 입에 대지 않겠다고 결심했다. 그러나 그는 날마다 유혹에 굴복했고, 어떤 의미에서는 스스로의 의지에 반하는 행동을 하면서 정오가 되기도 전에 술병을 집어 들었다. 치버는 이렇게 썼다. "비 내리는 아침, 숲 속에는 근사한 산책로가 있다. 그러나 나는 산책을 하는 대신 찬장으로 가서 마티니를 섞었다. 보라, 여기에 나약한 인간, 심지도 없는 인간이 있다."[4]

치버가 진심으로 술을 끊고자 했다면 술병에 손이 닿지 않도록 무언가 조치를 취했을 것이다. 예를 들어, 아내에게 술병을 치워 달라고 부탁하거나, 재활 센터에 들어갈 수도 있었다. 우리들 대부분은 자신만의 방법으로 비슷한 시도를 한다. 오디세우스만큼 영웅적이지는 않을지라도 포테이토칩을 사지 않기로 결심할 때(딱 하나만 먹는 데 실패하지 않도록), 또는 이두박근에 조앤이라는 이름의 문신을 새길 때(바버라의 매력에 넘어가지 않도록)마다 오디세우스와 같은 전략을 쓰는 것이다. 헬스클럽에 등록하는 것만으로는 균형 잡힌 몸매를 가꿀 수 있을지 확신할 수 없지만 해병대에 입대하면 틀림없이 건강한 몸을 얻게 될 것이다. 신용카드를 자르고, 좀처럼 빼기 어려운 결혼반지를 끼고, 조기에 인출하면 불이익을 받는 개인연금 적금에 돈을 예치하는 일은 모두 일상생활에서 흔히 볼 수 있는 예방 조치의 사례다.

진 와일더가 「영 프랑켄슈타인Young Frankenstein」에서 한 일도 마찬가지다. 와일더는 프레드릭 프랑켄슈타인 박사 역할을 맡았는데, 극 중에서 박사는 자신을 괴물과 함께 방 안에 가두어 달라고 부탁한다.

> **프랑켄슈타인** 이 불쌍한 생명을 구할 수 있는 유일한 길은 사랑이라네. 그래서 내 목숨을 걸고서라도 그가 사랑받고 있다는 사실을 납득시키려고 하네. 안에서 무슨 소리가 들리더라도, 내가 아무리 애타게 간청하고, 아무리 끔찍한 소리를 지르더라도 절대 이 문을 열면 안 되네. 만약 문을 연다면 이제까지 내가 노력해 온 모든 것이 허사로 돌아가 버릴 거야. 알아듣겠나? 절대 이 문을 열지 말게.
>
> **잉가** 알겠습니다, 박사님.
>
> **이고르** 박사님과 함께할 수 있어서 즐거웠습니다.
>
> **프랑켄슈타인** (괴물과 함께 방에 들어간 후) 제발 내보내 줘. 여기서 내보내 달라고. 빨리 꺼내 달란 말이야. 자네들 도대체 어떻게 된 건가? 아까 한 말은 농담이라고! 농담을 듣고도 왜 농담인 줄 모르나? 허허허허! 하느님 맙소사. 얼른 꺼내 달라고!

실제로 중독 문제에는 예방 조치 도구가 절실히 필요하다. 그렇기 때문에 콜리지와 훗날의 유명인들은 중독 방지 경호원을 고용한 것이다. 그러나 이보다 더 간단한 해결책이 있다. 예를 들어, 알코올을 남용하는 사람은 디술피람(상표명은 안타부스Antabuse)이나 날트렉손(상표명은 레비아Revia), 아캄프로세이트(상표명은 캄프랄Campral) 같은 처방약을 복용하여 중독에 대응할 수 있다. 예방 조치의 관점에서 가장 흥미로운 약인 안타부스는 알코올의 대사 과정에 개입하여 조금만 술을 마셔도 엄청난 고통에 시달리게 만든다. (안타부스를 복용한 뒤 술을 마실 때 발생하는 증상으로는 메스꺼움, 구토, 발한, 가슴 두근거림 등이 있다.) 안타부스는 상당히 효과적이다. 제대로 복용하기만 한다면 말이다. 하지만 매일 복용해야 하기 때문에 24시간마다 새로운 의지를 동원해 행동을 취해야 한다. 그 때문에 안타부스 주입 시술이 개발되었고(주로 유럽에서 사용된다.) 간단한 시술 한 번으로 1년간 약효를 볼 수 있다.

음주는 여러 가지 부수적인 자제력 문제를 야기한다. 예를 들어 어떤 사람들은 술에 취하면 후회할 만한 전화를 하는 버릇이 있다. 때로는 술이 깨고 난 다음 술에 취한 상태에서 상사나 예전 여자 친구에게 무슨 말을 했는지조차 제대로 기억하지 못한다. 경제학자 타일러 코웬Tyler Cowen의 글에 따르면 "오스트레일리아의 한 전화 회사는 술에 취해 후회할 전화를 거는 문제를 막기 위해 고객들에게 '블랙리스트' 번호를 차단하는 서비스를 제공하기 시작했다. 고객이 술을 마시러 가기 전에 차단할 번호를 선택하도록 하는 것이다. 이와 마찬가지로 일본에서는 음주 측정기가 달린 휴대전화를 판매하여 집까지 운전할 수 있는 상태인지, 또는 누군가에게 전화를 해도 좋은 상태인지 판단할 수 있도록 한다. 만약 버스 운전사가 이 테스트를 통과하지 못한다면 GPS를 통해 운전사의 위치가 상사에게 즉시 전송된다."[5]

조금 더 평범한 예방 조치의 사례도 쉽게 찾을 수 있다. 내가 제일 좋아하는 사례 중 하나는 유혹이라는 주제를 매우 세련되게 다룬 영화 「7년만의 외출The Seven Year Itch」에 등장한다. 빌리 와일더 감독의 이 고전 영화에서 톰 이웰은 담배를 넣은 상자를 잠가 놓고 열쇠를 손이 닿지 않는 높은 선반에 올려 둠으로써 담배 피우는 습관을 조절하려고 노력하는 온화한 출판사 중역 역할을 맡았다. 하지만 그는 자신의 집 위층에 아름다운 메릴린 먼로가 이사 오자 사다리를 놓고 다시 열쇠를 손에 넣는다.

사교계 명사인 앤 배스도 이와 비슷한 조치를 취했다. 2007년 코네티 컷에 위치한 배스의 집에 침입한 강도들이 그녀를 협박하여 금고를 열게 하자 그 안에서 몇 개의 귀중품과 함께 초콜릿 더미가 나왔다. 배스는 정 말로, 초콜릿을 정말로 좋아했지만 너무 빨리 먹어 버리고 싶지 않았기 때문에 초콜릿을 금고 안에 넣어 두었던 것이다. 물론 그녀는 금고의 비밀 번호를 알고 있었다.[6]

아널드 로벨Arnold Lobel의 동화책『개구리와 두꺼비Frog and Toad』의 귀여운 등장인물들을 보면 스스로 한 다짐이 얼마나 미약한 것인지를 알게 된다. 「과자Cookies」라는 이야기에서 개구리와 두꺼비는 갓 구운 과자를 먹다가 도저히 멈출 수 없게 된다. 개구리는 꾀를 내어 과자를 상자에 넣고 끈으 로 묶은 다음, 사다리까지 사용해서 손이 닿지 않는 곳에 그 상자를 올려 놓는다. 그러나 두꺼비는 이 미약한 예방 조치를 원상태로 복구할 수 있다 고 지적한다. 마치 톰 이웰이 메릴린 먼로를 만났을 때 그랬던 것처럼 말 이다. 결국 개구리는 과자를 밖으로 가지고 나가 새들에게 던져 주고, 새 들은 마지막 남은 부스러기까지 과자를 먹어 치운다.[7]

이 이야기는 이상적인 예방 조치란 구속력이 있어야 한다는 교훈을 전 한다. 예방 조치가 효과를 거두려면 강제력이 있어야 한다. 그러나 이 강 제력은 우리가 스스로에게 부과하는 것이다. 철학자 루트비히 비트겐슈 타인Ludwig Wittgenstein은 제1차 세계대전 중 오스트리아 군대에서 끔찍한 전투를 경험한 후 다시는 예전의 안락한 삶으로 돌아가지 않겠다고 굳게 다짐했다. 비트겐슈타인의 아버지는 전쟁이 일어나기 전에 전 재산을 미 국 채권에 투자하는 엄청난 선견지명을 발휘했고, 그 덕분에 비트겐슈타인은 유럽에서 가장 부유한 사람 중 하나가 되었다. 그 정도 돈이면 그는 프로이트와 다른 부유한 빈 사람들이 겪었던 궁핍을 겪지 않을 수 있었다. 그러나 비트겐슈타인은 그 돈을 모두 없애 버리기로 결심하고, 형제들의 만류에도 불구하고 모든 재산을 그들에게 영구히 양도하기 위한 법적 절차를 밟았다. 비트겐슈타인의 누이 헤르미네는 이렇게 썼다. "어떤 형태로든 돈이 한 푼이라도 남지 않도록 100번도 더 확인했다."[8]

현대의 법은 이런 욕구를 반영하고 있다. 예를 들어 취소 불능 신탁이라는 상품이 있는데, 이 신탁은 말 그대로 취소가 불가능하다. 또는 신뢰할 수 없는 상속인의 손에서 재산을 지키기 위해 특별히 개발된 낭비자 신탁_{신탁의 수익자가 수익권을 임의로 처분할 수 없으면서 동시에 채권자가 압류할 수 없도록 하기 위해 설정된 신탁}을 개설할 수도 있다. (낭비자 신탁이 개설되면 수익자는 신탁 관리자들이 조금씩 분배해 주는 돈만으로 살아야 한다.) 여행 작가 루디 맥사Rudy Maxa는 돈을 함부로 쓰는 부유한 친구의 이야기를 쓴 적이 있다. 그 친구는 어마어마한 돈을 날린 후 크게 각성하여 남은 돈으로 일종의 낭비자 신탁을 개설한 뒤 자산의 대부분을 자기 손이 닿지 않는 곳에 두었다. 또 현금 카드를 가지고 다니기보다는 돈이 필요할 때마다 어머니에게 전화해서 돈을 약간 송금해 달라고 부탁하는 방법을 택했다. 불편하고 비용도 많이 들었지만 돈을 사용하기 어렵게 만드는 데는 매우 성공적인 방법이었다.

심리학자 댄 애리얼리Dan Ariely는 예방 조치와 관련된 일화들을 모았는데, 그중에는 신용카드가 담겨 있는 물통을 통째로 얼려 사용하기 전에 반드시 가열기를 거치게 했던 사람의 이야기가 있다. 또한 잠자리를 함께해서는 안 되는 남자와 데이트를 하기 전에는 가장 '후줄근한' 속옷을 입는다는 여성의 이야기도 있다. 아마도 매력에 대한 자신감을 잃어서 옷을 벗지 못하게 하려는 조치일 것이다. 이 이야기의 여성은, 의지가 굳은 처녀는 "의도적으로 누추한 상태를 만들어 타고난 미모를 망친다."라는 말을 남겼던 성 히에로니무스의 조언을 고지식하게 따르는 셈이다. 베들레헴 수도원 근처에서 수녀원을 운영하던 히에로니무스의 친구 바울라는 청결과 순결에 대해 그와 비슷한 견해를 밝히며, "청결한 몸과 깨끗한 옷은 불결한 영혼을 의미한다."라고 경고했다.[9]

역사상 이민자들은 고향으로 돌아갈 표 값도 없이 새로운 땅에 상륙하여 새 삶에 대한 예방 조치를 했다. 그러나 오늘날의 이민은 다르다. 고향으로 돌아가는 것도 더 쉬워졌고, 고향에 연락하는 것도 그리 어렵지 않다. 이런 변화는 이민자들에게 도움이 될 수도, 그렇지 않을 수도 있다. 일각에서는 선택을 되돌릴 수 없을 때 더 큰 행복을 느낀다는 증거를 제시하기도 한다. 아마도 선택을 바꿀 수 없는 경우 후회의 여지가 남지 않기 때문일지도 모른다. (허버트 사이먼Herbert Simon은 쇼핑할 때 끊임없이 더 좋은 가격을 찾아다니는 사람을 두고 최고를 추구한다는 의미에서 '맥시마이저Maximizer'라고 불렀는데, 이들은 불만이 많기로 악명 높다.)

건너온 다리를 불태우지 말라는 격언이 있지만, 에르난 코르테스가 아즈텍을 정복했을 때처럼 군대에서는 적국의 해안에 상륙한 후 타고 온 배를 불태우는 경우가 있다. 또 영화 「아폴로 13」에서 에드가 선언했듯이 "우리 사전에 실패란 없다."가 되도록 극단적인 상황을 만드는 경우도 있다. 노벨상 수상자인 경제학자 토머스 셸링Thomas Schelling은 담배를 절제하지 못하는 자신에 대해 쓰면서 비슷한 고대의 사례를 언급했다. 페르시아에게 쫓기고 있던 크세노폰이 통과가 거의 불가능한 협곡 앞에서 멈추었을 때, 휘하의 장군 중 한 사람이 도망갈 길이 없다고 걱정했다. 크세노폰은 그 장군을 이렇게 안심시켰다. "싸울 때 통과하기 어려운 협곡을 배후에 두고 있다고 해서 협곡으로 뛰어내려야 한다는 뜻은 아니지 않나? 나는 적들이 자신들은 어느 방향으로든 쉽게 후퇴할 수 있다고 생각했으면 한다네. 하지만 우리는 지금 여기서 승리하지 못하면 목숨이 위험하다는 사실을 깨달아야 하네."[10]

셸링이 지적했듯이, 전쟁 억제가 중요한 화제였던 냉전 시대에는 모든 국가가 예방 조치에 관여했고, 그렇게 함으로써 적국에 신뢰를 안겨 줄 수 있었다. 예를 들어 누군가 여러분의 나라를 공격할 경우 자동으로 대대적인 보복이 시작되는데, 이미 시작된 공격은 여러분도 멈출 수 없다는 사실을 상대편이 안다고 생각해 보라. 여러 국가에서 이만큼 극단적이지는 않지만 매우 다양한 형태의 예방 조치를 도입했다. 지금 와서 생각해 보면 반드시 민주주의적인 조치는 아니었던 것 같다. 200여 년쯤 전에 설립된 미국은 훗날의 정치인들이 (그리고 훗날의 훨씬 더 많은 유권자들이) 헌법을 바꾸기 어렵게 함으로써 예방 조치를 한 바 있다.

강제로 수입의 일부를 정부에 위탁하여 연금 형태로 보상받는 사회보장제도는 노년에 닥칠 재정 위기를 방지하기 위한 일종의 예방 조치라 할 수 있다. 개인에게 저축과 투자를 맡긴다면 그들이 더 잘살 수 있을까? 어쩌면 그럴지도 모른다. 그러나 유권자들은 사회보장제도를 지지했다. 아마도 자율에 맡길 경우 자신이 얼마만 한 재정적 자제력을 발휘할 수 있을지에 대해 합리적인 회의를 품었기 때문일 것이다.(예방 조치의 영역에서는 이런 사람들을 '현명'하다고 말하며, 이와 달리 자신의 의지가 굳세다고 생각하는 사람들은 '순진'하다고 한다.) 인간이란 지나친 자신감에서 자유로울 수 없기 때문에 의지에 대해 상당히 순진한 태도를 취하는 경향이 있다. 한 흥미로운 연구에서 심리학자 로런 노드그렌Loran Nordgren은 담배를 끊으려고 시도한 사람들 가운데 자신의 의지력에 최고로 높은 점수를 준 사람들이 가장 높은 실패 확률을 기록했다는 사실을 발견했다.

예전에는 달러를 정해진 양의 금과 교환할 수 있었는데, 이는 매우 효과적인 예방 조치 도구였다. 그러나 시간이 지날수록 고정된 교환율을 유지하는 게 쉽지 않았고, 머지않아 같은 양의 금을 구입하는 데 더 많은 달러가 필요하게 되었다. 오늘날에는 자국의 통화관리 역량을 신뢰하지 못하는 국가가 자국 통화를 미국 달러화에 고정하여 지나치게 많은 돈을 찍어 낼 수 없도록 하기도 한다. 심지어 일부 국가는 달러를 법정통화로 지정하기도 하는데, 발행하지 않는 통화의 가치를 평가절하할 수는 없기 때문이다.

국가는 금본위제를 채택하거나, 무기를 제거하거나(전쟁의 싹을 잘라 버리기 위해), 또는 핵 대치 상태에서 폭탄이 떨어지기 시작하면 인간의 개입 없이 적을 날려 버릴 최후의 공격 체제를 구축함으로써 예방 조치를 취할 수 있다. 최후의 시나리오를 설정하는 것은 일종의 '포이즌 필^{poison pill, 기업이 매수를 막기 위해 취하는 주요 자산 매각 등의 방어 형태를 빗댄 표현}'에 해당하는 것으로, 정계에서는 달갑지 않은 법안에 괴상한 수정안을 덧붙여 제창자들조차 그 법안에 찬성하지 못하게 만드는 전략으로 알려져 있다. 비즈니스에서도 원치 않는 인수 합병을 막기 위해 비슷한 전략이 사용된다. 기업의 이사진은 외부인이 해당 기업의 주식을 일정 비율 이상 획득하면 대대적으로 주식을 발행하거나 인수하는 사람에게 엄청난 불이익을 야기하는 조치를 발동하도록 결정할 수 있다.

맨해튼의 로어이스트사이드에 있는 유명한 엘드리지 스트리트 유대교 회당에서는 일종의 포이즌 필 전략을 사용하여 이 회당을 위해 기금을 낸 유대교인들에게 초심을 잃지 않겠다고 다짐한다. "엘드리지에서 기도 좌석을 구입하거나, 오르간 음악을 허용하고 합창단에서 남녀가 함께 노래 부르는 것을 허용할 경우, 기부한 돈의 두 배를 돌려받을 수 있다고 약속하는 구절이 계약서에 들어가지요. 이는 강력한 반개혁 선언입니다."[11] 이 유대교 회당에 속한 역사학자 애니 폴러드Annie Pollard의 말이다.

* * *

자국의 통화관리 능력을 믿지 못하는 바나나 공화국처럼, 현명하게 예방 조치하는 사람들은 다른 사람의 도움을 요청한다. 조지 엘리엇George Eliot의 『미들마치Middlemarch』에서, 낭비꾼 프레드 빈시는 자신의 현실을 깨달은 짧은 각성의 순간, 어머니에게 80파운드를 맡겼다. 그 돈을 도박으로 날려 버리지 않기 위한 조치였다. 리베카 웨스트Rebecca West의 걸작 『샘물이 넘친다The Fountain Overflow』에서, 클레어 오브리는 집세를 미리 낼 수 있다는 사실에 크게 기뻐한다. "가족의 돈을 장악하던 신비로운 힘에게서 돈을 가로채 처음부터 그런 힘이 없었던 것처럼 구는 것은 클레어에게 큰 기쁨이었다. 돈을 지불한 뒤 잠시나마 빚이 없는 상태가 된 것은 클레어가 몇 년 동안이나 누리지 못한 사치였다."[12]

도스토옙스키가 벌인 최고의 도박

문학에 이런 사례들이 자주 등장하는 것도 어떻게 보면 당연한 결과다. 사람들이 실생활에서 이런 행동을 하지 않았다면 문학이라는 것 자체가 존재하지 않았을 것이다. 작가들 대부분은 글쓰기만 아니면 무엇이든 할 것처럼 보이기 때문이다. 뷔퐁 백작으로 널리 알려진 조르주루이 르클레르Georges-Louis Leclerc는 18세기에 왕성한 집필 활동을 하던 작가이자 박물학자였지만 잠이 많은 것이 흠이었다. 리처드 코니프Richard Coniff는 《뉴욕 타임스》에 르클레르에 대해 이런 기사를 실었다. "르클레르는 나이 많은 하인 조제프에게 이른 아침 자신을 침대에서 끌어내는 데 성공하면 돈을 주겠다고 약속했다. 어느 날 아침, 다른 방법이 모두 실패하자 조제프는 뷔퐁의 얼굴에 찬물을 끼얹어 약속한 돈을 받아 냈다. 뷔퐁은 '내 작품 열두 권 중 열 권은 불쌍한 조제프의 힘으로 완성되었다.'라는 글을 남기기도 했다."[13]

예방 조치에 관해서라면 자신의 도박 중독을 소설로 남긴 표도르 도스토옙스키도 빼놓을 수 없다. 그 작품의 탄생 과정 자체가 예방 조치에 대한 전설적인 일화이며, 내 생각에는 실제 작품보다 오히려 그쪽이 더욱 흥미진진한 이야깃거리다. 항상 돈에 쪼들렸던 도스토옙스키는 출판업자 스텔로프스키와 책을 계약하면서 가혹한 실패 조항을 넣었다. 도스토옙스키는 선불로 약간의 돈을 받지만, 마감 일정까지 원고를 완성하지 못하면 돈을 한 푼도 받지 못할 뿐아니라 향후 9년간 자신의 모든 작품에 대한 출판 권리를 넘긴다는 내용이었다. 하지만 인간의 본성이란 어쩔 수 없는 것인지 도스토옙스키는 원고 집필을 차일피일 미루었다. 계약일이 한 달도 채 남지 않았을 때, 도스토옙스키는 안나 그리고리예브나 스니트키나라는 속기사를 채용하여 마감 직전에 아슬아슬하게 원고를 마쳤다. 이렇게 탄생한 작품이 바로 그 유명한 『도박꾼The Gambler』이다. 그리고 몇 달 뒤 도스토옙스키는 안나와 결혼했다.

마감은 모든 사람에게 도움이 되는 듯하다. 댄 애리얼리는 학생들에게 한 학기 동안 짧은 리포트 몇 개를 작성하도록 하면서 기한이 없는 경우(학기가 끝난 후에 제출), 학생들이 스스로 기한을 선택하는 경우, 교수가 기한을 정해 주는 경우의 성적 변화에 대해 시험해 보았다. 애리얼리는 학기 내내 촉박한 기한을 정해 주었던 학생들이 가장 좋은 성적을 올렸다는 사실을 발견했다. 따로 정해진 기간이 없어서 리포트를 작성할 시간이 가장 넉넉했던 학생들이 가장 형편없는 성적을 기록했고, 스스로 기한을 정할 수 있었던 학생들의 성적은 중간에 그쳤다. 문제는 스스로 기한을 정할 수 있었던 집단의 학생들 중 일부가 자신들의 미루는 습관을 과소평가한 데 있다. 어디서 많이 들어 본 이야기인가? 그들은 기한을 여유 있게 설정하지 못하고 학기 말이 되어서야 허겁지겁 수준 이하의 리포트를 작성했던 것이다.

이런 관점에서 볼 때, 어쩌면 스텔로프스키는 문학에 큰 공헌을 한 것일지도 모른다. 비록 도스토옙스키의 출판 계약이 무척 가혹하기는 했지만 이는 일종의 엄격한 부모 같은 역할을 하여 효과를 거두었다. 그리고 도스토옙스키 본인도 계약을 맺을 당시 이 조항을 충분히 숙지하고 있었다. "마감 기한은 나의 척추다."라고 말했던 평론가 존 레너드John Leonard는 우리 모두의 심정을 대변해 주는지도 모른다.

문신, 신체에 새기는 각오

인간의 몸은 상충하는 욕망이 부딪치는 전쟁터이기 때문에 여러 가지 예방 조치 기술을 구현하는 대상이 된다. 예방 조치를 위해 신체에 변화를 가하는 행위 중에서 가장 오래된 것은 아마도 문신일 것이며, 문신은 그 자체로 목적을 달성한다. 몸에 영구적으로 무언가를 새기게 되면 그 피부 안에서 살아갈 미래의 자아는 여러분이 지금 선택한 주택의 실내장식을 유지하며 살아야 한다. 이처럼 미래의 자신에게 피부는 집과 같다.

비록 절대 도망칠 수 없지만 말이다. 그러나 문신은 보다 특별한 형태의 개인적인 예방 조치를 나타내는 경우가 많다. 현대의 뉴질랜드에서 얼굴에 문신을 새기는 마오리 족 청년들은 백인 사회에 동화되지 않도록 스스로를 최대한 억제하는 것이다.

이사벨 아옌데Isabel Allende의 『운명의 딸Daughter of Fortune』에 나오는 홍콩 의사 타오 치엔을 생각해 보자. 타오 치엔은 팬탠이라는 중국 도박에 빠져 재산을 탕진한 직후, 도박에 대한 예방 조치의 일환으로 판돈을 거는 데 사용하는 오른손에 "안 돼NO."라는 문신을 새긴다. 미국의 몇몇 주에서는 타오 치엔과 비슷한 곤경에 처한 사람들이 특정 기간 동안 카지노에 출입하지 못하도록 그들을 블랙리스트에 등록하는 방법도 제공한다. 물론 그 주 밖으로 나가면 원하는 만큼 마음껏 도박할 수 있다.

사랑하는 사람의 이름을 몸에 문신으로 새기는 것은 매우 로맨틱한 형태의 예방 조치이지만 안타깝게도 그 사랑이 파경으로 이어지는 경우도 부지기수다. 물론 상대방의 이름을 몸에 새겨 넣는 것이 관계가 삐걱거리는 순간 참을성을 발휘하는 데 도움이 될지도 모른다. 하지만 문신만으로는 관계를 계속 유지하기에 충분하지 않다. 사실 할리우드 연예인들에게 문신은 예방 조치로서 별다른 효과를 발휘하지 못한다. 예를 들어 지나 데이비스는 발목에 남편 중 한 명의 이름을 새겼지만 이혼한 다음에는 데니스Denny's, 미국의 패밀리 레스토랑의 로고로 바꿔 버렸다고 한다. 패멀라 앤더슨은 토미 리와 이혼했을 때 넷째 손가락에 새긴 토미Tommy의 문신을 '엄마Mommy'로 바꾸었다. 조니 뎁의 '위노 포에버WINO FOREVER'라는 문신은 원래 위노나 라이더를 지칭하는 것이었으나 나중에 바뀌었다.[14]

기술이 예방 조치를 무력화하는 방법의 한 예로, 문신을 제거하는 레이저 시술을 들 수 있다. (새로운 잉크 기술을 사용하면 단 한 번의 레이저 시술로 문신을 제거할 수 있을 것이고, 이렇게 되면 맨살에 이름을 쓰는 행위의 구속력과 상징성이 더욱 약해진다.) 문신 제거에 대한 수요가 어찌나 많은지 최근에는 문신 제거 센터 체인이 생겼다. 이 체인은 닥터 태토프Dr. Tattoff라고 불리는데, 고객의 대부분은 손목에 남자 친구의 이름을 새겼던 모델 켈리 브래니건 같은 젊은 여성들이다. (남자 친구도 켈리의 이름을 새겼다.) 1년 후 남자 친구와 헤어진 브래니건은 비벌리 힐스에 있는 닥터 태토프 센터에서 인치당 39달러를 내고 문신을 제거했다. 문신을 제거하는 것은 매우 고통스럽고 많은 시간을 요하지만, 한 추정치에 따르면 미국에서 연간 문신을 제거하는 사람은 10만 명에 달한다고 한다.(물론 이것이 레이저 장비 제조업체의 추정치이기는 하지만 말이다.)[15]

4 기술혁신이 가져온 뼈아픈 대가

시대가 변했다. 더 이상 바람기 있는 사람들이 데이트 서비스에서 미혼이라고 거짓말해야 하는 시대는 지났다. 마침내 자신들만의 웹 사이트를 갖게 된 것이다. 애슐리매디슨닷컴AshleyMadison.com은 결혼은 했지만 곁다리로 다른 관계를 갖고 싶어 하는 사람들이 찾는 곳이라고 공공연하게 홍보한다. 오늘날 바람둥이들에게는 사실상 온라인에서 여러 가지 선택권이 있다. 어덜트프렌드파인더닷컴adultfriendfinder.com은 한동안 내 주위의 만남 상대에 대한 메일을 보내 주었다. 그 밖에도 결혼 여부에 관계없이 크레익스리스트Craigslist, 플렌티오브피쉬PlentyofFish를 비롯한 다양한 사이트에서 데이트 상대를 찾을 수 있다. 책을 쓰는 작업에는 언제나 희생이 따른다. 내 경우에는 아내에게 이런 사이트를 기웃거리는 것은 오직 지식과 견문을 넓히기 위해서라고 설명해야 했다. 갈릴레오나 퀴리 부인처럼 말이다.

애슐리매디슨닷컴은 노골적인 홍보로 바람둥이들을 끌어모으는 매우 저속한 사이트지만 그 모토만큼은 아주 흥미롭다. "인생은 짧다. 바람을 피워라." 무척 간단한 표현이지만 현대 생활의 어려움을 이만큼 기막히게 표현한 말도 드물다. 우선 앞부분인 "인생은 짧다."를 생각해 보자. 사실 인생은 그 어느 때보다 길어졌지만(평균 수명은 매년 상승한다.) 혼외정사에 대한 변명으로 인생의 덧없음을 강조하는 것은 매우 특징적이고 흔한 일이다. 이 개념은 시간 개념을 무너뜨리고 미래의 가치를 평가절하한다. 미래는 불확실한 시간이고, 어쩌면 무시해도 좋을 만큼 짧을 수도 있다. 사실 미래가 어느 정도일지는 아무도 모른다. 반면 바람을 피우라는 애슐리매디슨닷컴의 권고는 우리의 가장 기본적인 충동에 호소한다. 단순히 성관계만을 위해서가 아니라, 신선함, 존중, 흥분을 위해서라는 주장이다. 익명성의 보호 아래 설렘을 제공함으로써 애슐리매디슨닷컴은 인터넷 시대의 가장 자유로운 측면, 즉 사람들의 소심증을 덜어 주는 웹의 기능을 긍정적으로 상징한다. 《뉴요커》의 유명 만화에서처럼 인터넷에서는 모니터 앞에 앉아 있는 것이 설사 개라고 해도 아무도 알아채지 못한다.

자기 절제가 왜 그렇게 어려울까? 어쩌면 모든 것을 더 싸고, 빠르고, 편하게 만든 도구들을 살펴봐야 할지도 모른다. 언젠가는 누군가 조금 더 큰 자제력을 발휘하는 데 도움이 되는 기술을 개발할 것이다. 그런 미래에는 틀림없이 새로운 학습 도구, 헌신을 위한 기술, 유혹을 억누르고 우리의 이상과 조금 더 부합하는 삶을 사는 데 도움이 되는 약도 나올 것이다. 그러나 그때까지는 기술이 답이 될 수 없다. 아니, 오히려 기술이 문제를 야기한다.

실크 스타킹을 손에 쥔 여공

기술은 거의 모든 것의 비용을 낮춤으로써 자제력 문제를 야기한다. 감당할 수 있을 법한 참신한 유혹들이 우리의 욕망에 불을 붙이기 때문이다. 그 과정에서 기술은 소비를 민주화하기도 하는데, 물론 이는 매우 바람직한 일이다. 경제학자 조지프 슘페터Joseph Schumpeter가 상기시켰듯이 "자본주의의 업적은 단순히 여왕에게 더 많은 실크 스타킹을 제공하는 것이 아니라 그것을 생산하는 데 필요한 노력을 지속적으로 감소시켜 공장에서 일하는 소녀들도 실크 스타킹을 손에 넣을 수 있게 하는 것이다."[1]

그러나 기술은 과소비 역시 민주화한다. 이제까지 보아 온 것처럼 농업, 식품 과학, 운송, 냉장 등의 기술 발달로 미국의 식품 가격은 놀랄 만큼 저렴해졌다. (이 변화를 분명하게 드러내는 자료를 살펴보자. 미국 농무부에서 발표한 보고서에 따르면 1970년에서 2005년 사이에 미국인이 식품에 소비하는 세후 소득은 14퍼센트에서 10퍼센트로 떨어졌고, 그 가운데 40퍼센트는 외식에 사용되었다고 한다.) 그 결과 대부분의 사람들이 예전보다 훨씬 더 잘 먹게 되었을 뿐 아니라 수많은 사람들이 뚱뚱해졌다.

제품의 가격이 떨어지고 더 많은 사람들이 그것을 구입할 수 있게 되면 엄청난 사회적 반향이 뒤따른다. 트랜지스터를 예로 들어 보자. 라디오가 처음 발명되었을 때, 청취자들은 가격이 비싸고 공간을 많이 차지하는 커다란 수신기로 방송을 들어야 했다. 그 때문에 대부분의 가정에서는 라디오 한 대를 구입하여 거실에 놓고 다 같이 방송을 들었다. 당시의 라디오 프로그램이 가족 지향적이었던 것은 사람들이 라디오 방송을 듣는 형태를 반영했을 뿐 아니라 어른들이 공유하고자 하는 가치를 상징했다. 그러나 트랜지스터가 등장하면서 모든 것이 바뀌었다. 머지않아 모든 사람이 개인 라디오를 가질 수 있었고, 각자 무언가 다른 것을 들었다. 자그마한 라디오에서 젊은이 취향의 프로그램이 흘러나오기 시작한 것도 그리 오래 걸리지 않았다. 특히 대부분 외설적이거나 반체제적인 내용을 담은 음악이 넘쳐 났다. 젊은 청취자들이 음악을 직접 선택하고, 부모를 피해 음악을 들을 수 있게 되면서 부모들에게는 짜증스럽기만 한 곡들의 판매량이 폭발적으로 늘어났다. 20세기 중반부터 역사적으로 유래가 없을 정도로 발달한 청년 문화는 기술 발전에 힘입은 바 크다.

열까지 세기도 전에

자기 절제와 관련된 문제에서는 속도가 모든 것을 좌우하며, 기술은 모든 것이 더 빠르게 진행되도록 함으로써 제약을 없앤다. 열까지 세는 것은 화를 가라앉히는 전통적인 방법이며, 총기 구입이나 낙태처럼 문제가 심각하여 신중한 판단이 필요하다고 생각될 때에는 때때로 정부가 숙려 기간을 제시하기도 한다.

그러나 기술은 삶의 속도를 되돌릴 수 없을 만큼 빠르게 만들었다. 물론 대서양을 몇 시간 안에 비행기로 가로지를 수 있고, 미생물학 분야에서 일어난 최신 뉴스를 몇 초 안에 확인할 수 있게 된 것은 매우 바람직한 일이다. 하지만 이 같은 가속화는 자제력의 측면에서 매우 좋지 않다. 충동과 행동 사이, 제안과 결정 사이의 지연이 무너지면서 심사숙고보다는 충동이, 미래보다는 현재가 더 강한 힘을 발휘하게 되었다. 속도는 심사숙고의 과정에 타격을 줌으로써 만족을 미루는 습관을 약화시키고 한 번 더 생각해 보지 않도록 만든다. 속도가 빨라지면 충동을 만족시키기가 더 쉬워진다. 뜨끈뜨끈 맛있는 치킨에 대한 욕구와 실제 프라이드치킨 한 마리 사이의 잠정적인 거리가 사라진다는 것은 털을 뽑고, 튀김옷을 입히고, 기름에 튀겨 내고, 뒷정리를 해야 한다는 번거로움이 더 이상 장애가 되지 않는다는 것을 의미하며, 그사이에 치킨이 뱃살과 동맥에 미치는 영향에 대해 재고하지 않게 된다는 것을 의미한다.

무언가를 사고 싶은가? 아마도 당신 주변 어딘가에는 문을 연 가게가 있을 것이고(월마트가 사실상 24시간 영업을 한다.) 신용카드가 있으므로 돈도 가진 셈이다. 내가 한때 알고 지냈던 경찰은 범죄란 기회가 생겨서 일어나는 경우가 많다고 했는데, 기회가 주어지고 치러야 할 비용이 그리 높아 보이지 않으면 누구든 유혹에 굴복하기 쉽다는 말이다. 평소에 먹는 점심을 떠올려 보자. 가끔씩 택하는 샐러드 말고, 햄버거와 프렌치프라이, 미트볼 샌드위치 등 가장 자주 먹는 것을. 이제 일주일 전에 무엇을 먹을지 미리 결정할 수 있는 상황이라고 가정해 보자. 점심 메뉴를 선택해 종이에 써라. 일단 결정하면 다른 음식은 먹을 수 없다. 여러분의 점심은 좀 더 몸에 좋은 음식으로 구성될까? 물론이다.

전반적으로 삶의 속도가 빨라지자 외국어를 배우거나, 공학을 공부하거나, 운전하는 대신 걸어가는 것처럼 시간이 많이 소요되지만 나중에 보람을 얻을 수 있는 일에 노력을 투자하려는 성향이 줄어들었다. 기술의 발달과 시장 효율성의 증대는 전보다 손쉬운 대안을 제시하고 극단적인 전문화를 강화하면서 그런 일에 대한 의욕을 떨어뜨렸다. 텔레비전을 통해 싸고 즉각적인 즐거움을 쉽게 손에 넣을 수 있는 상황에서는 인내와 근면함을 요구하는 장기적인 만족이 상대적으로 더 버거워지기 마련이므로 자연히 피하게 된다.

텔레비전이 자제력 문제를 일으키는 주요인이라는 것은 굳이 설명할 필요도 없다. 인터넷의 발달에도 불구하고 현대인들은 여전히 매일 다섯 시간 정도를 텔레비전 앞에서 보내는데, 텔레비전 시청 시간을 줄여야 한다는 주장에는 합리적인 이유가 있다. 예를 들어 텔레비전을 더 많이 보는 사람들은 수입, 교육 수준 등의 차이를 고려하더라도 덜 행복한 경향이 있다. 연구로 드러났듯이, 이는 아마도 텔레비전을 많이 보는 사람들이 불안감을 많이 느끼고, 타인을 믿지 않으며, 보다 물질주의적이고, 삶에 대한 만족도가 낮기 때문일지도 모른다. 또한 텔레비전을 많이 보는 사람들은 뚱뚱할 가능성도 높다. 사실상 이 가운데 다수는 텔레비전 보는 시간을 줄였으면 하고 바라는데, 이는 그들 대부분이 자기 관리에 문제가 있다는 것을 알고 있다는 것이다. 1990년대에 실시된 갤럽의 조사에 따르면 성인의 40퍼센트, 청소년의 70퍼센트가 텔레비전을 지나치게 많이 본다고 대답했으며, 다른 조사에서는 성인의 약 10퍼센트가 자신이 텔레비전에 중독되었다고 생각한다는 결과가 나왔다.[2]

사람들이 여가 시간을 보내는 방법에 대한 연구로 잘 알려진 메릴랜드 대학교의 사회학자 존 P. 로빈슨John P. Robinson은 다음과 같이 말했다. "텔레비전 시청은 실제적인 사회 참여나 신문 읽기처럼 장기적인 차원의 만족감을 주지는 못하는 것으로 보입니다. 텔레비전 시청은 수동적이고 일시적인 도피처를 제공해 주기도 합니다. 특히 뉴스가 경제 그 자체처럼 우울할 때는 말입니다. 자료를 살펴보면 텔레비전을 시청하는 습관이 단기적인 즐거움을 제공할지 모르지만 장기적으로는 문제를 야기한다는 것을 알 수 있습니다."[3]

자동차는 텔레비전만큼이나 획기적인 기술이었으며, 아마도 일상생활의 가속화에 큰 역할을 했을 것이다. 처음에 자동차는 오직 부자들만을 위한 것이었으나, 1930년대가 되자 미국에만 2300만 대의 자동차가 굴러

다니게 되었다. 1960년대에 그 수는 6200만 대로 급격히 증가했다.[4] 그것들은 모두 휴가용 차였다.

자동차는 전통적인 지역사회 활동과 사회적 유대를 무너뜨리기 시작했다. 사람들의 욕망을 제한하던 지역사회의 범위가 확대되었고 이로써 익명성이 강조된 새로운 사회가 탄생했다. 자동차는 자유와 사생활을 의미했으며, 젊은이들이 운전대를 잡으면서는 이성 교제의 형태도 바뀌었다. 가수 미트로프의 오페라풍 노래 「계기반 등의 천국Paradise by the Dashboard Light」을 떠올려 보자. 이 노래에서 뉴욕 양키스 아나운서였던 필 리주토는 자동차에 오른 땀투성이의 바람둥이가 야구 베이스를 도는 모습을 내레이션으로 묘사한다. (미국에서는 진루가 성적인 표현으로 사용된다.)

자동차가 몰고 온 또 다른 변화는 더 이상 이웃의 따가운 눈길을 받지 않아도 된다는 점이다. 디지털 보안에 대한 상당한 불신에도 불구하고 현대인들은 역사상 유례 없는 사적 자유를 누리고 있는데, 이렇게 된 데에는 자동차의 역할이 컸다. 마이카 시대가 열리면서 사람들이 언제, 어디로, 무엇을 하러 가는지조차 알 수 없는 교외 지역에까지 단독주택이 확산되기 시작했다. 만약 오늘날 주홍 글씨를 새긴다면 아마도 자동차 번호판에 새겨야 할 것이다.

현대인들에게는 자동차가 명령하는 즉시 달려와 원하는 곳이라면 어디든지(그리고 보이지 않게) 데려다 주는 일종의 마법 양탄자 같은 역할을 했다. 자동차가 있다는 것은 생각과 동시에 원하는 장소에 가거나 원하는 일을 할 수 있다는 뜻이다. 또 자동차가 있으면 이전보다 더 많은 물건을 사더라도 별 어려움 없이 집에 도착할 수 있다. 때문에 미국인들은 어떻게든 자동차를 마련하는 방법을 찾아냈다. 자동차가 비싸기는 했지만 운전은 돈이 많이 들지 않는 것처럼 보였다. 감가상각에 대해 전혀 생각하지 않는 운전자들은 더 그랬다. 또한 집집마다 자가용이 생기자 모든 연령의 사람들이 일상생활에서 걸을 필요가 줄면서 자연히 열량 소비량도 줄었다. 하지만 음식 섭취량은 줄지 않았다. 자동차가 보급되면서 미국 전역의 도로변에 패스트푸드점이 들어서고 마침내 패스트푸드 국가가 탄생했다.

인터넷은 최고의 심부름꾼

현대의 삶이 마음껏 먹을 수 있는 거대한 뷔페와 비슷하다면, 인터넷의 발명은 가정배달을 위한 것이었다고 할 수 있다. 인터넷은 사실상 거의 모든 것의 가격을 낮춘 중요한 요인이며, 제한 요소로 작용할 수 있는 다양한 마찰 비용^{사람 및 물건 이동의 비효용을 말하며 운송비, 이동 시간, 개인의 수고, 주차 시설 등으로 구성}을 없앤다. 예를 들어 포르노를 보려면 돈을 내야 할 뿐만 아니라 수치심까지 감수해야 했지만, 이제는 일부러 시간을 내서 지저분한 비디오 가게에 찾아가 창피함을 느끼지 않고도 포르노를 즐길 수 있다. 학생들의 경우 부정행위에 대한 유혹이 더 커졌음은 물론이다.

인터넷은 구매자와 판매자를 한자리에 모으는 데 뛰어난 역량을 발휘하는데, 심지어 오늘날에는 자신을 대신해 학기말 리포트를 작성해 줄 누군가를 찾는 것도 그리 어렵지 않다. 섹스도 마찬가지다. 이제는 말 그대로 수요에 따라 얼마든지 섹스가 제공되며, 적어도 크레익스리스트를 기웃거리는 동성애자들의 경우 거의 즉석에서 밀회가 가능하다.

도박을 근절하려는 여러 가지 노력에도 불구하고 인터넷 도박은 해외 사이트에서 끈질기게 계속되고 있으며, 여기서는 심지어 전 세계의 잠옷 입은 도박꾼들까지 유혹한다. 인터넷 쇼핑이 시간과 돈 모두를 엄청나게 잡아먹는 일이라는 사실은 이미 잘 알려져 있다. 인터넷보다 더 강력한 미루기 수단은 지금껏 존재한 적 없다. 인터넷이 주는 즐거움과 주의력 분산은 우리가 일하기 위해 사용하는 것과 같은 기계, 즉 컴퓨터를 통해 제공되기 때문이다.

인터넷 덕분에 바른 마음가짐과의 전쟁이 사무실 안으로까지 번졌다. 오늘날 사무실에서는 삶의 반란이 마우스 클릭 한 번 거리에 있는 쇼핑, 야구, 섹스, 그리고 모든 종류의 달콤한 오락 전문 사이트에 자리 잡고 있다. 샐러리닷컴Salary.com과 아메리칸 온라인AOL이 2005년에 실시한 설문 조사에 따르면 미국인들이 매일 업무 중 2시간 정도를 다른 일에 허비하고, 그 주요 원인이 인터넷때문이라고 한다. 비록 이 설문 조사가 그다지 과학적으로 보이지는 않지만(응답자들은 이 조사에 대한 참여 여부를 선택할 수 있었다. 따라서 가장 근면한 사람들은 너무 바빠 조사에 참여하지 않았을지도 모른다.) 놀라운 사실은 조사에 참여한 사람들이 2시간을 허비하고 있다고 인정했다는 점이다.[5]

혼자서는 어쩔 수 없는 강력한 힘에 지배받고 있다고 이야기하는 인터넷 사용자들을 위해, 여러분이 방문하는 모든 웹 사이트를 추적한 다음 문제가 있는 사이트의 리스트를 여러분이 선택한 '책임감 파트너'에게 보내 주는 '계약의 눈Covenant Eyes'이라는 소프트웨어가 존재한다. 여기서 파트너는 상사 혹은 배우자가 될 수도 있고, 목사나 심지어 어머니가 될 수도 있다. 계약의 눈은 금지 수준에 따라 각각의 웹 사이트를 평가하여 여러분이 선택한 감시자가 여러분이 인터넷 시장 조사 자료를 읽었는지, 아니면 스트립쇼를 즐겼는지를 한눈에 파악할 수 있도록 되어 있다. 여기서 재미있는 점은 이 소프트웨어를 설치한 후 본인이 직접 감시자가 될 수도 있다는 점이다. (이 소프트웨어를 끄면 감시자에게 통보가 간다.) 물론 목적은 여러분이 온라인에서 시간을 낭비하고 저속한 웹 사이트를 기웃거린 기록을 보내 제삼자를 깜짝 놀라게 하는 일을 방지하고자 함이 아니다. 진정한 목적은 자기 절제와의 싸움에서 스스로에 대항하여 사용할 수 있는 가공할 무기를 제공하는 것이다. (모니터에 "엄마가 이걸 보시면 어떻게 생각하겠어?"라고 쓴 포스트잇을 붙여 둘 경우 어떤 힘을 발휘하는지 생각해 보자.)

계약의 눈은 전형적인 사전 예방 도구이며, 구속력을 가진 수단이다. 조금 더 가벼운 도움을 필요로 하는 사람에게는 맥에서 사용할 수 있는 '프리덤Freedom'과 같은 프로그램이 있다. 이 프로그램은 다시 부팅할 때까지 인터넷을 차단하여 하루의 반을 연예인 가십 사이트를 기웃거리며 허비하지 않도록 해 준다. (다시 부팅하는 것은 어렵지 않지만 시간 낭비를 막아 줄 만한 장애물 역할은 충분히 할 수 있다.) 또한 지정된 사이트에 대한 접근을 제한하거나 주어진 시간 또는 지정된 기간 동안 접근을 제한하는 프로그램도 있다. 파이어폭스 브라우저에서 무료로 다운로드할 수 있는 '셀프 컨트롤SelfControl'이라는 플러그인 프로그램은 시간을 계속 낭비할 경우 경고를 띄운다. 정말로 일하지 않겠다고 마음먹은 경우에는 경고 기능을 끌 수도 있다. 이런 프로그램(특히 가장 심한 제약을 가하는 프로그램)들은 아이들이 볼 수 있는 인터넷 사이트를 제한하기 위해 사용하는, 자녀 보호 소프트웨어와 같은 역할을 한다. 단지 여러분 스스로가 부모 역할을 하는 것뿐이다.

향후에는 더 많은 사람들이 이런 수단을 필요로 하게 될지도 모른다. 기술이 발전하면서 하나의 장치로 모든 일을 처리할 수 있게 될 것이고, 그 결과 한 가지 일에 집중하기가 더 어려워질 것이다. 먼 옛날, 전화나 이메일 등이 우리의 관심을 두고 경쟁하기 전에는 집중하여 책 읽기가 그리 어렵지 않았다. 그러나 머지않은 미래에 여러분은 아마도 아이패드 같은 전자 기기를 통해 책을 읽게 될 가능성이 크다. 여기서 아이패드는 책을 읽는 장치인 동시에 컴퓨터이자, 전화이자, 음악 플레이어이자, 게임기이 자, 영화 플레이어이자, 텔레비전이기까지 하다. 물론 이는 대단한 일이지만, 앞으로는 이러한 모든 기능들이 앞다투어 유혹의 손길을 내미는 상황에서 금속학 교과서에 집중하는 것은 훨씬 더 어려워질 것이다.

기술은 사물의 실제 비용을 보다 쉽게 숨길 수 있도록 해 준다. 신용카드로 돈을 쓰는 것은 주머니에 손을 넣어 현금을 꺼내는 것보다 훨씬 덜 고통스럽고 심지어 눈에도 잘 띄지 않는다. 그 때문에 신용카드를 사용하는 사람들 가운데 일부는 평소보다 돈을 함부로 쓰게 된다. 최근 급증하는 여러 종류의 결제 기능 역시 비슷한 효과를 야기한다. 예를 들어, 자동차 앞 유리창에 설치한 하이패스 덕분에 사람들은 통행료를 따로 지불하지 않고도 조지 워싱턴 다리를 쌩하고 통과할 수 있다. 다만 예전에는 통행료가 얼마인지 정확하게 알았던 반면, 이제는 거의 알지 못한다. 지하철을 타는 경우도 마찬가지다. 자동으로 충전되는 메트로카드를 사용하는 뉴욕 시민들은 더 이상 지하철 요금이 얼마인지 알지 못한다.

"돈 빌려 드립니다."

최근의 금융 위기에서 우리를 벼랑 끝으로 몰아넣은 것도 기술이었다.

경제 위기로 이어진 그 모든 무분별한 대출을 부채질한 건 1960년대 이후 빠르게 발전한 컴퓨터 기술이었다. 물론 지난 수백 년 동안 경제는 여러 차례 공황을 겪어 왔고, 혁신 기술이 중요한 역할을 한 경우도 드물지 않다. 이번에는 경제 위기의 주범 중 하나가 디지털 혁명이었다. 사실 금융 위기는 기술이 위험을 확대함과 동시에 통제에 대한 환상을 주는 것이 어떻게 가능한지 잘 보여 주는 좋은 사례다.

그 어느 때보다 강력해진 컴퓨터는 모든 종류의 금융 업무 효율을 비약적으로 향상시켰는데, 이는 그 자체로서 하나의 문제가 되었다. 주택 담보 대출을 예로 들어 보자. 1990년대 후반부터 이자율이 지속적으로 하락하기 시작하면서 각 은행은 고객들이 주택 대출을 재융자돈을 더 낮은 금리로 새로 대출하여 이전의 대출금을 갚는 것하도록 적극적인 홍보 작전을 펼치기 시작했다. 그 결과 재융자 규모는 1995년에 140억 달러였던 것이 10년 뒤 약 2500억 달러로 급격하게 증가하게 되었다. 집주인들은 대부분 재융자와 동시에 약간의 돈도 인출했는데, 이 모든 요소는 경제를 활성화하는 데 놀라운 역할을 했다.

자동화된 신용 평가, 디지털화된 대출 처리, 정교하게 조절 가능한 새로운 대출 상품 등 그 자체로도 혁신적인 이런 요소들이 없었다면 재융자 붐이 그토록 엄청난 규모에 도달하지 못했을 것이다. 물론 이 요소들을 가능하게 한 것은 계산과 추적을 담당하는 컴퓨터였다. 디지털 혁명 덕에 고객들은 단 몇 초 안에 동네 홈디포Home Depot, 주택 수리와 집 가꾸기에 필요한 자재들을 종합적으로 판매하는 미국의 대형 유통업체에서 생판 모르는 사람으로부터 수천 달러를 대출하거나 대륙 반대쪽에 있는 대출 기관의 도움을 받아 주택 담보대출을 받을 수 있게 되었다. 물론 이 기관은 지구 반대쪽에서 자본을 끌어왔다.

대출업체들은 더 이상 우량 대출자를 찾을 수 없게 되자 신용이 좋지 않은 사람들에게까지 돈을 마구 빌려 주기 시작했는데(서브프라임 대출은 2001년의 1450억 달러 수준에서 2005년에 6250억 달러로 급증했다.), 이런 무분별한 관행을 가능하게 한 것 역시 기술이었다. 네트워크로 연결된 컴퓨터를 통해 대출을 대량으로 유동화금융 증권화. 금융시장에서 증권을 이용한 자금 조달 및 운용이 확대되는 현상할 수 있게 되었으며, 이는 다시 하나로 묶여 위험 수준이 분명하지 않은, 어리둥절할 만큼 수상한 투자처로 산산이 흩어졌다. 대출업자들은 컴퓨터를 활용하여 이러한 유동성 자산을 전 세계에 퍼져 있는 투자자에게 판매하고 자본을 보충하여 계속 추가적인 대출을 할 수 있게 되었다. 위험은 통제 가능한 수준이라고 추정했다. 대규모 부채 등급 기관들은 정교한 모델을 사용해 복잡한 상업 주택 담보대출 그룹의 채무불이행 위험도를 추정했다. 이렇게 한데 묶고 나누고 분리하는 모든 과정의 중요한 목적 가운데 하나는 위험을 분산(및 아마도 감소)시키는 것이었다.

그러나 위험을 줄이기 위해 사용했던 혁신적인 조치들이 실제로는 위험을 증폭시킨 것으로 드러났다. 은행 같은 거대한 경제주체가 다른 경제주체의 대출에 보험을 제공하는 대가로 수수료를 받는 신용부도스와프가 증가했다는 점을 생각해 보자. 이러한 스와프 상품이 보장하는 금액은 2001년에 1조 달러에서 2007년에는 45조 달러로 늘었다. 이론상으로는 이런 상품을 통해 모든 종류의 다각화와 위험 감소, 이익 창출이 이루어지기 때문에 이는 매우 바람직한 현상이어야 한다. 그러나 워런 버핏의 말처럼 현실에서 이러한 파생 상품은 "대량 살상 무기"나 다름없었다. 그것은 위험을 몇 배로 늘리고, 위험의 범위를 시스템 전체로 확대했으며, 그것이 드러나지 않도록 숨겼기 때문이다.

금융 공학은 강력한 힘을 지니고 있다. 이러한 파생 상품은, 한낱 인간은 결코 이해할 수 없는 수준까지 도달한 자본주의의 추상성이 얼마나 강력한지를 나타낸다. 그리스 인들은 우리가 알지 못한 유동성의 무언가를 이해하고 있었다. 이들은 쉽게 소비할 수 있는 형태의 부를 경계했다. 재산이 유동화되면 어디론가 사라져 버리는 경향이 있다는 사실을 알아차렸기 때문이다. 더 이상 눈에 보이지 않는다는 뜻이 아니라(돈은 올리브 나무와는 달리 숨겨서 보관할 수 있다.), 소비할 수 있는 상태에서는 낭비하기 쉽다는 의미에서다. 액체는 결국 증발해 버리기 마련이니 말이다.

5 위험한 번영

종교는 번영을 낳았으며, 딸은 어머니를 삼켜 버렸다.[1]

— 코튼 매더(Cotton Mather)

인디애나 주 북부의 시골에 위치한 아미시Amish 공동체는 고속도로를 이용할 경우 시카고 동부에서 고작 몇 시간 거리밖에 떨어져 있지 않지만 시카고와는 전혀 다른 세상이나 마찬가지다. 아미시 공동체에서는 현대사회가 제기하는 덫 대부분을 피한다. 사람들은 마차를 타고 이동하고, 필요한 것은 스스로 만들거나 키운다. 물질주의는 대개 이들에게 심각한 문제가 아니다.

그러나 2007년 즈음이 되자 아미시 공동체도 변하기 시작했다. 아미시 공동체가 자리 잡은 인디애나 주에는 레저 차량과 조립식 주택 생산 공장이 들어서 있었고, 이들 공장의 급료는 높은 편이었다. 그리고 아미시 사람들은 성실하게 일했다. 시프셰와나Shipshewana와 토피카Topeka 같은 공동체에 사는 남성의 절반 이상이 정규직으로 일하고 있고, 한 추정치에 따르면 시간당 평균 30달러를 번다고 한다. 아미시 공동체의 일원으로 자녀

넷을 둔 머빈 리먼은 2008년 11월, 《월 스트리트 저널Wall Street Journal》에서 이렇게 말했다. "정리 해고 당하기 전엔 레저 차량 공장 감독으로 일주일에 최대 60시간을 일하면서 시간당 50달러 넘게 벌었지요."[2]

이만한 돈이 수중에 들어오면서 아미시 공동체의 관습에 변화의 조짐이 일어났다. 전화 사용을 거부해 왔던 전통이 약해졌고, 일부 기업가들은 팩스를 들여놓았다. 벨벳으로 안감을 대거나 값비싼 네덜란드산 말이 끄는 마차도 등장했다(보편적인 중형차 캠리를 고급차 렉서스로 교체하는 것에 해당한다). 결혼식은 보다 성대해지고 점점 더 많은 비용이 들게 되었다. 몇몇 사람들은 쇼핑하러 가면서 택시를 탔고, 신세를 지면 보답해야 하기 때문에 이웃의 도움을 구하는 대신 돈을 주고 사람을 고용하기 시작했다. 어떤 사람들은 심지어 플로리다에 별장을 구입하기도 했다. 적어도 소비에 있어서만큼은 아미시 사람들도 공동체 밖의 사람들과 마찬가지로 행동하기 시작했던 것이다.

계속되던 이 변화는 2008년에 레저 차량 업계가 근로자들을 정리 해고하기 시작하자 멈추고 말았다. 다른 여러 아미시 지역과 마찬가지로 현지에서 아미시가 운영하는 대출 조합인 트라이카운티 토지 조합에 맡겨둔 예치금이 줄어들기 시작했다. 이 조합은 아미시 공동체 사람들만 참여할 수 있고, 연방 예금보험에 가입되어 있지 않으며, 대출 희망자에게 신용 조회를 실시하지 않는다. 그러나 이 조합은 한때 저축은행에서 보편적으로 사용했던 매우 보수적인 재정 관행을 따랐고, 여기에는 다량의 지급준비금을 현금으로 보유하고 주택 담보대출 상환금이 집주인 소득의 3분의 1을 넘지 않도록 하는 조항 등이 포함되어 있었다. 트라이카운티 토지 조합은 신뢰와 상호 지원, 재정적인 신중함 등, 지역 경제 활성화로 타격을 입은 아미시 사회의 모든 전통을 상징하고 있었다. 레저 차량 업계가 불황에 빠진 직후, 트라이카운티 토지 조합이 운영에 어려움을 겪는다는 소문이 돌았고, 결국 6주에 걸친 대량 인출 사태가 발생했다. 공황에 빠진 예금자들이 자신들이 세운 조합을 믿지 못하고 돈을 인출한 것이다.[3]

풍요가 과잉으로 이어질 수 있다는 사실을 아미시 사람들보다 더 잘아는 이들은 없었으며, 전통적으로 '검소한 사람들'이라고 알려진 그들만큼 전형적인 현대인의 모습과 극단적인 대조를 이루는 이들도 없었다. 그러나 이 이야기에서 갑자기 생활이 풍요로워진 아미시 사람들의 변화는, 번영, 특히 빚과 인위적으로 부풀려진 자산 가격이 만들어 낸 거품투성이의 번영과 심각한 투쟁을 벌이고 있는 현대인을 상징적으로 나타내 준다. 돈이 흔해지면서, 자제력과 이를 더 든든하게 하는 공동체적 유대를 포함해 오랫동안 아미시 사람들을 굳건하게 지켜 주었던 소중한 가치가 흔들리게 되었다.

전 세계에서 이와 비슷한 일들이 벌어지고 있다. 최근의 경제 위기가 올 때까지 세계 전역에서 사람들이 넘쳐 나는 돈을 마음껏 써 댔기 때문이다. 낮은 금리의 자금은 아이슬란드의 문화를 바꾸어 놓았고, 비대해진 은행들의 무모함 때문에 사실상 나라 전체가 파산 상태에 처했다. 마찬가지로 저렴한 자금은 오스트레일리아, 아일랜드, 스페인, 영국을 비롯한 여러 곳에서 주택 시장 거품을 야기했다. 그리고 그리스 인들도 빼놓을 수 없다. 물론 여기서 말하는 것은 고대 그리스 인들이 아니라 현대의 그리스 인들이다. 이들은 공공 지출과 개인 탈세 문제 때문에 국가 경제가 벼랑 끝에 몰릴 때까지 실제 적자 규모를 자신을 포함한 모든 사람에게 숨겼다.

금리가 낮으면 대출은 쉬워지고 만족을 미루는 것에 그다지 관심을 두지 않게 된다. 신용 그 자체는 나쁜 것이 아니다. 오히려 신용은 문명의 생명선이며 혁신과 번영을 촉구하여 문명을 뒷받침하는 요소다. '신용credit'이라는 용어는 '나는 믿는다.'라는 의미의 라틴어 크레도credo에서 유래했으며, 이 말은 대출을 제공하는 자와 대출받는 자 모두가 미래를 신뢰한다는 것을 암시한다. 그러나 신용이 투자보다는 소비를 위해 사용될 때 우리는 미래에 투자하기보다는 미래를 희생하여 현재를 살아가게 되는 셈이다.

하지만 한동안 이것이 거의 보편적인 관행으로 작용했다. 예를 들어 21세기가 시작된 이후 신용카드 발급은 사실상 세계 모든 곳에서 폭발적으로 증가했다. 2008년에는 전 세계 37억 7000만 개의 신용카드 중 3분의 2가 미국 밖에서 사용되고 있었다. 인구가 4900만 명인 한국에서는 특정 시점에 무려 1억 4800만 개의 신용카드가 발급되었고, 그 결과 연체율이 28퍼센트에 달해 신용카드 업계 자체가 붕괴하고 말았다. 터키의 신용카드 빚은 2007년에 180억에 달해 5년 사이에 여섯 배로 증가했다.[4]

돈, 치명적인 양날의 검

만족을 미루는 능력에 가장 큰 영향을 미친 발명품은 바로 돈이었다. 돈이 발명되기 전까지는 저축이 거의 불가능했다. 그 전에는 생선을 몇 마리 말리거나 견과류를 조금 모을 수 있을 뿐이었다. 하지만 돈은 가치를 저장할 수 있다는 점, 그리고 쉽게 계산할 수 있는 교환의 매개체라는 점 덕분에 사전 계획과 계산을 촉진하는 데 특히 효과적이었다. 그러나 동시에 돈은 재산을 보다 사용하기 쉬운 형태로 만들고, 재산을 유동화했다. 조심하지 않으면 물처럼 흐를 수 있도록 만든 것이다.

돈이 양날의 검이라면, 자본주의 역시 마찬가지다. 애덤 스미스는 시장에서 성공할 확률을 높이기 위해 우리가 보다 생산적인 방식으로 행동하도록 자극한다는 점에서 자본주의를 찬양했다. 자본주의는 책임감과 절제라는 측면에서 매우 강력한 힘을 발휘하며, 학습과 비폭력 등 중산층의 관습을 가르쳐 줄 뿐 아니라 이러한 덕목들을 지지하는 법률적, 사회적 구조도 제공한다. 새뮤얼 존슨Samuel Johnson은 이런 현상을 관찰한 뒤 이렇게 말했다. "돈을 벌 때만큼 인간이 순수하게 몰두하는 경우는 드물다."

이런 전통을 이어받은 대부분의 직장들은 절제와 통제의 요새가 되었다. 오늘날 회사는 우리에게 그 어느 때보다도 더 강력한 자제력을 요구한다. 특히 최근에는 사람들 대부분이 동물이나 기계보다 사람을 상대하는 직업에 종사하고 있기 때문에 이런 경향이 더 두드러진다. 그 어느 때보다 많은 사람들이 집이 아닌 밖에서 일하는 상황에서, 우리는 일을 할 때 자신의 처신, 태도, 감정의 폭발을 통제해야 하고, 손님에게는 웃는 얼굴을 보여야 하며, 저속한 발언을 삼가야 하고, 식후에 졸음이 몰려와도 눈을 부릅뜨고 있어야 하며, 일반적으로 자신의 모든 신체적 특징들을 적당한 옷으로 가릴 것이라는 기대를 안고 살아간다. 하루 종일 고객을 상대하는 경우 우스꽝스럽게 생긴 사람들을 보고 웃음을 터뜨리거나, 무례한 고객들을 한 대 때리거나, 매력적인 고객에게 작업 걸고 싶은 충동을 억제해야 한다. 하루의 일과를 마치고 나서야 비로소 시스템이 우리의 귓가에 무언가 속삭이기 시작한다. 은밀하지만 신경질적인 목소리로 말이다. "긴장을 풀어!" 속삭임은 여기서 멈추지 않는다. "사고, 먹고, 잠자리를 같이하라고."

바로 여기서 문제가 시작된다. 소비자의 삶에서 자본주의는 스스로에게 너그러운 우리를 유혹하기 위해 모든 수단을 동원하며, 때로는 최근의 국제적 빚잔치처럼 자본주의 체제 그 자체가 위험에 처할 때까지 아무런 제한 없이 마음껏 즐기도록 내버려두기 때문이다. 카를 마르크스는 자본주의 체제의 불안정한 속성을 분명히 꿰뚫어 보고 이렇게 평가했다. "자본주의는 우위를 점한 영역이라면 어디서나 모든 봉건적, 가부장적, 전통적 관계에 종지부를 찍었다. 자본주의는 인간을 '근본적으로 높은 존재'와 연결해 주는 다채로운 봉건적 유대를 갈기갈기 찢어 버렸고, 적나라한 이기심, 냉정한 '현금 지불' 외에는 인간과 인간 사이에 아무런 연계도 남기지 않았다."[5]

단순히 전통이 깊고 아름답다는 이유로 봉건시대의 농노처럼 살 수는 없다고 생각하는 사람들에게는 바로 이것이 자본주의의 장점이 된다. 그러나 자본주의는 그 광풍을 잠재우거나 최소한 다른 곳으로 돌릴 어느 정도의 윤리적, 문화적 토대 없이는 번성할 수 없다. 자제력을 발휘하는 노동자들을 양성하는 동시에 소비자의 주저함을 덜어 주는 것이 자본주의의 근본적인 모순이기 때문이다. 애덤 스미스는 이 모순을 이해했으며, 자기 절제를 매우 중요한 요소로 여겼다. 또한 그는 보다 큰 정부가 필요하리라고 예측했는데, 자본주의 사회는 스스로가 생성해 내는 엄청난 부 덕분에 이렇듯 충분히 큰 정부를 감당할 수 있었다.

안타깝게도 자본주의는 스스로의 이익을 위해 우리가 가하는 제약을 와해시키는 경향이 있다. 로비스트들은 통제에 반대하고, 사람들은 규제를 둘러 가는 데 현명함을 발휘한다. 자본주의는 마치 조울증에 시달리는 것처럼 보인다. 조증일 때에는 행복감에 잔뜩 고무된 나머지 스스로의 단점을 보지 못한다. "저리 비켜!" 자신만만하게 선포하며 스스로의 놀라운 힘에 눈이 멀게 된다. 이럴 때에는 파멸이 다가오고 있음을 느낄 수 있다. 물론 머지않아 일은 걷잡을 수 없게 되고, 거만한 거인은 공포에 질려 횡설수설하는 헐크가 되며, 그 위대한 체제는 갈기갈기 찢어진다.

공평하게 말하자면 번영이 자기 절제의 측면에서 긍정적인 효과를 발휘하는 경우도 많다. 일반적으로 풍족한 사람은 만족을 더 잘 연기한다. 아니, 반대로 풍족한 사람들이 만족을 더 잘 미룬다기보다는 만족 지연에 뛰어난 능력을 발휘하기 때문에 풍족하게 살게 되었는지도 모른다. 아마도 그렇기 때문에 모든 음식을 가장 손쉽게 손에 넣을 수 있는 미국 상류층이 가장 낮은 과체중 비율을 기록하는 모순적인 현상이 나타나는지도 모른다.

그러나 결국 탈선의 길로 빠져드는 수많은 복권 당첨자들의 사례에서도 볼 수 있듯이, 갑자기 많은 돈을 손에 쥐면 문제가 생길 수 있다. 풍족함이 문화를 넘어서면 어려움이 발생하는 것이다. 관습이나 체제가 수용할 수 있는 것보다 신용이 훨씬 빨리 확대되었을 때에도 이런 현상이 나타날 수 있다. 그렇기 때문에 부채가 그토록 큰 문제가 되는 것이다. 빚을 지면 우리가 관리할 수 있는 능력 이상의 재물이 즉시 손에 들어온다. 지난 30년간 신용 대출이 폭발적으로 증가하면서 사람들의 수입은 늘지 않았지만 지출에 제한이 없어졌기 때문에 이러한 상황은 특히 문제로 이어질 가능성이 높다. 기본적으로 우리는 모든 사람의 주머니에 백지수표와 금액을 적을 수 있는 펜을 함께 찔러 준 것이나 다름없다. 한 사람의 수입은 그 사람의 자기 규제 자원을 대략적으로 나타내 주는 합리적인 지표가 될 수 있으며, 막무가내 대출로 소득을 불리면 탈이 나는 것은 시간문제일 뿐이다.

자본주의의 두 예언자 베블런과 패튼

빚을 지더라도 백지수표를 현금으로 바꾸고 싶어 하는 우리의 의지는 돈을 대하는 인간의 태도 변화를 나타내는 지표다. 낭비가 검소함을 대체하게 된 것은 언제부터인가? 간단한 답은 바로 이것이다. 우리가 감당할 수 있게 된 바로 그즈음부터. 이 같은 변화는 미국이 가난한 나라에서 욕망의 나라로 탈바꿈하던 1880년대에서 1920년대의 사이 어딘가에서 본격적으로 시작되었다. 거침없는 경제성장은 자제심과 과묵함이라는 프로테스탄트 교도들의 덕목에 타격을 입힌 반면, 상인 계층의 부상은 오랫동안 몸에 밴, 사치에 대한 깊은 혐오감을 바꿔 놓는 데 큰 역할을 했다. 소비자 신용 대출을 쉽게 받을 수 있게 되었고, 종교인들은 지옥 불에 대해 부르짖는 대신 현재의 행복에 긍정적으로 다가서기 시작했다. 새롭게 들어선 대도시의 거대한 백화점은 여성들에게 최대한의 판매 역량을 펼쳐 보였고, 여성들은 자신들이 한때 품을 들여 만드는 것이 당연했던 물건들을 구입하는 쪽을 선호하게 되었다.

미국은 변했고, 미국인들 역시 변하고 있었다. 즐거움은 더 이상 의심의 눈길을 받지 않는다. 역사학자 윌리엄 리치William Leach는 미국이 "소비, 편안함과 안락함, 사치와 지출, 소유에 몰입한 사회, 작년보다 올해 더 많은 물건을 손에 넣으려는 사회"가 되어 간다고 말했다. 리치는 1912년 허버트 듀스라는 상인이 이야기했던 새로운 문화에 대한 요약을 인용한다. "새로운 문화는 오직 우리 자신, 우리의 즐거움, 우리의 삶에 대해서만 이야기한다. '기도하고, 복종하고, 스스로를 희생하고, 왕을 존경하며, 스승을 두려워하라.'고 말하지 않는다. 그 대신 이렇게 속삭인다. '마음껏 즐기고, 스스로를 보살펴라.' 이것이 바로 개인주의 시대가 대두하면서 나타나는 자연스럽고도 논리적인 현상이 아니겠는가?"[6]

매스컴과 도시 중산층의 등장에 힘입어 소비 지상주의는 폭발적으로 전파되었다. 1880년부터 1904년 사이에, 연간 피아노(이는 풍요의 민주화를 상징적으로 나타내는 품목이다.) 매출은 3만 2000대에서 37만 4000대로 증가했다. 찰스 R. 모리스Charles R. Morris가 단언했던 것처럼 "1880년대와 1990년대의 미국처럼 신제품을 폭발적으로 선보인 사례는 역사상 유례를 찾을 수 없다."[7]

이 모든 쇼핑 현상은 두 명의 사회 이론가의 관심을 끌었는데, 그중 한 명은 유명한 학자이고 다른 한 사람은 역사 속으로 사라진 인물이다. 현대인들이 지금은 이름조차 희미한 사상가가 제시한 원칙에 따라 살아간다는 것은 검소함과 애증의 관계를 유지해 온 미국 역사의 또 다른 아이러니라 하겠다.

우선 잘 알려진 사람부터 시작해 보자. 이곳저곳을 떠돌았던 노르웨이계 미국인 경제학자 소스타인 베블런Thorstein Veblen은 과시적 소비 이론으로 잘 알려져 있다. (베블런은 1929년 대공황이 찾아오기 직전에 사망했는데, 그가 대공황을 목격했다면 씁쓸한 만족을 느꼈을 것이다.) 과시적 소비 이론이란 소비의 대부분은 다른 사람들에게 과시하기 위한 헛된 시도에 불과하다는 주장이다. 베블런은 소비 지상주의를 지위와 과시의 측면에서 설명했고, 경제학과 소비자 행위에 혁신적인 사고방식을 도입하여 큰 영향을 미쳤다. 규모는 좀 작을지 몰라도 베블런의 이론을 읽는 것은 프로이트나 다윈의 이론을 읽는 것과 같다. 일단 머릿속에 들어오면 다시는 세상을 예전과 같은 방식으로 보지 못한다.

인습 타파주의자였던 베블런은 자기 주변의 모든 과시적 소비를 비판했으며, 그것을 일종의 거대한 파티, 혹은 걷잡을 수 없이 경쟁적인 낭비

행위로 여겼다. 어쩌면 우리는 베블런의 주장을 검소함의 목소리라고 부를 수 있을지도 모른다. 그리고 일부 좌파 지식인들은 아직까지 그와 비슷한 주장을 펼치고 있다. 오늘날의 좌파 지식인들은 종신 재직권을 누리며 아기자기하게 꾸민 집에 살면서 다른 사람들의 소비를 마음껏 비난한다. (여기서 다른 사람이란 대부분 중산층을 의미한다. 가난한 사람의 소비를 비난하는 것은 보수주의자들의 몫이다.) 그들의 주장에 귀 기울이는 사람은 아무도 없다. 실제로는 그만둘 생각이 없는 잘못에 대한 속죄의 형태로, 주기적으로 스스로를 책망하는 사람들을 제외한다면 말이다.

검소함이 최후의 몸부림을 치고 있을 때 들려온 또 하나의 목소리가 있었으니, 이는 바로 사이먼 패튼Simon Patten의 주장이다. 패튼은 베블런과 마찬가지로 소비에 대한 확고한 신념이 있었으나 주류 학계에 제대로 적응하지 못한 경제학자였다. 패튼은 펜실베이니아대학교 와튼 경영 대학원의 종신 재직권을 바탕으로 마르크스가 두려워했던 바로 그것을 옹호했다. 따라서 오늘날의 관점에서 보면 지나치게 순진하고 심지어는 무신경하게 보일 수도 있다. 그의 주장은 기업과 소비자의 지출이 모든 구시대의 방식을 버리고 풍요로움의 원칙에 따라 세상을 재편해야 한다는 것이었다. 패튼은 풍요로움이 단조롭고 고된 노동의 짐을 덜어 자제력을 키우고, 풍요로움 가운데 인간의 덕목이 더욱 꽃피게 되리라 생각했다. 그러나 패튼은 우리가 진정 더 나은 삶을 살기 위해서는 풍요와 함께 적절한 교육과 외부적인 규제가 뒤따라야 한다는 점을 인정했다. 학교에서는 청소년들에게 풍요의 의미를 가르치고, 대학에서는 자기 절제와 다른 좋은 습관들을 심어 줄 수 있었다. 정부 역시 소비자 신용 대출 및 금융 투기에 대한 법적 규제를 마련하고(심지어 금주법을 옹호하기도 했다.) 세금과 재분배를 통해 계급 없는 사회를 만드는 등, 사회에는 나름의 역할이 있었다. 패튼은

규제 없는 수입과 소비는 "폭식과 악에 물든 사회를 만들 수 있다."고 거듭 경고한 바 있다.[8]

그러나 패튼이 베블런과는 달리 검소함을 찬양하기는커녕 이를 묻어버리면서 등장했다는 사실은 변하지 않는다. 패튼은 "체념하는 태도를 심어 주고" "욕구의 억압을 강조하는" 과거의 가치는 반드시 버려야 한다고 주장했다. "구속, 부정, 부인"은 구시대의 유물이었다. "원시 세계가 서서히 침몰하고, 유동화된 엄청난 부와 헤아릴 수 없는 자원의 땅이 등장하면서 사회구조가 바뀌어 가는 바로 그때, 도덕주의자들은 계속해서 희생의 원칙을 찬양했다."[9]

패튼은 당대에 매우 영향력 있는 인물이었고, 특히 자유주의자들이 애덤 스미스의 '보편적 풍요' 같은 것은 부끄러워할 게 아니라 그들이 추구할 목표가 되어야 한다는 점을 이해하는 데 상당한 도움을 주었다. 패튼은 특히 중세 시대의 고통받는 대중을 매료시킨 풍요로운 가공의 땅, 즉 현대의 유토피아와 같은 것을 실현할 수 있는 자본주의의 잠재력을 꿰뚫어 보았다. 그의 사상은 에이브러햄 매슬로Abraham Maslow나 허버트 마르쿠제Herbert Marcuse 같은 후대의 성취 지향적인 지식인들이 등장할 수 있는 토대가 되었다. 이들은 만족을 지연한다는 개념을 은연중에 (또는 노골적으로) 폄하하며, 죽을 때까지 행복을 미루는 것처럼 쓸모없는 자기만족에 지나지 않는다고 보았다.

조직적인 노동과 하루 여덟 시간 근무를 옹호하는 사람들 역시 풍요로움, 특히 소비를 포용하는 이 이론을 적극 지지했다. 예를 들어 조지 건튼George Gunton은 더 많은 소비는 노동을 위해 더 좋다는 전제에서 출발했다. 노동자들에게 여가 시간이 더 많이 주어지면 소비할 시간이 늘어나고, 이렇게 증가한 수요는 다시 노동 수요 증가와 급료 상승, 모든 사람의 생활수준 향상으로 이어진다. 건튼은 풍요를 순수한 선이라고 여겼으며, 제약에 대해서는 그다지 고민하지 않았다. 이러한 입장 때문에 건튼은 위험한 비탈길에 서게 되었고, 결국은 모든 종류의 소비를 정당화하는 방향으로 나아가다가 종국에는 1895년에 완성된 조지 밴더빌트George Vanderbilt의 빌트모어라는 건물을 과시적 소비라고 극찬하는 지경에 이르렀다. 이 비현실적으로 거대한 건물은 대지가 486제곱킬로미터에 방이 250개나 있었으며 화장실 43개, 벽난로 65개에 실내 수영장과 볼링장까지 갖추고 있었다.

하루 여덟 시간 근무 제도가 점진적으로 확산되었지만(또한 1916년에 연방법으로 규정되었다.), 건튼은 패튼이나 베블런과 같은 위상에 도달하거나 그만한 영향력을 발휘하지 못했다. 패튼과 베블런은 모두 중요한 방식으로 소비 지상주의에 대해 올바른 주장을 펼쳤다. 둘 중에서도 패튼이 진정한 급진주의자였다면 비현실적인 이상주의를 제외한 베블런은 보수적 성향을 띠고 있었다는 씁쓸한 사실이 드러난다. 결국 우리는 패튼이 예측한 세상에 살고 있는 것이며, 다만 이를 이해하기 위해 베블런의 언어를 사용할 뿐이다.

패튼과 베블런은 모두 풍요로움과 기술, 변화하는 사회 풍습이 합쳐져 재정적인 규제에 결정타를 가하던 1920년대에 세상을 떠났다. 하지만 대공황이 닥치자 더 중요한 또 한 명의 경제학자가 등장하여 검소함이 사라지는 현상을 지적으로 완벽하게 합리화했다. 패튼이 검소함이 사라지는 현상을 설명하기 위해 풍요로움을 동원했다면, 존 메이너드 케인스John Maynard Keyens는 풍요로움의 결핍을 사용하여 똑같은 결론에 도달했다.

성장에 박차를 가하는 것이 소비라고 여긴 케인스에게 검소함은 적이었다. 물론 저축은 좋은 것이지만, 지출을 하지 않으면 경제가 살아날 수 없기 때문에 사람들이 저축을 너무 많이 하면 모든 사람이 더 가난해지는 모순이 발생한다.(오늘날에는 '절약의 역설'로 잘 알려져 있다.) 경제적 건전성은 소비에 의존하고 있으므로, 대공황이라는 위기에 대한 케인스의 처방은 정부 지출을 늘려 개인 지출을 촉진하는 것이었다. 그는 필요하다면 정부가 땅에 돈을 묻어서 사람들이 그 돈을 파내면서 수입을 올리게라도 해야 한다는 말까지 했다. 모든 사람이 전처럼 다시 돈을 쓰기 시작하면 경제는 회복될 것이라는 주장이었다. 그리고 기본적으로는 케인스의 말이 맞았다.

제2차 세계대전 후(전쟁 중에 미국인들은 소득의 약 4분의 1을 저축했다.), 미국 경제는 힘차게 움직이기 시작했다. 1954년의 『풍요로운 사람들 — 경제적 풍요로움과 미국인의 특징People of Plenty — Economic Abundance and the American Character』이라는 연구에서 데이비드 M. 포터David M. Potter는 미국인들에 대해 이렇게 말했다. "사회는 개인에게 일정한 생활수준을 유지하도록 함으로써 자동차, 위스키, 텔레비전 세트 등 할당받은 양만큼의 물건을 소비하도록 기대한다. 여기서 스스로의 목표치를 소화한 사람은 '착한 사람'으로 간주되지만, 예전에는 분명 존경받았을 신중하고, 금욕적이고, 자제력이 뛰어난 검소한 사람들은 비웃음을 산다." 그로부터 2년 후 윌리엄 화이트William Whyte는 『조직 인간The Organization Man』에서 "검소함은 미국인답지 않은 특징이 되어 가고 있다."라고 말했다.[10]

자기 절제는 1960년대에 큰 난국을 맞았다. 이 시기 자기 절제의 해방은 운 좋게도 당대 대다수의 지적 과잉(또는 패션의 과잉)보다 오래 살아남았다. 이 역겨운 시대에 강조되었던 것은 단순히 자본주의자들이 이끈 독재적 사회통제로부터의 탈출이 아니라 그만큼이나 유래가 미심쩍어 보였던 자기 절제로부터 탈출하는 것이었다. 젊은이들이 향정신성 약물을 사용하기 시작한 것은 약물의 도움을 받아 초자아를 정복하려는 몸부림으로 볼 수 있다. 초자아는 너무나 음흉하게 영향력을 미쳐서 우리는 초자아가 위에서 줄을 당기며 우리를 억압하고 있다는 사실조차 인식하지 못할지도 모른다. 또한 초자아의 제약은 매우 친근하고 심지어 편안하기까지 하다. 동양의 신비주의, 명상, 자유연애, 그밖에 긴장을 풀고 본연의 모습에 가까이 다가가기 위한 모든 다른 수단도 혁명적인 격변의 일환이었다. 브링크 린지Brink Lindsey는 이러한 현상의 결과를 다음과 같은 비유로 요약했다. "육체적인 욕구와 물질적인 불안에서 자유로워지자 수백만에 달하는 미국인들이 매슬로의 피라미드를 타고 올라가기 시작했다. 자제심이라는 전통적인 프로테스탄트 정신을 저버리고 그 대신 유례가 없을 만큼 대대적으로 개인적인 만족을 추구하기 시작했으며, 그 과정에서 재산과 지위를 향한 끝없는 모험을 재발견하고 거기에 새로운 활력을 불어넣었다. 한때 언제까지나 행복하고 평온한 유토피아라고 상상했던 자유의 영역은 사실 충족할 수 없는 욕구가 무한히 경쟁하는 과열된 영역임이 드러났다."[11]

1960년대가 끝나고 1970년대가 찾아오면서 물가도 가파르게 상승했다. 물가 상승은 만족을 지연하겠다는 의지를 꺾는 데 강력한 힘을 발휘한다. 인플레이션은 내일이 되면 모든 것이 더 비싸질 거라는 기대 심리를 형성하므로 오늘 물건을 사는 것을 합리적인 선택으로 만든다. 지금 가진 돈은 앞으로 가치가 더 떨어질 것이므로 저축은 바보 같은 일이다. 반면 오늘 1달러를 빌리면 돈을 갚을 때쯤에는 1달러의 가치가 더 떨어질 것이기 때문에 돈을 빌리는 것은 현명한 선택이다. 돈의 가치는 돈으로 살 수 있는 물건만큼에 불과하다는 점을 잊지 말자. 인플레이션 추세가 굳게 자리 잡은 상황에서는 누구나 돈의 가치가 잠식되고 있다고 믿기 마련이다.

보다 느긋한 삶을 경험하며 자란 새로운 베이비 붐 세대가 성인이 되면서 미국에서는 인플레이션이 더 가속화되었다. 성장 과정에서 대공황과 제2차 세계대전으로 크게 희생해야 했던 부모들은 전후의 눈부신 경제 발전 아래 아이들을 중심으로 한 교외의 천국을 만들었다. 이러한 붐은 1970년대에 스태그플레이션경기 불황 중에도 물가는 계속 오르는 현상을 낳았고, 그 결과 로널드 레이건이 대통령으로 당선되었다.

1980년 대통령 선거에서 레이건의 상대 후보가 당시 재임 중이던 지미 카터였다는 점을 기억해 보자. 카터는 많은 유권자들과 코미디언들이 잔소리꾼이라고 생각했던 침례교도였다. 카터는 자기 절제의 화신과도 같았고 욕망을 마음속에 가둬 두었으며, 이란 인질 사건1970년대 후반~1980년대 전반에 걸쳐 미국인 50여 명이 이란 주재 미국 대사관에서 인질로 억류되어 있었던 사건 당시에도 엄청난 자제력을 보여 주었다. 카터는 사치와 불만에 대해 유권자들을 꾸짖었고, 심지어 베이지 색 울 카디건을 입고 나타나 난방 장치를 끄자고 호소했다. 카터는 마치 아리스토텔레스가 정의한 자제력 있는 사람, 즉 실제 욕구와는 달리 해로운 방종에 저항하는 사람과, 절제된 사람, 즉 실제로도 그다지 즐기지 않을 과잉을 단순히 삼가는 사람과의 차이를 스스로 증명하는 것 같았다. 이처럼 엄청난 자제력을 가진 대통령을 두 번 선출하는 것은 유권자들에게 쉽지 않은 일이었을 것이다.

로널드 레이건 대통령의 임기는 완전히 달랐다. 각자 스스로의 행동에 책임지는 수준을 제외하고는 더 이상 한계나 금욕주의, 또는 자제력을 중요한 요소로 생각하지 않았다. 레이건에게 물질적인 욕구는 수치스러워해야 할 것이 아니라 매우 타당하고 추구할 가치가 있는 것이었다. 레이건은 세금을 낮추고 노조에 강경하게 대응했으며 이전 정부의 규제 완화 추세를 더욱 확대했다. 카터와 레이건 정부에서 모두 연방준비제도이사회 의

장을 지냈던 폴 볼커는 인플레이션을 무자비하게 억눌렀으며 이자율을 인상함으로써 엄청난 규모의 노후 산업을 파괴했다.

베이비 붐 세대의 활력, 무한한 자본, 기술 혁신, 경제 활성화에 힘입어 대규모의 연금 자산은 점점 늘어나기 시작했고, 이러한 추세는 몇 차례의 차질을 제외하고는 21세기 초반까지 계속되었다. 여기에 아시아에서 들어오는 값싼 수입품과 근면한 이민자들, 그리고 볼커의 후임자가 옹호했던, 지금 돌아보면 말도 안 될 만큼 유연한 통화정책도 한몫 거들었다. 볼커의 뒤를 이은 사람은 자유방임주의를 지지하는 클라리넷 연주자 앨런 그린스펀Alan Greenspan이었다. 이 모든 요소의 영향은 엄청났고, 어쩌면 혁명적이라고까지 표현할 수 있을지 모른다. 역사학자 존 패트릭 디긴스John Patrick Diggins는 이렇게 설명했다. "1980년대에는 미국에 '에머슨Emerson, 청교도의 기독교적 인생관을 비판하고 개인주의를 옹호하여 목사직을 사임한 미국의 사상가의 시기'가 다가왔으며, 사람들은 국가 대신 자신을 믿으며 죄책감이나 수치심 없이 부와 권력을 추구하라는 이야기를 듣게 되었다. 레이건은 보수주의자이기는커녕 현대 미국 역사의 위대한 자유주의자였으며, 현 상황에 염증을 느끼는 정치적 낭만가였다."[12]

안타깝게도 개인에게 더 많은 재정적 권한을 부여하고 규제 철폐를 강조한 레이건 정부의 정책은 우리를 스스로에게 더욱 취약하게 만들었다.

누가 세계 경제를 위험에 빠뜨렸나?

"우리를 시험에 들게 하지 마옵시고 다만 악에서 구하옵소서." 예수가 신약성서에서 한 말이다. 레이건이 우리를 몇 가지 악에서 구해 주었는지는 모르지만, 디긴스가 내린 결론처럼 "레이건이 미국을 유혹으로 이끌었다."[13]라는 데는 이견의 여지가 없으며, 그 후 우리는 거의 멈추지 않고 지출해 왔다.

몇 가지 숫자로 대략적인 상황을 파악할 수 있다. 주택 담보대출은 1980년 초 10억 달러에서 2008년 경제 붕괴 당시에 1조 달러 이상으로 증가해 있었다. 레이건 정부 초기 이후 국내총생산GDP 대비 가구 부채는 두 배 이상 상승했다. 최근 다시 상승세로 접어들기는 했지만 국가 저축률은 2005년과 2006년에 제로로 떨어졌다. 레이건이 처음 대통령에 취임한 후 개인 파산율은 여섯 배로 늘어났다. 2008년 한 해에만 100만 명 이상이 개인 파산을 신고했다.[14]

어떻게 이 모든 일이 일어날 수 있었을까? 레이건이 소비를 정당화하기는 했지만 단순히 그것만이 이유는 아니다. 좀 더 구체적으로 살펴보면, 레이건 시대에는 소비자와 투자자로서 권리와 의무를 동시에 지는 선택의 자유가 엄청나게 확대되었다. 오늘날 재정 문제에 대한 개인의 책임은 그어느 때보다 높다. 고용주가 출자하고 관리하던 전통적인 연금은 점차 근로자 개인이 자금을 마련하고 직접 관리하는 자발적 노후 대비 상품으로 대체되고 있다. 이제 근로자들은 단순히 노후 자금을 따로 떼어 놓아야 할 뿐만 아니라 이 돈을 투자할 방법까지 궁리해야 하는 지경에 이르렀다. 멀게만 느껴지던 주택 담보대출은 이제 그것을 어렴풋이밖에 이해하지 못하는 국민들에게까지 확대되었다.

사람들 대부분은 이 멋진 신세계에 충분히 준비되지 않은 상태다. 내가 대학에서 한 학기 동안 대학원생들을 가르칠 때, 그들 대부분이 주식과 채권, 예금과 투자의 차이도 제대로 파악하지 못하는 것을 알고 깜짝놀랐다. 심지어 정부가 어디서 자금을 마련하는지에 대해서도 확실히 알지 못했다.(학생들은 세금이 주로 소득보다는 재산에 따라 부과된다고 생각했다.) 이름 있는 대학에서 고등교육을 받은, 세상에 대해 많이 아는 젊은이들이 돈에 대해 그토록 무지하다면 다른 사람들은 더 말해서 무엇하겠는가?

지식이 신중함을 보증하지는 않는다. 에드먼드 앤드루스Edmund Andrews 는 이렇게 썼다. "주택 담보대출 참사를 막았어야 할 사람이 있다면, 그건 바로 나다. 《뉴욕 타임스》의 경제부 기자로서, 나는 지난 6년간 연방준비 제도이사회를 감시하는 눈과 귀 역할을 했고, 앨런 그린스펀과 후임 의 장인 벤 S. 버냉키Ben S. Bernanke를 가까이서 지켜보았다. 2004년에는 마구 잡이식 주택 담보대출이 늘어나는 현상을 조기에 경고하는 기사를 몇 개 쓰기도 했다. 그러나 그 외에는 수백만의 다른 멀쩡한 사람들과 함께 부 동산 거품과 무모한 주택 담보대출 붐에 동참했다. 오늘날 우리는 이것이 재앙이나 다름없는 광란의 잔치였다는 것을 잘 안다."15

이제는 많이 알려진 이야기지만, 앨런 그린스펀과 중국 때문에 대출이 너무도 쉬워졌고, 고삐 풀린 은행들은 냉정함 대신 탐욕을 선택했으며, 소 비자들은 결코 상환할 수 없는 대출을 받아 흔하디흔한 대형 주택을 덥 석 사 버렸다. 레이건이 대통령으로 당선되었던 1980년에 미국의 가구 부 채는 1조 4000억 달러에 달했다. 당시에는 이것이 엄청난 수치처럼 보였 을 것이다. 2008년에는 그 수가 열 배로 증가했다. 그해에 100만 명 이상 이 개인 파산을 신고했다는 것이 과연 놀라운 일일까? 미국 금융 체제가 붕괴 직전까지 내몰린 것은 어쩌면 당연한 결과가 아닐까? 이런 모든 과 잉의 결과 미국인 전체가 소비에 잔뜩 취하게 되었다. 술에서 깬 그들은 술집 주인이 보낸 청구서를 보고 깜짝 놀라지 않을 수 없었다.

빚이 불명예로 간주되고 파산은 사실상 사회에서 버림받는 것이나 다 름없던 시대가 있었다. 사람들은 검소함의 문화에서 살았고, 그들의 소비는 많지 않은 수입과 소박한 사회 풍습뿐만 아니라 검소함을 지향하는 다양한 제도와 관행으로 제한을 받았다. 이러한 제도에는 지역 건물 및 대출 공동체(「멋진 인생It's a Wonderful Life」이라는 영화를 떠올려 보자.)부터 높은 계약금을 걸어야 하는 의무 조항이나 대출자가 부과할 수 있는 이자를 제한하는 고리금지법(高利禁止法)까지 다양한 규제책이 포함되어 있었다. 거미줄처럼 촘촘한 규제 덕분에 은행은 조용히 단순 영업을 수행했고, 적당한 수준의 이익을 남겼다.

그러나 1970년대의 인플레이션과 1980년대의 규제 철폐가 빠른 사회변화와 합쳐지면서 검소함의 문화가 점차 자취를 감추고 낭비의 문화가 자리 잡기 시작했다. 이는 특히 노동자 계급에 위협적인 현상이었다. 자기절제라는 문제에 관심을 두었던 학자 바버라 대포 화이트헤드Barbara Dafoe Whitehead는 이렇게 적었다. "잠재적인 소액 저축자는, 서브프라임 신용카드 발행업자와 주택 담보대출 브로커, 임대하고 나중에 구입하는 상품, 월급날 전에 높은 이자로 돈을 빌려 주는 대출업자, 자동차 담보대출업자, 세금 환급금 담보대출업자, 학생 대상 사채업체, 프랜차이즈 세무 대리인, 은행에서 바꿀 수 없는 수표를 수수료를 받고 현금으로 교환해 주는 점포, 주 복권 등 높은 수익을 올리는 새로운 금융기관의 먹잇감으로 남겨졌다. 한때 사회의 변방에 존재했던 이런 금융기관들은 이제 검소함에 대응하는 세력이 되어 엄청난 규모로 급속하게 확대되고 있으며, 수십만 명의 소비자들을 낭비와 과도한 부채 상태로 몰아넣고 있다. 오늘날 미국에는 이중의 금융 체계가 있다. 하나는 '투자자 계급'을 상대로 하는 금융 체제, 다른 하나는 '복권 계급'을 상대로 하는 금융 체제다."[16]

우리를 어려운 상황으로 몰아넣는다는 점에서 주택 담보대출에 견줄만한 유일한 금융 상품인 신용카드의 확대를 생각해 보자. 경제 위기 전에는 한 가족당 신용카드를 평균 열세 개씩 보유하고 있었고, 미국 가정의 40퍼센트는 신용카드 빚을 지고 있었다. 1970년에는 신용카드 빚이 있는 가정이 6퍼센트에 지나지 않았다. 은행 입장에서 신용카드는 (일반적으로) 수익성이 매우 높은 상품이며, 최근 미국 금융 체제가 붕괴 위기에 몰리기 전까지는 어디서나 신용카드 발급 권유를 받았다. 예를 들어, 뉴욕 주 교통국에서 자동차 등록을 갱신하라는 통보를 받았을 때에도 디스커버리 카드의 광고가 함께 들어 있었다. 카드를 발급하기만 하면 솔깃할 만큼 낮은 이자율과 기타 다양한 혜택을 받을 수 있다며 나를 유혹했다.

얼마나 공평한 성과인가. 무모한 투자뿐만 아니라 무모한 과소비의 가능성 역시 사실상 모든 미국인들에게 열렸다. 빚에 대한 태도 변화, 고리금지법의 폐지, 주가 상승과 주택 가격 상승에 따른 서류상의 재산 증가, 오르지 않는 월급 등 수많은 요소들이 영향을 미쳤다. 경제 위기가 닥칠 즈음에는 미국인 가운데 빚이 없는 사람의 비율은 50년 전의 42퍼센트와 비교해 볼 때 절반 가까이 떨어졌다.

최근 금융 위기가 닥친 데에는 여러 가지 원인이 있지만 이번 위기가 자제력 측면에서 엄청난 규모의 실패를 나타내는 것만은 분명하다. 하지만 이렇게 말한다고 해서 결코 무모하게 행동한 부자나 권력자들에게 면죄부를 주겠다는 것은 아니다. 모건 스탠리의 존 맥John Mack 회장은 심지어 "우리는 스스로를 통제할 수 없다."라고 인정하기까지 했다. 그러나 그렇다고 이익을 내려는 가지각색의 감언이설에 속아 미래에 대해서는 조금도 생각 하지 않고 신용카드, 주택 담보대출을 통해 거듭 대출을 쌓아 올린 노동자 계급과 중산층을 옹호할 생각도 없다. 그리고 모든 것이 끝났을 때, 즉 엄청난 충격과 함께 모든 것이 무너지는 피할 수 없는 결과가 나왔을 때, 사람들은 자신들에게 그 모든 돈을 빌려 준 은행과 은행이 그렇게 하도록 용인한 정부를 비난했다. 그들은 자신들을 인도해 줄 어른은 어디 있었느냐며 울부짖었다. 더 중요한 것은 우리가 꼭 필요할 때 "우리는 적을 만났고, 그 적은 바로 우리 자신이다."라고 일깨워 줄 포고^{Pogo, 만화 주인공으로, "We have met the enemy and he is us."라는 대사로 유명함}는 어디 있었느냐는 것이다.

6 자제력과 사회 변화

희망 없는 결혼을 끝내는 것을 용인할 만큼 관대한 계약은
기회주의적인 전환을 막을 만큼 엄격할 수 없다.
— 로버트 프랭크(Robert Frank)

프랭클린과 엘리너 루스벨트는 40년간 결혼 생활을 유지했으며, 1945
년에 프랭클린 대통령이 세상을 떠나고서야 두 사람의 인연은 끝을 맺었
다. 루스벨트 부부가 이혼했다면 과연 더 행복했을까? 쉽게 판단할 수 없
는 문제다. 우리가 아는 것은 단지 여러 고난에도 불구하고 두 사람은 헤
어지지 않았다는 것과, 때때로 고통스러운 두 사람의 동반자 관계에서 긍
정적인 것이 많이 비롯되었다는 사실이다.

하지만 프랭클린과 엘리너의 다섯 자녀들은 달랐다. 그들은 슬하에 스
물아홉 명의 자녀를 두었으며, 그 과정에서 열아홉 번의 결혼과 열다섯
번의 이혼을 겪었다. 결혼이 절대 변하지 않는 엄격한 계약과 같은 것에서
십중팔구는 깨지고 마는 합의로 진화한 것은, 현대의 딜레마와 사회적 변
화가 자기 절제 영역을 바꿔 놓은 방식에 대해 많은 것을 시사한다.

『오즈의 마법사*The Wizard of Oz*』에서 도로시가 말했듯이, 우리는 더 이상

캔자스에 있는 것이 아니다. 한때 우리의 행동을 제한하는 데 매우 효과적인 힘을 발휘했던 작은 마을 공동체들도 더 이상 존재하지 않는다. 여성의 역할도 50년 전과는 크게 달라졌다. 오늘날 미국인들은 예전보다 더 부유하고, 자주 이동하며, 혼자 살 가능성이 높다. 평균수명도 훨씬 늘어났다. 현대 의학으로 치료받았다면 프랭클린 루스벨트도 더 오래 살 수 있었을 것이다. 혼전 성관계는 당연한 것으로 간주되고, 피임과 젊은 시절 마약에 대한 약간의 실험도 묵인된다. "(마약을) 빨아들이지는 않았다."^{정치}

<small>인들이 젊은 시절에 대해 자주 하는 말로, 마약에 손대 본 적이 없다고 하기는 어려우므로 마약을 접해 보기는 했지만 실제로 흡입하지는 않았다는 의미임</small>라고 말하는 그 모든 정치인들을 생각해 보라. 동성애도 당당하게 드러낼 수 있게 되었다. 두 번째 직업, 두 번째 주택, 두 번째 배우자, 심지어는 두 번째 어린 시절(노망)도 드물지 않다.

이러한 변화는 구조적인 사회 적응의 일환이다. 선진국에서는 기존의 전통적인 사회구조에서 벗어나 개인의 선택과 자아 발견 쪽으로 나아가고자 하는 변화가 일어나고 있다. 이슬람 세계를 제외하고는 교회와 이데올로기가 더 이상 개인의 행동에 대한 관습적인 금기라고 할 만한 것을 제공하지 않는다. 공산주의는 크고 작은 압제와 함께 종말했고, 도널드 바셀미Donald Barthelme의 소설 속 등장인물이 말했듯이 이제 아편은 사람들의 마취제가 되었다.

맙소사, 얼른 한 가지를 추가하도록 하자. 자신이 무엇을 해야 한다고 누군가 지시해 주기를 바라는 사람이 어디 있겠는가? 돈도 마찬가지다. 많은 사람들이 부를 비난하기는 하지만 내가 아는 사람 중에서 진정으로 가난해지고자 하는 사람은 없다. 그러나 이러한 변화로 과거에 외부에서 부과되던 제약이 사라지자 이제 우리 각자는 스스로에게 의지할 수밖에 없는 상황이 되었다. 역사학자 토니 주트Tony Judt는 1960년대에 사회혁명이 일어나기 전의 억압된 삶을 묘사하면서 이렇게 회상한 바 있다. 예전에 "우리는 부모의 윤리적인 틀 안에서 살고 있었다. 차가 없었기 때문에 데이트하기란 쉽지 않았고, 집은 사생활을 보장하기에 너무 작았다. 피임이 가능하기는 했지만 약사의 따가운 시선을 정면으로 받아 낼 각오가 있을 경우에만 그랬다. 소년 소녀를 막론하고 모두가 순수하고 무지하다고 생각할 만한 충분한 근거가 있었다. 내가 아는 대부분의 소년들은 남학교를 다녔고, 여자라고는 거의 만날 기회가 없었다."[1]

이 커다란 변화는 어떻게 설명할 수 있을까? 간단히 말해 오늘날에는 사회적 계약이 훨씬 더 자유로워졌는데, 단지 그것이 가능해졌기 때문이다. 정치학자 로널드 잉글하트Ronald Inglehart의 말대로 "세계 대부분의 지역에서 규율이 잡히고, 자제심 있고 성취 지향적인 산업사회의 규범 대신 개인이 선택한 삶의 방식과 자기표현에 대한 폭넓은 자유가 자리 잡았다."[2]

이는 위대한 성과지만 여기에는 희생이 따랐다. 근대 사회학의 아버지라고 불리는 에밀 뒤르켐은 1898년에 자유, 풍요로움, 기술에 따르는 위험, 특히 아노미(법이 없다는 뜻의 그리스어 anomia에서 유래했다.)라고 부르는 상황의 위험성에 대해 경고했다. 아노미는 분명한 규범, 표준, 또는 이상이 없는 상태를 의미한다. 아리스토텔레스가 목적이나 목표를 의미하는 '텔로스telos, 목적'의 중요성을 강조한 반면, 뒤르켐의 철학에서 아노미는 일종의 공백 상태이며, 빠른 변화가 일어날 때 자주 관찰되는, 아무 목적도 없는 의기소침한 상태다. 뒤르켐은 사람은 서로 맞물리며 가치 체계를 제시해 주는 네트워크와 제도의 그물 안에서 살아야 한다고 생각했다. 그러한 가치가 없으면 우리는 극단적으로 이기적이고 욕망에 충실하게 행동할지도 모르기 때문이다. "인간이 속한 집단이 약해질수록 인간은 집단에 덜 의존하게 되며 결과적으로 자신 이외에는 의존할 곳이 없어진다. 그래서 결국 개인적인 흥미를 바탕으로 한 것 이외에 다른 행동 규범을 인식하지 못하게 된다."[3]

　이것은 오늘날 대다수 사람들이 살아가는 세계와는 몹시도 동떨어진 시각이었다. 심리학자 조너선 헤이트Jonathan Haidt는 이렇게 말했다. "뒤르켐의 사회는 자기표현보다는 자기 절제를, 권리보다는 의무를, 외집단(外集團)에 대한 우려보다는 소속집단에 대한 충성심을 더 가치 있게 여겼을 것이다." 이러한 사회의 모범은 계층구조로 된 가족이지만, 아시아를 제외한 대다수 선진국에서는 이러한 형태의 가족이 사라져 가고 있다. 이혼율이 증가하면서 자녀들은 부모들이 가하던 제약의 허술한 틈을 파고들었다. 단순히 한쪽 부모를 다른 쪽 부모에게 맞서게 하는 것만으로도 부모의 권위가 떨어졌다. 자녀가 성장하면 부모에게서 멀리 떨어진 곳으로 이주하는 것이 자연스러워졌고, 부모의 은퇴가 가까워지면 반대 현상이 나타나면서 구성원들의 행동을 철저하게 제한하던 가족의 유대가 더욱 약해졌다. 대부분의 문화권에서 가족의 역할은 경제적 생산 단위에서 감정적인 만족감을 주는 집단으로 진화해 왔으며, 가족의 고유한 기능은 훈육에서 관용으로 변화했다. 가족이 분열되지 않고 그대로 유지될 가능성이 낮아졌고, 아버지의 존재도 가부장제 시절처럼 권위를 가지지 못할 가능성이 크다. 나는 딱히 어머니가 아버지의 역할을 대신하고 있다고 보지 않는다. 물론 이러한 역할을 외부에서 찾는 경우도 있다. 태권도장처럼 아이들을 위한 무술 학원이 인기를 끄는데, 군기 잡는 능력으로 선발된 강사가 존중, 시간 엄수, 예의, 존경심 등을 아이들에게 요구한다. 과거 가부장제 시절 아버지들이 하던 바로 그 역할이다.

　이렇듯 가족의 역할에 변화가 일어나자 젊은이 중심의 문화가 발전하게 되었고, 그 결과 불가피하게 인내, 신중함, 그리고 성숙함과 관련된, 언뜻 따분하게 들리는 가치가 폄하될 수밖에 없었다. 이러한 환경에서는 '자유분방함'이 미덕이다. 단지 젊은이들이 그렇게 행동하기 때문만이 아니라 나이든 사람들 역시 아직 젊다는 것을 스스로와 다른 사람들에게 증명하기 위해 이러한 추세를 포용했기 때문이다. 다른 말로 하면 우리는 머리를 염색하는 것과 똑같은 이유로 스스로의 행동을 채색할 수 있다. 한때 반바지를 입은 소년들이 어른처럼 입고 싶어 안달했다면 이제는 다 자란 어른이 아이처럼 옷을 입는다. 역사학자 엘리 자레츠키Eli Zaretsky는 20세기에 대해 이렇게 썼다. "사람들은 전통적인 가족 중심의 도덕에서 멀어지고, 자제력과 검소함에 대한 집착을 버렸으며, 성적인 요소가 강조된 대량 소비의 '꿈의 세계'로 입성했다."4

행복한 결혼 생활을 위하여

프랭클린과 엘리너가 결혼한 1905년에는 대부분의 젊은 남녀가 결혼할 때까지 집에서 부모님과 함께 살거나 다른 사람의 집에 살면서 수입의 대부분을 부모에게 맡겼다. 당시에는 좋건 나쁘건, 이혼에 이르는 경우는 열 건 중 한 건에 불과했다.

그 후 결혼의 변화 양상은 기술, 풍요로움, 자기 절제의 문제에 대한 사회 변화의 복합적인 영향을 보여 준다. 루스벨트 부부가 백년가약을 맺은 후 100년이 흐르는 동안 쉽게 복용할 수 있는 피임약이 등장하면서 사람들은 보다 쉽게 혼외정사를 즐기게 되었다. 피임약은 어쩌면 20세기의 가장 중요한 발명품이라고 생각할 수 있을지도 모른다. 여성들은 참정권을 손에 넣었고, 결국 합법적인 낙태를 비롯한 여러 가지 권리들을 누리게 되었다. 여성의 소득이 증가하면서 전통적인 가부장적 결혼 구조가 흔들리게 되었다. 이혼법의 변화(대중이 뽑은 입안자들이 제정한) 덕분에 불행한 결혼을 더 쉽게 끝낼 수 있었다. 또한 이혼이 사회적 불명예로 여겨지던 시대는 오래전에 지나갔다.

프랭클린과 엘리너의 시대에는 결혼이 상당히 효과적인 예방 도구였다. 결혼은 구속력을 가졌으며 (표면적으로는) 다른 잠재적인 파트너와 접촉하지 못하게 했고 이혼으로 치러야 할 대가를 높임으로써 행동을 제약했다. 과거의 결혼은 코르셋과 비슷한 성격이 있었다. 보기에는 좋을지 모르지만 일단 착용하고 나면 불편할 정도로 뻣뻣했고, 특히 여성들에게 더 큰 제약을 가했다. 그러나 쉽게 끝나 버리는 현대의 결혼은 양상이 매우 다르다. 양쪽에서 충동을 억누르지 않으면 동반자 관계가 무너지기 때문이다. 오늘날의 결혼은 자기 절제를 강화하는 것만큼이나 그것을 소모한다. 어쩌면 소모량 쪽이 더 많을지도 모른다.

이러한 모든 변화에도 불구하고 미국인들이 결혼을 좋아한다는 사실은 변하지 않았다. 1830년대에 알렉시스 드 토크빌Alexis de Tocqueville은 미국에 대해 이렇게 썼다. "결혼이라는 유대가 미국보다 더 존중되는 나라는 없다." 그러나 오늘날 미국에서 사회적 제도로서 결혼의 중요성은 유례 없는 수준으로 하락했다. 1인당 결혼 건수가 줄었고, 결혼 연령도 높아졌다. 이러한 추세가 변하지 않는다면 오늘날 모든 결혼의 절반은 결국 이혼으로 끝날 것이다.

그러나 우리는 여전히 포기하지 않는다. 미국은 비교할 만한 대부분의 국가들보다 결혼에 긍정적이다. 미국인들은 극도로 결혼을 원하고 또 믿는다. 그러나 미국인들은 다른 나라 사람들보다 개인적인 충족감에 더 집착하는 경향이 있기 때문에 불만을 안고 살기보다는 무언가 새로운 것을 추구할 가능성이 크다. 이렇듯 상충되는 미국인들의 가치에 의해 격동의 부부 관계가 형성된다. 미국인들은 결혼과 이혼 모두에서 높은 비율을 보이며, 동거를 하는 기간도 짧고(빈도도 많고), 아이의 아버지와 함께 살지 않는 여성이 아이를 출산하는 비율도 높다. 높은 가정 내 관계의 유동성 때문에 미국의 가족생활은 대개 매우 불안정한 양상을 보인다. 결혼을 연구하는 학자 앤드루 J. 셜린Andrew J. Cherlin은 이렇게 관찰했다. "미국만큼 결혼 및 동거 비율이 높은 나라는 없다."[5]

미국인들의 높은 이혼율이 자제력과 연관되어 있을지도 모른다면 놀라겠는가? 미국에는 사실상 두 가지 형태의 결혼이 있다. 하나는 교육받은 사람들의 결혼, 그리고 또 하나는 그렇지 못한 사람들의 훨씬 불안정한 결혼이다. (이를 덴마크와 이라크의 차이라고 생각해 보자.) 대졸 여성들은 모든 자제력 테스트에서 가장 높은 점수를 기록했는데, 이들의 이혼율은 학위가 없는 여성들의 이혼율보다 훨씬 낮다. 여기서 고등교육은 보다 뛰어난 충동 조절 능력과도 관련된다.

미국인들은 때때로 이혼의 만연에 대해 탄식한다. 그러나 무책 이혼법 no-fault divorce law, 어느 한쪽에 책임이 없는 경우에도 이혼이 성립될 수 있다는 법을 뒤집자는 주장에는 거의 관용을 베풀지 않는다. 비록 미국인들이 대부분의 서구 국가들보다 무책 이혼에 대한 숙려 기간이 짧다고 해도 말이다. 앞서 살펴본 바와 같이 속도는 자제력을 무너뜨린다. 그러나 무책 이혼을 금지한다고 해도, 끔찍한 결혼 생활을 지속시켜 여성을 희생양으로 만드는 것 외에는 별다른 차이가 없을 것이다. 게다가 무책 이혼이 금지된 지역에서는 부부들이 이혼법이 요구하는 책임 소재를 임의로 지어내는 경우가 많다. 가난한 부부들의 재정 부담을 덜어 주는 것이 이혼율을 낮추는 데 도움이 될지 모르지만 미국인들이 지금보다 훨씬 가난하게 살았던 과거에는 이혼율이 오히려 더 낮았다.

진정 대대적인 변화를 겪은 것은 법이 아니라 바로 우리다. 나는 자신의 행복을 일순위로 놓겠다는 우리의 의지가 더 크다고 생각한다. 결혼 생활에 충분히 만족하지 못하는 사람들은 헤어지기를 바라고, 이러한 결혼을 유지하게 하는 사회적 압력은 더 이상 존재하지 않는다. 과연 사회적 압력이 존재해야 하는가? 어쩌면 그럴지도 모른다. 흡연과 마찬가지로 약간의 사회적 압력은 상당히 긍정적인 효과를 가져올 수 있다. 담배를 끊으면 제삼자도 혜택을 입는다. 지난 50년간 결혼에 일어난 변화에는 암묵적으로 아이들보다 어른을 우선순위에 놓는 사고방식의 변화가 포함되어 있다.

이혼이 아이들에게 얼마나 나쁜 영향을 미치는가에 대해서는 논란의 여지가 있지만(일부 학자들은 이혼보다는 가정불화, 빈곤, 가족의 불안정성이 아이들에게 더 큰 문제라고 주장한다.), 높은 결혼 및 이혼율이 아이들에게 긍정적이라고 주장하는 사람은 보지 못했다. 우리가 아는 사실은 이혼 가정에서 아이들은 자살, 비행, 마약 및 알코올중독, 성적 저하, 가정 학대를 비롯한 여러 가지 문제를 겪을 가능성이 높다는 점이다. 게다가 이 아이들은 성장한 후에 이혼할 확률 또한 높다.

동거를 살펴보면 상황은 더 암울하다. 미국의 높은 가족 개편율은 선진국들 사이에도 독보적이다. 부모들이 만남과 헤어짐을 자주 반복함으로써, 미국의 아이들은 상당한 대가를 치르고 있다. 우리는 오늘의 충실함을 위해 다음 세대에게 크나큰 고통을 떠넘기고 있는지도 모른다. 만약 그렇다면 우리는 과소비 및 과도한 지구온난화와 마찬가지로 현재를 위해 미래를 희생하는 것이다.

간단한 답은 없다. 현대의 가정생활에서 잃어버린 것은 나중에 다른 사람들에게 이익이 되도록 지금 우리의 행동을 바꿔 주는 강력하고 견고한 구조다. 대신 우리는 수많은 선량한 여성들의 삶을 구했다. 결혼을 연구하고 있지만 본인들은 아직 미혼인 경제학자 벳시 스티븐슨Betsey Stevenson 과 저스틴 울퍼스Justin Wolfers는 "장기적으로 보면 무책 이혼을 채택한 주에서 여성 자살률이 전체적으로 약 20퍼센트 하락했다."는 사실을 발견했다. 1976년에서 1985년 사이에 이러한 주에서는 가정 폭력 발생률도 약 3분의 1가량 감소했다. 일방적 이혼은 여성 살해 사건 감소에도 도움이 되었을지 모른다. 경제학자들은 폭력이 상당히 많이 줄었기 때문에 이 제도가 일부 끔찍한 결혼 생활에 종지부를 찍었을 뿐만 아니라 현재 진행 중인 결혼 생활에도 영향을 미쳤으리라는 결론을 내렸다. 이혼이 쉬워지자 남편들은 어쩔 수 없이 아내들에게 더 잘해 주게 된 것이다. 미셸 드 몽테뉴는 아마 이 사실에 놀라지 않았을 것이다. 그는 로마에서 "그토록 오랫동안 결혼이 존중되고 단단하게 유지되어 온 이유는, 의지가 있다면 결혼을 깰 자유가 있었기 때문이다. 남편들은 아내를 잃을 수도 있기 때문에 아내를 더 사랑했다."라고 주장했다.[6]

원하는 대로 이혼할 수 있는 시대에는 법적인 문제조차 의미를 잃고 있다. 나의 한 지인은 성대하고 화려한 결혼식에 참석한 이야기를 들려주었는데, 참석한 하객들 가운데 신랑 신부의 비밀을 아는 사람은 얼마 되지 않았다고 한다. 두 사람의 결혼이 혼인 신고서 없는 가짜 결혼이었다는 비밀을 말이다. 신랑 신부는 혼인 신고서를 제출하면 높은 세금을 물어야 하기 때문에 국가에는 알리지 않고 결혼의 이점을 누리는 편이 낫다고 판단했다. 그러나 누가 이 비밀을 누설하기라도 하는 날에는, 헤어지지 않기 위해 스스로에게 가하던 사회적 압력이 무너지기 때문에 비밀을 지키는 것이 매우 중요했다.

좋든 싫든, 어떤 사람들은 강력한 책임 장치로서 결혼의 위상을 되살리기 위해 노력했다. 루이지애나, 애리조나, 아칸소 주는 절차가 조금 더 복잡하고 일단 시작하면 쉽사리 발을 뺄 수 없는 '계약 결혼'을 허용한다. 대체로 계약 결혼은 기독교 복음주의의 산물로 보이며, 계약 결혼을 허용하는 주에서도 실제로 이를 선택하는 사람은 많지 않다. 굳이 계약 결혼을 선택하는 사람은 아마도 원래부터 이혼할 가능성이 가장 낮은 사람들일 것이다. 그러나 계약 결혼의 개념이나 이와 유사한 형태는 폭넓게 적용될 가치가 있으며, 이는 단순히 아이들을 위해서만이 아니다. 선택을 되돌릴 수 없을 때 사람들이 자신의 선택에 더 행복해한다는 연구 결과도 있다. (계약 결혼 역시 이혼이 가능하나, 일반적으로 징역이나 간통 등 매우 한정된 근거에 한해서만 가능하다.) 계약 결혼은 서약으로서의 결혼의 기능을 다시금 분명히 하고자 하는 것이다. 예전에 결혼이 단순히 법적으로 허용된 동거 이상의, 무언가 다른 것을 의미했던 것처럼 말이다. 그리고 나는 정부가 개인에게 자발적으로 자신의 행동을 제한할 수 있는 방법을 제시한다는 발상이 마음에 든다. 이에 대해서는 뒤에서 보다 자세히 설명하겠다.

한편 사람들은 스스로도 이러한 조치를 취할 수 있다. 예를 들어 혼전 합의서에 결혼이 실패로 끝날 경우 부부 자산의 상당 부분을 제삼자(이 계약을 알고 있으며 해당 자산을 인수하기 위해 노력하는)에게 주겠다는, 법적으로 구속력 있는 서약을 담을 수도 있다.《월 스트리트 저널》블로그에서는 이혼을 피하는 데 도움이 되는, 이와 유사한 사례를 보도하기도 했는데, 부정을 저질렀을 때 엄청난 벌금을 부과하는 혼전 서약이 그것이다. "부정을 저지른 배우자는 상대방에게 자신의 자산 중 일정 비율을 지불한다."[7]

가족의 붕괴는 조용히 우리의 자제력에 타격을 가하는 또 다른 요소, 즉 외로움으로 이어질 확률이 높다. W. H. 오든W. H. Auden이 정확하게 관찰했듯이, "자유로움은 많은 경우 외로움을 의미"하는데, 실제로 오늘날 우리는 너무도 자유롭다. 게다가 사회적 고립 또한 증가하는 것으로 보이며, 학자들은 이것이 과식, 나쁜 식습관, 약물과 알코올 남용, 폭식증, 자살과 관련이 있다고 말한다. 이 모든 현상은 근본적으로 사람들이 현재에 비해 미래의 가치를 지나치게 낮게 평가하고 있음을 보여 준다. 외로운 사람들은 집중하는 데 더 큰 어려움을 겪으며(주의 집중력 관리는 자제력의 핵심 요소다.), 이혼할 가능성이 높고, 이웃 및 동료들과의 갈등에도 자주 휘말린다. 또 외로운 사람들은 운동도 덜 하고 수면의 질도 낮다.[8]

외로움은 행동 측면에서 자제력을 뒤흔들 뿐만 아니라 최적의 건강을 위해 체내 시스템을 통제하는 인간이라는 유기체의 무의식적인 역량도 약화시킨다. 외로움에 대해 오랫동안 연구한 심리학자 존 카치오포John Cacioppo는 외로움이 "몸속 깊숙이 자리 잡은 핵심적인 세포 과정을 방해한다."고 말했다. 외로움은 우리의 면역 체계에 타격을 주고, 심혈관계 기능을 약화한다. 외로운 사람들은 해로운 음식과 약물, 알코올 등에 저항할 능력이 떨어지기 때문에 결국 외로움은 "수백만 명의 사람들을 예정보다 일찍 무덤으로 이끌"지도 모른다.[9] 예를 들어 미각 테스트라는 명목 아래 실시된 한 연구에서는 외로운 사람이 과자를 더 많이 먹었고, 과자의 맛에 대해 더 긍정적으로 평가했다. 토마스 만Thomas Mann의 소설 『부덴브로크 가의 사람들』에 등장하는 나이 든 가장 토마스 부덴브로크 역시 외로움과 흡연으로 비슷한 문제를 겪었다. 무려 1874년에 이 평범한 남자는 자신이 왜 담배를 포기할 수 없는지 의사에게 설명하면서 고립에 대해 이렇게 털어놓았다. "너무나 절절한 외로움이란 말입니다……."[10]

숭고한 믿음의 힘

가족의 목적이 변했다면 삶의 목적도 변했을 것이다. 역사학자 대린 맥마흔Darrin McMahon은 "단순한 즐거움이 아니라 미덕이나 명예와 같은 요소들을 삶의 목적으로 삼는 경향이 꾸준히 줄어들고 있다."고 말했다. "좋은 느낌이나 긍정적인 감정을 최우선으로 생각하는 세계에서 다른 목표들은 예전처럼 우리의 선택을 유도하고 제한하는 힘에 가까이 다가갈 수 없다. 오랫동안 궁극적인 목표로 간주되어 왔던 종교에도 비슷한 현상이 일어나고 있다. 오늘날에는 종교적인 의식이 비교적 충실히 지켜지는 미국에서조차 종교가 더 나은 삶, 더 행복한 삶을 위한 수단으로 취급되는 경우가 적지 않다."[11]

물론 일부 종교적 제한은 터무니없이 독단적으로 보이기도 한다. 내가 자주 드는 예로는 두 가지 재료로 만든 옷을 입지 말라는 「레위기」의 구절이다. 그러나 대부분의 전통적 종교는 어떤 형태로든 금주, 성적 자제, 절제, 신중한 행동을 강조한다. 예를 들어 불교는 미리 조심하는 것을 포함하여 유혹을 피하는 여러 가지 합리적인 방법을 권장한다. 다른 사람도 아닌 마크 샌포드Mark Sanford, 행방불명 상태에서 불륜 상대와 밀월여행을 떠난 스캔들로 주지사 직에서 물러난 전 사우스캐롤라이나 주지사는 불륜 상대와 시간을 보내다가 아르헨티나에서 돌아온 후 이렇게 말했다. "스스로에게서 당신을 보호하기 위해 하느님의 법이 존재합니다."

샌포드의 탈선에도 불구하고, 종교적인 신념을 지닌 사람들이 그렇지 않은 사람들보다 큰 자제력을 발휘하는 것도 무리는 아니다. 아마도 종교가 현재보다는 인간의 영원한 영혼을 강조하는 경향이 있기 때문이거나, 최소한 일종의 신비로운 통합에 참여시킴으로써 그 웅장함 때문에 과소비와 불륜 등은 상대적으로 하찮고 바보 같아 보이게 만들기 때문일 것이다. 내세라는 개념 자체가 미래를 염두에 두는 행동 방식을 권장하며, 과거에는 죽기 직전까지 만족감을 지연하도록 요구했다. 물론 그때는 이미 너무 늦다는 점은 나도 인정하지만 말이다.

심지어 신앙심이 없는 나 같은 사람에게도 의미나 소속감, 또는 거칠고 위험한 세상에서 단순히 위안을 찾는 데 종교가 유용한 역할을 한다. 그리고 종교가 없는 사람들은 바람직하지 않은 욕망에 영합함으로써 의미나 위안을 추구할 가능성이 높다. 종교를 없애 버리면 사람들은 진공상태가 되고, 쇼핑 같은 행위로 이를 채우게 된다. 최근 인기를 모으는 영성 운동은 종교와는 다르다. 이 운동은 거의 아무것도 금지하지 않는다. 진정한 믿음이 없는 종교 활동 역시 별 효과를 거두지 못하는 것으로 보인다. 다른 가짜 약(플라세보)과 마찬가지로 종교적 의식도 효과를 거두려면 믿음을 기반으로 해야 하는 것이다.

종교가 아직 명맥을 유지하는 서구 사회에서도, 종교는 우리에게 해야 할 것, 하지 말아야 할 것을 이야기하는 데 전보다 덜 열성적이다. 약 1세기 전부터 목사들은 그 어느 때보다도 종교에 대한 낙관적인 견해를 내세웠다. 즉 본질적으로 여러분이 하는 일은 옳은 것이고 그것을 편안하게 받아들여야 한다는 것이다. 이렇게 함으로써 이들은 대중에게 영합하고자 했다. 대중은 영화에서 해피 엔딩을 기대하는 것과 마찬가지로 신으로부터도 좋은 감정을 바라기 때문이다.(「나는 탈옥수I am a Fugitive from a Chain Gang」나 「서부전선 이상 없다All Quiet on the Western Fron」, 또는 「탈주 특급Von Ryan's Express」을 생각해 보자. 오늘날의 상업 영화는 이렇듯 불행한 결말로 이어지도록 제작되지 않는다. 비극의 시대는 갔다.)

전통적인 종교 관습이 남아 있는 곳도 있지만, 앞서 소개한 아미시의 사례에서도 살펴보았듯이 그런 곳에서조차 현대사회가 제기하는 도전에 따라 자아와 자기 통제에 대한 압력이 조금씩 높아지고 있다. 이성과의 신체 접촉을 제한하는 쇼메르 네기아흐shomer negiah의 전통을 생각해 보자. 정통파 유대교도들은 결혼하지 않은 남성과 여성 사이의 상호작용이 너무 위험하다고 여겨 심지어 서로에게 닿는 것조차 금지했다. 이 관습은 세계 각국에서 진화했는데, 구성원들의 유대가 강한 공동체의 독실한 신자들의 경우 가족의 주선에 따라 나이가 차기 전에 결혼을 했다. 그러나 세상은 변했고, 그 결과 정통파 유대교인들은 남녀를 불문하고 20대 중후반 혹은 30대가 될 때까지 순결을 유지하는 데 어려움을 겪고 있다.

예시바대학교에서 학생들을 상담하고 있는 랍비 요세프 블라우Yosef Blau는 말한다. "역사적으로 사람들은 훨씬 어린 나이에 결혼을 했지요. 따라서 사실상 신체적으로 성숙한데도 그것을 표현하지 않고 억제한다는 개념 자체가 적용되지 않았습니다. 오늘날 요구되는 자기 통제의 수준은 그 어느 때보다 높습니다. 왜냐하면 사회가 매우 다르게 움직이기 때문입니다."[12]

7 그리스 인들의 방식

　이 책을 집필하면서 나는 자제력에 대한 산더미 같은 연구들을 발견했다. 독자들이 책을 읽고 있는 지금 이 순간에도 새로운 연구는 계속되고 있을 것이다. 신경 과학자들은 유혹과 억제의 문제를 생물학적으로 밝히기 위해 노력했으며, 심리학자들은 실험을 통해 어린 시절의 자제력으로 성인이 된 후의 성공 여부를 예견할 수 있음을 밝혀 냈다. 또 다른 학자들은 외로움, 포도당, 도시 생활, 군중, 피로 등 헤아릴 수 없이 많은 요인이 자기 절제에 미치는 영향을 연구했다. 어떤 과학자들은 자제력 부족이 이혼, 범죄, 비만, 중독과 연관이 있다는 연구 결과를 내놓기도 했다. 이들이 발견한 흥미로운 사실들은 우리가 누구인지, 그리고 우리가 어떻게 살아야 하는지를 이해하는 데 많은 도움을 준다. 이에 대해서는 곧 살펴볼 것이다.

　한동안 이러한 문제를 본격적으로 조사하다 보니, 박약한 의지의 최고 권위자는 종신 재직권이나 대학원 학위도 없고, 심지어 학생들의 머릿속을 자세히 들여다볼 자기공명영상MRI 장치도 없이 이 문제에 대처했다는 사실을 깨닫게 되었다.

그는 바로 고대 그리스 인들이다. 그들은 이 문제의 중요성을 이해했고, 이를 자신들의 사회체제 안에 도입했으며, 매우 세련된 방식으로 고찰했다. 그리스 인들은 자제력이라는 것이 시간뿐 아니라 자유의 문제라는 점을 분명히 인식했고, 즐거움은 다른 많은 것들과 마찬가지로 극단으로 치달을 때에만 해롭다는 것을 이해했다. 무엇보다 그리스 인들은 인간의 나약함을 인정하면서도 면죄부를 주지는 않았다.

이 모든 문제에 대한 그리스 인들의 심각한 우려는 일찍부터 분명하게 드러났다. 플라톤과 아리스토텔레스의 시대보다 훨씬 전에 호메로스가 자신의 위대한 서사시에서 욕구와 자제력을 노래했던 것이다. 『일리아스』와 『오디세이아』는 전장을 휘젓는 영웅도 사실 모두 연약한 존재에 불과하다는 주제로 가득 차 있다. 심지어 신조차도 욕망에서 자유로울 수 없다. 아프로디테가 아레스와 사랑을 나누는 장면을 남편인 헤파이스토스에게 들켰을 때, 헤파이스토스는 두 사람을 사슬에 묶어 모든 신들이 그들의 수치스러운 모습을 보도록 했다. 유혹은 우리 모두를 괴롭힌다. 『일리아스』가 유혹에 굴복한 결과를 다루었다면(헬레네는 결국 유혹을 의인화한 존재다.), 『오디세이아』는 유혹을 극복하는 과정에서 인간이 보여 줄 수 있는 영웅적 행위에 대한 작품이다. 특히 호메로스의 이 두 번째 서사시는 진지하게 자기 절제를 추구하는 사람이라면 절대 간과해서는 안 될 교과서다.

자기 절제 모범생 오디세우스

오디세우스 외에 누가 이 이야기의 주인공이 될 수 있을까? 영웅으로서 오디세우스는 모든 것을 갖추고 있었다. 힘, 용기, 그리고 여신들의 눈길을 사로잡을 만한 성적 매력까지. 오디세우스의 가장 잘 알려진 자질, 오랫동안 그를 정의해 온 역량은 명민함(궁극적으로 전쟁에 종지부를 찍었던 트로이 목마 작전을 세운 것도 바로 오디세우스였다. 호메로스는 그를 "약삭빠른" 오디세우스라 불렀다.)과 끈기(오디세우스는 고향으로 돌아가는 것을 결코 포기하지 않았다.)였다. 오디세우스의 가장 큰 장점은 바로 이 두 가지 역량을 조합하는 능력이었고, 이것이 오디세우스가 지닌 뛰어난 자제력의 바탕이 되었다.

오디세우스가 갖춘 것은 엔크라테이아enkrateia로, 이는 대략 '자기 통제'라는 의미다. 여기서 엔크라테이아는 갈등을 나타내는 것으로 보이는데, 이것은 내면의 갈등을 의미하는 동시에 자유와 속박 사이의 갈등을 의미하기도 한다. 패배는 곧 지배를 의미하기 때문이다. 전쟁에서 패한 후 여성들에게는 바로 이런 일이 일어났으며, 약한 의지는 곧 남성성의 상실을 의미했다. (그리스 인들을 비롯한 많은 사람들은 유혹을 여성과 동일시하는 경우가 많았다.) 유혹은 언제나 위협이었기 때문에 남성에게는 위협이 항상 그림자처럼 따라다녔다. 자제심은 방심하지 않는 것을 의미했고 그렇게 하기 위해서는 경계심이 필요했다. 소크라테스는 경계하며 이렇게 말한 바 있다. "가련한 자여, 아름다운 젊은이에게 입을 맞추면 무슨 일이 생길지 알기나 하는가? 그 즉시 자네는 자유로운 인간이 아닌 노예가 된다네."[1]

오디세우스는 상황 판단이 빠른 사람이었지만, 그의 진정한 천재성은 세이렌이 그가 세운 책략마저 불리한 방향으로 돌려놓을 경우를 대비해 자신의 의지를 지킬 전략을 세웠다는 데 있었다. 알다시피 우리의 영웅은 트로이를 점령하고 고향으로 돌아가는 길이었다. 자신이 세이렌의 노래에 저항하지 못할 것이라는 사실을 알고 있었던 오디세우스는 여기에 굴복하지 않겠다는 희망을 억지로 관철시키는 방법을 찾아냈다.

『오디세이아』라는 작품의 가장 큰 주제는 사실 유혹이며, 오디세우스는 10년에 걸친 오랜 여정을 견뎌 내고 일행 가운데 혼자 살아남아 고향인 이타카로 돌아갔다. 오디세우스는 필요한 순간에 저항할 수 있었기 때문이다. 일행들은 몇 번이나 자신들의 욕구 때문에 발목이 잡혔다. 그들은 연꽃을 먹고 과거를 모두 잊어버리는가 하면, 축제에서 살아 있는 과욕의 상징인 돼지로 변하기도 했으며, 대장의 경고에도 불구하고 태양의 신 헬리오스의 소 떼를 먹어 치워 바다 한가운데에서 벼락을 맞았다.

『오디세이아』에서는 충동이 항상 문제로 이어졌는데, 심지어 오디세우스조차 때때로 여기에 굴복했다. 외눈박이 거인 키클롭스의 동굴에서 도망치는 길에 거인을 조롱하면서 자신의 정체를 드러내는 바람에 포세이돈에게 복수할 수 있는 빌미를 제공한 것도 그중 하나다. 하지만 이는 단순히 오디세우스의 인간미를 돋보이게 할 뿐이다. 오디세우스의 매력 중 하나는 그가 초인적인 의지를 지닌 사람은 아니라는 데 있다. 오디세우스는 신중한 동시에 경솔했고, 그의 현명함은 때때로 어려움에 처한 그를 저버렸다. 오디세우스는 특히 공명심 때문에 위기를 맞는 경우가 많았고, 쾌락을 피하지도 않았다. 예를 들어 키르케의 매력에 기꺼이 굴복했다. 오디세우스는 금욕주의와는 거리가 멀다. 그의 재능은 쾌락에 빠져들 때와 그러지 말아야 할 때를 판단하는 능력이었고, 그렇기 때문에 오디세우스는 일종의 이상적인 존재라 할 수 있다. "현재나 미래의 고통을 피할 수 있을 때마다, 혹은 이익을 얻을 수 있을 때마다, 오디세우스의 자제력은 부족함이 없었다." 한 19세기 비평가는 약간의 과장을 덧붙여 이렇게 말했다. "그러나 그런 상황이 아니라면 오디세우스는 결코 자신의 욕구나 열정을 충족하는 데 주저하지 않았다."[2]

폴리스와 소프로시네

자기 절제는 플라톤과 아리스토텔레스가 활약했던 기원전 4세기의 사람들도 집착하는 주제였다. 당시 그리스 인들의 윤리는 메덴 아간meden agan, 즉 '도를 넘지 말라.'라는 구절로 귀결되었다. 이 원칙에 충실한 사람은 자제력과 비슷한 의미인 소프로시네sophrosyne를 지녔다는 말을 들었으며, 자제력이 없는 사람은 도덕성이 부족하거나 진실성이 없다고 여겨졌다. 고대 그리스, 로마 연구가인 헬렌 노스Helen North는 과잉이 판치던 1966년에 발표한 이 주제를 다룬 뛰어난 연구에서 소프로시네의 핵심 요소를 다음과 같이 설명했다. "소프로시네는 이성에 의한 욕망의 통제와 통제를 행하는 영혼과의 조화로운 합의이다."[3]

따라서 소프로시네가 있다는 것은 욕구에 대한 통제력을 지녔고, 그 사실에 기뻐한다는 의미다. 이는 순수한 극기와도 다르다. 여기서 강조하는 것은 통제력의 부족(항상 위험한 상태)과 지나친 통제력(역시 그다지 바람직하지 않다.) 사이의 알맞은 균형점을 찾는 것이다. 이성으로 욕망을 억제한다는 말이 암시하는 것은 만족감을 지연한다는 개념이다. 노스는 이렇게 설명했다. "소프로시네는 윤리적, 정치적, 심미적, 신체적, 형이상학적인 모든 종류의 경험을 조화와 비율의 관점에서 해석하는 그리스 인의 성향과 연관되어 있다. 이는 그리스의 도시국가들이 시민에게 요구했던 자아 인

식과 자기 절제의 표현이며, 개인주의와 자기 권리의 주장을 억제하고 상
쇄시키라는 요구다."[4]

여기서의 중요한 개념은 개성이나 자유를 무조건 억누르라는 것이 아
니라 개인적, 사회적 혼란을 피하기 위해 일정한 경계 안에 두라는 것이
다. 『국가Politeia』에서 시민과 국가는 모두 지혜, 용기, 정의, 소프로시네라
는 네 가지 기본 덕목을 지녀야 한다고 주장했던 플라톤은 이를 명확하게
인식하고 있었다. (여기서 소프로시네는 '자기 수양'이라고 번역되는 경우도 있다.)[5]
플라톤은 "자기 수양은 모든 영역에 걸쳐 있다."는 주장을 폈다.[6] 플라톤
이 생각한 이상적인 국가는 민주주의 국가가 아니었다. 따라서 소프로시
네에 대한 플라톤의 이상은 단순히 "먹기, 마시기, 섹스의 즐거움에 대한"
욕망을 통제하는 것뿐만 아니라 "통치자에 대한 복종"도 포함되어 있었
다.[7] 자유가 없는 복종은 비겁하거나 굴종하는 것으로 보일 가능성이 있
었다.

그러나 민주주의 사회에서의 소프로시네는 또 달라서, 4세기의 아테네
에서처럼 명예롭고 자유롭게 선택되는 것인 동시에 필수적인 것이기도 했
다. 적어도 자유를 가진 소수 아테네 인들에게 소프로시네는 자유와 에
너지의 상징이었다. 에우리피데스Euripides가 "신이 내린 가장 공평한 선물"
이라 부른 소프로시네는 아테네인들에게 미덕으로 간주되었고, 민주주
의 정신뿐 아니라 지위 상승 및 성숙함과도 동일시되었다.

이에 대한 가장 직접적이고 강력한 주장은 플라톤의 『고르기아스
Gorgia』에서 찾아볼 수 있다. 이 위대한 대화편에서 소크라테스를 돋보이게
하는 토론 상대는 칼리클레스로, 부끄러운 줄도 모르고 행복은 방종에서
나온다고 주장하는, 일종의 니체의 원형 같은 존재다. 칼리클레스는 사람
들이 비겁함에서 비롯된 자제력과, 열정을 충족하지 못하는 무능함을 찬

양한다고 보았다. 그는 이러한 관습이 단순히 연약한 자들의 편법에 지나지 않으며, 법은 한심한 대다수가 강한 사람들을 구속하기 위해 사용하는 밧줄에 불과하다고 했다. 이러한 견해에서 보면 절제하는 사람들은 "진정한 바보이다. 무언가의 노예인 사람이 어떻게 행복해질 수 있겠는가? 분명히 말하건대, 진정한 삶을 살아가는 사람이라면 욕구가 최대한 커지도록 노력해야 한다."[8]

칼리클레스에게 쾌락주의는 미덕이었으나, 이는 강한 사람, 즉 사회의 극소수만 누릴 수 있는 것이었다. 그는 선이란 엘리트들만 누릴 수 있도록 제한되어야 한다고 생각했으며, 이때 엘리트는 사실상 자신의 기쁨에 자유를 줄 능력이 있는 자로 정의된다.

이에 반해 소크라테스는 자제심을 강조함으로써 모든 사람이 미덕을 누릴 수 있도록 했다. 자제력을 발휘하면 자신의 열정을 충족하기 위해 엄청난 힘을 동원하지 않아도 된다. 소프로시네를 옹호하기 위해서는 각자 스스로의 통치자가 되어야 했다. 이는 사람들에게 엄청난 권한을 주는 행동이어서 노예도 아니고 귀족도 아닌 이들의 마음을 끌었다. 노스가 말했듯이, "솔론의 개혁에 활기를 불어넣었던 바로 그 정신(도량형 개정, 정당 간의 권력 균형, 온건함을 강조하는 성향)은 부상하는 중산층이 자신의 가장 은밀한 열망을 상징하는 미덕을 받아들이는 결과로 이어졌다."[9] 따라서 아테네인들의 자기 절제 개념은 중산층에게서 발견되는 현상이었으며, 소프로시네의 특성 가운데 일부는 그 후에도 아주 오랫동안 중산층과 동일시되었다. 최근에 온건함이라는 덕목이 그다지 좋은 평가를 받지 못하는 이유도 아마 이것으로 설명될 수 있을지 모른다.

자제력의 정치적인 중요성은 폴리스로 알려진 조밀한 도시국가에서 특히 더 분명하게 나타났다. 폴리스는 작은 국가였고, 사생활을 확보하기 어려웠다. 사람들은 걸어 다녔고, 어딜 가나 하인과 가족들이 있었다. 폴리스의 가장 대표적인 예는 전성기의 아테네인데, 당시 아테네는 고작 수천 명의 토박이 시민들(및 여성, 아이들, 그리고 노예)로 이루어져 있었다. 고대 아테네의 일상생활은 경찰이나 검열, 통행금지가 존재하지 않는 최소한의 국가 감시 아래서 이루어졌지만, 같은 도시국가 주민들이 주위의 모든 곳에서 서로의 일거수일투족을 지켜보았다. 고대 그리스, 로마 연구가인 제임스 데이비드슨James Davidson은 "거주민 한 사람 한 사람이 폴리스의 잠재적인 대리인이었다."라고 말하며, 법정에서는 집안의 하인을 포함한 증인에 의존하여 논쟁적인 일들을 거의 모두 입증했으며, 이는 대부분의 일에 적용되었다고 덧붙였다.[10]

법적인 영역 외에도, 공적 소통을 통해 자제력이 정치적인 기능을 하기도 했다. 비슷한 사회적 지위를 가진 사람들은 대개 그들끼리 어울리려는 경향이 있었다. 그들에게 평판은 아주 중요한 역할을 했다. "폴리스가 성장하면서 소프로시네의 발달에 특히 효과적인 환경이 마련되었다. 폴리스는 본질적으로 훨씬 높은 수준의 자제력을 요구했다."고 노스는 말했다.[11]

조금 답답하기는 했지만 구성원들 간의 친밀함이 유지되었던 폴리스와는 달리 현대의 도시는 익명성과 광대함으로 억제력을 잃어버렸다. 도시 주변으로 퍼져 나가는 교외 지역을 떠올려 보라. 그곳에는 오가는 사람도 많지 않고, 주변 어디에나 있는 거대한 체인 매장들이 막대 사탕 기계처럼 꾸역꾸역 물건을 제공한다. 그래서 더 심각하게 통제력이 상실된 상태일지도 모른다. 폴리스가 지극히 개인적인 속성으로 소프로시네를 강제했다면, 현대의 도시는 아크라시아akrasia라고 알려진 고통의 온상에 가깝다. 고대인들이 이 현상에 이름을 붙인 이후, 아크라시아는 철학자들이 즐겨 다루는 주제가 되었다.

매혹적인 가짜 마녀 아크라시아

그리스인들에게 아크라시아는 단순히 자제력 없음을 의미했으며, 이성의 지시와는 반대로 욕망이 인간을 압도하는 것을 뜻했다. 아크라시아 상태의 사람은 합리적인 판단과는 다른 방식으로 행동하는데, 바로 여기서 문제가 생긴다. 사람이 어떻게 그렇게 행동할 수 있는가? 물론 단지 여러분의 판단이 바뀐 것뿐이다. 소크라테스가 『프로타고라스』에서 말했듯이, "누구도 기꺼이 나쁜 방향으로 나아가지는 않는다."

그렇지 않은 사람이 누가 있는가? 매우 까다로운 문제다. 철학자들은 아크라시아 상태가 되는 조건은 무엇인지, 또는 아크라시아라는 것이 존재하기는 하는지에 대해 서로 다른 견해를 가지고 있다. 아마도 소크라테스는 이 개념에 반대한 가장 유명한 인물일 것이다. 비록 소크라테스의 견해가 시간에 따라 진화하는 것처럼 보이기는 하지만(그리고 우리는 대부분 플라톤이 이에 대해 어떤 말을 했는지 알고 있다.), 소크라테스는 인간이란 대부분 스스로 좋지 않다고 생각하는 행동을 선택할 수 없다고 주장했다. 만약 누군가 그런 선택을 하는 것처럼 보인다면, 오류가 있거나 충분하지 않은 지식을 바탕으로 행동하는 것이라는 주장이다. 따라서 아크라시아는 일종의 무지에 해당한다.

소크라테스는 본인이 뛰어난 자제력을 발휘했기 때문에 이렇게 조금은 이상주의에 가까운 견해를 지녔을지도 모른다. 소크라테스는 특히 육체적 욕구에 대한 자제력이 대단했다. 그는 자신을 숭배하는 젊은 청년들로 둘러싸여 있었고, 특정한 조건에서는 동성애를 지지했던 문화에 살고 있었다. 소크라테스 역시 그 청년들의 매력을 모르지 않았을 것이며, 그들에게서 수많은 유혹을 받았을 것이다. 자기 절제에 관심 있는 사람이라면 반드시 플라톤의 『향연Symposion』을 읽어야 한다. 여기서 우리는 소크라테스가 청년들 중에서도 외모가 가장 수려한 알키비아데스와 같은 망토 아래에서 하룻밤을 보냈고 알키비아데스도 기꺼이 그와 함께할 마음이 있었지만, 아니 오히려 열렬히 바랐지만, 소크라테스가 그에게 접근하지 않았다는 사실을 알 수 있다. 소크라테스에게 욕구가 없었기 때문은 아니었다. 소크라테스는 크세노폰Xenophon이 쓴 또 하나의 『향연』에서 "일생 동안 사랑에 빠지지 않은 순간을 기억하지 못한다."라고 밝힌 바 있다.[12]

엄밀한 의미에서 소크라테스는 아크라시아에 대해 올바른 생각을 가지고 있었을지도 모른다. 그러나 인류의 경험은 소크라테스의 말이 옳다고 해도 매우 제한된, 기술적인 근거 아래에서만 옳을 뿐이고, 심지어 그 경우에도 널리 받아들여지는 결론과는 거리가 멀다는 사실을 보여 준다. 아크라시아의 존재를 믿은 것이 분명했던 철학자 E. J. 레먼E. J. Lemmon은 이렇게 말했다. "소크라테스에 대해서 말하자면, 한마디로 그가 틀렸다. 아크라시아는 실제로 일어나며, 아리스토텔레스의 말처럼 아무리 안타까운 사실이라 해도 욕망에 따라 지식이 휘둘리는 경우가 많다."[13]

전통적으로 아크라시아는 영어의 '무절제incontinence'라는 단어로 번역되어 왔지만, 이 단어가 '요실금urinary incontinence'이라는 의미로 사용되면서 실소를 자아내는 일이 잦아 최근에는 '의지박약weakness of will'으로 더 자주 번역되고 있다. 그러나 이 경우에는 방만한 의지박약이라고 부를 만한 경우가 포함되지 않는다. 무절제라는 말은 이러한 경우까지 아우를 뿐 아니라 다른 장점도 있다. 무엇보다 이 단어는 적절한 시간과 장소를 찾기 전에 배출을 참는 근육이 풀어져 버렸다는 의미에서 수치스러운 통제력 상실을 생생하게 묘사한다.

심리학자들은 최근 의지력을 근육에 비유하며, 의지력을 키우는 방법과 가장 강력한 의지마저 소진해 버리는 상황은 무엇인지에 대해 여러 가지 추측을 내놓고 있다. 하지만 근육과 의지력 사이에는 몇 가지 중대한 차이점이 있다. 가령 짜증 나는 이웃을 살해해서 영원히 없애 버리고 싶은 충동에 저항할 수는 있지만, 제때 화장실을 찾지 못하면 아무리 의지가 강하더라도 바지에 실례하는 것을 피할 수 없다. 도덕적 강단(영어로는 도덕적 섬유moral fiber라고 쓴다.)과 근섬유 사이에는 오직 그 정도의 공통점만 존재할 뿐이다. 존 듀이John Dewey의 말대로 "우리는 신체적인 의문과 도덕적인 의문을 구별해야 한다."[14]

아크라시아는 원칙을 중화하고, 억제력을 마비시키며, 먼 곳을 바라보는 시각을 흐릿하게 만들어 다음 날 아침이 되면 스스로에게 환멸을 느끼게 하는 일들을 할 수 있게 만드는 신비로운 고통이다. 아크라시아에는 무지가 개입되는 경우가 많으나, 대부분은 자기기만의 결과다. 이번 한 번만, 그렇게 살찌지 않을 거야, 내일부터 담배를 끊어야지, 아내는 절대 모를 거야.

최근 금융 관계자들의 사례에서 배웠듯이, 아크라시아를 불러일으키는 자기기만은 매우 위험한 결과를 초래할 수 있다. 2008년의 경제 붕괴가 발생하기 전까지 금융 관계자들은 위험을 분석하는 대신 자신들의 복잡하고 이해하기 어려운 금융 기술을 신뢰할 이유가 충분했다. 니체는 '신뢰'란 "알고자 하지 않겠다는 의지다."라는 말을 남겼다. 그러나 이 금융 관계자들의 무지는 무절제와 구별하기 어렵다. 왜냐하면 이들은 내가 나자신의 묵인하에 다이어트를 망치는 것과 마찬가지로 자신들의 속임수를 묵인한 것이 분명하기 때문이다.

어쨌든 아크라시아는 단순히 금융 관계자를 닮은 것이 아니다. 나는 개인적으로 아크라시아를 눈부시도록 밝은 대낮에 스타벅스 커피를 든 채 선글라스와 신경 써서 찢은 청바지, 슬리퍼 차림으로 등장하는 젊은 여성으로 묘사하고 싶다. 그런 면에서 나는 고정관념에 빠져 있는 것이 분명하다. 문학에는 남성을 유혹하여 자제력을 잃게 한 뒤, 그들의 남성성을 위협하는 강력한 여성이 무수히 등장하기 때문이다. 예를 들어 영국 시인 에드먼드 스펜서Edmund Spenser의 대표작인 『선녀 여왕The Faerie Queene』에는 기사들을 유혹하는 아크라시아라는 여성이 등장하는데, 그녀는 오디세우스와 부하들의 발목을 잡았던 키르케를 연상시키는 '매혹적인 가짜 마녀'다. 남성의 충동성에 대해 알려진 사실을 고려하면, 여기서는 아크라시아를 한밤중에 월마트 콜라를 마시면서 부모님 집의 지하실에서 비디오 게임에 푹 빠져 미친 듯이 엄지손가락을 놀리는 빼빼 마른 게으름뱅이 남자로 묘사하는 것이 더 적절할지도 모른다.

그러나 에드먼드 스펜서가 아크라시아를 유혹하는 자로 보는 것은 상대적으로 성 중립적인 오늘날의 관점에서 보더라도 매우 일리가 있다. 또 어쩌면 유혹하는 사람은 실제로 유혹 그 자체일지도 모르며, 아크라시아는 유혹당하는 과정, 즉 최소한 스스로의 희망에 반하여 하지 말아야 할 일을 함으로써 자신의 멸망을 묵인하는 과정을 묘사하는 것일지도 모른다. 우리는 두려움과 안도감을 동시에 느끼며 내면의 저항을 무시하고 계속해서는 안 될 일을 하고, 넘어가서는 안 될 나쁜 남자(또는 여자)에게 항복하고 만다. 또 그런 연인과 마찬가지로 아크라시아는 습관이 된다. 하나의 행동이 또 다른 행동으로 이어지고, 그 결과 스스로가 원하지 않는 모습이 될 위기에 처하는 것이다. "우리는 반복적으로 하는 행동에 따라 정의된다." 월 듀런트Will Durant가 이 문제에 대한 아리스토텔레스의 주장을 요약한 글이다. "따라서 탁월함은 행동이 아니라 습관이다."[15]

아리스토텔레스는 자기 절제 전문가

아리스토텔레스는 마케도니아에서 태어나 열일곱 살에 플라톤의 제자가 되었다. (플라톤은 소크라테스의 제자였다.) 플라톤의 아카데메이아에서 20년을 수학한 아리스토텔레스는 마케도니아 왕 필리포스의 부름을 받아 왕자의 가정교사가 되었다. 그 왕자는 훗날 알렉산드로스 대왕이 된다. 하지만 그보다 더 중요한 사실은 아리스토텔레스가 자제력 문제 때문에 밤잠을 설치는 모든 사람들을 위한 현자 중의 현자라는 것이다. 자제력은 아리스토텔레스의 윤리 체계와 진정한 삶 개념의 핵심이었기 때문이다. "나는 적을 정복하는 사람보다 욕구를 극복하는 사람이 더 용감하다고 생각한다. 스스로와의 싸움에서 승리하는 것이 가장 어렵기 때문이다."[16] 저서 『니코마코스 윤리학*Ethikon Nikomacheion*』에 드러난 아리스토텔레스의 이 연구는 심지어 오늘날까지도 우리의 삶을 환하게 밝혀 주는 등대가 된다.

아리스토텔레스에게 삶의 목적은 행복의 한 형태인 에우다이모니아eudaimonia로, 그는 이것을 단순한 기쁨이나 재미와 구별하는 데 심혈을 기울였다. 아리스토텔레스가 염두에 두었던 것은 우리가 올바른 삶 혹은 고결한 삶이라고 부를 법한 것이었으며, 철학자들은 훗날 이를 인간의 번영이라고 부르기도 했다. 또 아리스토텔레스는 인간이 즐거움을 과도하게 추구하는 경우 올바른 삶에 위협을 가하여 비극으로 이어질 수 있음을 이해했다. 그 해결책은 과잉과 결핍 모두를 피해 중도를 따라 사는 것이었다.

지나치게 많은 것과 지나치게 적은 것이 모두 악으로 간주되었다는 사실에 주목하자. (비록 "양극단 가운데 어느 한쪽이 언제나 다른 쪽보다 큰 잘못"이지만 말이다.)**17** 이는 올바른 삶이 지속적인 절제, 또는 아무 생각 없는 열정의 억압으로만 이루어진 것은 아니라는 의미다. 아리스토텔레스가 이야기하는 것은 일종의 적합성으로, 올바른 시기에, 올바른 이유에서, 올바른 일을, 올바른 방식으로 하는 것을 의미한다. 여기에는 때때로 상황이 과도한 행동을 요구할 때가 있으며, 악마는 그것이 언제인지 알고 있다는 암시가 담겨 있다. 이론가들은 어디에서나 그러한 상황을 찾아낸다. "자유를 지키기 위해 극단적인 행동을 하는 것은 악이 아니라는 사실을 여러분에게 일깨우고자 합니다." 이 말은 배리 골드워터Barry Goldwater가 1964년 공화당 대통령 후보 지명을 수락하면서 했던 것으로 유명하다. "또한 정의를 추구하는 데 절제는 결코 미덕이 아니라는 점도 강조하고 싶습니다."

따라서 이는 단순히 중간 크기 커피를 주문하거나 평온한 삶을 산다는 의미가 아니다. 현대인에게 절제란 따분하게 들리겠지만, 사실 누군가를 영웅으로 만드는 요소가 될 수 있다. 아리스토텔레스는 경우에 맞게 행동을 조절하는 온건한 사람은 '훌륭한' 사람이고, 과도한 행동을 하는 사람은 저속하다고 생각했다. 중도를 찾고 이를 고수하는 것은 쉽지 않은 일이며, 아무리 의도가 좋다고 해도 반대편 끝으로 방향을 바꾸는 경우가 생기기 마련이다. 행복을 성취하는 과정에서처럼 바른 길을 택하기 위해서는 지혜와 노력이 필요하며, 바람직한 습관을 기르는 것은 이러한 어려움을 헤쳐 나가는 데 도움이 될 수 있다. 아리스토텔레스는 행위를 강조하면서 후세 심리학자들의 주장을 예측했다. 올바른 선택 위에 또 하나의 올바른 선택이 쌓이면 향후에도 올바른 선택을 할 가능성이 높고, 결과적으로 올바른 삶의 체계가 잡힌다는 것이다.

같은 맥락에서 햄릿은 어머니에게 이렇게 말한다.

오늘 밤만 참아 보시지요.

그러면 다음번에는 참기가 좀 더 쉬워지고,

그다음에는 더더욱 수월해진답니다.

습관이란 타고난 천성을 바꿀 수 있는 힘을 지녔기에

악마를 굴복시키거나 몰아내 버리지요.

아리스토텔레스는 도덕적으로 산다는 것, 즉 지속적으로 욕구와 감정을 통제하고, 적절한 때에는 욕망에 탐닉하되 그렇지 않을 때에는 이를 억눌러야 하는 삶은, 누구에게나 혼자 감당하기 부담스러운 일이라는 점을 이해했다. 따라서 아리스토텔레스는 친구의 역할을 강조했다. 지인이나 가끔 연락하는 사람, 또는 술친구 말고 진정한 친구 말이다. 아리스토텔레스 역시 진지한 우정을 쌓으려면 시간이 많이 든다는 사실을 이해하고 있었다. 때문에 진정한 친구를 사귈 가능성은 낮지만 그런 친구는 미덕을 낳기 때문에 매우 귀중한 존재다. 게다가 행복은 하루아침에 이룰 수도 없고, 즉효약이 있는 것도 아니다. "인간의 올바름은 덕성에 부합하는 영혼의 활동이며, 이는 평생에 걸쳐 이루어진다. 제비 한 마리가 왔다고 해서 여름이 온 것은 아니다. 하루 올바른 행동을 했다고 올바른 인간이 된다고 할 수 없는 것도 마찬가지 이치다."[18]

놀랍게도 아리스토텔레스는 일상의 차원을 넘어 학문적으로도 오늘날 우리를 괴롭히는 문제를 정확하게 예측했다. 예를 들어 그는 개인이 스스로의 행복에 어느 정도의 책임이 있는지를 설명하려고 노력했다. "행복은 배울 수 있는 것인가, 아니면 습관을 통해 획득하거나 다른 방식으로 기르는 것인가, 그것도 아니면 신이 베푸는 은혜의 일종인가, 혹은 우연으로 얻어지는 것인가?" 달리 말해 행복은 후대에 물려줄 수 있는 것일까? 그렇지 않다면 우리는 단지 우연의 희생양, 변덕스러운 운명(재물 획득, 사랑하는 사람의 상실, 건강 악화의 저주)의 대상에 불과한 것일까? 아리스토텔레스는 심각한 불행이 여러 차례 닥칠 경우 그 영향을 피할 수 없다는 사실과 행운의 여신이 짓는 미소는 우리에게 항상 큰 도움이 된다는 생각을 받아들였다. 그러나 아리스토텔레스는 행복을 "영혼의 도덕적인 활동"이라고 정의했고, 이러한 활동에 착수하는 것은 분명 우리의 재량권 안에 있다. 이를 받아들인다면, 우리는 스스로의 행동에 책임져야 하며, 부분적으로는 타고난 성향에도 책임이 있음을 이해할 수 있을 것이다. 아리스토텔레스는 단호하게 말했다. "사악함은 자발적인 것이다."[19]

아리스토텔레스는 중독이 질병이라는 사고방식에 별다른 흥미를 느끼지 않았다. 『니코마코스 윤리학』에서 그는 자발적인 행동(강제적인 행동의 상대개념)과 도덕적 책임을 상세하게 분석한다. "행위의 주체나 대상이 아무런 영향을 발휘하지 못하는 종류의 외부적인 동인(動因)이 있을 때, 그 행동을 강제적이라고 한다."[20] 강제적인 행동의 사례로는 요트에 탄 사람이 바람에 휩쓸려 가거나, 길거리에서 납치되어 승합차 안으로 끌려 들어가는 경우를 들 수 있겠다.

아리스토텔레스는 폭풍우에서 살아남기 위해 배 밖으로 화물을 던지는 선원처럼 상황이 자발적 행동을 강제하는 애매한 영역이 존재한다는 사실을 인정하면서도, 대부분의 행동에 대해 상당히 분명하게 선을 그었다. 그는 즐거움이 "모든 행동을 강제적으로 만들기 때문에" 인간이 그것을 통제할 수 없게 된다는 생각에는 전혀 동의하지 않았다. 심지어 치과에 가는 것도 치아 건강을 유지한다는 면에서는 즐거움이 된다. 그렇다고 무지가 변명이 될 수 있는 것도 아니었다. 물론 매우 특별한 경우를 제외하면 말이다. 예를 들어 휴전협정이 체결된 것을 알지 못하고 적에게 총을 쏘는 경우가 이에 해당한다. 이런 경우가 아니라면, 술에 취하거나 화가 나서 생긴 무지를 포함한 모든 형태의 무지는 용납될 수 없는 것이다.

아리스토텔레스에게 무지는 가볍게 얼버무리고 넘어갈 만한 주제가 아니었다. (안타깝게도 이 책에서는 간단하게 소개만 하는 수준에 그쳐야 하겠지만 말이다.) 그는 오히려 이 문제를 철저하게 분석함으로써 소크라테스의 의문에 대한 답을 내놓을 수 있었다. 그 의문이란 인간은 왜 자신이 하려는 일이 나쁘다는 것을 알면서도 스스로를 억제하지 못하는가 하는 것이었다.

그의 대답은 우리가 비록 지식을 가지고 있기는 하지만 그 지식을 항상 활용하지는 않는다는 것이다. 예를 들어 나는 집의 여벌 열쇠를 어디에 숨겨 두는지, 또는 자몽을 프랑스어로 뭐라고 부르는지 알고 있다. 그러나 책상에 앉아 참을성 없는 독자를 상상하며 이 책의 원고를 쓰는 지금, 나는 그 지식을 전혀 활용하지 않는다.

학자들은 자기 수양에 대한 문장을 읽고 그에 대해 생각하게 했던 집단은 방종에 대해 읽고 생각했던 집단보다 간식을 선택할 때 건강에 좋은 간식을 택할 가능성이 크다는 사실을 밝혀냈다. 이미 아는 것을 일깨우고 실제로 그 지식을 사용하도록 강요받은 사람들은 그 지식에 보다 충실한 행동을 했다.[21]

그렇다면 우리는 왜 꼭 필요할 때 이 지식을 활용하지 못할까? 예를 들어 술집이나 카지노 같은 곳에서 말이다. 아리스토텔레스는 훗날 조지 뢰벤슈타인George Loewenstein 같은 과학자들이 증명해 낸 '뜨거운 상태'와 '차가운 상태'에 대해 정확히 이해하고 있었던 것처럼 보인다. 그는 이런 말을 남겼다. "분노의 표출과 성적인 욕구, 그리고 다른 몇 가지 열정들은 실제로 몸의 상태를 변화시키는 것이 분명하며, 어떤 경우에는 사람들에게서 일종의 광기를 끌어내기도 한다."[22]

물론 이것이 변명이 될 수는 없다. 아리스토텔레스는 변명과 비난에 매우 엄격했다. 그는 가치 있는 일은 자기 덕이라고 하면서 옳지 않은 행동에 대해서는 마약, 환경, 운명 등 외부 요인을 탓하는 인간의 모순되는 성향을 파악했다. 아리스토텔레스는 우리가 두 가지를 모두 솔직히 인정해야 한다고 생각했고, 이는 우리가 일반적으로 생각하는 것보다 훨씬 많은 책임을 의미한다. 예를 들어 우리는 스스로의 도덕성에 책임감을 느껴야 한다. 정직하지 못하고 방탕한 생활을 습관처럼 반복하다 보면 그 습관에 따라 행동하게 되지만, 그럼에도 책임은 우리에게 있다. 왜냐하면 우리를 희생양으로 몰고 간 습관을 만든 사람이 바로 우리 자신이기 때문이다. 우리는 다른 습관을 들일 수도 있었다. 심지어 다른 기질을 만들 수도 있었다. 아리스토텔레스가 주장했 듯이, "어떤 의미에서 부분적으로 우리는 스스로의 성향에 대한 책임이 있기 때문이다."[23] (오늘날 일부 심리학자들도 같은 주장을 펼친다.)

아리스토텔레스는 외모에 대해서도 책임을 면해 주지 않았는데, 이러한 사고방식은 현대인들에게 특히 쓰라리게 다가올 것이다. 아리스토텔레스는 태어날 때부터 눈이 보이지 않거나 병으로 시력을 잃은 사람을 비난하기는 어렵지만 과음 때문에 눈이 먼 경우에는 비난받아야 마땅하다고 적었다. 마찬가지로 우리는 스스로의 행동이나 게으름 때문에 만들어진 외모에 책임을 져야 한다. 아리스토텔레스는 이렇게 말했다. "선천적으로 못생긴 사람은 아무도 비난하지 않는다. 그러나 운동하지 않고 외모를 돌보지 않아 보기 싫게 된 사람은 비난받아야 한다."[24]

아리스토텔레스는 무절제에 대해서도 여러 가지 말을 남겼다. 그의 주장에 따르면 아크라시아는 두 종류가 있다고 한다. 첫 번째는 술을 마시지 않겠다는 결심에도 불구하고 술병에 손을 댔을 때 존 치버를 괴롭혔던 종류다. 이러한 일은 누구에게나 일어난다. 일을 하겠다고 결심하지만, 앉아서 계속 야구 경기를 본다. 그동안 뭔가 다른 일을 했어야 한다는 사실을 알면서도 9이닝이 끝나고 나서야 자리에서 일어선다. 또는 보다 건강한 식생활을 하기로 다짐한 후 폭식을 위한 구실을 찾아낼 수도 있다. 아리스토텔레스는 이렇듯 익숙한 형태의 아크라시아를 아스테네이아 astheneia라고 불렀다. 이 말은 대략 '연약함'이라고 번역할 수 있다. 약한 사람은 무엇이 올바른 일인지 충분히 인식하고도 올바르지 않은 일을 하며, 그렇기 때문에 내면의 갈등 속에서 살아간다. 약한 사람은 욕구보다 이성을 따라야 한다는 사실을 안다. 이들의 문제는 대체로 우리가 의지력이라고 부르는 부분이다.

아리스토텔레스는 두 번째 유형의 아크라시아를 가진 사람들을 일컬어 성급함이라는 의미의 프로페테이아propeteia에 시달리고 있다고 했다. 성급한 사람들의 심리는 유약한 사람들의 심리와는 매우 다르다. 성급한 유형의 아크라시아를 가진 사람들은 자신이 올바른 일을 하는지, 그릇된 일을 하는지 생각조차 해 보지 않고 행동한다. 따라서 이들의 욕구는 무제한의 자유를 얻게 되고, 결국 자신과 다른 사람들에게 해를 미치게 된다. 사람이 욕구의 주인이 되는 것이 아니라 욕구가 사람의 주인이 되는 것이다. 이런 사람들은 황소가 코뚜레에 끌려가듯이 맹목적으로 욕망을 따라간다.

책임감 있는 사람들은 아스테네이아 쪽으로 기우는 반면, 책임감 없는 사람들은 대개 프로페테이아에 빠지기 쉽다. 그리고 우리가 타인의 자제력 부족을 비난할 때에는 대부분의 경우 이 프로페테이아를 비난한다. 우리는 화가 나서, 또는 넌더리를 내며 이렇게 말하기도 한다. "그 사람은 정말 생각이 없어." 누구나 주변에 이런 사람 한둘쯤은 알고 있다. 이런 유형의 아크라시아를 가진 사람들은 극장에서 시끄럽게 떠들고, 성미가 고약하고, 걸핏하면 싸움을 벌이고, 쉽게 직장을 그만두고, 언제나 거짓말을 하며, 성적으로 문란한 경우가 많다. 극단적으로 반사회적 인격 장애 진단을 받기도 한다. 이렇게 충동적인 아크라시아는 대개 동정받지 못한다. 우리는 무심함보다는 의지력 부족을 쉽게 용서하는 경향이 있다. 이는 아마도 연약한 사람의 경우 적어도 의도만큼은 선하기 때문일 것이다.

아리스토텔레스는 자신의 의지를 관철하지 못하는 것은 의지가 아예 없는 것만큼이나 심각한 문제라고 주장했다. 그와 동시에 아리스토텔레스는 무모한 행동의 끔찍한 윤리적 위험을 지적했다. 훗날 그러한 사람을 "잡놈a wanton"이라고 부른 해리 프랑크푸르트처럼 말이다. 한나 아렌트 Hannah Arendt 역시 1963년에 예루살렘에서 나치 친위대 장교 아돌프 아이히만의 재판을 취재하면서 비슷한 연관성을 지적했다. 아이히만은 자신이 하는 행동의 도덕성에 대해 그다지 깊이 생각하지 않은 것으로 보였고, 이에 대해 아렌트는 다음과 같이 이야기했다. "생각 없는 행동은 모든 사악한 본능을 전부 합쳐 놓은 것보다 더 파괴적인 결과를 낳을 수 있다."[25]

포도주는 세 통까지

몇 가지 진지한 철학적 고찰을 통해 고대 그리스 인들은 사회가 개인의 행동을 통제하는 데 중요한 역할을 한다는 사실을 이해하고 있었다. 제임스 데이비드슨의 말대로 고대 아테네에서는 "어디에나 있는 관행들을 통해 욕구를 끊임없이, 세부적으로 관리했다. 모든 잔에는 와인보다 물의 비율이 높아야 했고, 한 입 먹을 때마다 고기보다는 빵을 많이 먹어

야 했다."²⁶

이러한 관행의 유용성은 바쁘게 돌아가는 세분화된 현대 생활 속에서 대부분 사라져 버리고 말았지만 고대 아테네의 향연에 분명히 드러나 있다. 기본적으로 향연은 지극히 의식화된 술자리였다. 이러한 행사에서는 의례가 명확하게 정립되어 있었고, 절도를 지키기 위한 체제는 즐거움을 도모하는 데 큰 도움이 되었다. 연회를 시작할 때 의례적으로 마시는 포도주 외에는 모든 포도주에 항상 물을 섞어 오늘날의 맥주와 비슷한 도수로 만들었고, 크라테르Krater(술과 물을 섞는 데 사용되던 단지)의 개수도 보통 세 개 정도로 제한되어 있었다. 잔의 크기와 술을 마시는 속도 역시 통제되었다. 모든 사람이 즐기되, 잔뜩 취하는 것보다는 사교가 목적이었다. 플라톤의 『향연』은 지난밤의 연회 때문에 숙취에 시달리는 손님들이 어떻게 술을 마실 것인지에 대해 토론하는 장면으로 시작한다. 그리스 인들은 이러한 것들은 술에 취하지 않은 이성적인 상태에서 얼굴을 맞대고 미리 결정해 두는 것이 최선이라는 사실을 본능적으로 알았음이 분명하다.

8 마시멜로 테스트

월터 미셸Walter Mischel은 먼 길을 빙 둘러서 비로소 자제력연구를 시작했다. 자신보다 먼저 유혹과 욕망의 어두운 심연을 파헤친 지그문트 프로이트나 빌리 와일더와 마찬가지로 오스트리아 빈에서 태어난 미셸은 그들과 비슷한 환경에서 자라 두 사람보다 훨씬 어린 나이에 고향을 떠났다. 당시 아직 소년이었던 미셸의 이야기는 유복하게 살았지만 나치에게 거의 모든 재산을 빼앗긴 유대인 가족, 극적으로 성공한 미국으로의 탈출, 배위에서 바라보는 숨 막힐 듯한 맨해튼의 광경, 브루클린의 자그마한 가게, 끊임없는 고생과 정체성 상실, 똑똑한 아들, 옷 가게와 백화점에서의 잡다한 일, 학문에 대한 자각 등 전형적인 유대인 가족의 이야기다. 아들을 끔찍하게 아꼈던 미셸의 어머니는 유럽에서는 주로 머리에 얼음주머니를 대고 긴 의자에 누워 있었지만 미국에서는 강인한 비즈니스 우먼으로 변신했다. 그녀는 유럽에서 시달렸던 우울증을 털어 버림과 동시에 프로이트의 어머니가 그랬던 것처럼 아들에게 무엇이든 할 수 있다는 믿음을 불어 넣었다. 예를 들어 미셸은 돈이 없어도 그림을 그릴 수 있었다. "유화물감은 너무 비쌌다. 대신 어머니가 가장 좋아하는 음식인 젤로Jell-0를 사용했는데, 특히 빨강색을 제대로 섞기만 하면 그럭저럭 물감으로 쓸 수 있었다. 젤로로 그린 열일곱 살 때의 자화상은 색이 변하지도, 누군가에게 먹히지도 않은 채 아직도 맨해튼 집에 걸려 있다."[1]

미셸이 이 글을 쓴 것은 컬럼비아대학교에서 꾸준히 자기 절제에 대해 연구하던 노년 시절이다. 1950년대에 미셸이 젊은 심리학자로 오하이오주립대학교에서 교편을 잡고 있을 때 그의 아내가 트리니다드 지역 오리샤교의 신 내림 의식에 대한 연구 보조금을 따냈다. 미셸은 트리니다드가 오하이오보다 훨씬 신나는 곳이라 생각했기 때문에 1955년부터 1958년까지 아내를 따라 그곳에서 여름을 보냈다. 당시 오리샤는 샹고라고 알려져 있었다. 미셸이 시도한 심리학 실험은 시간 낭비였지만, 그는 샹고와 샹고를 믿는 사람들에게 매료되고 말았다. 그들의 종교의식에서 미셸은 의도적인 통제력 상실을 관찰했다. "낮에는 노동을 하거나 영국인들의 시중을 들던 사람들이 밤이 되면 성인(聖人)과 아프리카 토속 신을 혼합한 형태의 '신 내림'을 받는다. 신의 영혼이 이들의 몸을 '빌리는' 동안 그들은 최면 상태에서 춤을 추고 신을 연기한다. 배경에는 강렬한 북소리가 울려 퍼지고 럼주를 담은 술병이 손에서 손으로 건네진다."[2]

미셸은 트리니다드에서 두 개의 이주 집단을 관찰했다. 하나는 아프리카에서 온 사람들이었고, 다른 하나는 동인도 출신이었다. 두 집단 모두 영국 식민주의의 결과 카리브 해까지 이주한 것이었다. 각 집단의 구성원들은 끼리끼리 모여 살았으며, 고유한 가치와 고정관념을 가진 것으로 보였다. "몇 마디 나눠 보지 않고도 각 집단이 상대 집단을 묘사할 때 반복해서 이야기하는 특징들을 파악할 수 있었다. 동인도 출신 사람들의 눈에는 아프리카 출신들이 충동적이고, 쾌락만을 좇으며, 미래에 대해서는 아무런 계획이나 생각도 없이 최대한 현재를 즐기는 것처럼 보였다. 반대로 아프리카 출신들은 동인도 출신에 대해 미래를 위해 일만 하고 번 돈을 매트리스 밑에 찔러 넣을 뿐 현재를 즐길 줄 모른다고 생각했다."[3]

호기심이 동한 미셸은 현지 학교를 찾아가서 양쪽 집단의 아이들을 연구하기 시작했다. 각자의 가족 상황, 성취동기와 지능 등을 파악하기 위해 아이들과 이야기를 나누었다. 그다음에는 아주 중요한 실험을 했다.

미셸은 설문지를 작성한 아이들에게 상으로 줄 사탕을 두 종류로 나누어 제시했다. 하나는 1페니짜리였고, 다른 하나는 10센트짜리였다. 미셸은 학생들과 나눈 이야기를 통해 그들이 10센트짜리 사탕을 훨씬 좋아한다는 사실을 알았다. 하지만 10센트짜리 사탕을 받으려면 조건이 하나 있었다. 미셸은 아이들에게 당장은 10센트짜리 사탕이 모자라니 지금 1페니짜리 사탕을 받을 것인지, 아니면 일주일 후에 훨씬 더 맛있는 10센트짜리 사탕을 받을 것인지 선택하라고 이야기했다. 그런 다음 아이들의 선택을 기록하고 이를 자신이 연구하던 다른 인자들과 연관 지었다.

이 연구에서 비롯된 첫 번째 논문은 1958년에 발표되었으며, 그 결과는 미셸이 이전에 관찰한 문화적 성향과 일치했다. 미셸이 연구 대상으로 삼은 아이들은 일곱 살에서 아홉 살 사이였는데, 연구 결과 아프리카 아이들의 경우 35명 중 22명이 즉시 손에 넣을 수 있는 더 작은 사탕을 선택했고, 인도 아이들의 경우 그 비율이 거의 정확히 반대였다. 18명 중 12명이 더 큰 사탕을 선택했던 것이다. 미셸과 훗날의 논평가들은 이 결과가 향후의 보상이 과연 실현될지 의심하는 정도에 따라 달라질지도 모른다고 추정했다. 집에 아버지가 없는 학생 11명(그중 열 명은 아프리카 출신이었다.)이 모두 즉각적인 보상을 선택했다는 놀라운 발견이 이 가정을 뒷받침했다. 의지할 수 있는 아버지가 없는 경우 아이는 어른의 약속을 쉽사리 믿지 않았다. 이를 바탕으로 출신 민족보다 더 정확한 변수를 통해 아이들의 선택을 예측할 수 있었다. (가족과 멀리 떨어져 사는 남성은 즉각적인 만족을 선호하는 경향이 있고, 그 아이들 역시 이들의 충동적인 성향을 물려받을 가능성도 있다.)

인종과 만족 지연의 관계를 다룬 후속 연구에서는 엇갈린 결과가 나왔다. 《흑인심리학회지Journal of Black Psychology》에 실린 1983년의 조사에서는 특별히 뚜렷한 패턴이 나타나지 않았던 것이다.[4] 그러나 애틀랜타에서 실시한 흥미로운 연구는 다시 한번 신뢰의 중요성을 강조했다. 1972년에 보니 R. 스트리클랜드Bonnie R. Strickland는, 백인 실험자가 보상을 약속한 경우 흑인 학생들이 나중에 받을 수 있는 보상을 선택할 가능성이 현저하게 떨어진다는 연구 결과를 내놓았다. 그러나 흑인 실험자가 더 큰 보상을 약속하자 흑인 학생들이 만족을 지연하려는 성향이 크게 높아졌다. 물론 그 비율은 여전히 백인 학생들보다 훨씬 낮았지만 말이다. 백인 학생들의 성향은 실험자의 인종에 별다른 영향을 받지 않았다.[5]

오늘날 월터 미셸은 자제력 연구라고 부르는 조용하지만 활발한 연구 영역에서 권위자로 인정받는다. 트리니다드에서 미셸이 사용한 기술은 '만족 지연 패러다임'으로 널리 알려지게 되었다. 이는 기본적으로 누군가에게 즉시 받을 수 있는 작은 보상과 그보다는 훨씬 크지만 약간 기다려야 하는 보상(누가 보아도 나중에 받는 보상이 훨씬 더 좋다는 사실을 알 수 있는 보상) 가운데 하나를 선택하도록 하는 것으로, 보상을 유보하고 자제력을 발휘하는 사람의 능력을 조사하는 데 일반적으로 사용되는 방법이 되었다. 미셸은 트리니다드에서 여름을 보내면서 만족 지연과 집중력, 지능, 나이, 가족 구성, 소득 사이의 관계를 다루는 여러 편의 논문을 썼다. 이 논문들은 이 분야에서 가장 중요한 몇 가지 문제에 대한 답을 제시한 것이었다. 그보다 더 중요한 것은 트리니다드 방문을 계기로 미셸은 자제력이라는 주제를 실험적으로 이해하려는 노력을 시작했다는 점이다. 이러한 노력은 놀라운 연구 성과로 이어졌고, 그 대부분은 그곳에서 실시한 연구를 발전시킨 것이다. 오늘날 자기 절제에 대해 알려진 (또는 추측되는) 사실의 상당 부분은 미셸의 초기 연구에서 유래를 찾을 수 있으며, 그렇기 때문에 미셸의 연구는 오늘날에도 충분히 검토해 볼 가치가 있다.

또 살펴볼 것은 흔히 '마시멜로 실험'이라고 부르는 것으로, 미셸 연구의 정수라고 볼 수 있다. 마시멜로 실험은 설교가들과 권위자들이 자주 인용하는 단골 메뉴가 되었다. 이 실험에서는 아이들에게 당장 마시멜로 하나를 받을 것인지 아니면 조금 기다려서 두 개의 마시멜로를 받을 것인지 선택할 수 있게 했다. 이 실험으로 미셸이 찾아낸 사실들은 수많은 동기부여 서적이 쏟아져 나오는 계기가 되었다. 필라델피아의 자율 공립학교에서는 "마시멜로를 먹지 말자."라는 문구를 티셔츠에 새기기도 했다. 이 실험은 정치적인 함의도 지니고 있다. 마치 이솝 우화에 나오는 개미와 풍뎅이(오늘날 우리들에게는 검소한 개미와 앞날을 생각하지 않는 베짱이의 이야기로 더욱 잘 알려져 있다.)의 현대판 같지만 과학으로 분명히 증명된 이야기였다. 잠시 후에 마시멜로 실험에 대해 더 자세히 살펴볼 것이다. 우선 여기서 말하고자 하는 바는 미셸의 연구를 통해 인간의 삶에 자제력이 얼마나 중요한지가 분명히 드러났다는 점이다.

논평가들은 미셸의 연구로 제기된 불편한 의문에 대해 거의 언급하지 않았다. 자제력은 물론 중요하다. 그러나 미셸의 연구는 과연 우리가 더 많은 자제력을 행사해야 한다는 것을 보여 주었는가? 아니면 자기 절제는 타고나는 것이기 때문에 스스로 조절할 수 없다는 것인가? 만약 자제력이 선천적이라면, 미셸의 연구를 인용하던 그 모든 설교들은 절망적인 숙명 이야기로 바뀌는가? 미셸은 이렇게 설명한다. "자제력은 삶에서 일어나는 대부분의 일들과 비슷한 양상일 가능성이 크다. 따라서 당연히 유전에 따라 차이가 나타난다. 경험에 따라서 달라지는 것도 사실이다. 유전과 경험의 상호작용을 통해 변해 가는 것이다."[6]

그러나 너무 앞서 가지는 말자. 우선 미셸이 재직했던 당시의 하버드로 돌아가 보자. 청교도 정신을 기반으로 세워진, 칼바람 부는 하버드는 온화한 날씨의 트리니다드와는 완전히 딴 세상이었다. 미셸과 동료들은 하버드대학교가 있는 보스턴의 아이들을 대상으로 몇 가지 흥미진진한 연구를 실시했다. 미셸은 트리니다드에서 배운 것을 바탕으로 연구를 발전시켰으며, 몇 가지 똑같은 보편적인 기술을 사용했다. 예를 들어 유혹에 초점을 맞춘 연구에서는 남자 초등학생들을 초대하여 움직이지 않는 로켓에 장난감 광선총을 쏘는 아케이드 게임을 하게 했다. 서류 작업 때문에 바쁘다는 구실로 실험자가 방 밖으로 나가 있는 동안 아이들에게 자신의 점수를 기록하는 일을 맡겼다. 사실 이 게임은 아무리 능숙하게 총을 발사하더라도 가장 높은 세 개 등급의 배지를 따는 것이 불가능하게 설정되어 있었다. 다른 말로 하면 이 게임은 아이들에게 속임수를 쓰라고 재촉하는 것이나 다름없었다. 당연히 아이들은 속임수를 썼다.

미셸과 공동 연구자 캐럴 길리건Carol Gilligan은 아이들에게 즉시 받을 수 있는 작은 보상과 나중에 받을 수 있는 더 큰 보상 사이의 선택을 여러 차례 제시했다. (캐럴 길리건은 훗날 여학생들에 대한 학교의 부당 대우를 고발한 것으로 유명해졌다.) 이에 대한 반응을 통해 두 사람은 아이들이 만족을 지연하는 능력에 점수를 매길 수 있었다. 미셸과 길리건은 만족을 가장 잘 지연했던 아이들이 속임수를 쓸 가능성이 가장 낮았다는 사실을 발견했다. 그리고 속임수를 쓴 아이들 중에서도 만족을 가장 잘 참았던 아이가 점수를 조작하기 전까지 가장 오래 참았다.[7]

보스턴 지역의 아이들을 대상으로 실시한 또 다른 연구에서 미셸과 동료들은 만족감을 더 잘 지연했던 아이들이 지적 능력이 높고, 사회적 책임감이 강하며, 성취에 대한 야심도 강한 경향이 있음을 발견했다. 이러한 아이들은 일반적으로 즉시 받을 수 있는 보상을 선택하는 대신 누가 보아도 더 큰 보상을 받기 위해 잠시 기다리는 편을 택했다. 미셸은 이를 함축적인 과학 용어로 이렇게 표현했다. "동시다발적 연관성이 광범위하게 발견되었다."[8]

그러나 1960년대 초반에 미셸은 하버드 심리학과를 불편하게 느끼기 시작했다. 미셸은 훗날 이렇게 썼다. "그곳은 점점 더 미쳐 갔고, 연구는 거의 불가능했다." 그 이유는 근본적으로 티머시 리리Timothy Leary 때문이었다. 성격 평가라는 분야에 관심이 있다는 공통점 때문에 처음에는 미셸도 그와 좋은 관계를 유지했다. 그러나 리리는 머지않아 환각이라는 주제에 초점을 맞추기 시작했고, 갓 박사 학위를 받은 리처드 앨퍼트Richard Alpert 역시 바바 람 다스Baba Ram Dass가 되어가고 있었다.하버드대 심리학과에 몸담았던 티머시 리리와 리처드 앨퍼트는 환각제 사용을 적극 옹호하여 대학에서 쫓겨났으며, 결국 티머시 리리는 마리화나 소지죄로 감옥에 투옥되었고 리처드 앨퍼트는 바바 람 다스라는 인도식 이름으로 개명한 후 명상 수행자가 되었음 미셸은 당시 상황에 대해 이렇게 썼다. "갑자기 대학원생들의 책상이 매트리스로 바뀌었다. 그리고 시바스위스의 화학 약품 회사에서 날아오는 커다란 소포들이 학과 우편실에 도착하기 시작했다."[9]

1962년에 미셸은 스탠퍼드대학교로 옮기고 나서 훗날 자신의 명성에 중요한 역할을 하는 실험을 시작했다. 미셸은 그곳에서 두 번째 아내와 거의 20년을 살았고, 연달아 세 딸을 낳았다. 딸들의 성장을 지켜보던 미셸은 보상을 통해 만족감을 지연하는 능력을 어떻게 기를 수 있는지, 어떻게 의지력을 발달시킬 수 있는지에 대해 더 궁금해하기 시작했다. 의지력에 대해서는 "심리학자로서 아직 인용 부호 안에 넣는 용어"라고 표현하기도 했다.[10]

스탠퍼드대학교의 빙 유치원은 이런 문제를 연구하기에 이상적인 장소였다. 여기에는 여러 명의 어린 아이들이 모여 있었을 뿐 아니라 한쪽에서만 볼 수 있는 커다란 창문까지 갖춰져 있었다. 미셸은 어떻게 실험을 진행할 것인지에 대한 대략적인 윤곽을 잡아 놓고 있었다. 트리니다드에서 실험한 기술을 사용할 생각이었다. 그러나 이번에는 몇 가지 가정을 검증하기 위해 딸들을 동원했다. 여기서는 연구에 충분한 시간을 확보할 수 있다는 점 역시 이곳을 연구 장소로 설정한 매우 중요한 이유였다. 미셸과 동료 및 대학원생들이 이후 수십 년간 빙 유치원 졸업생들을 추적 연구하여 놀라운 성과를 얻어 낼 수 있었다.

이 실험은 1968년부터 1974년 사이에 실시되었다. 당시 유치원 밖의 세상은 베트남 전쟁과 워터게이트 스캔들, 케네디 대통령과 마틴 루서 킹 목사의 암살로 혼란의 극단을 달리고 있었다. 이 기간 동안 아이들 653명이 실험에 참가했으며, 그중에서 남자아이는 316명, 여자아이는 337명이었고, 평균 연령은 네 살 정도였다.

전형적인 실험은 대개 이렇게 진행되었다. 미셸과 다른 동료 한 명이 몇 분 동안 네 살짜리 아이와 놀아 준 다음 아이를 식탁에 앉힌다. 그 식탁에는 세 개의 물체가 놓여 있다. 마시멜로 하나, 마시멜로 두 개, 그리고 종. 실험자는 아이에게 자신이 잠시 동안 자리를 비워야 하는데, 그동안 둘 중 하나를 선택할 수 있다고 설명해 준다. 아이가 만약 어른이 돌아올 때까지 기다리면 마시멜로 두 개를 받을 수 있고, 기다리기 싫으면 종을 울려서 어른을 불러낼 수 있다. 이 경우에는 마시멜로를 하나만 받을 수 있다. 그런 다음 실험자는 15분간 방을 떠난다. 일부 실험에서는 보상을 식탁 위에 그대로 노출시키기도 했고, 어떤 경우에는 보이지 않게 감추어 놓기도 했다. 또 어떤 실험에서는 아이들에게 어떻게 버틸지 조언해 주기도 했다. (유용한 조언일 때도 있고, 좋지 않은 조언일 때도 있다.) 어떤 경우에나 가장 중요한 측정치는 아이가 종을 울릴 때까지 걸리는 시간이었다.

이 실험에 참여한 빙 유치원생들은 대부분 중산층 출신이며, 평균 나이는 대략 네 살에서 네 살 반 정도로 만족을 지연하기 어려운 나이였다. 아직 두뇌가 제대로 발달되지 않았기 때문이기도 했지만 유혹을 멀리하는 전략을 미처 배우지 못한 것도 하나의 이유였다. 실험자들은 여러 가지 환경에서 다양하게 실험한 결과, 아이들을 보상에 노출해 놓고 마시멜로의 자극적인 특징에 대해 생각하도록 하면 만족의 지연 시간이 줄어들 뿐만 아니라 아이들 사이의 차이도 줄어든다는 사실을 알게 되었다. 실험자가 아무런 조언도 하지 않을 경우, 아이들은 스스로 이것저것 전략을 시도해 보았는데 그중에는 그럴듯한 것도, 그렇지 않은 것들도 있었다.

주의를 분산시키는 방법은 대체로 효과가 있었다. 가장 오래 만족감을 지연한 몇몇 아이들은 눈을 가리거나 머리를 팔에 대고 엎드려 있었다. 어떤 아이들은 혼잣말을 하거나, 식탁에서 등을 돌리거나, 노래를 부르고, 손발을 이용한 게임을 하거나, 시간이 빨리 지나도록 잠을 청하는가 하면, 유혹을 피하려고 식탁 밑으로 기어들어 가기도 했다. 한 남자아이는 식탁을 차 버리기도 했는데, 미셸은 이를 보고 '매우 남자다운 반응'이라고 했다.

왜소한 체격 탓에 요다의 먼 사촌쯤으로 보이는 미셸은 유치원의 관찰

유리창 건너편에서 아이들이 몸을 비틀고 즉석에서 묘안을 짜내는 모습을 몇 시간이고 지켜보았다. 미셸은 종을 울리기 전까지 얼마나 오래 버틸 수 있는지를 결정하는 것은 아이들이 그 도전을 정신적으로 어떻게 다루느냐에 달려 있음을 알게 되었다. "중요한 것은 아이들의 머릿속에서 일어나는 일이며, 그것이 실제로 눈앞에 놓인 사물보다 강력한 힘을 발휘한다. 지연 기간은 특정한 유형의 '뜨거운' 또는 '차가운' 정신적 표상과 주의력이 지연 기간 동안 배분되는 방식에 달려 있다."[11]

두뇌가 '뜨거운' 영역과 '차가운' 영역으로 나뉘어 있다는 생각이 학자들 사이에 퍼지기 시작했다. 이 개념에서는 아마도 해마 및 전두엽과 연관되어 있을 차가운 영역이 철학자들이 이성이라고 부르는 부분에 대응한다고 여겨진다. 이 부분은 미리 계획된, 합리적이며 이로운 행동을 야기한다. 뜨거운 영역은 보다 본능적이며 어린 나이에 발달한다. 이 영역은 즉각적인 생존과 관련되어 있고 반사적으로 작동하며, 욕구 처리, 투쟁-도주 반응_{갑작스러운 자극에 대해 싸울 것인가 도망갈 것인가의 본능적 반응}, 그 외에 자극에 대한 즉각적인 반응들을 다룬다.[12] 미셸을 비롯한 오늘날의 몇몇 학자들은 아이들이 욕구 처리 장소를 뜨거운 뇌 영역에서 차가운 뇌 영역으로 옮길 수 있을 때 보다 효과적으로 버틸 수 있었다고 생각한다. 최근의 인터뷰에서 미셸은 이를 다음과 같이 표현했다. "마시멜로가 얼마나 맛있고 쫄깃한지에 대해 생각할 때 1분도 기다리지 못했던 바로 그 아이가 마시멜로를 보면서 몽글몽글한 목화송이나 하늘에 떠 있는 구름을 떠올린 경우에는 20분이나 버텨 냈다."[13]

빙 유치원에서 실시된 실험을 통해 우리는 자제력에 대해 많은 것을 배울 수 있었다. 주의력을 관리하는 것은 도움이 되지만 저항해야 할 사물의 매력에 초점을 맞추는 것은 도움이 되지 않는다. 또 원하는 것을 눈에 보이지 않는 곳에 두는 것은 효과를 발휘하고, 사물을 추상적인 방식으로 생각하는 것도 도움이 된다. 바삭바삭하고 짭조름한 프레첼을 아무 맛도 없는 자그마한 통나무라고 생각하는 것처럼 말이다. 물론 마음의 상태도 영향을 미치지만 그보다 더 중요한 것은 우리가 스스로의 마음을 얼마나 통제할 수 있느냐 하는 것이다.

더 흥미로운 점은 미셸과 동료 학자들이 빙 유치원의 네 살짜리 아이들에 대한 후속 조사를 통해 몇 년 후에 발견한 사실이다. 마시멜로 실험에서 좋은 성적을 기록했던 아이들은 반듯한 청소년으로 자라났다.

"네 살 때 선택의 상황에서 더 오래 참았던 아이들은 10여 년 후 부모들이 '또래보다 성적이 우수하고 사회성이 높으며 좌절에 대응하거나 유혹에 저항하는 능력이 뛰어난 아이'라고 묘사하는 청소년으로 성장했다. …… 이 아이들의 부모들은 그들의 자녀가 언어 구사력이 월등하고 생각을 분명하게 표현할 수 있다고 여겼다. 이 아이들은 이성적인 사고를 하고 그에 따라 행동했으며, 집중력이 뛰어났고, 계획을 짜고 앞일을 예상할 수 있었다. 또 스트레스에 훨씬 성숙하게 대처했으며 자신감도 높은 것처럼 보였다. 이 실험을 약간 변형한 일부 실험에서는 유치원 때 보여 준 몇 초간의 만족 지연과 훗날 대학에 진학할 때의 학습능력적성시험SAT 점수와의 연관성이 드러나기도 했다."[14]

미셸은 만족을 지연했던 아이들과 그러지 못했던 아이들 사이의 SAT 점수 차이를 공표하지는 않았지만 몇몇 지인들에게 그것이 210점 정도라고 말했다. 이는 엄청난 차이다. 이뿐만이 아니다. 미셸의 말에 따르면 지연 시간이 가장 짧았던 아이들은 평균 성적이 낮았을 뿐 아니라 정학 처분을 받는 빈도도 높았고, "약한 아이를 괴롭힐 확률 역시 가장 컸다." 또한 만족감을 지연하는 능력으로 체중을 예측할 수도 있었다. 지연 점수가 높은 아이들은 더 날씬한 체격을 유지했다. (이 마지막 연구 결과는 아이들 1800명을 대상으로 한 최근의 두 가지 독립 연구를 통해 더 든든하게 뒷받침되었다. 미셸과 마찬가지로 이 두 연구를 진행한 학자들은 네 살에서 다섯 살 정도 된 아이들이 만족을 지연할 때 더 큰 간식을 주었다. 그리고 만족 지연 능력이 떨어지는 아이들은 열한 살 때 뚱뚱해질 가능성이 크다는 사실을 발견했다.)

이쯤 되자 미셸은 자신이 뭔가 대단히 중요한 연구를 하고 있다는 사실을 깨달았고, 실험 대상이었던 빙 유치원 원생들이 어른이 될 때까지 추적 연구를 진행했다. 또 다른 연구에서 미셸과 동료들은 아이들이 평균 27세에 이르자 거절에 대한 민감도와 오래전 네 살 때 참가한 만족 지연 실험의 결과 사이에 어떤 상관관계가 있는지 조사했다. 거절에 대한 민감도는 사회적 불안의 척도로 해석할 수 있다. 빙 유치원 졸업생 152명을 대상으로 한 이 연구에서는 거절에 민감하게 반응하는 성향을 가진 사람들이 여러 가지 문제를 겪고 있다는 사실이 밝혀졌다. 단 빙 유치원의 만족도 지연 실험에서 높은 점수를 기록한 사람들만은 예외였다. 이들에게는 거절에 대한 민감도가 별다른 문제가 되지 않는 것처럼 보였다. 거절에 대한 민감도가 높고 어렸을 때 만족 지연 점수가 낮았던 사람들, 즉 좀처럼 기다리지 못했던 아이들은 자라서 학업 성취도가 낮고 코카인이나 마약에 손댈 확률도 높은 것으로 드러났다.

다시 네 살짜리 아이들에게로 돌아가 보자. 아마도 이 아이들이 마시멜로나 프레첼 같은 간식을 앞에 두고 얼마나 버틸 수 있었는지 궁금할 것이다. 아이들 185명을 대상으로 실시한 연구에서, 미셸과 동료들은 이 아이들이 간식을 먹기 전 평균 512.8초 동안 기다릴 수 있었다고 한다. 이는 9분이 채 못 되는 시간이다.[15] 미셸의 말에 따르면 보상의 종류와 그 밖의 상황에 따라 달라지기는 하지만 전반적으로 네 살짜리 아이들은 7~8분 정도 버텨 냈다고 한다. 그러나 일부 아이들은 훨씬 오랫동안 버티기도 했고, 심지어는 20분까지 기다리는 아이들도 있었다.

월터 미셸은 이 분야의 선구자였지만, 어린 시절의 자제력이 훗날 많은 영향을 미친다는 사실을 알아챈 사람은 그뿐만이 아니었다. 학교 성적을 예로 들어 보자. 수많은 학자들이 자기 절제 능력이 성적과 관련이 있음을 밝혀냈다.

앤절라 덕워스Angela Duckworth와 마틴 셀리그먼Martin Seligman은 펜실베이니아대학교 긍정심리학센터Positive Psychology Center의 심리학자들이다. 이 센터는 이름이 다소 수상하게 들리지만 사실 전혀 미심쩍은 곳이 아니다. 셀리그먼은 이 연구소의 소장이자 행복에 영향을 미치는 감정, 행동, 제도 등을 연구하는 긍정 심리학 분야의 창시자나 다름없는 인물이다. 실제로 사람들은 자신의 정신 상태에 대해 어느 정도의 통제력을 지니고 있다. 예를 들어 우리는 표정이 감정 때문에만 나타나는 것은 아니며, 그 반대도 성립한다는 사실을 안다. 따라서 행복한 표정을 지으면 실제로 기분이 좋아질 수도 있다. 또 누구나 자꾸 좋은 생각을 하는 것이 행복을 찾는 데 도움이 된다는 사실쯤은 알고 있다. 긍정심리학센터가 세워지기 한참 전에 이미 로마의 마르쿠스 아우렐리우스 황제는 이렇게 말했다. "습관적으로 품는 생각에 따라 마음의 상태도 달라질 것이다. 영혼은 생각에 물들기 때문이다."

2005년 인종 구성이 다양한 마그넷 스쿨의 중학교 2학년 학생 140명을 대상으로 실시한 연구에서 덕워스와 셀리그먼은 우선 부모 및 교사들의 평가와 학생들의 설문지 답변을 토대로 학생들의 자제력에 등급을 매겼다. 설문지에는 '나쁜 습관을 고치기가 어느 정도 힘든가?' 같은 질문이 들어 있었다. 이 조사는 미국에서 새 학기가 시작되는 가을 즈음에 실시되었다. 덕워스와 셀리그먼은 봄에 학교로 돌아가서 자제력 점수가 출석률, 성적, 표준화된 성취 시험 성적, 그리고 궁극적으로 경쟁력 있는 고등학교 진학과 연관되어 있음을 발견했다.

덕워스와 셀리그먼은 또 다른 중학교 2학년생 164명을 대상으로 이 연구를 반복했으며, 이번에는 만족 지연 평가와 IQ 테스트까지 추가했다. 학생들의 성적을 예측하는 데 자제력 점수가 지능보다 훨씬 정확한 결과를 나타냈다는 점은 그리 놀라운 일이 아니다. 학교에서 좋은 성적을 거두기 위해서는 부단한 노력이 필요하다. 숙제를 할 때에는 노는 것을 잠시 미뤄야 하고, 학기 말에 높은 점수를 얻는다는 장기적인 목표를 향해 꾸준히 공부해야 한다. 또한 자제력은 출석률과 숙제하는 데 할애하는 시간, 매일 저녁 몇 시에 숙제를 시작하는지까지도 좀 더 정확하게 예측해 냈다. 심지어는 아이가 텔레비전을 얼마나 많이 보는지도 예측해 낼 수 있었다. 자제력 점수가 높을수록 텔레비전 앞에서 보내는 시간이 적었다. 실험 후, 심리학자들은 단도직입적으로 말했다.

"미국 학생들의 낮은 학업 성취도의 원인으로 자격 미달의 교사, 따분한 교과서, 많은 학급당 학생 수 등이 자주 지적되어 왔다. 우리는 학생들의 학업 성취도가 그들의 지적 잠재력에 미치지 못하는 또 하나의 이유를 제기하고자 한다. 바로 자제력을 제대로 발휘하지 못한다는 것이다. …… 우리는 많은 미국 아이들이 장기적인 이득을 위해 단기적인 기쁨을 희생하는 데 어려움을 겪는다고 믿으며, 자제력 향상 프로그램이 학업 성취도를 높이는 비결이 될 수도 있다고 생각한다."[16]

덕워스와 셀리그먼은 그 외에도 상당히 흥미로운 발견을 했다. 그들은 유치원에서 초중등 교육까지 여학생이 남학생보다 줄곧 더 높은 성적을 받지만, 학력 검사나 지능 검사에서는 남학생의 점수가 더 높다는 사실을 알고 있었다. 따라서 그들은 혹시 자기 절제가 그 원인 중 하나가 아닐까 생각했다. 그리고 자료를 분석한 결과 적어도 자신들의 연구에서는 그렇다는 결론을 내렸다. 여학생들이 좀 더 자제력이 뛰어났고, "이러한 장점은 학력 검사나 지능 검사보다 실제로 성적표에 나타나는 점수와 더 밀접한 관계가 있다."[17]

이러한 결과는 결코 일시적인 것이 아니다. 게다가 일각에서는 남학생들이 자제력 부족 때문에 학교에서 낮은 성적을 얻는 것처럼 미국 학생들도 같은 이유로 외국 학생들에 비해 학업 성취도가 낮을지도 모른다는 추측까지 내놓았다.

다시 한번 강조하지만 학교생활에서 자제력은 매우 중요하다. 예를 들어 레이먼드 울프Raymond Wolfe와 스콧 존슨Scott Johnson은 한 학생 집단을 대상으로 서른두 개의 성격 변수를 조사한 결과 실제로 대학 성적을 예측할 수 있는 변수는 자제력이 거의 유일하다는 사실을 발견했다. 자제력은 SAT 점수보다 더 뛰어난 예측력을 보였다. 자제력보다 더 정확하게 대학 성적을 예측해 낸 변수는 고등학교 성적뿐이었으며, 학자들은 "자제력과 성실성이라는 포괄적인 특성을 체계적으로 평가하여 대학의 입학 사정에 활용할 것"을 권장했다.[18]

자제력이 뛰어난 아이들은 다른 사람들과 원만한 관계를 유지하는 어른으로 성장한다. 1999년에 발표된 한 연구에서 교사들이 평가한 네 살에서 여섯 살 사이의 아이들의 자제력을 토대로 어떤 아이가 더 인기가 많을지 예측할 수 있었다. 또한 미셸과 쇼다 유이치의 연구에서는 네 살 때 만족감을 지연하는 능력이 높은 경우 청소년기에 주위 사람들과 원만한 관계를 유지할 확률이 높음이 드러났다. 또 어떤 연구에서는 미취학 아동 가운데 자제력이 뛰어난 아이들은 또래에 비해 사교력이 더 뛰어나고 부정적인 감정을 드러내는 빈도가 낮다는 사실이 드러났다. 한편 자제력이 뛰어난 고등학생들은 식습관이나 술 때문에 문제를 일으키는 빈도가 낮았으며, 자제력이 뛰어난 대학생들은 학점이 더 좋았다. 반면, 자제력이 낮은 사춘기 이전 또는 십 대 남자아이들은 공격적인 행동과 비행을 일으킬 위험이 크다는 사실도 밝혀졌다.[19]

자제력 부족은 젊은이들의 과소비, 헤로인중독, 알코올 남용과도 연관되어 있다. 범죄학자인 트래비스 허시Travis Hirschi는 고등학생들의 자제력이 "범죄와 유사한 행동, 즉 무단결석이나 시험에서의 부정행위, 음주운전, 자동차 사고, 자전거·스케이트보드·롤러 블레이드 사고, 골절상, 돈을 건 도박, 음주, 흡연, 마리화나 사용 등을 예측하는 변수가 된다."라고 적었다.[20]

한편 이 모든 것을 시작한 장본인인 월터 미셸은 아직까지도 자기 절제의 수수께끼를 푸는 데 여념이 없다. 미셸과 미국 전역의 공동 연구자들은 미국 국립과학재단National Science Foundation의 후원을 받아, 마시멜로 실험에서 인간에게 매우 중요한 특징으로 입증된 요소에 대한 인류의 지식을 확대하기 위해 야심 찬 노력을 시작했다. 그들은 어른으로 성장한 빙 유치원 졸업생들을 대상으로 설문 조사와 자기공명영상MRI 촬영을 했으며 그 결과를 활용하여 인간이 자제력을 행사하도록 하는 두뇌 구조에 대해 연구하고 있다. 또한 그들은 만족감을 지연하는 능력 가운데 어느 정도가 유전에 따른 것인지를 알아내려고 노력하고 있다.

여기에 유전적 요인이 있다는 것은 분명하며, 현대 기술을 통해서라면 사람들에게 어떤 유전 변이가 있는지 큰 비용을 들이지 않고도 쉽게 알아낼 수 있기 때문이다. 이 연구는 1970년대 초반 미셸이 조사했던 미취학 아동들, 즉 지금은 30대 후반이나 40대 초반이 된 사람들을 대상으로 삼으며, 특히 여러 해 동안 높은 수준의 자제력을 보여 온 사람들과 그 반대 성향의 사람들에게 초점을 맞춰 진행된다.

미셸의 계획은 매우 중요한 의문을 불러일으킨다. 자기 절제가 그토록 중요한 요소라면, 과연 자기 절제를 가르치는 것이 가능할까? 그럴 수 있다고 믿을 이유는 충분하다. 사실 자제력이 백 퍼센트 유전된다고 생각하는 사람은 없기 때문이다. 미셸은 좋은 가정교육도 상당히 큰 역할을 한다고 주장한다. 심지어 식사하기 전에 간식을 먹지 않는 것과 같은 일상생활의 습관도 중요하다는 것이다. 또한 학자들은 아이들에게 '관리 기능'을 가르치기 위한 프로그램의 효용성을 발견하기도 했다. 여기서 관리 기능이란 자기 절제를 가리키는 심리학 전문용어다. 아델 다이아몬드Adele Diamond는 데버러 렁Deborah Leong과 엘레나 보드로바Elena Bodrova가 개발한 '마음의 도구'라는 프로그램을 평가했다. 이 프로그램은 학생들에게 어떻게 놀 것인지 계획을 쓰게 한 다음 계획, 집중, 만족감 지연을 촉진하기 위해 고안된 다양한 게임과 활동으로 빽빽이 채워진 일정을 보내게 했다. 마음의 도구 프로그램에 참가한 집단과 그렇지 않은 집단으로 나뉜 아이들 147명을 대상으로 실시한 연구에서 다이아몬드는 2년 후 프로그램에 참가했던 아이들이 관리 능력 시험에서 상당히 우수한 성적을 올렸음을 발견했고, 이 결과는 아이들이 실제로 어느 정도 자제력을 학습했다는 것을 시사한다.

어떤 학교에서는 자기 절제에 대한 신조를 도입하기도 했다. KIPP Knowledge Is Power Program, '지식은 힘' 프로그램)를 도입한 한 공립학교에서는 자기 절제를 핵심적인 '성격상의 장점'으로 삼았다. KIPP는 도심 지역에서 큰 성공을 거둔 유명한 프로그램이다. 필라델피아의 KIPP 학교에서는 앞면에 "마시멜로를 먹지 말자."라는 문구가 새겨진 티셔츠를 나눠 주기도 했다.

다이아몬드는 오늘날의 아이들에게는 이런 교육이 필요할지도 모른다고 말한다. 예전처럼 아이들 스스로가 결정을 내리는 자유로운 놀이 형태는 오늘날 부모가 주선하는 스포츠 활동이나 가정에서 하는 전자오락이 할 수 없는 방식으로 자기 절제 기술을 가르쳐 주었기 때문이다. 한편 태권도를 비롯한 무술, 음악 수업 등 지속적인 주의 집중을 요하는 여러 가지 활동 역시 도움이 될 것이다. 다이아몬드는 다음과 같이 말했다. "오늘날 많은 아이들이 ADHD(주의력 결핍 및 과잉 행동 장애) 진단을 받는데, 그 중 상당수가 단순히 자제력을 행사하는 방법을 배운 적이 없어서 그런 진단을 받는 것 같다."[21]

9 시소 게임

나는 피와 살이 지성보다 현명하다고 확신한다.
마음으로는 잘못된 생각을 할 수 있다.
그러나 우리의 피가 말하고, 믿고, 전하는 것은 언제나 진실이다.[1]
— D. H. 로렌스(D. H. Lawrence)

감정을 조절하지 않으면 감정이 여러분의 행동을 좌우할 것이다.[2]
— 마리아노 리베라(Mariano Rivera)

서구 사회에서 인간의 열정은 아주 오랫동안 고조되어 왔다. 미국이 탄생할 무렵 대두된 낭만주의는 억제되지 않은 자아, 즉 야성적이고 원시적이며 본능적인 자아를 마음껏 찬양하기 시작했다. 다이달로스와 이카로스의 이야기는 이 모호한 전통에 고대의 비관적인 질책을 던져 준다.

두 사람의 일화는 매우 유명하다. 다이달로스와 그의 아들 이카로스는 크레타 섬에 갇혀 있었다. 다이달로스는 하늘로 날아올라 탈출하기 위해 밀랍으로 된 날개를 만들었다. 그러고는 아들에게 밀랍이 녹을 수 있으니 태양에 가까이 가지 말고, 날개가 젖을 수 있으니 바다에 가까이 가지 말라고 경고했다. 다이달로스는 다른 수많은 부모들처럼 풍부한 삶의 경험을 지니고 있었다. 그는 그 경험을 바탕으로 아들에게 절제를 촉구했고, 아들이 중용의 길을 걷도록 구체적인 조언을 아끼지 않았다. 하지만 젊은 이카로스가 이를 귀담아 듣지 않은 것은 피할 수 없는 일이었다. 아니나 다를까 하늘로 날아오른 이카로스는 경솔하게 높이, 더 높이 하늘을 향해 나아갔고, 결국 밀랍 날개가 녹아 버려 바다로 추락하고 말았다.

이보다 더 자기 절제를 잘 설명해 주는 이야기를 찾을 수 있을까? 우리는 이 이야기에서 이성과 감정, 계획과 즉흥성, 성숙한 어른과 젊은이 사이의 갈등을 찾아볼 수 있다. 이카로스의 비극은 자유를 주는 대신 그 대가로 자제력을 요구하는 기술 때문에 발생했다. 이 이야기는 중용의 길을 찾고 거기에서 벗어나지 않는 것이 얼마나 어려운지, 그리고 흥분한 상태에서는 소중한 지식을 얼마나 쉽게 잃을 수 있는지 보여 주고 있다. 이 이야기는 또한 예지력에 대한 이야기이기도 하다. 단순히 열정 때문에 이러한 비극이 일어난 것은 아니었다. 왜냐하면 두 사람을 하늘로 날아오르게 한 것은 다이달로스의 기술과 계획이었기 때문이다. 다른 많은 경우와 마찬가지로 신중함과 경솔함이 고통스럽게 뒤섞여 있는 것이다. 이카로스가 목숨을 잃었을 때, 그는 아버지의 일부분도 함께 죽인 것이나 다름없다. 아들보다 조금 더 멀리 보았던 아버지는 자신의 위대한 발명품에 도취된 젊은 아들이 결국 두 사람에게 어떤 비극을 불러올 것인지를 예견했을지 모른다.

다이달로스와 이카로스의 이야기는 자제력의 중요성을 분명하게 보여 준다. 끝없이 시소게임을 벌이는 여러 요소들이 이 책에서 다루는 주제의 양 진영을 대표하기 때문이다. 한쪽에는 이성, 계산, 예지력, 냉철함, 미래와 같은 사전 계획의 힘이 있다. 그 맞은편에는 충동, 열정, 도취, 그리고 본능의 군대들이 포진해 있다. 각 진영은 가끔 상대편을 위해 작동하기도 하지만, 대부분 서로 첨예하게 대립한다. 이 양 진영의 흥망성쇠가 바로 여기서 흥미 있게 다뤄질 것이다. 그 이유는 그것이 단순히 역사적으로 의미가 있어서뿐 아니라 신념의 문제이기 때문이다. 자기 절제에 대한 태도는 사람들이 얼마나 많은 자제력을 행사하는지, 그리고 서로에게 어느 정도의 자제력을 기대하는지에 영향을 미친다. 절제와 배출 사이의 계속되는 갈등에서 확실한 승자는 없지만, 일정한 패턴이 드러난다. 시간이 지나면서 전통이나 가족, 또는 왕과 같은 외부의 권위적인 주체보다는 점차 자기 자신이 통제의 주인공으로 떠오르게 된다.

자기 절제, 자본주의와 종교개혁의 이중주

우리는 자기 절제에 대한 논의가 고대 그리스 시대부터 시작되었음을 알고 있다. 쾌락주의의 수호성인으로 알려진 에피쿠로스조차 행복을 위해 욕구를 충족하는 것도 중요하지만, 욕망의 노예가 되지 않으려면 기쁨을 적당히 추구해야 한다고 말한 바 있다. 방종한 생활로 유명한 로마 사람들 역시 자기 절제에 대해 우려했다. "그렇다면 자유로운 사람은 누구인가?" 로마의 시인 호라티우스는 과장되게 물었다. "스스로를 완전히 통제할 수 있는 현명한 사람, 가난과 속박, 죽음 앞에서 의연함을 유지할 수 있는 사람, 완고하게 자신의 열정을 억누르고 권좌를 경멸하는 사람, 그 자체로 완전한 사람, 부드럽고 둥글둥글해서 반짝거리는 표면에 이물질이 붙지 않도록 하는 사람이다."[3]

로마인들은 그리스인들로부터 물려받은 금욕주의를 엄격한 감정적 자기 절제에 기반을 둔 삶의 패턴으로 확대함으로써 자유라는 측면에서 이 개념을 추구했다. 금욕주의자에게 중요한 것은 자신에게 어떤 일이 일어났느냐가 아니라 그 일을 어떻게 처리할 것인가였다. 위험한 감정이 불러오는 잘못된 정보를 극복하려면 극기(克己)가 필요하다. 대부분의 경우 우리가 통제할 수 있는 것은 오직 자신뿐이기 때문이다. 결국 우리는 다른 사람의 행동이나 생각, 또는 내일의 지진 발생 여부에 대해서는 전혀 통제권이 없다. 우리가 손을 쓸 수 있는 부분은 이러한 상황에 대한 이해와 외부 환경에 반응하는 방법뿐이다. 로마의 황제이자 금욕주의자였던 마르쿠스 아우렐리우스는 이렇게 말했다. "무언가 외부적인 요소로 고통받는다면, 이때 고통은 그 요인 자체 때문이 아니라 그에 대한 당신의 추정 때문이다. 그리고 당신은 그것을 당장이라도 바꿀 수 있는 힘을 지녔다."

교묘하게 숨겨진 금욕주의의 덩굴손은 현재까지 영향을 미치고 있다. 그 예로는 평온을 비는 기도나 인지 행동 치료, 또는 서구에서 점점 더 각광받고 있는 불교 등을 들 수 있는데, 여기서는 욕망을 던져 버리고 분노의 속박에서 자유로워지도록 촉구한다. 금욕주의의 한 유형은 오랫동안 이상적인 남성의 요건으로 자리 잡아 왔다. 그러나 오늘날과 같은 치유의 시대에 금욕주의는 여전히 나쁜 인상을 풍긴다. 금욕주의의 의도적인 무관심과 입을 굳게 다물고 고통을 참는 이미지 때문이다. 그리고 사실상 금욕주의는 바람직하지 않은 형태의 극단주의를 의미한다. 열정을 완화하거나, 적어도 바람직한 열정과 그렇지 않은 열정을 구별하기보다는 열정을 철저하게 거부하는 쪽을 택함으로써 아리스토텔레스가 추구했던 중용의 원칙과는 매우 비극적이고 비인간적인 방향으로 떨어져 있기 때문이다. 관건은 열정을 철저하게 밟아 버리는 것이 아니라 통제하는 것이다.

한쪽 뺨을 맞으면 기꺼이 다른 쪽 뺨을 내밀었던 초기 기독교도들은 자제력을 중요하게 생각했지만, 비기독교도였던 이전 시대 사람들과는 달리 주님의 말씀에 따라 사는 것이 관건이라고 믿었다. 초기 기독교도들이 세속의 유혹에 굴복하지 않았다는 점을 제외하면 그들은 유대인들과 같은 주장을 한 셈이다. 따라서 그들은 의지력을 발휘하지 못하는 것은 판단의 착오나 소홀함이 아니라 일종의 반항적인 자만심이라고 보았다. 물론 이것도 나쁘기는 마찬가지였고 벌을 받을 가능성이 높았으나 문제시되는 이유가 달랐다. (궁극적으로는 좀 더 보잘것없는 이유였다.) 우리가 가진 것은 아크라시아가 아니라 죄악이었다. 갑자기 자기 절제는 신앙에 좌우되는 문제가 되었다.

유혹에 대한 또 하나의 반란인 종교개혁이 일어나자 기준은 훨씬 더 높아져서 절제의 책임이 온전히 개인에게 넘겨졌다. 마치 예전의 결혼이 그랬던 것처럼 프로테스탄트 교도가 죄를 지으면 쉽게 되돌릴 수 없었다. "유대교와 금욕적인 프로테스탄트교에 고해성사 같은 절차가 존재하지 않는다는 점은 역사적으로 엄청난 의미를 지닌다." 막스 베버는 죄악으로부터 해방될 수단이 존재하지 않았기 때문에 이들 종교는 "윤리적으로 합리화된 생활 방식의 진화를 선호했다."라고 설명했다.[4]

열정보다는 이성을 강조하고 모두에게 자제심을 촉구했던 계몽주의도 마찬가지였다. 존 로크나 장자크 루소 같은 철학자들은 사회가 사회계약으로 이루어졌다고 보았고, 그 안에서 각 개인은 스스로의 주인이 되어야 한다고 생각했다. 그러지 않으면 국가가 그 일을 해야 할지도 모르기 때문이다. 계몽주의는 종교개혁보다 각 개인에게 통제에 대한 짐을 더 크게 부과했다. 또한 그렇게 하면서 자본주의 기업이 급증할 수 있는 여건이 마련되었고, 자본주의가 확대되면서 사람들에게는 스스로의 행동을 규제할 강력한 동기가 생겼다. 애덤 스미스가 관찰했던 바와 같이, 자본주의는 모든 사람들을 기업가로 바꾸어 놓았다. 막노동자들조차 상인이 물건을 팔 듯 서비스를 팔게 된 것이다. 비즈니스의 세계에서는 믿을 수 있고, 예측 가능하고, 냉철하고, 심지어 무미건조한 성향이 중시된다. 스미스의 주장에 따르면 사람들은 더 높은 수익을 올리기 위해 자신의 욕구를 누그러뜨린다.

산업혁명은 삶을 단순히 윤리적으로만 합리화한 것이 아니었다. 모든 사람이 시계에 따라 움직이며 정확한 시간과 장소에 모습을 드러내고 일을 처리했다. 초기 자본주의는 음주를 장려했을지도 모른다. 또는 빅토리아시대의 영국에서처럼 자본주의 때문에 사람들이 아편에 손을 댔을 수도 있다. 그러나 점차 정신이 말짱한 근로자들에 대한 수요가 늘어났고, 결국 그들이 부각되었다. 자본주의는 합리성, 장기적인 계획, 만족의 지연, 내일의 수확을 위해 오늘 씨를 뿌리는 행동을 권장했다. 자본주의 사회에서 사람들은 지저분하고 시끄러운 기계, 또는 따분하기 짝이 없는 장부 더미 위로 몸을 구부리고 일하기 위해 초원에서 뛰노는 것을 삼갔다. 아니, 초원 자체를 피했다. 모든 것은 자제력으로 귀결되었다. 자본주의 체제에서는 술에 취하지 않은 멀쩡한 정신, 검소함, 선견지명을 습관화하고 전시함으로써 사람, 기업, 국가가 번성할 수 있었다.

자본주의와 종교개혁이 청교도 안에서 손을 잡았다. 둘은 그야말로 천생연분이었다. 오늘날의 세계를 타락 직전의 천국으로 간주하는 환경에서, 청교도들은 엄격한 가치를 세운 용감한 개척자로 평가된다. 청교도들은 주님과 성서를 들먹이면서 사람들의 마음과 나라 전체에 기쁨에 대한 병적인 공포를 불어넣었다. 그들은 프로테스탄트 버전의 탈리반이었던 셈이다. 따라서 미국인 전체가 무모한 쾌락주의와 광적인 자아비판 사이에서 갈피를 잡지 못한다고 비난받을 때마다 미국의 청교도들은 억울한 누명을 쓰는 셈이다. 아직 영국의 식민지였던 17세기에 매사추세츠 주에서 즐거움을 추구하는 것이 허용되기만 했다면, 지금은 사라진 것처럼 보이는 중용이라는 감각을 익힐 수 있었을지도 모른다. 존 듀이는 말했다. "청교도는 한 번도 인기 있었던 적이 없다. 심지어 청교도 사회에서도 말이다."[5]

사실 청교도들은 이 이야기에서 중요한 역할을 한다. 다만 앞서 말했던 역할이 아닐 뿐이다. 미국이라는 풍요의 땅에서 그들의 후손이 이렇듯 어려움을 겪는 것은 그들이 즐거움의 추구를 혐오했기 때문이 아니다. 오히려 청교도들은 인생을 즐길 줄 알았다. 설교에 담겨 오늘날까지 전해 내려오는 청교도 목사들의 필사적인 질책이 바로 그 증거다. 막스 베버의 말을 빌리자면 여기서 청교도들이 우리에게 중요한 의미를 지니는 이유는 그들의 세속적 금욕주의가 훗날 놀라운 풍요로움이 실현되는 기반을 닦았기 때문이다. 청교도들은 미국이 과잉으로 치닫는 데 커다란 원인을 제공했을 뿐 아니라 그 모든 과잉을 가능하게 만들었던 요소를 상징한다. 현대 미국에 펼쳐진 쾌락의 세상을 가능하게 한 것은 바로 절제의 문화였다. 이는 추후에 청교도 윤리라고 불린다. 사람들이 부유함보다 미덕을 추구함으로써 재물이 쌓일 수밖에 없었던 것이다.

매사추세츠 주의 청교도 식민지와, 청교도들이 그토록 경멸했던, 이기심과 나태함으로 가득한 버지니아 주 제임스타운의 형편없는 영국인 정착지를 비교해 보면 이 문화의 힘이 생생하게 드러난다. 청교도들은 성실했지만 버지니아 정착민들은 꾀를 부렸다. 청교도들은 모든 사람이 일을 해야 한다고 주장했고, 주지사 존 윈스럽은 반드시 육체노동을 해야 한다고 못 박기도 했다. 그러나 대다수의 버지니아인들은 '신사'였고, 신사는 육체노동을 하지 않는 사람이었다. 청교도들은 사회적 결속력을 다졌고, 단순히 부를 창출하는 것 외에도 제도 구축을 강조했다. 그에 반해 버지니아 인들은 주로 금을 발견해서 벼락부자가 되기를 바랐다.

청교도들은 진취적이었지만, 공동체의 제도가 구속력으로 작용하는 도덕적인 자본주의를 위해 매진했다. 부를 축적하는 동시에 인적 자본에도 투자하여 쉰 가구 이상의 모든 마을에는 학교 설립을 의무화했다. 그들은 대학을 세웠고, 인쇄기를 설치했으며, 한창 때에는 독서에 열을 올렸다. 역사학자 브루스 대니얼스Bruce Daniels가 썼듯이, "뉴잉글랜드는 놀라울 정도로 문맹률이 낮았는데, 아마 서구의 다른 어떤 지역보다도 낮았을 것이다." 뉴잉글랜드의 평균 수명은 남부보다 훨씬 더 길었고 설교를 통해 정기적으로 세뇌된 탓에 오늘날 우리가 '사회자본', 또는 공동체 참여와 신뢰라고 부르는 미덕도 충분했다. "코튼 매더 같은 목사의 꾸짖음 덕분에 매사추세츠만 식민지는 자본주의 연합, 즉 만족 지연 및 개인과 집단적 안녕의 연결을 요구하는 사회로 남아 있게 되었다."[6] 역사학자 스티븐 이니스Stephen Innes의 말이다.

청교도들이 교육에 투자한 반면, 버지니아 사람들은 무지를 고집했다. 청교도를 싫어했던 윌리엄 버클리 주지사는 1671년에 "버지니아는 매사추세츠와는 달리 무료 학교와 인쇄소가 없다. 사실 나는 앞으로도 수백 년간 이런 것이 생기지 않기를 바란다. 배움은 세상에 불복종과 이단, 종파를 야기하며, 인쇄는 이를 누설하고, 최고의 정부에 반하는 불손한 문서들을 생산해 낸다."[7]라고 말했다.

노동으로 신을 찬미한다는 개념은 청교도들에게 쉬는 시간이 그리 많이 필요하지 않다는 것을 의미했다. 때문에 그들은 달력에서 축일 80여 개를 없애 일하는 날의 수를 300일 이상으로 늘렸고, 일과 여가의 비율을 2대 1로 유지하는 전통을 버리고(중국에서 로마에 이르기까지, 그리고 현대 미국에까지 이 전통이 널리 통용되었다.) 거의 4대 1에 달하는 비율을 채택했다.[8] 청교도들은 다른 사람들보다 두 배 더 많이 일했을 뿐 아니라 제대로 일하는 것, 세심하게 주의를 기울여 뛰어난 품질을 구현하는 것에 주안점을 두었다. 그 결과를 예상하기는 그다지 어렵지 않다. 눈 깜짝할 사이에 이

끈기 있고 광적인 자제력의 달인들은 척박한 신세계를 역동적인 농업과 상업, 제조업 강국으로 바꿔 놓았다. 머지않아 미국은 본국인 영국과 경제적으로 경쟁하는 위상에 이르렀다.

진지함, 내면의 강한 의지, 신앙에 기반을 둔 생활력이라는 측면에서 빅토리아시대에 대서양 양쪽에 살던 사람들은 청교도의 타고난 후계자였다. 미국의 청교도들처럼 평등주의는 없었지만 빅토리아시대의 영국인들은 식민지 개척자인 동시에 공동체주의자들이었고, 자신의 행동을 반성하는 사람들이었다. 그들은 청교도와 매우 비슷했다. 그리고 청교도처럼 그 어떤 것보다 자제력을 높게 평가했다.

빅토리아시대의 정신은 19세기 초반에 섹스, 음주, 나태를 제한하고자 했던 복음주의 운동에서 진화했고, 정결한 삶을 신앙에 부합하는 것으로 보는 환경을 조성했다. 특히 여성의 입장에서 보면 복음주의는 대부분의 남자들이 행하는 좋지 않은 행동을 바로잡는 데 대단히 성공적이었다.

빅토리아시대 사람들은 자제력을 발휘하는 데 상당히 세련된 사람들이었다. 그들은 인간은 약한 존재이며, 자제력이 가장 뛰어난 인간도 문제를 일으키지 않으려면 사회적, 종교적, 직업적 체계에 의존해야 한다는 사실을 지금 우리보다 더 잘 이해하고 있었다. 제임스 Q. 윌슨James Q. Wilson에 따르면 빅토리아시대의 기업은 "대도시 생활의 엄청난 유혹에 직면한 사람들에게 자제력을 심어 주기 위한 민간 차원의 대규모 노력이었다. 빅토리아시대 사람들은 인간의 본성은 허점으로 가득하기 때문에 절제보다 방종을 택하는 경우가 많다고 생각했다. 따라서 사회의 임무는 절제를 강조하여 방종을 최소화하는 것이었다."[9]

당시의 도덕적 가치(및 이들이 상징하는 사회체제)는 산업혁명 때문에 도입된 현대 세계가 점점 더 상업적이고 비인간적으로 변해 가는 데 대한 반발로 생겨났다. 현대인들과 빅토리아시대 사람들의 공통점은 이뿐만이 아니다. 빅토리아시대 사람들도 기술적인 대격변을 겪었고, 우리 역시 그들처럼 설교하는 경향이 있다. 빅토리아시대 사람들의 행동에는 다양한 암시가 담겨 있었고, 오늘날에도 마찬가지다. 또 특정한 부족주의도 있었다. 빅토리아시대에는 사회의 최하층에 있다 할지라도 진지함, 검소함, 성적 자제력을 비롯하여 당대의 여러 가지 가치를 수용하기만 하면 신분 상승의 가능성이 있었다. 피터 스턴스Peter Stearns는 이러한 가치는 "자의식을 키워 가던 중산층이 도시 하층민이나 새로 유입된 이민자들에게서 스스로를 차별화하고, 존중할 만한 외부인을 구별하려는 과정에서 고안되었다. 이를 통해 사람들은 구성원 간의 대면으로 이루어지던 과거의 공동체적 통제 방식이 도시 사회에서는 예전만큼 효과를 발휘하지 못한다는 사실도 깨달았다."고 주장했다.[10]

인간의 나약함에 대해 충분히 인지하고 있었음에도 불구하고 빅토리아시대의 사람들은 자제력에 대해 낙관적이었고(그들은 세계 대부분을 정복했는데 자기 자신이라고 왜 정복하지 못했겠는가?), 다른 사람에게 자제력을 발휘하라고 촉구하는 일도 잦았다. 사실 새뮤얼 스마일스Samuel Smiles처럼 쉴 새 없이 자제력을 촉구한 사람도 드물다. 스코틀랜드 출신의 새뮤얼 스마일스는 19세기의 자기 계발 권위자로, 이 주제에 대해 『자조론Self Help』과 『의무Duty』, 『인격론Character』을 비롯하여 수많은 저서를 남겼다. (『자조론』은 존 스튜어트 밀의 『자유론On Liberty』과 찰스 다윈의 『종의 기원On the Origin of Species』이 처음 발표된 상징적인 해 1859년에 발표되었다.) 스마일스는 또 다른 저서 『근검Thrift』에서 "빚을 진 사람은 결코 자유로울 수 없다."라는 글을 썼다. "빚은 개인의 자립에 타격을 미칠 뿐만 아니라 장기적인 도덕적 타락을 야기한다."

그러나 빅토리아시대의 이상과 현실 사이에는 상당한 괴리가 존재했다. 당시에는 술집, 마약, 매춘이 성행했고, 그러한 현실은 『셜록 홈즈Sherlock Holmes』 시리즈는 물론, 『지킬 박사와 하이드 씨Jekyll and Hyde』에도 잘 드러난다. 그 시대의 런던이나 뉴욕과 비교해 보면 현대의 대도시들은 오히려 점잖은 쪽에 가깝다. 하지만 어두운 현실이 빅토리아시대의 이상을 더 고무했을지도 모른다. 왜냐하면 각자 문제에 휘말리지 않기 위해 노력하는 것과 자신들이 잘 버티고 있음을 과시하는 것이 매우 중요했기 때문이다.

낭만주의 혁명의 반격

자본주의의 승리는 곧 자기 절제의 승리라고 할 수 있다. 결국 자본주의 체제는 사람들이 스스로를 통제하는 한 최대한의 자유를 누릴 수 있도록 했기 때문이다. 그러나 실제로는 상당히 높은 수준의 규제가 요구되었고, 그 때문에 해방의 유혹이 고개를 들었다. 이렇듯 해방을 추구하는 경향은 한때 낭만주의라는 이름으로 불렸다. 낭만주의는 유럽의 문화 운동으로 생각보다는 감정을, 이성보다는 열정을, 절제보다는 모든 종류의 극단을 강조했다. 낭만주의는 젊음과 황홀경, 자연, 본능을 중시했고, 이러한 성향은 여전히 존재한다. 대부분의 혁명처럼 이는 언젠가 적지 않은 아이들을 먹어 치울 것이다.*"혁명은 사투르누스처럼 자기 아이들을 잡아먹는다." 혁명이 일어나면 결국에는 혁명에 참가했던 사람들마저 희생양이 되고 만다는 경구

낭만주의는 합리적 자본주의의 거대한 힘에 대한 반발이기도 했다. 사람들은 정교한 사회적 의식(義式)을 지키고, 사업 일정을 따르고, 과학과 물질주의를 바탕으로 구축된 대중사회의 일원으로 살아가야 하는 것처럼

보였다. 낭만주의 혁명은 이 모든 것에 대한 반항이었고, 천성과 상상력, 개인의 의식을 중시한 초기의 히피 운동이었다. 낭만주의는 독특하고, 변덕스럽고, 토속적이고, 보기 흉하고, 극단적인 것에 흥미를 느꼈다. 자제력은 낭만주의에 불필요한 것으로 여겨졌다. 관건은 신선한 아름다움을 날마다 새롭게 체험하기 위해 훈육과 합리성의 족쇄를 벗어던지는 것이었다.

성적 매력에 관해서는 당시 유행했던 바이런 식의 길고 구불구불한 헤어스타일, 고통받는 영혼, 젊음이 넘치는 미모 등에 있어서 낭만주의와 견줄 대상을 찾기 어렵다. 머지않아 모든 사람이 사회의 제약에 분노하기 시작했고, 자유를 상징하는 빛나는 현수막으로 낭만주의의 기치를 드높이며 상대적으로 나이 든 멍청이처럼 보이는 반대파에게 반항적으로 들이댔다. 감정에 호소하는 메시지는 언제나 가장 강력한 힘을 얻는 법이라 낭만주의자들은 음악, 시, 예술의 재능과 열정을 결합하여 문명 전체를 유혹했다. 사건도 이들에게 유리한 방향으로 작용했다. 점점 폭력성을 더해 가는 전쟁, 혁명 등의 대격변에 대한 고전주의의 계산된 대응은 부자연스럽고 부적절하게 보일 뿐이었다.

한마디로 낭만주의는 200년 이상 해방을 추구하는 이들에게 문화적 자본을 제공한 셈이다. 낭만주의는 사람들이 자기 절제에 대해 생각하는 방식을 여러 가지 측면에서 영원히 바꿔 놓았다. 사실상 열정에 대해 처음부터 편견을 품는 것은 옳지 않으며, 정착된 체계라고 해서 반드시 지켜야 하는 것도 아니었다. 자제력은 절대 맹목적인 복종이 되어서는 안 되는 것이었다. 한편 과잉의 이데올로기가 정도를 넘는 것도 불가피했다. 1923년에 D. H. 로렌스가 벤저민 프랭클린의 빛바랜 중용을 비판했다는 점을 떠올려 보자. 로렌스를 두둔하자면, 프랭클린은 실제로 많은 작가들의 심기를 크게 건드렸으며, 에드거 앨런 포, 헨리 데이비드 소로, 허먼 멜

빌, 마크 트웨인으로부터 공격을 받았다. 그러나 로렌스가 『고전 미국문학 연구*Studies in Classic American Literature*』에서 했던 것처럼 그를 강하게 비판한 사람은 없었다.

"가장 깊숙한 내면의 목소리를 따르겠다고 굳게 마음 먹어라." 로렌스는 프랭클린이 제시한 미덕을 자의적으로 해석하면서 이렇게 촉구했다. "그리고 더 큰 선을 위해 작은 것을 희생하라. 반드시 필요한 경우라면 생명을 해쳐도 좋으나, 같은 이유로 목숨을 내놓을 수 있어야 한다. 여기서 반드시라는 것은 여러분 마음속에 있는 신으로부터 오거나, 여러분이 성령이라고 일컫는 존재들로부터 온다."

로렌스의 비판 중 일부는 프랭클린의 동기부여에 신이 등장하지 않기 때문에 나온 것이다. 청교도적 열정이 차가운 계산으로 대체된 것처럼 보였던 것이다. 그러나 비판은 프랭클린의 청교도적인 요소와 그렇지 않은 요소를 동시에 겨냥한 것이었고, 당대 사고방식의 변화를 완벽하게 포착하고 있다. 이러한 변화를 통해 우리의 태도는 결과적으로 "한 푼 절약하면 한 푼 버는 것이다."에서 "마음 가는 대로 행동하라."로 바뀌었다. 로렌스가 자신의 '신조'라고 밝힌 것은 다음과 같다.

나는 나다.
내 영혼은 어두운 숲이다.
내게서 알려진 부분이란
결코 숲 속 자그마한 공터 이상은 되지 않는다.
신이, 이상한 신이 숲에서 나와
내면의 공터로 왔다가 다시 숲으로 돌아간다.
이들이 오고 가는 것을 허용할 용기를 지녀야 한다.

사람들은 하루아침에 프랭클린에서 로렌스 쪽으로 돌아서지는 않았다. 열정이 승리하기까지는 오랜 시간이 걸렸다. 19세기 후반에는 통제의 힘이 굳건하게 장악하고 있는 것처럼 보였다. 비록 당시에도 낭만주의적인 요소가 예술을 통해 표현되고, 알게 모르게 대중의 태도에도 스며들었지만 말이다. 그러나 상황은 변했다. 풍요로움의 물결이 몰려오자 개인적 자유에 대한 기대를 포함해서 기대치가 상승했다. 19세기 중반과 20세기 초반에 빅토리아시대 사람들의 코앞에서 통제를 선호하는 힘은 당시 가장 영향력 있는 세 명의 사상가들로부터 여러 차례 큰 타격을 입었다. 찰스 다윈의 획기적인 연구를 통해 사람들은 더 이상 자신들이 다른 동물들과 완전히 다른 생명체라고 생각하기가 어려워졌고, 좋든 싫든 진화와 본능 앞에서는 속수무책일 수밖에 없다고 여기기 시작했다. 그리고 다윈과 동시대에 활약했던 카를 마르크스는 인정사정없는 경제와 역사의 힘 앞에 인간은 나약한 존재일 뿐이라고 주장하면서도 인간은 자본주의의 속박을 끊어 버릴 운명이라고 믿었다.

그리고 프로이트가 등장했다.

10 본능이 있는 곳에 자아가 있게 하라

우리는 전염병과 함께 미국으로 가는데,
미국인들은 그 사실조차 알지 못한다.[1]
— 지그문트 프로이트, 미국에 도착하면서

억제와 해방 사이의 다툼에서 양쪽은 나름대로의 근거를 가지고 프로이트가 자신의 진영에 속한다고 주장할 것이다. 프로이트는 "자유롭게 사는 것"은 정신분석의 목표가 아니라고 주장하는 한편, 서로 부딪치는 욕망은 "한쪽이 다른 한쪽에 승리를 거두도록 도와줌으로써 해결되는 것이 아니다."라고 이야기했다.[2] 사실 프로이트는 청교도적 정신과 탐미주의가 기이하게 혼합된 19세기 오스트리아 중산층Homo bourgeois(자본주의적 인간)의 거의 완벽한 표본이었으며, 냉정하고 침착하며 만족을 지연할 줄 아는 영국 신사와, 법을 만들고 준수하는 합리적인 사회를 모두 존중했다.

자기 절제는 프로이트가 특히 중점을 두어 연구한 주제였다. 해방은 목표였지만 주어지는 것이 아니라 선택해야 한다는 것이 관건이었다. 하지만 프로이트의 생각은 훗날 20세기에 상당한 관심을 끌었던 해방 운동가들의 견해에 힘을 실어 준 것으로 밝혀졌다. 프로이트 이후 줄곧, 아니 어떤 측면에서는 그의 존재에도 불구하고, 사회 평론가들과 대중문화는 앞서거니 뒤서거니 서로를 뛰어넘어 사회적 제약에서 완전히 벗어나려 했고, 자유의 범위가 점점 더 확대되어 자기 절제의 행사가 더 중요해지는 상황에서도 그것을 폄하했다.

프로이트의 타이밍이 완벽했다는 점도 짚고 넘어가지 않을 수 없다. 20세기에 인간의 이성을 의심하는 사람에게는 그럴 만한 근거가 있었다. 제1차 세계대전은 참호에 몸을 숨긴 빅토리아시대의 이상을 산산조각 내버렸다. 환멸을 느낀 사람들은 충격에 몸을 떨었고, 정신분석은 재빨리 시대 의식을 전파했다. 레베카 웨스트Rebecca West의 처녀작 『병사의 귀환The Return of the Soldier』에 등장하는 의사는 전장에서 돌아온 기억상실증 환자를 치료하기 위해 우리에게 이 모든 것을 설명해 준다. 의사는 약간의 분노를 섞어 병사의 아내와 사촌에게 이렇게 말한다.

"사실상 노력으로 통제할 수 있는 정신생활은 그리 중요하지 않습니다. 젊었을 때에는 자기 절제라고 부르는 것에 대한 이야기를 잔뜩 들었을 겁니다. '자기 절제란 영혼을 위한 바텐더라고 할 수 있지요. 바텐더란 모름지기 신사분, 시간이 다 되었답니다.'나 '이봐요, 충분히 마셨잖아요.'라는 말을 해 주는 사람이지요. 하지만 사실 그런 것은 존재하지 않습니다. 사람의 마음속 깊은 곳에는 핵심적인 자아가 있고, 그 자아는 희망을 품고 있습니다. 그런데 피상적인 자아로 그 희망을 억누를 경우, 자아는 복수를 하지요. 여기서 피상적인 자아란 노력하는 자아를 말합니다. 일반적으로 이렇게 노력하는 유일한 이유는 이웃들 앞에서 좋은 모습을 보이기 위해서입니다. 그것은 피상적인 자아가 세워 놓은 행동의 구조물 안에 집착을 만들어 내지요."[3]

프로이트는 특히 미국에서 돌풍을 일으켰다. 그는 1909년 클라크대학교에서 있었던 유명한 강의를 거점으로 명성을 얻기 시작했다. 곳곳에서 그의 책이 날개 돋친 듯 팔렸고, 대중잡지의 일면을 장식하던 정신분석은 오래지 않아 문화의 중요한 부분으로 자리잡았다. 1924년 레오폴드와 러브의 살인 사건 재판^{대학생 두 명이 14세 소년을 살해한 사건으로, 당시 피고의 변호사는 양립 불가론적 결정론 등을 주장하며 사형 대신 종신형을 얻어 냄}이 뉴스 1면을 장식할 때,《시카고 트리뷴*Chicago Tribune*》의 대담한 편집자 로버트 매코믹Robert McCormick은 프로이트에게 전보를 보내서, "시카고에 와서 살인자들의 정신분석을 해 준다면 부르는 대로 대가를 지불하겠다."고 제의했다. 매코믹이 처음 시안으로 제시한 금액은 2만 5000달러였는데, 당시로서는 엄청난 돈이었다. 그는 심지어 프로이트를 위해 증기선을 전세 내 주겠다고도 했다.[4]

프로이트는 이 제안을 거절했지만, 그해 후반 다시 할리우드의 제작자 새뮤얼 골드윈Samuel Goldwyn으로부터 10만 달러에 영화 각본을 집필하거나 컨설턴트로 미국에 와 달라는 구애를 받았다. 할리우드가 이렇게 열렬하게 구애한 이유는 프로이트가 그들의 주요 관심사 두 가지, 즉 로맨스와 웃음의 전문가라고 생각했기 때문이다. 골드윈은 프로이트를 "세계에서 가장 위대한 연애 전문가"라고 묘사하기도 했다.[5]《뉴욕 타임스》는 1925년 초반에 이 위대한 인물의 대답을 대서특필했다. "프로이트가 골드윈을 퇴짜 놓다. 빈의 정신분석학자는 영화 제의에는 관심이 없어." 프로이트가 그런 제안들을 거절할수록 그의 명성은 더 높아지기만 했다. 프로이트의 전기 작가인 피터 게이Peter Gay는 이렇게 적었다. "1920년대 중반이 되자 프로이트는 모르는 사람이 없을 만큼 유명해졌다."[6]

그 후 10년간 프로이트의 이론은 미국에서 정설로 자리를 잡았고, 정신의학과 교육의 핵심이 되었으며, 더 넓은 문화에 서서히 스며들기 시작했다. 1950년대가 되자 프로이트 식 치료법은 미국에 굳건히 뿌리를 내렸고, 그의 기본 주장은 정신분석 전문가의 진료를 받아 본 적이 없는 사람들에게도 익숙한 개념이 되었다. 문학 비평가의 입장에서, 사실상 프로이트와의 만남은 '전이'였다. 『모비딕Moby-Dic』 같은 고전도 정신분석 논평의 대상이 되었고, 문호들에 대한 정신분석적 전기가 유행하기 시작했다. 대중문화는 애증이 엇갈린 반응을 보였다. 페이퍼백에는 일반인들도 쉽게 알 수 있는 설명이 실렸으나 《뉴요커》 만화와 할리우드 영화에는 프로이트를 조롱하는 내용이 담겼고, 채드 미첼 트리오는 「지그문트 프로이트의 발라드Ballad of Sigmund Freud」라는 곡에서 그를 놀리기도 했다.

프로이트의 역사적인(그리고 유일한) 방문이, 오늘날 줄기차게 비난받는 미국의 방종한 문화, 즉 심리치료와 마녀사냥의 문화가 시작되게 만든 계기였음은 아마 사실일 것이다. 그러나 어떤 측면에서 프로이트는 단지 우리가 가려고 마음먹었던 목적지에 도달할 수 있도록 도와준 것뿐이다. 따라서 그에게 모든 비난의 화살을 돌리는 것은 어리석은 일이다. 미국인들은 프로이트가 미국에 발을 디뎠을 때 이미 무의식, 신앙요법, 최면술, 정신요법 등 여러 가지 내면의 수수께끼에 집착하고 있었다. 이러한 것들은 남북전쟁 이전부터 사회 곳곳에 스며들었고, 한때 영혼에 대해 우려하던 미국인들은 점점 자신의 내면에 관심을 보였다. 프로이트가 미국에 도착했을 즈음, 에릭 캐플런Eric Caplan은 이렇게 썼다. "심리 치료학은 이미 미국의 의학과 문화 조직에 통합되어 없어서는 안 될 중요한 부분이 되었다."[7]

프로이트가 엄청난 영향을 미쳤다는 데는 의심의 여지가 없다. 사실 우리에게 일상의 정신병리학을 전해 준 사람은 프로이트였고, 100년이 지난 지금 우리는 일상에 정신병리적 특징이 있다는 사실을 깨달았다. 이제 우리는 극단적인 형태의 식욕을 질병이라고 여긴다. 한때 질병은 대체로 약물 또는 알코올 남용에만 적용되었던 개념이었지만, 이제는 매우 다양한 형태의 과잉에까지 확대되었다. 프로이트가 없었다면 수줍음이 '사회 불안 장애'가 되거나, 슬픔이 우울증이라는 이름으로 치료되거나, 사회에서 가장 축복받은 사람들, 즉 교육 수준이 높은 백인 부자들이 특혜받은 나날들을 헤쳐 나가기 위해 프로작, 팍실 같은 우울증 치료제를 그토록 많이 복용해야 한다고 생각하지 않았을 것이다. 미국정신의학회American Psychiatric Association는 4800만 명의 미국인들이 정신병을 앓고 있다고 보고했다. 정확한 수치는 대략 3억 명에 달할 것으로 추산된다. 어쨌거나 이 엄청난 규모의 공식 진단 환자 수에 대해 잠시 생각해 보지 않을 수 없다. 우리가 인간의 다양성을 질병과 혼동할 가능성은 없는가? 우리가 그토록 쉽게 스스로를 질병, 전문가, 약품의 손에 던져 버릴 경우 과연 어떤 대가를 치러야 할까?

프로이트 씨, 너나 잘하세요

우리가 다루는 주제에 비추어 볼 때 프로이트를 특히 더 흥미롭게 하는 것은 그의 삶과 사상이 자기 절제와의 싸움과 관련된 현대사회의 다양한 문제들을 하나로 모으는 방식이다. 사실 프로이트의 사고방식은 현대사회를 형성하는 데에도 아주 큰 역할을 했다. 적어도 프로이트 본인은 겉으로는 확고한 자제력의 모범이었다. 그러나 스스로에 대한 철저한 통제는 일종의 과잉 보상처럼 보이는 경우가 많다. 사실상 평생의 연구 주제였던 섹스에 대한 집착은 성적으로 억압된 빅토리아시대 가장의 소원 성취를 암시했다.

프로이트의 자제력을 끊임없이 무너뜨렸던 두 가지 욕구는 명성에 대한 갈구와 담배에 대한 욕망이었다. 물론 환자들의 입장에서는 그가 명성과 재물에 대한 끝없는 욕망에 제대로 제동을 걸지 못하는 것이 더 큰 문제였다. 예를 들어 이제 우리는 프로이트가 원하는 결론이 나올 때까지 여러 가지 사례들을 조작하여 마치 '완치'된 것처럼 보이도록 했다는 사실을 안다. 실제로는 전혀 효과가 없었는데도 말이다. 프로이트는 비판에 대한 분노와 조바심을 제대로 통제하지 못했던 것 같다. 오히려 반대 의견에 정신병 진단을 내리고 필요하다면 고치기 어려운 환자를 회피하기까지 했다. 피터 게이는 이렇게 썼다. "프로이트의 삶은 자제력을, 그리고 추측에 근거한 충동과 분노를 통제하려는 끊임없는 투쟁이었다. 프로이트는 적에 대한 분노보다 부족하거나 불성실하다고 생각하는 지지자에 대한 분노를 억제하는 데 더 큰 어려움을 겪었다."[8]

　그러나 여러 가지 면에서 프로이트는 스스로를 억제하는 데 상당한 능력을 발휘했다. 소년 시절 프로이트는 뛰어난 학생이었고, 어른이 된 후에는 연구에 헌신하여 성공을 추구했다. 비록 프로이트의 주장이 통념에서 조금 벗어나기는 했지만, 그는 항상 인정과 사회적 지위를 갈구했다. 심지어 그는 노벨상을 받지 못한 것에 대해서도 크게 실망했다. 사생활에서 프로이트는 전형적인 19세기의 중산층으로, 여자와 아이들로 가득한 빈의 가정을 지배하는 가부장적인 가장이었다. 그러나 프로이트는 넘치는 에너지로 끓어오르기도 했으며, 다른 누구보다 자신의 욕망과 어두운 충동을 잘 인식하고 있었다. 그에게는 사나운 성미와 성적인 욕구 등 통제해야 할 것이 적지 않았다. (물론 프로이트의 자제력은 여러 차례 시험에 들었다. 윤리적으로 덜 엄격했던 정신분석 초기에는 매력적인 여성 환자들이 때때로 그를 유혹했다.) 그러나 프로이트는 잘 견뎌 냈다. 사실 장년기에는 정확한 독일 열

차라고 불러도 좋을 만큼 효율적이고 철저하게 일정을 지키며 살았다.

게이는 프로이트에게 '통제된 힘의 분위기'가 있었다고 말했다. "심지어 콧수염과 턱수염까지도 매일 같은 이발사의 손질을 받아 가지런히 누워 있었다. 프로이트는 불같은 성정, 사유에 대한 열망, 지칠 줄 모르는 에너지 등 자신의 욕구를 그가 추구하는 목표를 위해 쏟아붓는 방법을 배웠다. …… 프로이트는 연구에 집중하기 위해 엄청난 자제력을 발휘하여 극도로 정밀한 시간표에 따라 생활했다. 프로이트의 조카 에른스트 발딩거의 말에 따르면 그는 훌륭한 중산층답게 '시계에 따라 사는 것'을 부끄러워 하지 않았다."[9]

프로이트의 전형적인 하루를 살펴보자. 그는 아침 7시에 일어나서 12시까지 환자들을 보았다. 시곗바늘이 오후 1시를 가리키는 순간 "가족들이 식탁 주위에 모여들었다. 프로이트가 서재에서 모습을 드러내고, 그의 아내는 식탁 끝 쪽에 남편과 마주보고 앉았으며, 하녀가 커다란 수프 그릇을 들고 나타났다." 점심 식사를 마친 후에는 산책을 하고, 그다음에는 오후 환자들을 보고 연구에 매진했는데, 밤 9시까지 계속되는 경우도 많았다. 그 후에는 저녁을 먹고 잠깐 카드놀이를 하거나 산책을 하고 때때로 카페에 잠깐 들르기도 했다. 그러고는 글을 쓰고, 책을 읽고, 편집을 했다. 잠자리에 드는 시간은 새벽 1시였다. 그는 여가를 즐길 때에도 꼼꼼하게 계획을 짜고 일정을 잡았으며, 주말에도 대학 강의, 편지 쓰기, 어머니 방문 등의 계획이 잡혀 있었다. 그런 프로이트가 미국이라는 곳 자체에 혐오감을 느꼈다는 것이 놀라운 일일까? 뼛속까지 교양을 갖추고 철저하게 자신을 통제하는 사람, 특히 빈의 안락한 세계주의 정신에 깊이 뿌리박고 있던 프로이트라면 그토록 광대하고, 길들여지지 않은 데다 무엇이든 즉흥적으로 이루어지는 나라를 방문한다는 상상만으로도 고통스러웠을

것이다.[10]

프로이트는 1890년대까지 자신의 마음속 악마들을 치료하기 위해 코카인을 사용했지만 다행히도 거기에 중독되지는 않았다. 하지만 강박적인 흡연은 다른 문제였다. 흡연은 선택에 따른 중독이었고, 노년에 어두운 그림자를 드리웠으며 결국 그의 목숨을 앗아갔다.

프로이트는 스물네 살 때 골초였던 아버지의 영향으로 담배를 피우기 시작했고, 담배 없이 살 수 없는 지경이 되었을 때는 하루에만 무려 스무 대의 시가를 피웠다. 흡연은 프로이트의 삶과 연구에 중심적인 역할을 했다. 심지어 그는 흡연을 삼가는 사람들을 믿지 말라고 주장하기도 했다. 오스트리아 빈에서 몇몇 학자들의 모임으로 시작해 정신분석을 하나의 운동으로 발전시킨 수요심리학회Wednesday Psychological Society가 모임의 첫 번째 주제로 삼은 것 역시 흡연이었다. 이 모임은 '담배 연기가 지독히도 자욱한' 방에서 진행되었는데, 프로이트의 아들 마르틴은 이렇게 회상했다. "목이 막히지 않고 말을 하는 것은 고사하고 인간이 어떻게 그런 방에서 몇 시간 동안이나 버틸 수 있는지 놀라울 지경이었다."[11]

1894년, 서른여덟 살이었던 프로이트는 심장에 이상이 발생하자 의사에게서 담배를 끊으라는 권고를 받았다. 그는 담배를 끊었지만, 고작 7주 후에 다시 피우기 시작했다. 담배는 집중력과 에너지 유지에 필수품이었다. 프로이트는 담배 없이는 글을 쓰거나 사고할 수 없을 것 같다는 생각에 이렇게 적기도 했다. "내 자제력의 일등공신은 바로 담배다."

프로이트도 한때는 14개월 동안 금연함으로써 그가 진정 원하기만 하면 담배를 끊을 수 있음을 증명했다. 14개월이면 가장 심각한 금단현상이 찾아오고도 남을 시간이다. 그러나 사실 그는 담배를 끊고 싶어 하지 않았고, 그렇기 때문에 14개월이나 담배를 끊어 놓고도 다시 담배에 불을 붙었다. 심지어 프로이트는 의사가 턱의 일부를 차례차례 절제하는 동안에도 계속 담배를 피웠다. 말년에 구강암 선고를 받고 끔찍한 고통에 시달리면서도 그는 이렇게 말했다. "담배는 정확히 50년 동안 삶이라는 전쟁터에서 나를 보호해 주는 방패이자 무기의 역할을 충실히 해 주었다. …… 내가 더 정력적으로 일하고 자제력을 발휘할 수 있었던 것은 전부 담배 덕분이다."[12]

흡연에 대한 프로이트의 태도는 저항에 대한 그의 신념을 상징했다. 혹은 그가 말했던 '알면서도 알지 못하는 것'의 사례였을지도 모른다. 그리스 인들은 알기는 하지만(담배를 피우면 죽는다.) 즐거움 때문에 아는 것을 무시해 버리는 상황에 대해 이야기했는데, 이 역시 그 연장선 위에 있다.

아니면 단순히 죽기를 바랐던 것인지도 모르겠다. 프로이트의 시대에는 성공한 빈 사람들, 특히 유대인들 사이에서 자살이 유행했다. 윌리엄 존스턴William Johnston은 이렇게 말했다. "1860년과 1938년 사이에 놀랄 만큼 많은 오스트리아 지식인들이 스스로 목숨을 끊었다."[13] 여기에는 오토 바이닝거와 비트겐슈타인의 일곱 형제 가운데 세 명도 포함되어 있었다. (비트겐슈타인의 집안은 가톨릭이었지만 유대인 혈통이었다.) 이는 성공한 빈 유대인들의 전형적인 특징이었던 미래지향적 사고방식에 대한 궁극적인 반항이었다. 자살은 미래를 아예 없애 버리기 때문이다. 그리고 때마침 일어난 한 자살 사건은 프로이트의 삶에 큰 영향을 미쳤다. 1883년에 전도유망한 신경과 전문의이자 프로이트의 친구였던 젊은 유대인 나탄 바이스가 공중목욕탕에서 목을 매 숨졌다. 그 때문에 빈대학교 의대 신경학과 교수진에 결원이 나서 프로이트가 지원을 했고 결국 그 자리를 차지했다.

프로이트는 바이스의 자살에 큰 충격을 받았다. 하지만 본인도 흡연 문제로 조금 느리기는 하지만 똑같은 자살의 길을 걷고 있었다. 1923년, 예순여섯 살에 접어든 프로이트는 입안에 무언가 돌출되어 있는 것을 감지했다. 프로이트는 그것이 무엇인지 알았을 것이다. 그가 처음 입천장의 부기와 통증을 감지한 것은 1917년이었지만, 통증은 이내 사라졌다. 아마도 환자가 선물한 귀한 시가 상자에서 시가 하나를 꺼내 불을 붙인 다음이었을 것이다. 프로이트는 의사 친구에게 이 문제에 대해 상의하면서 이렇게 경고했다. "좋지 않은 걸 보게 될 테니 마음의 준비를 하게." 의사는 입 속의 혹이 악성이라는 것을 알았지만 프로이트에게 심각한 백반증이라고 말했다. 백반증은 암으로 전이될 가능성이 높은 양성 종양이다.

당시 빈에는 훌륭한 의사가 많았고 직접 알고 지내는 의사들도 상당했지만, 프로이트는 마르쿠스 하예크라는 솜씨 없는 코 전문의에게 가벼운 외래 시술을 받는 쪽을 택했다. 하지만 하예크는 이 간단한 시술조차 망쳐 놓았다. 병원에 공간이 부족했던 탓에 피투성이가 된 프로이트는 어지러움을 느끼면서 왜소증을 앓는 정신박약 환자와 함께 좁은 병실의 간이침대에 누워 있어야 했다. 그러던 중 프로이트가 갑자기 출혈을 일으켰다. 도움을 청하려 했지만 벨이 고장 나 있었다. 다행히 같은 병실을 쓰던 환자가 서둘러 밖으로 달려 나가 간호사를 불러왔고, 프로이트는 간신히 목숨을 구할 수 있었다. 그 후에도 프로이트는 암과 관련해 서른두 차례나 수술했고, 결국 극심한 고통에 시달리면서 의사에게 편안히 눈감게 해 달라고 애원했다. 친구였던 바이스의 자살이 연구의 시발점이었다면, 자신의 자살은 연구의 종지부가 된 셈이었다.

프로이트의 찬란한 유산

프로이트의 연구 대부분은 시간이 지나고 과학이 발달하면서 숱한 반박을 받았지만, 그의 주장 가운데 한 가지는 상당히 오랫동안 인정받고 있다. 우리는 우리 마음속에서 일어나는 일을 알지 못하고, 알 수도 없다는 생각 말이다. 사실 무의식이라는 개념을 처음 내놓은 사람은 프로이트가 아니었다. 프로이트가 등장하기 훨씬 전부터 쇼펜하우어를 비롯한 여러 학자들이 이 개념을 확고히 정립하고 있었다. 그러나 조금 불편하기는 해도 섹스와 꿈이라는 흥미진진한 영역을 강조한 프로이트가 무의식이라는 개념을 가장 많은 사람들에게 알린 학자라는 사실만은 분명하다. (그는 훗날 미국에서의 정신분석은 "효과를 약화함으로써 큰 타격을 입었으며", "정신분석과는 조금도 관련되지 않은 수많은 학대 사례가 정신분석이라는 이름으로 비호받게 되었다."라고 썼다.)[14] 우리는 우리의 잠재의식이 주도권을 가졌다고 믿게 되었고, 스스로의 행위 능력에 대한 믿음은 다소 잃어버렸다.

프로이트가 미친 또 하나의 영향은 일반적으로 인정되는 도덕성의 힘을 뒤엎고 좋든 싫든 자동으로 부여되는 정체성과 가족의 권위에서 우리를 자유롭게 하는 데 일조했다는 점이다. 일반적으로 인정받는 도덕성이란 금기의 도덕성이라고도 할 수 있다. 그와 동시에 우리는 프로이트를 통해 우리 내면에 존재하는지조차 알지 못했던 욕구, 특히 성적인 욕구에 눈뜨게 되었다. 프로이트의 연구는 그러한 욕구들을 억누르던 수치의 짐을 덜어 버리는 한편 일반적인 도덕성에 의문을 제기했다. 그 때문에 우리는 더 큰 자유를 얻는 동시에 자유의 일부를 빼앗겼고, 그 결과 자아와 자기 절제에 대한 부담은 더 커졌다. 독단적인 사회적 제약에서 자유로워졌다는 면에서 우리에게 필요한 것은 이제 스스로를 억제하는 것뿐이다. 그러나 실제로 우리의 내면에 있는 것을 통제할 수는 없고, 심지어 그 속에 무엇이 있는지조차 알 수 없으므로 프로이트 사후에 분석되지 않은 부분은 더 무력해졌다. 프로이트의 유산은 우리를 자유롭게 해 주지만, 꿈과 어린 시절의 트라우마, 어두컴컴한 충동에 초점을 맞춤으로써 빅토리아시대의 사회적 제약과 일반적인 금기를 대체할 유일한 힘인 합리적인 자아를 약화시켰다.

근본적인 죄책감을 강조한 프로이트의 주장은 청교도들에게 공감을 불러일으켰을지 모르지만, 정작 본인은 종교를 문밖으로 세게 밀어냈다. 그러나 그 모든 단점에도 불구하고, 종교는 행동을 억제하는 힘으로써 유용한 역할을 할 수 있다. 프로이트는 전형적인 가장이었지만, 신의 지배를 포함한 모든 형태의 가부장제를 뒤엎기 위해 누구보다 많은 노력을 했다. 프로이트의 신화에서 소년들에게 아버지는 언제나 거세의 위협을 가하고 어머니에 대한 욕망을 좌절시키는 위협적인 존재였다. 지금 우리는 더 이상 오이디푸스콤플렉스를 그리 심각하게 받아들이지 않지만, 어쨌거나 프로이트 덕분에 가장과 함께 가부장적인 제약도 벗어 던질 수 있었다. (또한 오늘날의 가장은 아이들과 함께 살지 않는 경우도 많다.)

우리는 프로이트와 심리학계의 전반적인 연구 성과들을 통해 범죄에 훨씬 많은 의미를 부여하게 되었고, 다양한 개인적, 사회적 힘을 고려하며 '범법 행위'를 질병으로 보는 경향이 나타나기 시작했다. 그 결과 정의를 조금 더 정제된 형태로 받아들이게 되었으며, 스스로를 피해자로 여기는 시각도 생겨났다. 윌러드 게일린Willard Gaylin은 이렇게 말했다. "사회학적, 심리학적 변호가 확대되어 모든 것을 포괄하게 되면 본질적으로 자멸이라는 결과를 낳을 것이다. 법은 자기 절제에 대한 약간의 인식을 요한다."[15]

프로이트는 아마도 성적인 관습의 완화를 촉진했을 것이며, 사실 이것이 그의 주된 목표 가운데 하나였다. 또 프로이트의 아이디어는 정신병 환자의 치료를 개혁하는 데 중요한 역할을 했을지도 모른다. 자율성에 대한 그의 제안에서 우리가 방종이라는 결론을 이끌어 낸 것 역시 그의 잘못은 아니다. 그러나 비록 프로이트가 의도한 것은 아니라 할지라도, 그가 현대사회에서 개인이 반드시 의존해야 하는 사회구조를 희생하면서까지 개인주의를 고집하라고 촉구한 것만은 사실이다. 프로이트가 억제로부터의 탈출에 초점을 맞춘 것은 어찌 보면 당연한 일이었다. 그의 환자는 대부분 빈의 중산층이었고, 그중에서도 숨 막히는 사회적 제약을 여러 겹씩 안고 살아가는 여성 환자들이 많았다. 심리학자인 로버트 R. 홀트Robert R. Holt는 이렇게 썼다. "프로이트의 환자들 대다수는 프로이트 본인과 마찬가지로 지나치게 통제받는 사람들이었다. 따라서 도덕적 제약과 관련된 그들의 과제는 비윤리적인 행동을 통제하는 것이 아니라 지나치게 가혹한 자기 절제를 약간 완화하는 법을 배우는 것이었다."[16]

　현대 심리학 역시 억제에서 탈출하려는 경향이 있는데, 그 원인 가운데 하나는 신뢰할 수 있는 사람의 성격이 바뀌었기 때문이다. 오래전에는 신뢰할 수 있는 사람에게 마음을 연다고 하면 친구나 성직자에게 속마음을 솔직히 털어놓는다는 의미였지만, 심리 치료가 시장 지향적인 전문 분야로 떠오르면서 상거래의 모든 장점을 활용해 고용할 수 있는, 기꺼이 속마음을 털어놓을 만한 전문 상담사가 우후죽순 생겨났다. 심리 치료사는 상담 내용을 누설하거나 잘잘못을 판단하지 않는 대가로 돈을 받는다. 이들은 최소한 특정한 도덕적 중립성, 즉 시장의 도덕적 중립성에 영향을 미치며, 이것이 묘하게도 긴장을 푸는 데 도움이 되는 환경을 조성한다. 대부분 의료보험으로 충당되는 치료 비용 문제만 제외하면, 우리는 대체로 이 새 시스템에 만족하는 것처럼 보인다. 2008년의 해리스여론조사에 따르면 미국 성인 응답자 열 명 가운데 세 명이 정신 건강 전문가로부터 치료 받은 적이 있다고 대답했을 정도다.

프로이트의 유산이 자기 절제를 약화하는 데 주된 역할을 했을지는 모르지만, 한 가지 매우 중요한 방식에 있어서는 그 반대의 효과를 가져왔다. 본래 정신분석의 목표가 "억압의 문을 열고 이를 판단에 따른 행동으로 대체하는"[17] 자율성이라면, 프로이트 이론의 목적은 우리로 하여금 스스로의 욕구를 인정하고 우리가 그 욕구를 어떻게 생각하는지를 결정하게 하는 것이었다. 이것은 욕구에 대한 욕구 혹은 2차적 욕구를 형성하는 것을 의미한다. 이러한 요소를 형성하고 인정하는 것이 바로 자기 절제가 추구하는 바이다. 해리 프랑크푸르트의 말을 빌리자면, 프로이트는 인간이 단순히 방종한 존재 이상이 되기를 바란다고 하는데, 이는 실로 숭고한 목표가 아닐 수 없다. 그렇게 되려면 자기 절제 과정에서 자아에 부과되는 커다란 짐을 받아들여야 할지라도 말이다. 이러한 관점에서 보면 프로이트의 괴상한 이론의 의도는(그에게 명성을 가져다 주는 것 외에도) 우리 각자에게 스스로의 충동에 대해, 그리고 충동을 옭아매는 기존의 제약에 대해 좋거나 싫다고 말할 수 있는 힘을 부여하는 것이었다.

어떤 의미에서 프로이트는 아리스토텔레스가 말한 아크라시아의 생각 없는 형태를 없애고자 했다. 이드, 자아, 초자아로 이루어진 프로이트의 성 삼위일체에서, 자아는 우리 안의 중용을 나타내며 본능 쪽으로도, 금기 쪽으로도 기울지 않고, 욕망과 윤리, 그리고 다른 사람들의 요구 사이에 균형을 유지하는 역할을 한다. 프로이트는 바로 이 부분을 칭송하고자 했다. 그 모든 단점에도 불구하고 프로이트는 정신분석을 다음과 같은 한 문장으로 요약해 냈다. "본능이 있는 곳에 자아가 있게 하라."[18] 그리고 바로 이것이 내가 이 책에서 주장하는 바다.

11 내면의 대립

자기 절제를 위한 몸부림이 흥미로운 이유는 갈등과 연관되어 있기 때문이다. 그리고 자기 절제가 다른 갈등과 다른 점이 있다면 갈등의 대상이 자기 자신이라는 점이다.

친구들이 여러분에게 함께 은행을 털자고 제안했다고 상상해 보자. 주택 담보대출 신청서에 소득을 실제보다 높게 기재한다는 뜻이 아니라 실제로 총을 들이대는 진짜 강도 말이다. 물론 여러분은 그것이 좋은 생각이 아니라는 것을 안다. 도덕적으로 꺼림칙한 생각이 들고, 누군가 다칠지도 모른다고 걱정하며, 도망칠 수 있을지 확신하지 못한다. 하지만 그럼에도 불구하고 친구들과 행동을 같이하기로 한다. 친구들의 제안이 아닌가. 다만 여러분의 마음속에는 두 가지 생각이 공존하며, 아무 말도 하지 않지만 깊은 불안감을 느낀다.

기괴한 마스크를 쓰고 공범들과 함께 은행으로 다가가는 동안 여러분의 몸속에서는 아드레날린이 끓어오른다. 손바닥에서는 땀이 나고, 가방을 던지고 도망치고 싶은 강력한 열망에 압도되기도 한다. 그러나 초인적인 노력으로 여러분은 은행 안으로 발을 디밀고 소리친다. "손들어!"

이제 이 가상의 시나리오를 은행에 들어가기 직전으로 되돌려 보자. 당신의 두개골 안을 들여다볼 수 있다면(어디까지나 가상이다.) 이 은행 강도 계획에 대한 당신의 생각이 말 그대로 두 개로 갈라진 것을 발견할지도 모른다. 미래를 예측하는 능력과 계획성, 그리고 합리성이 자리 잡은 전두엽은 강도 짓을 회의적으로 바라보며, 모든 종류의 잠재적인 문제를 예견할 것이다. 그러나 편도체감정을 조절하고, 공포에 대한 학습 및 기억에 중요한 역할을 하는 반연계의 부위를 비롯하여 주로 감정을 담당하며 공포를 느끼는 변연계에서는 완전히 다른 관점에서 이 계획을 바라보고 있을지도 모른다. 친구들로부터 소외당할지 모른다는 예측에 두려워하는가 하면, 총구를 들이대고 마음껏 돈을 퍼 담을 수 있다는 흥분에 힘이 나기도 한다. 그 엄청난 돈! 그리고 심각한 위험!

완전히 반대 상황이 벌어질 수도 있다. 두개골 안에서 부글부글 끓으며 움직이는 회색의 덩어리를 바라보고 있노라면 어느 쪽인지 확실히 단정하기 어렵다. 어쩌면 여러분의 전두엽이 초기에는 다소 주저하다가 결국 은행 강도 계획에 동참하기로 한 반면, 변연계는 총을 맞거나 감옥에 갇힐지도 모른다는 생각에 두려워하며 몸을 사릴지도 모른다. 만약 성능 좋은 자기공명영상MRI 장치로 두뇌의 어느 부분에서 언제 불이 켜지는지 보여 주는 이미지를 찍을 수 있다면, 우리는 적어도 머릿속에서 무슨 일이 일어나는지에 대해 좀 더 분명히 알 수 있을 것이다.

은행 강도 이야기는 이쯤 해 두자. 진정 충격적인 것은 여러분의 머릿속에는 거의 언제나 두 가지 마음이 공존한다는 점이다. 아니, 최소한 두 가지 마음이라고 하는 편이 더 정확할지도 모른다. 하나는 야성적이고 광적이며 쾌락을 즐기지만 언제 폭발하여 폭력적인 모습을 보일지 모르는, 젊은 시절의 하비 케이틀Harvey Keitel 같은 존재다. 또 하나는 보험에 가입하는 자아로, 미리 계획을 세우고, 빚지는 일을 피하고, 선크림을 듬뿍 바르는(그리고 만약을 위해 우산까지 챙기는), 말하자면 젊은 마이클 모리어티 Michael Moriarty 같은 존재다. 이 두 내면의 존재는 「별난 커플」성격도 취향도 달라 티

격태격하지만 둘도 없는 친구인 펠릭스와 오스카가 한 아파트에 살면서 벌어지는 이야기를 그린 고전 영화이다. 아니, 여러분은 진짜로 펠릭스와 오스카가 사는 아파트와 같아서 별난 한 쌍이 여러분의 몸 안에 살고 있는지도 모른다. 대답해 보자. 둘 중 누가 주도권을 잡기를 바라는가? (영화에서 임대 계약서에 이름이 올라 있는 것은 오스카다.)

대부분의 아이디어처럼 우리 마음이 둘로 나뉘어 있다는 개념은 새로운 것이 아니며, 전통적으로 검은색과 흰색으로 된 마니교3세기 페르시아 왕국에

서 마니가 창시한 고유의 이원론적 종교의 의상을 입고 떠돌아다녔다. 페르시아의 예언자 자라투스트라는 기원전 600년경 선과 악은 우리 모두의 마음속에 함께 존재한다고 주장했다. 이 사상의 여러 가지 변형은 전 세계의 종교에서 매우 광범위하게 발견되기 때문에 사실상 신학적인 공통분모라고 할 수 있을 정도다. 남성과 여성으로 나뉘어 매일 빛과 어둠의 주기를 겪으며 사는 인간에게 이원론은 매우 자연스러운 개념이다. 그러나 무언가 그 이상의 것이 작용하고 있다. 사람들이 항상 내면에서 감지하는 무언가가 말이다.

내면에서 들려오는 목소리가 있다. 우리는 하루 종일 이 목소리를 들어야 하며, 때로는 그 목소리를 부인하거나, 억누르거나, 다른 주제로 돌리는 데 어려움을 겪기도 한다. 대부분의 사람들에게 자기 대화는 의식과

거의 같은 뜻을 지니지만, 우리는 내면에서 화자뿐 아니라 청자 역시 인식한다. 비록 그 두 존재가 같은 몸 안에 들어 있다고 해도 말이다. (이 끝없는 자기 대화는 매우 중요하다. 소크라테스는 자신 내면의 목소리, 즉 다이몬daemon, 내부에서 들리는 비판적인 양심의 음성 덕분에 자신이 좁고 올바른 길을 걸어갈 수 있다고 했다.)

한편 몸과 마음은 분리되어 있는 게 분명하다는 의견도 있는데, 이 개념의 가장 유명한 주창자인 철학자 르네 데카르트의 이름을 따서 이를 데카르트식 이원론이라고 부른다. (데카르트는 자기 절제를 도덕적인 미덕의 중심이라고 강력하게 주장하기도 했다.) B. F. 스키너B. F. Skinner의 급진주의는 아이러니하게도 이 익숙한 길로 이어졌다. 물론 "우리는 누가 누구를 통제하는지 명확하게 밝혀야 한다."[2]라고 말한 것처럼 스키너가 통제하는 자아와 통제받는 자아 사이의 분리를 상정했다는 점만 제외하고 말이다. 몸과 영혼, 이성과 열정, 음과 양, 애벗과 코스텔로Abbott and Costello, 미국의 코미디언 명콤비, 이원론적인 시각은 어느 세대에서나 엿볼 수 있다.

지킬 박사와 하이드 씨

이원론은 나름대로 효용이 있다. 몸과 마음을 구분하면, 자신을 자연계로부터 분리하고 정글의 법칙과는 다른 윤리를 포용하는 데 도움이 된다. 또한 보이는 것이 다가 아니라는 생각에 위안을 얻기도 한다. 이원론을 통해 우리는 인간이 단순히 피와 살로 이루어진 존재가 아니라고 믿을 수 있으며, 그럼으로써 인간 생명의 존엄성에 대한 신념을 공고히 할 수 있다. 동시에 이원론을 통해 죽음을 피할 수도 있는데(적어도 비유적으로는 말이다.), 몸은 죽어 없어질지라도 다른 부분은 계속 살아남기 때문이다. 한

마디로 이원론은 불멸이라는 개념의 출발점이다.

자신이 두 부분으로 나뉘어 있다고 생각하면 우리는, 필요할 때마다 하이드 씨로 변신했던 지킬 박사처럼 우리(또는 다른 사람들)가 인정하지 않는 부분으로부터 스스로를 분리할 수 있다. 인간이 두 부분으로 나뉘어 있다는 개념은, 우리 안의 금기된 부분에 대해 겉으로는 그럴듯하게 부인하면서도 속으로 마음껏 탐닉할 수 있게 해 준다. 영화 「진지함의 중요성 The Importance of Being Earnest」에 등장하는, 런던에서 게임하며 마음껏 즐기기 위해 어니스트라는 이름의 짜릿한 도시용 자아를 유지하는 시골 지주 존 워딩처럼 말이다. 성 바오로는 「로마인들에게 보낸 편지」에서 이렇게 탄식했다. "나는 내가 바라는 것을 하지 않고 오히려 내가 싫어하는 일을 합니다. …… 그렇다면 이제 그런 일을 하는 것은 더 이상 내가 아니라 내 안에 자리 잡고 있는 죄입니다."

할리우드의 홍보 담당자가 자기 고객이 치료 시설에 들어간다고 발표할 때 암시하고자 하는 것도 바로 이것일 것이다. "20년간 절주한 끝에, 로빈 윌리엄스는 다시 술을 마시게 된 자신을 발견했습니다." 윌리엄스가 그 사실을 알고 얼마나 놀랐겠는가!

마찬가지로 버나드 메이도프가 사상 최대의 금융 사기로 150년 형을 선고받았을 때 그의 아내는 일종의 중혼을 인정하는 성명을 발표했다. "우리(저도 포함해서)가 이제까지 살면서 존경하고 믿어 왔던 사람은 제 남편입니다. …… 하지만 사기에 대한 고백으로 우리 모두를 충격에 빠뜨리고 이 끔찍한 상황을 야기한 다른 남자가 있습니다. …… 이 무시무시한 사기를 저지른 사람은 일생 동안 제가 알고 지낸 사람이 아닙니다."

남편이 사기를 저질렀다는 사실을 털어놓았을 때, 아내는 아마도 이렇게 물었을 것이다. "버니, 도대체 뭐에 홀렸어요?" 오래전부터 우리는 그러한 죄악을 사탄의 탓으로 돌려 왔기 때문이다. '악마가 나를 이렇게 만들었어!' 하지만 잘못을 모두 악마에게 돌리기에는 우리의 수준이 너무 높아졌기 때문에 오늘날에는 이렇게 잘못된 행동을 선동하는 존재를 이드, 내면의 어린아이, 파충류의 뇌 등 여러 가지 수수께끼 같은 용어로 부른다.

동기와 선택에 큰 관심을 품어 왔던 경제학자들은 두 가지 자아라는 모델을 오래전에 받아들였다. 우선 『도덕감정론Theory of Moral Sentiments』에서 자기 절제를 매우 강조했던 애덤 스미스가 있다. 그는 자신의 내면이 방관자와 행위자로 나뉘어 있으며, 한쪽이 다른 쪽을 판단한다고 묘사했다. 이와 비슷한 내면의 분열은 카네기멜런대학교의 경제학 교수이자 지그문트 프로이트의 증손자인 조지 뢰벤슈타인의 연구에서도 분명히 드러난다. 뢰벤슈타인은 자아가 정서적인 체계와 사고하는 체계로 나뉘어 있다고 보았다.

댄 애리얼리, 캐슬린 보스Kathleen Vohs 등과 같은 다른 저명한 자기 절제 전문가들과 함께 발표한 뛰어난 논문에서 뢰벤슈타인은 이른바 '차가움과 뜨거움 사이의 간극'을 탐구했다. '차가운' 상태는 기본적으로 심리적 욕구나 흥분이 없는 상태이므로 차갑다는 것은 굶주리지 않거나, 성적으로 흥분되지 않거나, 고통스러울 정도로 지나치게 냉정한 것을 의미하는 게 아니다. 오히려 정상이고, 차분하고, 필사적이지 않다는 의미다. 뭔가에 잔뜩 취해서 질린 상태를 생각해 보면 된다. '뜨거운' 상태는 앞에서 언급한 '본능적인' 조건의 대상이 된다는 의미다. 즉 굶주림이나 성욕과 같은 욕구, 분노나 공포와 같은 감정, 또는 고통과 같은 감각의 대상이 된다는 뜻이다.

차가운 상태에 있을 때 우리는 자신을 움직이는 뜨거운 상태의 힘을 과소평가하는 경향이 있다. 사실 차가운 상태일 때에는 뜨거운 상태의 우리가 다른 사람의 행동에 미치는 힘도 과소평가한다. 차가운 상태에서는 과거에 '뜨거운 상태로 말미암아' 취했던 행동을 이해조차 하지 못한다. 사실 뜨거운 상태도 마찬가지여서, 차가운 상태의 자신을 이해하지 못한다. 음식, 섹스, 마약 등의 실험으로 이 점이 여러 차례 증명된 바 있다.

오디세우스도 이를 예측했을 것이다. 그는 열정이 불타오르는 밤에는 칼립소가 더없이 매력적이라고 생각했지만, 낮에는 해안가에 앉아 구혼자들의 구애를 거절하고 있을 아내 페넬로페를 그리며 눈물지었다. 아름다운 여신의 유혹을 받는 뜨거운 오디세우스는 대낮의 냉정한 오디세우스와 완전히 다른 사람이었다.

섹스와 관련해서는 대부분의 남자들이 이렇다고 해도 과언이 아니다. 뢰벤슈타인과 애리얼리는 남자 대학생 서른다섯 명에게 성적으로 흥분한 상태와 그렇지 않은 상태에서 질문에 답하도록 했고, 두 상태 사이에 큰 차이가 있음을 발견했다. (자위를 통해) 성적으로 흥분한 남성들은 남성, 뚱뚱한 여성, 싫어하는 사람과도 성관계를 하는 데 동의할 확률이 훨씬 높았다. 이들은 몸을 묶거나, 때리거나, 항문 성교를 하는 것에도 보다 적극적인 태도를 보였고 담배 연기가 매력적이라고 대답할 확률 역시 매우 높았다. 또한 성관계를 하기 위해 기꺼이 나쁜 행동도 감수하겠다고 답한 경우도 많았다. 예를 들어 사랑에 빠졌다고 거짓말 할 확률이나 여성에게 술을 권할 확률은 비교되지 않을 만큼 높았다. 여성으로부터 '싫다'는 대답을 듣고도 계속 유혹을 시도할 가능성이 두 배 이상이었으며, 상대 여성에게 몰래 약을 먹일 확률은 무려 다섯 배 이상이었다.

이 불편한 조사 결과는 셰익스피어의 『루크레티아의 능욕*The Rape of Lucrece*』을 떠올리게 한다. 타르퀴니우스는 나쁜 행동을 저지를지 말지 고민하면서 "마음속 논쟁을 벌였네. 얼어붙은 양심과 뜨겁게 타오르는 의지

사이에서."라고 적었다. 그의 욕망은 "이성의 미약한 저항을 넘어섰고", 이는 자기 절제의 처절한 실패를 분명히 시사한다. 그는 비록 나중에 문제가 생길 것을 알았지만, 일을 저지르고 나서 "뜨거운 열망이 차가운 경멸로 바뀐 후"에는 얼마나 끔찍한 기분이 될지 상상할 수 없었던 것처럼 보인다.

뢰벤슈타인의 연구에서 가장 흥미로운 점은 자아가 뜨거운 상태와 차가운 상태로 아주 철저하게 분리되어 있어 한쪽 상태에서는 다른 쪽 상태를 완전히 낯선 사람처럼 느낀다는 주장이다. 그는 이렇게 말했다. "여러 가지 상태는 우리를 너무도 철저하게 바꿔 놓기 때문에 한 상태에 있는 우리는 자신의 다른 상태를 외부인보다도 더 멀게 느낀다."[3]

.행동 경제학의 아버지 리처드 탈러Richard Thaler와 H. M. 셰프린H. M. Shefrin은 「자기 절제의 경제 이론An Economic Theory of Self-Control」이라는 논문에서 개인은 선견지명이 있는 계획자와 근시안적인 행위자로 이루어져 있다는 주장을 내놓았다. "그 결과 여기서 발생하는 갈등은 근본적으로 기업의 소유주와 경영자 사이의 행위 갈등과 비슷하다."[4] 기업에서는 전문 경영인이 자신의 급료를 지불하는 주주들의 이익보다는 단기적인 이익('근시안적인 행위자'와 마찬가지로)에 치중하는 행동을 하기도 한다. 우리는 바로 이러한 현상을 최근의 경제 위기에서 목격했다. 예를 들어 은행의 최고 경영진은 높은 단기 수익을 올리고 두둑한 연말 보너스를 약속하는 위험도 높은 대출을 적극 권장할 수도 있다. 비록 대출자가 나중에 파산 신청을 하고 주주와 다른 모든 사람들에게 손해를 입히더라도 말이다.

플라톤은 『국가Politeia』에서 계획하는 쪽과 행동하는 쪽의 갈등에 대해 또 다른 견해를 피력했다. 그는 인간의 본성이 좋은 쪽과 나쁜 쪽으로 구성되어 있음이 틀림없다고 주장했는데, 그렇지 않으면 자제력이라는 개념 자체가 터무니없기 때문이다. "만약 네가 자신의 주인이라면 동시에 너는 자신의 하인이기도 한 셈이다. 따라서 너는 스스로의 주인이자 하인이다."[5] 또 플라톤은 "각자는 스스로의 적이다."라고 말하기도 했으며, 이 투쟁에서 승리하는 것의 중요성을 강조했다. "스스로에게 패하는 것은 가장 수치스러운 일이며 모든 패배 중에서도 가장 나쁜 것"이기 때문이다.[6]

이 모든 이원론이 시사하는 것은 우리는 두 부분이 합쳐져서 하나의 완전체가 되었다는 개념이며, 이는 결과적으로 어느 한쪽도 다른 한쪽 없이는 살 수 없다는 의미이기도 하다. 유대 민족의 예처 하라yetzer ha-ra와 예처 하토브yetzer ha-tov라는 개념을 생각해 보자. 여기서 예처는 충동이라는 뜻이며, 예처 하라는 우리의 욕구가 작용하는 부분이다. 이 충동은 일부 사람들이 생각하는 것처럼 단순히 본질적으로 악하지는 않지만 악의 근원이 될 수 있다. 이는 우리의 욕망, 욕구, 본능적인 갈구에 해당한다. 열정적인 예처 하라의 옆에는 성실한 예처 하토브가 자리 잡고 있다. 조금 따분한 성격의 예처 하토브는 윤리적인 힘이다. 흔한 표현으로는 우리의 양심으로, 우리가 미처 도달하지 못할 신의 법칙을 일깨워 준다.

조너선 클리글러Jonathan Kligler라는 랍비는 내게 이렇듯 불안정하게 공존하는 충동에 대한 탈무드 우화를 이야기해 주었다. 오랜 옛날 한 유대인 공동체의 독실한 사람들은 예처 하라가 유발하는 방종한 행동에 지친 나머지 이를 잡아서 영원히 없애 버리기로 결정했다. 예처 하라를 잡아서 우리에 가둔 사람들은 마침내 예처 하토브가 승리를 굳혔다고 생각했지만, 그들의 뿌듯함은 오래가지 않았다. 뭔가 불길한 일이 일어나고 있음이 분명했기 때문이다. 알은 부화하지 않았고, 집은 완성되지 않았으며, 삶은 그 자리에 멈춰 버렸다. 이유는 분명했다. 예처 하라와 함께 사는 것은 매우 힘들었지만, 예처 하라가 없는 삶은 불가능했던 것이다. 어떻게 할 것인가? 토론을 거쳐 결론을 내렸다. 예처 하라의 눈을 빼 버린 다음 풀어 주는 것이었다.

정신과 의사이자 자기 절제 분야의 선구자인 조지 에인즐리George Ainslie
는 이 이야기를 무척 마음에 들어 했다. 비유대인 정신과 의사인 에인즐
리는 랍비의 행동에 어떤 지혜가 담겨 있는지 즉시 꿰뚫어 보았다. "풀어
주기는 하되, 눈을 멀게 했기 때문에 예처 하라는 이성이 보여 주는 것만
볼 수 있었다."

「스타 트렉Star Trek」의 제작자들은 이런 탈무드의 지혜에 푹 빠져 있었
던 것일까? 고전이 된 시즌 1의 에피소드 「내부의 적The Enemy Within」을 보
면 그랬을지도 모르겠다. 이 이야기에서는 순간 이동 장치가 오작동하면
서 커크 선장이 선과 악의 둘로 나뉜다. 우주의 평화를 위해서건 드라마
의 흐름을 위해서건 천만다행히도 나쁜 커크 선장은 승리를 거두지 못한
다. 그러나 놀라운 부분은 좋은 커크 선장이 나쁜 커크 선장 없이는 살 수
없다는 점이고, 이 둘이 다시 합쳐지기 전까지는 선장의 생명이 위험하다
는 사실이다. 커크 선장은 예처 하라가 꼭 필요했던 것이다.

우리 모두도 마찬가지다. 신경 과학자인 안토니오 다마지오Antonio
Damasio는 감정과 의사 결정 모두에 깊이 관여하는 안와 전두엽에 손상을
입은 환자들을 연구했다. 다마지오는 이 부분에 손상을 입은 환자의 경우
지성에는 별다른 변화가 없지만 감정적인 삶이 단절되어 버리는 경우가
많다는 사실을 발견했다. 「스타 트렉」의 스폭처럼 말이다.

전두엽에 손상을 입은 사람들은 감정에 좌우되지 않는 합리적인 기계
가 되는 것이 아니라 가장 기본적인 결정조차 내릴 수 없는, 방황하는 영
혼이 된다. 이들은 여러 선택지 가운데 하나를 고를 만한 취향이나 의지
가 없다. 선택의 근거가 되는 직관이나 감각을 잃은 그들은 일종의 존재론
적 마비 상태를 겪는 것이다. 마치 존 바스John Barth의 초기 소설인 『여로

의 끝*The End of the Road*』에 나오는 등장인물 제이컵 호너처럼 말이다. 이 소설에서 호너는 일상을 헤쳐 나가도록 도와주는 자동 조절 장치가 없는 것처럼 보인다. 호너의 동기부여는 실존주의적인 의구심으로 완전히 잠식당해, 기차역 같은 곳에서 제멋대로 마비 상태가 되곤 했다. 감각이나 의미가 존재하지 않는 우주 속에서는 두 가지 행동 가운데 하나를 선택하기 위한 타당한 이유를 찾을 수 없기 때문이다. 윌리엄 제임스William James가 관찰한 대로, "습관은 찾아볼 수 없고 망설임만 존재하는 인간, 시가 하나에 불을 붙이고, 컵으로 무언가를 마시는 일, 매일 침대에서 일어나고 잠자리에 드는 시간, 모든 사소한 일의 시작이 의식적인 심사숙고의 대상이되는 인간보다 더 비참한 존재는 없다."[7]

그러나 이 우화에는 무언가 다른 것이 담겨 있다. 언뜻 보면 잘 드러나지 않지만 그럼에도 불구하고 매우 중요한 것이 말이다. 예처 하라와 예처하토브의 경쟁에서 빠진 존재, 바로 우리가 심판이라고 부르는 존재 말이다. 예처 쌍둥이는 우리의 이중적 본질에 대한 은유이지만, 이들의 상충되는 요구 사이에서 판단을 내리는 제삼의 주체가 있음을 의미하기도 한다. 비록 3인 플레이threesome는 사람들이 상상하는 것만큼 만족스럽지 않을지도 모르지만(물론 나로서는 알 방도가 없다.) 3은 우리가 아주 오랫동안 간직하고 살아왔던 수다.

천사와 악마, 그리고 나

플라톤은 『향연』에서 이 문제를 자세히 다루고 있다. 『향연』 대화편에서는 소크라테스가 날개 달린 말 한 쌍을 통제하려고 하는 마부의 은유를 사용하여 세 가지 주체로 이루어진 영혼을 시적으로 묘사한다. 이 한 쌍 가운데 한 마리는 좋은 말, 다른 한 마리는 나쁜 말이다.

오른쪽 말은 자세가 바르고 깔끔하게 손질되어 있으며, 목은 우아하고 코는 매부리코이다. 몸은 흰색이며 눈은 짙은 색이다. 명예와 단정함, 자제를 선호하며 진정한 영광을 추구하며 채찍을 들지 않아도 지시와 훈계에 잘 따른다. 왼쪽 말은 구부정하고 느릿느릿하게 움직이는 동물로, 제대로 손질되어 있지 않다. 목은 짧고 굵으며 얼굴 윤곽이 뚜렷하지 않고, 회색 눈에 짙은 색의 몸을 가졌으며 혈색은 피처럼 붉다. 거만함과 자만심으로 뭉친 이 말의 귀에는 털이 길게 나 있으며 귀가 들리지 않고, 채찍이나 박차를 써도 말을 잘 듣지 않는다.[8]

『향연』에도 나름대로 팬들이 있지만, 세 부분으로 나뉜 영혼의 본질을 「도널드의 양심Donald's Better Self」보다 더 심오하고 아름답게 설명한 작품이 있을까? 플라톤에게 1938년에 제작된 이 고전 만화가 지니는 의미는 사르트르에게 영화 「좋은 인생It's a Wonderful Life」이 의미하는 바와 같을 것이다. 「도널드의 양심」에서 도널드 덕은 두 가지 마음의 다툼 사이에서 어쩔 줄 모르는 젊은이로 그려진다. 만화는 도널드 덕이 침대에서 잠들어 있는 장면으로 시작한다. (이 만화는 유튜브에서 직접 감상할 수 있다.) 자명종 소리에도 도널드 덕이 꿈적하지 않자, 그의 몸에서 그와 꼭 닮은 천사가 발랄하게 튀어나와 자명종을 끄고 얌전하게 박수를 치면서 학교에 가야 한다고 도널드 덕을 깨운다. 이 인물은 약간 별나다. 비록 계속 '그'라고 부르기는 하지만 착한 도널드는 뚜렷하게 여성적인 분위기를 지니고 있다. 여성스런 목소리를 지닌 엉덩이 큰 잔소리꾼 말이다. (귀족적인 말투로 볼 때 엘리너 루스벨트일지도 모른다.) 착한 도널드는 대개 자기 절제의 평판을 깎아내리는 부류다. 학교 가는 길에는 착한 척하면서 부리를 하늘 높이 치켜들고, 손은 한데 모으고, 열광적인 자화자찬으로 눈을 세차게 깜빡거리면서 점잔 빼며 걷는다.

한편 나쁜 도널드의 성별 역시 매우 분명하다. 예전부터 여성이 교화를 담당해 왔다는 전통적인 개념의 연장선에서 착한 도널드가 여성임이 분명하다면, 목소리가 걸걸한 나쁜 도널드는 분명 남성이며, 머리 위에 솟은 뿔과 남근처럼 서 있는 화살 모양의 꼬리로 악마 같은 모습을 연출한다. 나쁜 도널드가 도널드 덕을 꼬드겨서 등굣길에서 벗어나게 할 때는 단순히 낚시하러 가자고 이야기한 것이 아니라 지저분한 농담을 속삭인 것이 분명하다. 그리고 도널드 덕은 이 농담을 이해하고 좋아하는 척한다.

나쁜 도널드는 도널드 덕을 구원하겠다고 굳게 마음먹는다. 착한 도널드가 추구하는 남자답지 않은 반듯함에서 말이다. 나쁜 도널드는 나쁜 행동을 권할 뿐 아니라 담배로 남자다움을 증명하려는 순진한 도널드 덕을 비웃기도 한다. "한 모금 더 피워 보라고! 남자답게 말이야!" 나쁜 도널드는 이렇게 재촉하면서 담배가 도널드 덕을 사내답게 만들어 줄 거라고 약속한다. 곧 건강에 문제가 생기고 도널드는 격렬한 후회에 휩싸인다. "도대체 내가 왜 그랬을까?" 도널드 덕은 여러 차례 신음하는데, 그의 회한은 성 바오로와 성 아우구스티누스를 비롯해 자기 연민에 빠진 수많은 죄인들의 위대한 전통과 맥락을 같이한다. 어쨌거나 도널드 덕은 곧 선한 길로 돌아오는데, 이것은 교육이 의미하는 바와 같다.(말 그대로 학교로 향하는 길이니 말이다.) 도덕적인 교훈을 주는 우화가 대부분 그렇듯이, 선은 악보다 강하다. 그리고 이제 도널드 덕은 착한 도널드를 응원하기 시작한다. 착한 도널드는 곧 주저하는 마음을 버리고 주먹싸움을 벌여 나쁜 도널드를 물리친다. 그 순간 남은 도널드들이 모두 하나로 합쳐져서 학교로 향하게 된다.

같은 해, 이번에는 어느 정도 성장한 도널드 덕이 「자기 절제Self-Control」라는 짧은 만화에 등장한다. 이 만화는 자신의 성미를 다스리는 것이 얼마나 힘든지를 다룬다. 이 두 만화를 함께 보면 아리스토텔레스가 약한 의지의 원인으로 지적한 두 가지, 즉 즐거움과 분노를 유용하게 풍자하고 있음을 깨달을 수 있다. 「도널드의 양심」에서는 늦잠 자는 것, 학교에 결석하는 것, 낚시하는 것, 음흉한 웃음을 주고받는 것, 담배 피우는 것 등이 즐거움으로 그려진다. 물론 만화에서는 때때로 즐거움이 도를 넘어서 후회로 이어지지만 말이다. 「자기 절제」 편에서는 나긋나긋한 목소리의 라디오 진행자가 도널드 덕을 비롯한 청취자들에게 화를 참는 방법에 대해 조언해 주는데, 전에 불같이 화를 낸 일을 후회하고 있던 도널드 덕은 이 조언을 관심 있게 받아들인다. 그러나 우리의 주인공은 결국 열까지 세는 것을 포기하고 화를 터뜨릴 때에만 행복을 느낀다. 여기서도 즐거움이 작용한다. 바로 자신의 성미를 마음껏 발휘하는 즐거움이다.

놀라운 것은 두 만화에서 모두 도널드 덕이 프로이트와 같은 생각을 편다는 점이다. 억압이 병으로 이어질 수 있다고 주장한 사람은 프로이트였으며, 세 개로 나누어진 자아를 주창한 학자들 가운데 가장 유명한 사람 역시 프로이트다. 프로이트는 주요 이론의 뼈대를 대부분 다른 학자들로부터 차용했다. 그가 월트 디즈니 이전에 이런 주장을 내놓았다는 것도 놀라운 일이다. 프로이트는 고전에 푹 빠져 있었고 플라톤의 『향연』이라는 좋은 사례가 있었으며, 19세기의 위대한 신경학자 존 헐링스 잭슨John Hughlings Jackson을 참고했음은 말할 것도 없다. 잭슨은 자아가 주체 의식과 객체 의식의 두 가지로 구성되어 있다고 생각했으나 오늘날의 과학자들처럼 중추신경계가 진화의 역사를 반영하는 세 계층으로 이루어져 있다고 보았다. 그는 각 계층을 진화 발달의 단계를 기반으로 하위, 중위, 상위 계층이라는 이름으로 불렀고, 자제력의 대부분을 관장하는 상위 계층은 전두엽 피질과 연관되어 있다고 상정했다.[9]

내 속엔 내가 너무도 많아

자아는 세 부분으로만 이루어져 있을까? 월트 휘트먼Walt Whitman은 인간에게는 여러 자아가 존재한다고 주장했고, 조지 에인즐리는 자아를 "거대하고, 혼란스럽고, 모양이 없는 욕망과 충동의 세계"라는 집단의 형태로 보았다. 아니, 그보다 더 근사한 것은 자아가 상충되는 이해관계가 얽힌 주체로 이루어진 시장이라는 개념이다. 마치 "승리하기 위해 경쟁자보다 더 많은 것을 약속할 뿐만 아니라 훗날 경쟁자가 자신의 기반을 약화하지 못하도록 전략적으로 행동해야 하는 상점가"와 같은 기능을 하는 곳으로 말이다. 말하자면 자아는 협상 과정이라는 의미다.[10]

이러한 개념을 바탕으로 할 때, 사실상 자아를 시간에 따라 앞뒤로 길게 늘어서 있는 무한한 주체의 집합으로 인식하는 것도 그리 어렵지 않다. 철학자 데릭 파핏Derek Parfit은 미래의 자아는 우리와 완전히 다른 사람이며, 그렇기 때문에 타인보다 더 존중받을 자격이 없다고 주장했다. 비록 시간에 따라 여러분의 자아가 지금의 모습에서 얼마나 멀어지는지는 중요하다고 인정했지만 말이다. "미래에 대한 나의 우려는 현재의 나와 미래의 나 사이의 '연관 관계'의 정도에 달려 있다. …… 연관 관계는 기간이 길어질수록 약해지기 때문에 나는 합리적으로 먼 훗날의 나에 대해 크게 신경 쓰지 않는다."**11**

미래의 자아들은 영영 실현되지 않을지도 모르고, 갑자기 사고를 당하거나 병에 걸릴 수도 있다. 그런 가능성을 인식하게 되면 미래에 대한 현재의 우려가 줄어든다. 미래의 자신은 현재의 자신과 완전히 다른 방식으로 보고, 행동하고, 생각하고, 느낄지도 모른다. 미래의 자신은 이전의 경험, 저축, 투자해 놓은 것의 덕을 보게 될 것이고, 반면 나이가 많다는 점이 약점으로 작용할 것이다. 물론 양쪽이 어떻게 혼합될지는 예상하기 힘들다.

이번에는 여러분의 수많은 자아가 차례차례 호텔에 투숙한다고 생각해 보자. 여러분에게는 방이 하나만 필요하다. 따라서 매일 아침 오래된 자아가 체크아웃하고, 오후가 되면 새로운 자아가 체크인한다. 매일매일 점점 더 새로운 자신으로 이어지는 과정이 세상을 떠날 때까지 몇 년이고 계속된다. 문제는 이 호텔에는 청소부가 없어서 방이 점점 더러워지기 시작한다는 점이다. 바로 앞에 묵은 자아가 청소만 했더라면!

어쨌든 여러분은 호텔에 투숙하기로 했고, 여러분 역시 청소는 별로 하고 싶지 않다. 내가 정말 청소해야 할까? 의문이 시작된다. 미래의 나에게 내가 정확히 무엇을 빚지고 있지? 상황을 바로잡을 수 있는 유일한 사람은 결국 현재 방을 사용하는 나뿐이지만, 도대체 내가 왜 그런 희생을 해야 하는가? 지금 원하는 것은 술 한잔과 목욕이다. 나중에 들어오는 손님은 그들이 알아서 하겠지. 하지만 매일매일 이런 식으로 행동하면 방은 점점 더 더러워진다. 누군가는 다른 사람들을 위해 희생해야 한다. 그러나 현재의 투숙객만 생각한다면 여러분이 지금, 현재를 마음껏 즐기지 못할 이유가 없다. 다른 투숙객들이야 알게 뭐람.

이 같은 사고방식의 문제는 머지않아 모든 투숙객이 곤경에 빠진다는 데 있다. 때문에 우리의 '자아'들이 실제로 서로에게 별다른 영향을 미치지 못한다거나 아주 오래전의 조상들처럼 멀리 떨어져 있다고 가정하는 것은 현명하지 못한 일이다. 우리는 앞으로 미래의 내가 되리라는 사실을 알고 있고, 미래의 나는 우리에게 책임을 묻는다. 따라서 우리는 청소를 해서 미래의 나에게 깨끗한 방을 넘겨주어야 할 뿐만 아니라 옳은 일을 했다는 기억까지 전달하여 미래의 나에게도 청소하고자 하는 의욕을 심어 주어야 한다. 에인즐리는 이런 자아 사이의 밀접한 연관성을 의지력이라고 보았다. 우리가 미래(또는 과거)의 나에 대해 신경 쓰지 않는다면 굳이 왜 그렇게 하겠는가?

재미있는 점은 미래에 다가올 낯선 사람을 위해 유보한 즐거움처럼, 현재의 자신이 치르는 대가라고 생각되는 것이 사실은 그 자신에게 이득이 되기도 한다는 점이다. 다른 사람들을 위해 일하거나 스스로를 자제력 있는 사람이라고 생각하면 만족감을 느낄 수 있다. 또 미래의 보상을 기대하는 것에서도 즐거움을 느낀다. 사실 미래를 기대하면서 느끼는 즐거움이 보상의 즐거움 그 자체보다 큰 경우도 적지 않다.

예일대학교에서 이 문제를 연구한 훌륭한 학자 셰인 프레더릭Shane Frederick은 미래에 대한 우리의 태도는 매우 복잡하며, 단순히 자동으로 즐거움을 재촉하고 고통을 미루지만은 않는다고 주장했다. 알코올 소비 패턴은 이와 같지만(즐거움은 지금, 고통은 나중에), 조깅 같은 경우에는 정반대다. 건강한 몸을 얻기 위해 기꺼이 지금의 고통을 감수하는 것이다. 마찬가지로 교육도 지금의 고통을 견디면 미래에 금전적인 보상이 기다리고 있다. 태닝의 경우에는 지금 고통을 견디고(햇볕에 타기 때문), 나중에 즐거움을 얻고(구릿빛 피부), 그다음에는 다시 고통이 찾아온다(장기적인 피부 손상).

보상을 기대하는 것 자체가 일종의 보상이기는 하지만, 우리가 이 즐거움을 어느 정도로 평가하는지는 분명하지 않다. 프레더릭은 우리가 인터넷에서 무언가를 주문할 때, 빠른 배송에는 더 많은 비용이 든다는 점을 지적했다. 비록 우리가 기대하는 마음을 즐기기는 하지만 기대하는 기간을 늘리기 위해 추가 요금을 지불할 의지는 없는 것이다.

모든 기대가 즐거운 것도 아니다. 고통에 대한 기대는 끔찍할 수 있고, 때로는 두려워하는 대상보다 두려움 자체가 더 고통스러울 수도 있다. 그렇기 때문에 많은 사람들이 비참한 기대감을 오랫동안 유지하기보다 먼저 매 맞는 쪽을 선호하는 것이다.

나는 현재와 미래 사이의 저울질이 매우 복잡할 수 있다는 사실을 나의 쌍둥이 아들이 열 살 되던 해에 배웠다. 파스타와 미트볼이 담긴 접시를 앞에 둔 두 아들은 모두 가장 좋아하는 미트볼을 제일 마지막에 먹었다. 제일 맛있는 음식을 끝까지 남겨 두는 이유는 상당히 명확해 보이지만, 아이들의 결정에 내재된 문제는 만족감을 유보할지 여부를 결정할 때 우리 모두를 괴롭히는 불확실성을 잘 나타내 준다.

예를 들어 먹지 않고 쌓아 놓은 미트볼은 시간이 지날수록 맛이 떨어질 수도 있다. 미트볼이 식어 버리거나 스파게티를 한 접시 가득 먹고 난 후 미각이 둔해져 배고플 때처럼 맛있게 느껴지지 않을 수도 있다. 고기는 탄수화물과 같이 먹을 때 더 맛있을 수도 있고(사실 아이들이 저녁으로 미트볼만 달라고 한 적은 없었다.), 스파게티를 먹고 미트볼을 먹을 차례가 되었을 때 갑자기 지진이 일어나서 꾹 참고 쌓아 둔 소중한 미트볼을 다 잃어버릴 수도 있다. 또는 못된 쌍둥이 형제가 자기 몫의 미트볼을 다 먹어 치우고는 보복당할 가능성을 원천 봉쇄한 다음 당신의 미트볼 하나를 빼앗아 먹을 수도 있다.

이런 문제들을 저울질할 때 우리는 기억과 상상력에 의존하여 불확실한 미래에 대처해 나간다. 우리는 과거의 경험을 되살리고, 이런저런 일이 발생할 경우 어떤 기분이 들지 예측하려고 노력하며, 살면서 얻은 지식을 최대한 활용한다. 이 모든 것에는 자신이 시간이 흘러도 연속적인 존재라는 인식이 필요하며, 내일 느끼게 될 욕망을 묵살하는 것은 옳지 않다는 점을 제시하고 있다. 힐렐이 어디선가 말했던 것처럼, 만약 내가 미래의 자신이 아니라면, 미래의 자신은 도대체 누구인가? 한편 내가 오직 미래의 자신만을 위한 존재라면, 지금의 나는 누구인가?

12 자제력의 신경 과학

우리의 삶은
스스로의 결정으로 우리를 감싸네.[1]
── 필립 라킨(Philip Larkin)

버지니아대학교 신경학자들의 관심을 받았던 불혹의 교사보다 필립 라킨의 주장을 더 잘 설명해 주는 사례는 없다. 어느 날 아내와 함께 입양한 딸을 키우며 조용하게 살던 한 교사의 마음에 무언가 변화가 일어났고, 그의 생각은 점점 더 금지된 섹스에 잠식되어 갔다.

앞으로도 살펴보겠지만 좋지 않은 생각은 좀처럼 통제하기 힘들다. 그러나 이 교사의 생각은 많은 남자들의 마음속에 자리 잡은 악의 없는 열망과 짜릿한 공상이 아니었다. 좀 더 과격하고, 집요했다. 그리고 머지않아 이 교사는 생각을 행동으로 옮기기 시작했다. 어떤 의미에서는 스스로의 의지에 반해서 말이다. 그는 외설물을 수집하기 시작했고, 매춘부에게 찾아가는가 하면 안마 시술소를 드나드는 것으로 발전했다. 그리고 결국 아이들에게 집착하기에 이르렀다. 이 남자가 교사였다는 사실을 잊지 말자. 그가 사춘기도 되지 않은 자신의 수양딸에게 관심을 돌리자 아내는 바로 경찰에 연락했고, 그는 바로 체포되어 아동 성추행 혐의로 유죄판결을 받았다. 감옥에 들어가지 않으려는 최후의 몸부림으로, 이 이상하게 변해 버린 교사는 집단치료에 등록했다. 하지만 얼마 되지 않아 같은 프로그램에 속한 여성에게 치근덕대다 쫓겨나고 말았다. 이제 투옥 외에는 다른 방법이 없었다. 자유인으로 보내는 마지막 날, 이 교사는 아무리 노력해도 자신이 결국 집주인 아주머니를 강간하고 말 것이라는 공포에 자살 충동을 느꼈으며, 극심한 두통에 몸부림치다가 결국 병원으로 향했다.

병원 검사를 통해 그 두통의 원인이 단순한 스트레스가 아니었다는 사실이 드러났다. 물론 그런 상황에 처한다면 누구라도 편두통을 앓겠지만 말이다. 그의 안와 전두엽 오른쪽에 달걀만 한 종양이 자리 잡고 있었던 것이다. 안와 전두엽은 판단력과 충동 조절, 사회적 행동 등과 밀접하게 연관된 부분이다. 의사들이 종양을 제거하자 교사의 소아 성애 성향은 음란물, 매춘부, 강간에 대한 관심과 함께 온데간데없이 사라져 버렸다. (그러나 종양이 재발하자 또 이런 문제가 발생하여 다시 한번 제거 수술을 받아야 했다.)[2]

의사들이 한 것은 그의 자제력을 회복시킨 것이다. 사람들 대부분은 이보다 훨씬 소소한 실수와 위반을 해 가면서 의학의 도움 없이 어떻게든 스스로를 통제해 가고 있다. 이 불행한 버지니아 교사처럼 빨리, 그리고 극단적으로 나락으로 떨어지는 사람은 매우 드물다. 하지만 그의 이야기는 우리 각자가 스스로의 행동을 통제하는 능력에 대한 가장 오래되고 뿌리 깊은 여러 가지 의문을 불러일으킨다. "우리는 지금 도덕성의 신경학을 다루는 것입니다."[3] 교사를 치료한 의사 중 한 명인 러셀 스워들로우의 말이다.

종양이 이처럼 엄청난 일탈을 불러올 수 있다면, 과연 이 사람은 자신의 행동에 어느 정도까지 책임을 져야 할까? 그리고 두뇌의 특정한 부분에 의지력이 들어 있다고 가정할 때, 사람마다 그 부분의 발달 정도가 다르다면 어떻게 할 것인가? 종양이 없다 하더라도 자기 절제가 어느 정도 신체적인 과정이라는 것은 분명하다. 물론 영혼이 피와 살로부터 분리되어 존재한다는 개념을 믿지 않는다면 말이다. 그러나 의지박약이 단순히 신체적인 결점이라면, 그것이 어떻게 윤리적인 잘못이 될 수 있겠는가? 유전학, 신경 과학 등으로 인간 행동의 비밀이 속속 풀리고 있음을 감안할 때, 우리에게 정확히 어느 정도의 자제력이 있다고 주장할 수 있을까? 이는 단순히 학문적인 문제가 아니다. 이 사건 이후 피고 측 변호사들이 스워들로우 박사에게 찾아와서 혹시 두뇌 스캔 사진에서 자기 고객들의 무죄를 입증해 줄 무언가를 찾아 달라고 부탁하기도 했다. 처음으로 이 문제 때문에 접촉해 온 변호사의 고객은 전립선암을 앓고 있었다.[4]

이 같은 문제에 대한 답을 찾기 위해서는 두뇌의 본질과 작동 방식에 대한 약간의 이해가 필요하다. 몸과 마음은 뚜렷하게 구분되어 있지 않으니 말이다. 모든 것이 몸에 달려 있고, 우리 몸은 오늘날 우리가 살아가는 세상과는 아주 다른 곳에서 살도록 진화했다. 위대한 렉스퍼드 터그웰 Rexford Tugwell이 프랭클린 루스벨트 밑에서 일하기 10년 전인 1922년에 주장한 바와 같이, "인간은 인류 최초의 조상에게 부여된 정신적, 신체적 기능을 갖추고 있다. 인간은 사냥, 원시적 전쟁, 불안정한 방랑 생활을 통해 흥분과 피로를 느끼는 상태에서 최상의 능력을 발휘하도록 만들어진 존재다. …… 그런데 인간은 오늘날 갑자기 완전히 다른 환경에 내던져진 셈이다. 다만 과거 생활에 최적화된 모든 특징들을 보유한 채로 말이다."[5]

심리학자인 레다 코스미데스Leda Cosmides와 존 투비John Tooby는 이렇게 표현하기도 했다. "현대 인간의 두뇌 속에는 석기시대의 마음이 살아

있다."⁶

모든 것은 진화 때문

여러분이 먼 옛날 아프리카의 대초원 지대에 살고 있다면 매일 직면하는 문제가 지금과 얼마나 다를지 상상해 보자. 약 700만 년간 지속되는 캠핑 여행을 생각해 보는 것이다. 이 속에서 인간은 작은 무리나 집단을 이루어 방랑하며 수렵과 채집을 하면서 살았다. 수명은 지금보다 짧았고 삶도 단순했다. 냉장 기술도 없었고, 식량을 찾는 것 외에는 집중력을 발휘해야 할 일도 적었다. 각성제 남용, 폭식증, 강박성 쇼핑을 비롯한 현대 사회의 모든 질병들은 상상할 수조차 없었다. 주변을 살피는 능력("이봐, 저게 호랑이 아니었어?")은 충동성과 함께 가장 중요한 적응 요소였을 것이다. 느린 신진대사와 지방 및 당류에 대한 선호는 건강과 사회적 지위에 대한 위협이 아닌, 진화상의 이점이었다.

심리학자 마크 R. 리리Mark R. Leary는 이렇게 말한다. "인간은 오늘날 현대 생활에서 요구되는 수준의 자제력을 발휘하도록 진화하지 않았다. 사실 우리의 삶은 인류가 처음 등장했을 때보다 훨씬 많은 선택과 결정으로 가득 차 있다. 같은 무리에서 평생을 보내고, 같은 영역을 배회하며, 고작 해야 하루 이틀 후의 계획을 세우며 동일한 문화적 전통을 지키던 선사시대의 조상들은 현대인들이 매일 결정해야 하는 수많은 선택에 직면하지 않았을 것이다."⁷

자기 절제는 상당 부분 타이밍의 문제다. 우리는 '지금 즉시'와 '하지 않음' 사이의 어느 순간에나 대부분의 일을 할 수(또는 하지 않을 수) 있으며,

의지를 발휘함으로써 자신에게 가장 이익이 되도록 타이밍을 조절할 수 있다. 그러나 두뇌의 발달 방식 때문에 현재와 미래를 놓고 고민하는 것은 쉽지 않다.

초기 척추동물의 두뇌는 호흡이나 심장박동같이 생존에 필수적인 기능을 담당하는 신경 다발 몇 개로 구성된 매우 단순한 형태였다. 시간이 흐르면서 시상(視床), 시상하부, 편도체, 해마 등 별도의 두뇌 구조들이 발달하기 시작했다. 기존의 두뇌를 둘러싼 이 새로운 구조층은 변연계limbic system라고 불린다. 림보Limbus는 라틴어로 경계라는 뜻인데, 변연계가 우리나 다른 사람들이 우리를 위해 설정해 놓은 경계와는 그다지 관련이 없다는 점을 생각할 때 상당히 아이러니한 이름이 아닐 수 없다. 기본적인 욕구와 기억, 감정, 갈증, 굶주림, 두려움, 그리고 생체 리듬을 비롯한 일부 운동 기능이 들어 있다는 이유로 변연계는 감정적인 두뇌라고 불리기도 한다. 이 부분 전체가 하나의 자동조종 장치처럼 우리를 이끌어 온 셈이다.

점점 더 복잡해지는 포유류의 삶에 대한 대응으로, 사회성을 지닌 포유류의 두뇌에는 변연계 바깥에 신피질이라는 또 하나의 층이 발달했다. 사람들 대부분이 두뇌를 상상할 때 떠올리는 주름 잡힌 회색 물질이 바로 신피질이다. 이 새로운 층에서 비교적 커다란 앞부분은 감정과도 연관되지만 그 외에도 추리, 계획, 문제 해결을 하는 놀라운 능력을 지녔다. 이 부분이 바로 '관리 기능'이 자리 잡은 곳인데, 관리 기능에는 감정과 충동을 조절하고, 필요한 일에 집중하며, 만족을 지연하는 능력이 포함된다.[8]

전두엽의 맨 앞에 위치한 전두엽 피질은 이 모든 기능에 특히 중요한 역할을 한다. 다른 영장류보다 인간의 두뇌에 더 넓게 자리 잡고 있는 이 부분은 작동 기억working memory, 일시적인 정보의 통합, 처리, 삭제, 재생에 관련된 단기적인 기억, 조직 능력, 계획 및 전략, 의사 결정, 처벌과 보상에 대한 반응과 연관되어 있다.

또한 감정이입과 통찰에도 중요한 역할을 한다. 만약 지성에 주소가 있다면, 바로 이 전두엽 피질 부분이라고 할 수 있다. 그리고 여기가 바로 스스로에 대해 생각할 때 여러분이 머릿속에 떠올리는 곳이다.

처음부터 여러 층으로 된 두뇌 체계가 있었던 것이 아니라 진화를 거치며 한 층 위에 또 다른 층이 쌓여 오늘날의 구조에 도달했다. 마치 마이크로소프트 사가 오래전에 도스 운영체제 위에 위태롭게 윈도우즈 체제를 쌓았듯이 말이다. (C:를 기억하는가?) 이 새로운 체계는 상당히 잘 작동하기는 하지만, 훨씬 오래전부터 의식하지 않고도 여러 가지 기능을 효율적으로 수행하며 신체의 교향곡을 조절해 온 두뇌와는 비교조차 되지 않는다. 위험이 닥쳤는가? 저절로 심장박동이 빨라지고 동공이 넓어진다. 뜨거운 냄비 손잡이를 잡았는가? 손을 치우라는 신호는 두뇌의 의식 부분을 질러 더 빨리 반응할 수 있는 길을 찾는다.

물론 두뇌의 각 부분은 모두 밀접하게 연관되어 있으며, 귀와 눈 뒤쪽의 포근하고도 단단히 보호된 부분에 자리 잡고 있다. 그러나 이렇게 가깝고, 서로 밀접하게 연관되어 놀라운 재주를 부리는데도 불구하고(예를 들어 상대성 이론을 이해하거나 마이크로소프트 윈도우즈의 문제를 해결하는 등), 두뇌의 여러 부분이 언제나 완벽한 조화를 이루는 것은 아니다. 사실상 각 부위가 정면으로 충돌하는 경우도 많다.

몇 년 전 뇌 과학자인 새뮤얼 매클루어Samuel McClure와 동료들이 프린스턴대학교 학생 열네 명을 대상으로 실시한 연구를 떠올려 보자. 실험자들은 두뇌 활동을 컬러 그래픽으로 보여 주는 기능적 자기공명영상 스캐너에 학생들을 한 명씩 넣었다. 그다음 학생들에게 지금 적은 돈을 받을 것인지 아니면 나중에 더 많은 돈을 받을지를 선택하도록 했다. 이는 월터 미셸이 물었을 법한 전통적인 질문으로, 시간에 따라 달라지는 보상에 대한 선택을 묻는 것이었다. 질문의 유형은 대체로 다음과 같았다. "지금 10 달러를 받겠는가, 아니면 일주일 뒤에 15달러를 받겠는가?" 합리적인 답은 일주일을 기다려서 훨씬 큰 돈을 받는 것이다. 일주일 만에 투자액의 50퍼센트를 이자로 받을 수 있는 기회는 흔치 않기 때문이다.

때때로 이러한 질문들이 측정하는 것이 무엇인지 궁금하다. 예를 들어 학생들의 대답을 왜곡하는 다른 외부 요인이 있다면 어떻겠는가? 그날 하루만 상영하는 영화가 있는데 다른 방법으로는 입장료를 마련할 수 없다면?

그러나 자기 절제를 연구하는 학생이라면 대부분 이러한 질문이 만족감 지연 능력을 진단하고 우리가 미래의 가치를 어느 정도로 낮게 평가하는지 진단하는 합리적인 도구라고 생각할 것이다. 따라서 매클루어와 동료들이 두뇌 스캔으로 발견해 낸 것은, 즉각적인 보상에 대한 결정을 내리면 감정과 연관된 두뇌 영역이 활발하게 활동한다는 사실이었다. 특히 도파민 체계에서 다량의 호르몬을 공급받는 전통적인 변연계가 활발히 움직인다.(이 부분은 충동이나 중독과도 관련되어 있다.) 세로토닌과 마찬가지로 도파민은 자제력에 중심적인 역할을 한다. 이것이 바로 유전자를 널리 퍼뜨리는 동시에 지나치면 우리에게 해를 끼칠 수 있는 일들을 더욱 촉진하기 위해 두뇌가 우리에게 즐거움을 주는 방식이다.

도파민은 매우 흥미로운 물질이다. 이 신경 전달 물질은 충동 조절과 관련된 문제의 핵심에 등장한다. 파킨슨병을 앓는 사람들은 두뇌에 도파민이 거의 존재하지 않으며, 물컵을 잡는 동작조차 매우 어렵다고 느낀다. 한편 코카인이나 암페타민 같은 약물은 도파민을 더 많이 공급하며, 이런 약물을 많이 복용하는 사람은 특정 행동을 하지 않고서는 견뎌 내지 못한다. 특히 더 많은 약을 섭취하는 것을 말이다. 많은 양의 도파민은 약물 남용뿐 아니라 강박적인 행동과도 관련이 있다. 일부 파킨슨병 환자들은 약물(두뇌의 도파민을 복구하기 위한 약물) 때문에 이러한 행동을 보인다. 텍사스 주 오스틴 출신의 은퇴한 의사인 맥스 웰스는 복용한 약 때문에 도박 중독을 일으켜 1400만 달러를 손해 보았다며 소송을 제기했다. 또 어떤 사람들은 음식이나 섹스에 빠지기도 한다.

예상되듯 매클루어 연구의 참가자들이 결정을 내릴 때마다 추상적인 추론과 연관된 두뇌 부위가 활발하게 움직였다. 실험 대상자들은 영리한 젊은이들이었으며, 이들은 합리적으로 득실을 따지려고 노력했다. 학생들이 주어진 선택지 가운데 지연된 옵션을 선택했을 때는 두뇌에서 계산을 담당하는 부분, 즉 외측 전두엽 피질과 후두 정엽 피질이 더 활발하게 움직였다. 반면 학생들이 즉각적인 보상을 선택하자 두뇌에서 감정과 계산을 담당하는 부분이 동시에 활성화되었고, 그중에서도 감정적인 부분의 활약이 약간 컸다. "이것들은 서로 다른 두뇌 체계이다." 당시 매클루어가 한 말이다. "그리고 그중 하나", 즉 보다 감정적인 부분은 "보상에 매우 가까워질 때 비로소 작동하기 시작한다."[9]

프로이트라면 이러한 연구 결과에서 상당한 위안을 얻었을 것이다. 그는 항상 과학이 그가 고안해 낸 인간 심리의 은유적인 구조에 부합하는 해부학적 특징을 찾아내 주기를 바랐기 때문이다. 그리고 매클루어의 주장은 언뜻 프로이트의 자아 및 이드 개념과 약간 비슷해 보인다. 우리 내부에는 실제로 두 가지 마음이 자리 잡고 있으며(어쩌면 그 이상일지도 모른다!) 이 두 두뇌는 세상을 아주 다른 방식으로 바라본다. 우선순위가 전혀 달라서 서로를 뒤엎으려고 시도하는 경우도 많다. 뇌의 변연계에서는 현명하지 않은 행동을 합리화하기 위해 이유를 제공한다. 계산과 관련된 부분에서는 부글부글 끓는 변연계가 눈뜨는 것을 방지하기 위해 조치를 취할 수도 있다.

"인간의 논리적인 두뇌가 현재의 행동에 대한 미래의 결과를 확실하게 내다보고 있는데도, 감정적인 두뇌는 좀처럼 미래를 상상하지 못한다." 이 연구에 참여한 하버드대학교의 경제학자 데이비드 레입슨David Laibson의 설명이다. "감정적인 두뇌는 우리가 신용카드를 한도까지 사용하고, 디저트를 주문하고, 담배 피우기를 바란다. 논리적인 두뇌는 은퇴를 위해 저축하고, 조깅을 하고, 금연해야 한다는 사실을 안다. 우리가 왜 내면적인 갈등을 느끼는지 이해하려면 근시안적인 두뇌 체계와 미래를 계획하는 두뇌 체계가 보상을 어떻게 평가하는지, 이 두 가지 체계가 어떻게 상호작용하는지를 파악하는 것이 도움이 된다."[10]

유혹과 요구 사항의 불협화음으로 가득 찬 현대 생활은 우리가 진화해 온 환경보다 훨씬 더 복잡하고 쾌적한 곳이 되었다. 물론 이것은 좋은 일이다. 과거의 환경에서는 아마 벌써 세상을 떠났을 테니 말이다. 현대 생활의 단점은 스스로가 자제력에 대해 훨씬 더 많은 부담을 져야 한다는 점이다. 그 이유는 노벨상을 수상한 생태학자 니콜라스 틴베르헌Nikolaas Tinbergen이 '초정상 자극supernormal stimuli'이라고 부른 것 때문이다. 틴베르헌은 동물을 연구하면서 잠재적인 짝에게서 가장 매력적인 점이 무엇인지 알아낸 다음 그 특징들을 강조한 모조품을 만들었다. 이 연구에서 틴베르헌은 동물들은 진품보다 모조품에서 더 큰 매력을 느낀다는 사실을 발견했다. 거위는 둥지에서 사라진 알을 다시 찾아오려 할 때, 무늬만 비슷하게 그려 넣어도 배구공을 가져오려고 한다. 새는 가짜 새끼의 부리가 더 넓게 벌어져 있고 몸의 색깔이 더 두드러질 경우 가짜 새끼에게 먼저 먹이를 준다.[11]

우리는 오늘날 이런 초정상 자극의 세계에서 살아간다. 선진국에서는 달콤한 카페라테, 부자연스러울 정도로 거대한 가슴 보형물, 중독성이 강한 컴퓨터 게임 등, 엄청나게 매력적인 보상이 인간이 저항할 수 있는 것보다 훨씬 강력한 힘으로 우리의 본능을 유혹한다. 설탕, 코카인, 심지어 가솔린 같은 제품도 저렴한 가격에 구할 수 있게 되면서 우리와 우리의 본능 사이를 가로막는 것은 종잇장 같은 의지 하나뿐이거나 그보다도 더 얄팍한 주의력이 전부다.

마크 리리가 증명했듯이, 문제는 "현대 생활이 선사시대 인간의 삶보다 더 나쁘다는 게 아니다. 그보다는 오늘날의 생활이 훨씬 더 많은 자제력을 요구한다는 게 문제다. 그 결과 우리는 때때로 무언가에 대응하기 위해 스스로의 능력을 훨씬 초월하는 수준까지 자신을 통제해야 하는 상황에 처한다. …… 그 결과 이따금 자기 절제에 실패하고 어떤 경우에는 참담한 실패를 맛보게 될 뿐 아니라 만성적인 자제력 부족에 시달리기도 한다."[12]

인간은 앞을 내다보고 그에 따라 방향을 잡아 가며 필요한 경우에 만족을 지연할 수 있도록 진화했다. 그러나 순식간에 맛 좋은 음식을 얻을 수 있고, 반나절 동안 사람들 수천 명을 만나고, 카드 몇 번 긁는 걸로 1년 치 연봉을 써 버릴 수 있는 세상에 대처하도록 진화하지는 않았다. 현대 생활은 매우 높은 수준의 자제력을 요구하며, 그 부작용 중 하나가 자제력에 대한 피로감이다.

진화에 불리한데도 우리가 여기에 얼마나 잘 대처해 왔는지를 온전히 이해하려면 누구나 겪는 일반적인 자기 조절 실패 이상을 볼 수 있어야 한다. 먼저 질병이나 부상 때문에 자제력을 잃으면 얼마나 끔찍한 결과가 펼쳐질지부터 생각해 보자. 이 장의 첫머리에 소개했던 버지니아 교사의 사례처럼 말이다. 19세기까지 거슬러 올라가는 뇌 손상의 사례는 인간의 일반적인 관리 능력, 그중에서도 특히 자제력에 대해 많은 것을 가르쳐 준다. 의학사에서 가장 유명한 사례는 바로 피니어스 게이지의 이야기다.

머리에 철봉이 박힌 남자

1848년 9월 13일, 스물다섯 살의 피니어스 게이지Phineas Gage는 버몬트 주 캐번디시 바로 남쪽에서 러틀랜드와 벌링턴 사이의 철도 기반 작업을 하는 스물다섯 살의 잘생긴 작업반 현장 감독이었다. 작업반은 길을 닦기 위해 중간을 가로막고 있는 거대한 암반을 폭파하면서 착착 앞으로 나아가고 있었다. 우선 바위에 드릴로 구멍을 뚫은 다음 화약과 도화선을 채워 넣어 폭파 작업을 했다. 조심스럽게 화약을 넣고, 일종의 완충제로 모래를 추가한 다음, 단단히 다지기 위해 철봉으로 눌렀다. 이 철봉은 1미터 정도의 길이에 무게가 약 6킬로그램정도 되는 크기였다. 철봉의 지름은 3.2센티미터 정도였지만 끝 부분은 0.6센티미터로 좁아져 뾰족한 모양이었다.

오후 4시 30분에 게이지는 피로를 느꼈는지, 아니면 정신이 다른 데 팔렸는지 모래를 빠뜨린 채 철봉으로 화약을 다지기 시작했다. 금속이 바위에 부딪치면서 불꽃이 일어났고, 그 결과 화약이 폭발하여 철봉이 마치 로켓처럼 구멍에서 날아가 게이지의 머리를 관통하고 말았다.

모든 상황을 고려할 때, 게이지는 엄청나게 운이 좋았다. 철봉의 뾰족한 끝부분은 왼쪽 광대뼈 아래로 들어가서 왼쪽 눈구멍 뒤쪽으로 뇌를 관통했다. 폭발의 힘이 얼마나 대단했던지 철봉은 게이지의 정수리 위쪽으로 빠져나간 후 18~22미터 정도를 더 날았다. 그 과정에서 전두엽의 일부가 손상되었다.

게이지가 입은 뇌 손상의 정확한 본질은 결코 알 수 없겠지만, 이를 파악하기 위해 엄청난 과학적 독창성이 발휘되었다. 안타깝게도 부검은 실시되지 않았다. 지나치게 앞서 가지는 말자. 믿거나 말거나, 철봉이 머리를 관통했는데도 게이지는 죽지 않았기 때문이다.

대단히 강건한 체격의 소유자였음이 분명한 게이지는 잠시 의식을 잃었을지도 모른다. 하지만 그는 수레에 실려 당시 묵고 있던 가까운 여관으로 옮겨지던 중 혼자 힘으로 수레에서 내렸다. 그런 다음 여관 현관에 모인 사람들에게 자초지종을 설명하기 시작했다. 의사인 에드워드 히긴슨 윌리엄스가 모습을 드러냈을 때, 게이지는 이런 말로 의사를 맞았다. "의사 선생님, 여기 하실 일이 좀 있습니다."

게이지의 행운은 여기서 그치지 않았다. 한 시간 정도 후에 존 마틴 할로 박사가 도착했던 것이다. 항생제가 발명되기 훨씬 전이었는데도 불구하고 사건 후 몇 달 동안 할로 박사가 심각한 감염 문제를 능숙하게 처리한 덕분에 게이지는 목숨을 구할 수 있었다. 머리에 철봉이 관통한 안타까운 사건 이후 게이지에게 나타난 심리적인 변화에 대해 오늘날 우리가 아는 사실은 대부분 바로 할로 박사의 연구에서 나온 산물이다.

할로 박사의 말에 따르면 이 사고가 있기 전에 게이지는 상당히 괜찮은 청년이었다고 한다. 유능하고 활기가 넘치며, 재능이 뛰어나고, 차분한 취미를 즐길 뿐 아니라, '균형 잡힌 마음'을 지녔으며, 부하들이나 고용주 모두 아주 좋아하는 동료였다. 그러나 사고 후 그는 완전히 다른 사람이 되었다. 할로는 게이지가 고집 세고 불경하고 변덕스러우며, 자신의 욕구와 반대되는 "제약이나 조언에 짜증을 내고", "지적으로는 어린아이 같았지만" "강인한 남성의 동물적인 격정"에 사로잡혀 있었다고 묘사했다. 변화가 어찌나 급격했던지 전부터 그를 알던 사람들은 "그는 더 이상 게이지가 아니었다."[13]라고 말했다.

어떤 기준에서 보면 사고 후의 게이지는 마치 다른 사람이 된 것처럼 보였다. 철봉이 됨됨이의 대부분을 관장하는 두뇌 영역에 손상을 입혔기 때문이다. 철봉에 날아가 버린 부분이 바로 미래를 내다보고, 계획을 세우고, 계획을 실행하며, 인내심과 이성을 발휘하는 영역, 즉 자제력이 자리 잡고 있는 영역이었던 것이다. 어떤 의미에서는 1848년 그 운명의 날에 게이지가 개성의 큰 부분을 잃었다고도 볼 수 있다. 게이지는 사고 후에도 12년을 더 살았지만(1860년 5월까지) 결코 사고 전으로 복귀할 수 없었다. 그는 한동안 칠레에 머물다가 잠시 뉴욕에서 『P. T. 바넘의 미국 박물관(기형인 사람 또는 동물을 보여 주는 시끌벅적한 쇼)』에 출연했고, 철봉을 보여 주며 뉴잉글랜드를 순회하는가 하면 샌프란시스코 근처 농장에서 일하기도 했다. 결국에는 간질 발작으로 10여 년 전 일어난 사고를 기준으로 정확히 두 개로 갈라진 삶을 마쳤다.

이후의 두뇌 손상 사례는 전두엽 피질에 인간의 자기 관리 기능과 미래를 내다보는 능력이 자리 잡고 있다는 믿음을 더 확고하게 할 뿐이었다. 일반적으로 전두엽에 손상을 입은 사람은 보다 충동적이고, 자제력이 부족하며, 단기 기억력이 나쁘고 쉽게 산만해지며, 지속적인 집중을 요하는 일에 어수선한 모습을 보인다. 또한 시간을 혼동하는 일도 적지 않으며 목표를 정하고 계획을 짜는 데도 어려움을 겪는다. 전두엽 중에서도 어떤 부분에 손상을 입었느냐에 따라 자신의 행동에 대한 결과를 예측하지 못할 수도 있고(이는 손상을 입지 않은 사람의 자제력에 상상력과 작업 기억이 얼마나 중요한 역할을 하는지를 나타낸다.), 그 결과 이들은 즉각적인 보상에 대한 전망에 기초하여 의사 결정을 내리게 될지도 모른다. 때때로 이들은 '자극에 좌우되거나' 약간의 환경적인 요소로 스스로를 자극하지 않으면 행동을 취할 수 없는 것처럼 보이기도 한다.[14]

특히 이 모든 것에 관여되어 있다고 생각되는 것은 복내측 안와 전두피질, 배측면 전두엽 피질, 전대상 피질의 세 가지 두뇌 회로이다. 변연계와 밀접하게 연관되어 있는 복내측 안와 전두 피질에 손상을 입으면 근시안적으로 미래를 예측하고, 충동 조절이 제대로 되지 않으며, 주의 산만, 판단력 상실, 감정 조절 능력 상실 등의 결과를 낳는 경우가 많다. 피니어스 게이지를 비롯한 이 환자들은 옳고 그름을 판단할 수 있지만 그에 따라 자신의 행동을 이끌어 가지는 못한다. 규칙과 예의를 무시하므로 다른 사람들은 이 불행한 사람들을 이기적이거나 철이 덜 들었다고 생각한다. 배측면 전두엽 피질이 손상된 환자들의 경우 결과와 의도를 비교하는 능력이 사라지거나 심각하게 손상되어 마치 환자의 상상에서 매우 중요한 측면이 산산이 조각나 버린 것 같은 상태가 된다. 환자들은 주변의 영향을 받지 않고 고통에 무관심한 배측면 증후군을 앓기도 한다. 전대상 피질의 손상은 강박 신경증 장애와 정신분열증과 관련 있음이 밝혀졌는데, 이러한 증세들은 충동을 제대로 조절하지 못하는 특징을 보인다.[15]

청소년을 위한 변명

전두엽이 기대에 부응하지 못하는 원인에는 사고만 있는 것이 아니다. 의학 치료도 하나의 원인이 될 수 있다. 예를 들어 20세기 중반에는 정신병에 대한 제대로 된 치료법이 없었기 때문에 의사들은 수많은 뇌엽 절리술_{정신 질환을 치료하기 위해 뇌의 일부를 절단하는 수술}을 시행했다. 뇌엽 절리술의 일반적인 기술 가운데 하나는 (식사를 하면서 읽고 있다면 이 부분을 건너뛰는 것이 좋겠다.) 눈구멍으로 얼음 송곳을 찔러 넣고 뇌를 마구 휘젓는 것이다. 정신병으로 고통받던 환자들의 상태는 시술 이후 편안해진 것처럼 보였지만, 그 결과가 실은 배측면 증후군의 전형적인 특징인 굼뜬 행동 때문이었다는 것은 놀랄 일도 아니다.

최근의 연구를 통해 (아마도 자녀에 대해 극도로 분노한 상태의 부모들에게는 전혀 놀라운 일이 아니겠지만) 십 대 청소년들의 전두엽은 아직 완전히 성숙한 상태가 아니라는 사실이 밝혀졌다. 이는 십 대들의 운전 기록에서 분명히 드러난다. 미국에서는 십 대의 교통사고 발생률이 성인 운전자의 네 배에 달하고, 자동차 사고는 미국 십 대 청소년 사망 원인 가운데 1위를 달린다.

십 대 청소년은 나나 여러분들과는 완전히 다르고, 그 차이는 단순히 여드름이 있는지 없는지와 같은 외모 문제에 한정되지 않는다. 청소년과 성인의 큰 차이점은 청소년의 전두엽 피질이 완전히 형성되지 않았다는 데 있다. 인간의 두뇌는 성장하면서 복잡한 환경의 요구를 충족하기 위해 변해 간다. 우리는 신경 세포를 두뇌와 연결하는 엄청나게 많은 시냅스를 가지고 태어나는데, 사실 필요 이상으로 많은 양을 가지고 있다. 이 가운데 일부 시냅스는 흥분 정보를 전달하는데, 이렇게 되면 정보를 받는 뉴런이 다른 뉴런에 자극을 전달할 가능성이 커진다. 그러나 또 다른 시냅스는 흥분을 억제하는 역할을 하고, 정보를 받는 뉴런이 활성화될 확률을 낮춘다. 자라면서 남아도는 시냅스에 대해서는 가지치기가 일어나고, 이 과정에서 대부분 흥분 전달 시냅스가 제거된다. 그 결과 시간이 지날수록 억제 회로 쪽으로 균형이 움직이게 되어 나이가 들면 충동적인 행동에서 점점 멀어지게 된다. 여기서 안타까운 희생이 동반될지도 모른다. 월리엄 워즈워스와 내털리 우드가 일깨워 주었듯이, "그 어떤 것도 풀밭이 반짝이는 시간으로 우리를 되돌릴 수는 없다."

그러나 이 같은 변화는 시작일 뿐이다. 청소년기에는 전두엽 피질에서 진행되는 뉴런의 가지치기가 훨씬 더 복잡해지기 때문이다. 신경섬유를 싸고 있는 미엘린은 신경을 보호할 뿐 아니라 자극이 훨씬 빨리 전도되게 하여 두뇌로의 정보 전달 속도를 증가시키고 그것이 전두엽 피질에 머무르는 시간을 늘린다. 그리고 이 같은 변화는 20대 초반을 지날 즈음에야 일어난다. 또 청소년기는 전두엽 피질에 연결된 도파민의 양이 엄청나게 증가하는 시기이기도 하다. 이것이 중요한 이유는 도파민이 위험, 보상, 참신함, 자기 절제 등과 관련된 수많은 행동과 연관되기 때문이다. 행동 실험과 자기공명영상MRI 연구를 통해 십 대 청소년들의 두뇌는 특정한 억제 작업을 잘 하지 못하는 것으로 확인되었다.[16]

십대 청소년과 성인의 두뇌 사이에는 또 다른 차이가 존재하는데, 이 때문에 청소년들은 스스로를 통제하기가 더 어렵다. 여기서 자세히 설명하지 않아도 내가 무슨 말을 하고자 하는지 알 수 있을 것이다. 이 모든 과학 연구는 부모와 교사들이 오랫동안 알고 있었던 사실, 즉 십 대 청소년들은 충동적이고, 위험을 좋아하고, 거리낌 없이 행동하는 경우가 많다는 사실에 대한 생리학적 증거를 제시한다. 그리고 이제 그 이유를 알게 되었다. 바로 두뇌 때문이다. 이러한 깨달음은 부모와 청소년들 모두에게 어느 정도 도움이 될 것이다. 비록 우리 모두가 몸담고 있는 젊은이들의 문화, 즉 사회에서도 가장 충동을 통제하지 못하는 영역에서 발달한 문화에 대해서는 시사하는 바가 거의 없지만 말이다.

일부 연구에서는 자제력 부족이 어린 나이뿐 아니라 낮은 사회·경제적 지위와도 관련된다고 주장했다. 만약 이러한 연관성이 존재한다면, 경제적 빈곤함이 스트레스, 부족한 영양 섭취, 납중독, 또는 아직까지 밝혀지지 않은 다른 방법 등 인간의 자기 절제 능력에 타격을 미치는 요소들과 연관되어 있기 때문일지도 모른다. 임신 중 흡연, 음주, 약물 남용의 결과일 수도 있다. 또는 자제력이 부분적으로는 유전되기 때문에 이러한 현상이 발생할 수도 있다. 어떤 사람들이 가난하게 사는 이유는 이 영역에서 뛰어난 능력을 타고나지 않았기 때문이라는 가능성도 생각해 볼 수 있다.

자제력은 유전될까?

가난과 유전의 관련성은 논란이 많은 주제이지만, 자기 절제에 유전적인 요인이 강하게 작용한다는 데에는 거의 의심의 여지가 없다. 유전자는 행동의 거의 모든 측면에 영향을 미치는데 가난이라고 왜 아니겠는가? 실제로 도파민을 수용하는 유전자인 DRD2는 충동성과 관련이 있다. 특정 형태의 DRD2를 가진 아이들은 행동에 문제가 많고 대학에 진학하는 확률도 낮다. 또 연구를 통해 DRD2의 특정 버전과 몇몇 다른 유전자가 성실한 사람들에게서 보다 흔하게 나타난다는 사실도 밝혀졌다. 이 집단은 끈기, 책임감, 신뢰도와 같은 자제력의 특징을 보이는 사람들이다.[17]

호르몬, 신경전달물질, 그리고 잠재적으로 연관된 수많은 생물학적 요인 역시 부분적으로는 유전과 관련이 있고, 새로운 것을 찾는 성향, 특히 지성처럼 자기 절제와 연관된 일부 다른 특징들도 마찬가지다. 만족감을 지연하는 능력은 지성과 매우 밀접하게 연관되어 있으며, 이 연관성을 연구한 예일대학교의 심리학자 제러미 그레이Jeremy Gray는 지성의 50~80퍼센트는 유전이라고 주장했다. (물론 일부 심리학자는 유전의 비중을 더 낮게 본다.) "만족감 지연 능력의 일부는 유전된다." 그레이는 나와의 인터뷰에서 사람들이 빨리 얻을 수 있는 작은 보상보다 나중에 얻을 수 있는 큰 보상을 얼마나 강력하게 선호하는지 지적하며 이렇게 말했다. "다른 결과가 나온다면 나는 깜짝 놀랄 것이다."

이 문제에 대한 과학적 논의는 아직 끝나지 않았지만 현재까지 밝혀진 증거는 모두 그레이의 견해를 뒷받침하는 것처럼 보인다. 예를 들어 UCLA의 신경 과학자 폴 톰프슨Paul Thompson과 동료들은 쌍둥이 연구에서 두뇌 가운데 특정 부분의 구조는 유전성이 매우 강하며, 환경의 영향은 무시할 정도로 미미하다는 사실을 밝혀냈다. 이 부분에는 자기 절제에 매우 중요한 역할을 하는 전두부가 포함된다.

생활에 대한 외부적인 제약이 적어지면서, 인간 행동에서 유전이 차지하는 역할은 더욱 커질 것이다. 왜냐하면 개인은 과거보다 더 자유롭게, 타고난 재능과 성향을 따르게 될 것이기 때문이다. 지성과 야망을 갖춘 여성들은 더 이상 가정주부나 교사직에 머무르지 않는다. 과거에는 피부색 때문에 잔인하게 속박당했던 흑인들도 대통령이 될 수 있다. 이러한 현실을 생각할 때, 자기 절제의 유전적인 측면은 틀림없이 영향력을 더해 가고 있을 것이다.

이것이 무슨 의미인지 생각해 보자. 의지력은 유전, 환경, 또는 이 두 가지 요소의 상호작용 결과인 것으로 보인다. 마치 버지니아 교사의 성적 자제력을 무너뜨렸던 종양처럼 말이다. 그 공식이 어떤 것이든, 내가 유혹에 저항할 수 없는 경우 도대체 어떻게 그에 대한 책임을 질 수 있을지 판단하기 어렵다. 저스틴 고슬링Justin Gosling은 『의지의 박약함Weakness of the Will』이라는 작은 철학책에서 이를 간결하게 설명했다. "내가 몸이 약해 역기를 들어 올릴 수 없다면 실패한다 해도 내 잘못은 아니다. 그렇다면 의지가 너무 약해서 쇠약한 영혼의 근육으로 고통받을 경우, 왜 같은 원리가 적용되지 않는가?"[18]

　이것이 바로 자제력의 신경 과학을 탐구하는 데 존재하는 문제점이다. 충분히 깊게 파고들면 우리는 머지않아 우리에게 자제력이라는 것이 전혀 존재하지 않는다고 판단하게 될지도 모른다.

13 자기 절제, 자유의지, 그리고 다른 모순

합리적인 존재가 된다는 것은 매우 편리한 일이다.
왜냐하면 시도할 생각이 있는 모든 것에 대해
그래야 할 이유를 찾거나 직접 만들어 낼 수 있기 때문이다.[1]
— 벤저민 프랭클린(Benjamin Franklin)

대학의 철학 수업 시간을 떠올려 보자. 당시에는 누군가 자유의지라는 것은 존재하지 않는다고 주장했을 것이다. 이런 사람들은 자신들도 어쩔 수 없다거나, 실제로 그렇다고 믿는다. 그들은 모든 일은 그 전에 있었던 일 때문에 발생하며, 따라서 미래는 모두 결정되어 있다고 주장한다. 이러한 견해를 결정론이라고 부르는데, 어디에나 가난한 사람들이 존재하듯, 결정론 또한 항상 우리 곁에 있는 것처럼 보인다. 베네딕트 데 스피노자Benedict de Spinoza는 1677년에 이렇게 썼다. "인간은 스스로가 자유롭다고 믿는다는 점에서 기만당하고 있다. 이러한 견해는 인간이 자신의 행동은 의식하지만 그 행동을 결정하는 원인에 대해서는 무지하기 때문에 생긴다."[2]

여기에는 자기 절제라는 것이 아무 의미도 없다는 암시가 담겨 있다. 안타깝게도 인간을 자동기계로 보는 시각은 최근 들어 의식은 생물학적인 예스맨이라고 주장하는 엄청나게 많은 연구 결과로 뒷받침되면서 더 설득력을 얻고 있다. 조너선 밀러Jonathan Miller가 결론지었듯이, "인간의 인지 및 행동 역량의 상당 부분이 '무의식적인 자아'의 존재에 의해 좌우되며, 인간은 이 자아를 의식하지 못할 뿐 아니라 자발적인 통제도 거의 불가능하다."[3]

프로이트는 적어도 이 점에 대해서만큼은 옳았다. 대부분의 경우 실제로 조종석에 앉는 것은 이 무의식적인 자아다. 예를 들어 심리학자 존 바그John Bargh는 여러 차례의 실험을 통해 너무나 쉽게 (당사자들은 전혀 모르는 상태에서) 사람들에게서 어떤 행동을 이끌어 내는 데 성공했는데 정작 실험을 실시한 본인조차 두려워했을 정도다. 바그는 넉넉한 덩치에 소년 같은 짙은 색 머리를 지닌 예의 바르고 친절하며 사려 깊은 학자이다. 뉴헤이븐에 있는 그의 연구실에 앉아서 이야기를 나누는 동안 나는 그가 중년 가장으로서 아주 평범한 삶을 살고 있다는 인상을 받았다. 그러나 언뜻 악의 없어 보이는 이 남자는 인간의 자율성이라는 개념을 무너뜨리는 데 인생의 상당 부분을 투자해 왔다.

점화, 무의식적인 암시의 힘

바그가 수행했던 전형적인 실험 가운데 하나는 연구 조교가 음료를 들고 실험 참가자들을 맞는 것이다. 조교는 손이 비어야 기록을 할 수 있다며 참가자에게 잠시 음료를 들어 달라고 부탁한다. 일부 참가자들에게는 뜨거운 커피가 담긴 잔을, 또 다른 참가자들에게는 아이스커피가 담긴 잔을 건네주었다. 그러고는 실험 참가자들에게 어떤 사람에 대한 몇 가지 정보를 주고 그 사람의 개인적인 특징을 진단해 달라고 부탁했다. 결과는 어떻게 되었을까? 뜨거운 커피를 받은 참가자들은 그 사람을 훨씬 따뜻한 사람으로 평가했다. 바그는 이 같은 실험을 여러 차례 실시했으며, 그때마다 같은 결론에 도달했다. "우리는 스스로 생각하는 것보다 훨씬 적은 자유의지와 자율성을 지니고 있다."

여기서 무의식적인 암시의 힘을 통해 행동을 유도하는 점화(點火)priming 현상이 일어난다. 최근 심리학 학술지는 점화에 대한 연구로 넘쳐나며, 그 모든 연구에서 인간은 말 그대로 스스로의 행동에 아무런 인식이 없거나, 최소한 왜 그런 행동을 하는지에 대해 아무것도 알지 못한다고 주장한다.

점화는 놀라울 정도로 쉽다. 예를 들어 무례함과 관련된 단어를 본 실험자들은 예의와 관련된 단어를 본 실험자들보다 뒤이은 대화에서 상대의 말을 가로챌 확률이 훨씬 높았다. 이보다 더 극명한 사례를 보자. 겉으로는 언어 시험이라고 해 놓고 실험 대상자들에게 노인과 관련된 고정관념을 제시했다. 아니나 다를까 이런 식으로 점화된 사람들은 실험 장소를 떠날 때 훨씬 천천히 걸었고, 실험이 진행된 방에 대해 잘 기억하지 못했다.

또 다른 예를 들어볼까? 2004년 심리학자 앨런 케이Alan Kay와 동료들은 학생들을 모아 투자 게임에 참여하도록 했다. 학생들 가운데 절반은 탁자 위에 가죽으로 된 서류 가방을 놓고 게임을 진행했는데, 그들은 탁자 위에 배낭을 놓고 게임에 참여한 나머지 절반보다 훨씬 더 인색하게 굴었다. 뿐만 아니라 서류 가방을 놓고 게임을 한 쪽이 훨씬 사무적이고 경쟁적인 행동을 보인 반면 배낭을 놓고 게임을 한 쪽은 그 반대였다.

2005년에는 네덜란드 학자들이 학생들에게 설문지를 나누어 주고 학생들이 있는 방에 감귤향 세제 냄새를 풍기는 양동이를 숨겨 두었다. 설문지 작성을 마친 후에는 학생들에게 간식을 나눠 주었다. 그러자 무슨 일이 일어났겠는가? 세제 향기를 맡은 학생들은 세제 향이 풍기지 않는 방에서 설문지를 작성한 대조군보다 간식을 먹고 뒷정리할 확률이 세 배나 높았다. 더 놀라운 점은 이 모든 연구에서 꼭두각시 인형처럼 조종당했던 학생들은 본인이 영향을 받고 있다는 사실조차 알지 못했다는 것이다. 바 그는 밥 펠러의 강속구에 비유해서 이를 설명했다. 볼 수 없는 공은 칠 수 없는 법이다.

네덜란드의 세제 연구는 내가 가장 좋아하는 연구를 떠올리게 하는데, 경영대학원 교수인 천보 중Chen-Bo Zhong과 케이티 릴리언퀴스트Katie Liljenquist는 이를 맥베스 효과라고 부른다. 두 교수는 학생 60명을 두 그룹으로 나누어 그중 한 그룹에게는 과거에 자신이 비도덕적으로 행동했던 일들을 자세히 회상해 보도록 하고, 다른 그룹에게는 윤리적으로 행동했던 일들을 회상하라고 부탁했다. 또 두 그룹 모두에게 감정을 묘사하라고도 했다. 그다음에는 여섯 개의 단어 조각을 주고 이를 조합하여 단어를 만들도록 했다. 그 여섯 개의 단어 조각으로는 씻다wash, 샤워shower, 비누soap 등과 같이 청소와 관련된 단어를 만들 수도 있고, 바라다wish, 셰이커shaker, 걸음step과 같이 보다 중립적인 단어를 만들 수도 있었다. 바로 여기서 맥베스 효과가 나타난다. 나쁜 행동에 대한 기억에 흠뻑 젖은 학생들은 청소와 관련된 단어를 만들 확률이 훨씬 높았다.

같은 논문에 실린 또 하나의 연구에서, 실험 참가자들은 필체 연구에 참가한다는 설명 아래 1인칭 시점의 짧은 이야기를 받아쓰는 작업을 했다. 참가자 가운데 절반에게는 동료를 돕는 이야기를 쓰게 했고, 나머지 절반에게는 동료를 방해하는 이야기를 쓰게 했다. 그다음에 참가자들은 배터리, 초콜릿, 포스트잇, 윈덱스분무기에 넣어 창문이나 거울 등을 닦는 세제와 치약을 비롯한 다양한 청소 제품 등, 여러 가지 제품에 대한 선호도를 표현했다. 동료를 방해하는 이야기를 받아쓴 참가자들은 청소 관련 용품을 더 높게 평가했지만, 청소와 관련 없는 제품의 경우 두 집단 사이에 별다른 차이가 없었다.

천보 중과 릴리언퀴스트의 논문에 수록된 세 번째 연구에서 참가자들은 전과 마찬가지로 두 가지 이야기를 받아썼지만, 이번에는 받아쓰기를 마친 후 살균 클리닝 티슈와 연필 가운데 하나를 선물로 선택할 수 있도록 했다. 결과를 예상할 수 있는가? 물론이다. '비윤리적인' 이야기를 받아쓴 사람 가운데 3분의 2가 클리닝 티슈를 선택했고, 비교 집단은 3분의 1만 그것을 선택했다. 두 사람은 이 세 연구가 맥베스 효과의 증거가 된다고 주장한다. "다른 사람의 비도덕적 행동에 노출되기만 해도 자신에게는 도덕적인 위협이 되며 물리적으로 청소해야겠다는 필요성을 더욱 절실하게 느낀다."[4]

도덕적인 환경이 문제가 된다면, 작업 환경도 마찬가지다. 여러 가지 연구를 통해 성취를 위한 점화를 하면 조금 더 오래 일에 집중할 수 있고, 고난을 극복하는 끈기도 증가한다는 사실이 밝혀졌다. 예를 들어 바그와 동료들은 노력이나 성공 같은 단어와 관련된 가짜 단어 찾기를 시킬 경우, 실험 대상들이 스크래블^{Scrabble, 철자가 적힌 플라스틱 조각들로 단어 만들기를 하는 보드 게임}에 더 열심히 참여한다는 사실을 발견했다. 가짜 정전 상황을 만든 또 다른 실험에서는 점화 효과를 받은 사람들이 그렇지 않은 사람보다 업무에 복귀할 확률이 더 높았다.

앞서 말한 대로 이런 식으로 점화를 받은 사람들은 자신들이 무언가의 영향 아래 있다는 사실을 전혀 알지 못하고, 이에 대해 물어보아도 완강히 부인할 뿐 아니라, 자신들의 행동에 대한 또 다른 합리화를 만들어 낸

다. 음식물 암시 전문가인 코넬대학교의 브라이언 완싱크Brian Wansink 교수
는(완싱크는 사실 마케팅 교수다.) 그가 '무의식적인 과식'이라고 부른 것과 관
련하여 비슷한 사실을 찾아냈다. 완싱크는 여러 차례의 흥미로운 실험을
통해 사람들이 먹는 음식물의 양은 여러 가지 외부 암시에 영향을 받으
며, 대부분의 경우 본인들은 그렇다는 사실조차 모른다는 것을 보여 주었
다. 다음은 완싱크의 말이다. "진짜 위험은 우리 모두 환경적인 암시에 영
향을 받기에는 자신이 너무 똑똑하다고 생각한다는 점이다."[5]

　하지만 우리는 그렇지 않다. 완싱크는 함께 앉는 사람의 수와 그들의
식사량, 접시 위에 놓인 음식의 양, 실내의 밝기, 음악 또는 음식의 다양성
과 배열 등을 조절하여 여러분의 식사량에 영향을 미칠 수 있다. 어두운
조명은 소심함을 덜어 주는 효과가 있어서 음식을 더 많이 먹게 만든다.
식탁에 엄청난 양의 음식을 먹어 대는 미식축구 선수들이 가득 둘러앉은
경우도 마찬가지다. "나의 행동은 대부분 선택이 아닌 선례에 따라 일어
난다."[6]라는 몽테뉴의 말은 아마도 진실일 것이다.

　하지만 그보다 놀라운 것은, 완싱크가 그릇에 일곱 가지 색 대신 열 가
지 색의 M&M 초콜릿을 넣어 두자 사람들이 초콜릿을 훨씬 더 많이 먹
었다는 사실이다. (초콜릿 소비가 43퍼센트나 늘어났다). 단순히 배열만 바꿔
놓을 수도 있었다. 여섯 가지 맛의 젤리빈을 사용한 실험에서, 같은 맛끼
리 모아 놓는 대신 서로 다른 맛의 젤리빈을 섞어 놓자 젤리빈 소비가 무
려 69퍼센트나 늘어났다. 중요한 것은 인간은 배고픔과 관계없이 다른 수
많은 이유로 음식을 먹는다는 점이다. 심지어 음식의 맛조차 별문제가 되
지 않는 것처럼 보인다. 영화 관람객들은 중간 크기의 팝콘을 주었을 때보
다 커다란 통에 담긴 팝콘을 주었을 때 팝콘을 30퍼센트나 더 많이 먹었
다. 심지어 튀긴 지 2주일이나 지난 팝콘이었는데도 말이다. 뉴욕대학교의

식품영양학과 교수인 매리언 네슬레Marion Nestle는 이렇게 말했다. "아무도 자제력이 없다. 누구든, 말 그대로 누구든, 접시에 더 많은 음식이 쌓여 있으면 자동으로 더 많이 섭취하게 된다."[7]

먹는 것을 통제하기 어려운 것처럼 우리는 생각을 통제하는 것에도 어려움을 겪는다. 톨스토이가 어렸을 때, 그의 형 니콜렌카가 흰곰에 대해 생각하지 않을 때까지 한쪽 구석에 서 있는 것이 어떻겠느냐고 했다. 기록에 따르면 어린 톨스토이는 그 곰을 "도저히 머릿속에서 몰아내지" 못했다고 한다. 1987년 심리학자 대니얼 웨그너Daniel Wegner는 미국의 대학생들이 같은 문제를 겪고 있다는 사실을 밝혀냈다. 현재 하버드대학교에 재직 중인 웨그너는 당시 교편을 잡고 있던 샌안토니오의 트리니티대학교에서 니콜렌카의 제안을 똑같이 재현해 보기로 마음먹었다.

학생 한 명을 마이크와 종이가 놓여 있는 실험실 탁자에 홀로 앉혀 둔 다음 마음속에 떠오르는 것을 큰 소리로 이야기하도록 부탁했다. 정해진 시간이 되자 실험자가 방에 들어와서 학생에게 5분 더 똑같이 하되, 흰곰에 대해서는 절대 생각하지 말라고 했다. 언제든 흰곰이 의식 속으로 머리를 들이밀면 학생에게 책상 위의 종을 울리도록 했다. 이 실험의 기록은 다음과 같다. 여기서 *는 종이 울렸음을 나타낸다.

이제부터 내가 생각할 것은 흰곰뿐이다. 좋았어, 종이 눈에 보이니까 *…… 흰곰에 대한 생각을 떨쳐 버리기가 힘들군. 음, 아까 내가 무슨 생각을 하고 있었지? 가만 보자, 내가 꽃에 대한 생각을 한다면 *…… 흰곰에 대해 생각할 거야, 그건 불가능해. * 이 종을 계속해서 울릴 수 있어 * 그리고 또 계속 * 자꾸 자꾸 * 그리고…… 흰곰 *…… 좋았어. …… 아, 손톱이 정말 엉망이군. …… 음……. 손질을 해야겠는 걸. 왜냐하면…… 음…… 손톱 끝이 깨지고 있으니 말이야. …… 매번 내가 진짜로…… 음…… 이야기하고, 생각하고, 흰곰에 대해 생각하지 않으려고 * 할 때마다 더더욱 흰곰이 머릿속에 떠오르니 이렇게는 안 되겠어. 이제부터는 흰곰에 대해 생각하지 않기 위해 더 열심히 노력해야지. 좋았어, 억지로 흰곰에 대해 * 생각하지 않도록 해야겠어. 손가락에 이 작은 갈색 점이 있고 어젯밤 핼러윈 분장을 한 탓에 손 전체와 목에 작은 반짝이가 * 붙어 있네……. 왜냐하면…….[8]

대강 감이 올 것이다. 이 실험에 참가한 일반적인 학생들은 종을 여섯 번 이상 울렸지만, 이 학생은 무려 열다섯 번이나 울렸다. 최소한 실험자들은 인위적인 집착을 만들어 내기가 얼마나 쉬운지를 증명한 셈이다. 톨스토이와 형 니콜렌카가 오래전에 증명했듯이 말이다.

아마도 이 실험을 무척 마음에 들어 했을 프로이트는 무의식의 중요성을 특히 강조했다. 최근 캘리포니아주립대학교 샌프란시스코 캠퍼스의 교수였던 고(故) 벤저민 리벳Benjamin Libet이 자기 절제라는 개념 자체를 뒤엎으며 학계에 엄청난 파란을 일으켰다. 리벳은 뇌전도 기계를 연결해 놓고 실험 참가자들에게 손가락을 튀기는 등 임의의 동작을 하도록 주문했다. 이 연구를 통해 리벳은 인간의 두뇌가 선택을 의식적으로 인지하기 전에 이미 행동을 시작한다는 사실을 발견했다. 리벳이 얻어 낸 실험 결과는 다른 학자들에 의해 증명되었다. 베를린에 있는 컴퓨터신경과학베른슈타인센터의 신경 과학자 존딜런 헤인스John-Dylan Haynes는 화면을 가로지르는 무작위의 글자들을 지켜보는 젊은이들을 관찰했다. 참가자들은 원한다면 언제든지 왼손 또는 오른손으로 버튼을 누를 수 있었지만, 그러기로 결정한 순간에 본 글자를 기록해야 했다. 참가자들은 자기공명영상MRI 장치 안에서 이 모든 실험에 참여했다. 학자들은 실험에서 얻어 낸 이미지를 통해 학생들 본인이 인식하기도 전에 그들이 언제 움직이기로 결정을 내렸는지를 알아낼 수 있었다. 이보다 더 섬뜩한 것은, 학생들이 어느 쪽 버튼을 누를 것인지에 대한 학자들의 예측이 70퍼센트가량 적중했다는 사실이다. 헤인스는 이 결과를 "괴상하다"고 평가했으며, 이러한 발견이 자유의지 자체를 부정하는 것은 아니지만, "신뢰할 수 없는 것으로 만들기는 했다."고 덧붙였다.[9]

영향력의 생물학

위의 사례들은 모두 우리가 상당 부분 외부 환경에 의해 통제되며, 환경이 무의식적으로 행동을 유발하면 의식은 나중에야 이를 합리화하려고 노력한다는 메시지를 전달하는 것 같다. 물론 이것은 실험실에서만 일어나는 일은 아니다. 세상은 끊임없이 우리를 점화하고 있다. 우리 모두는 때로는 의도적으로, 때로는 의도하지 않은 채 엄청난 점화의 영향을 받고 있다. 다른 사람들, 광고, 문화를 포함하여 우리가 인식하는 모든 것, 그리고 심지어 의식적으로 인식하지 않는 일부 요소들조차 점화, 점화, 점화를 하고 있다.

엘리베이터, 이메일, 주유소에 이르기까지 홍수처럼 난무하는 광고는 잠시 접어 두고 억압 해제 효과에 대해 생각해 보자. 자아 인식과 자기 조절은 함께 어우러지지만, 군중은 이 두 가지를 개인의 양심과는 관련 없는 집단 정체성의 형태로 녹여 내는 것처럼 보인다. 미국에서 백인이 흑인에게 폭력을 가한 60건의 사건에 대한 무시무시한 연구에서, 심리학자 브라이언 멀린Brian Mullen은 이 극악무도한 행위의 잔학도가 군중의 크기에 따라 달라진다는 사실을 발견했다. 희생자 수에 비해 폭력을 가하는 사람의 비율이 높을수록 잔인성이 높아졌다.

호르몬도 빼놓을 수 없다. 프로이트가 제기한 유명한 질문인 "여성은 무엇을 원하는가?"에 대한 대답 중 하나는 '한 달 중 어느 시기냐에 따라 달라진다.'일지도 모른다. 배란은 여성의 행동에 엄청난 영향을 미치기 때문이다. 독신 남성이 많은 바를 찾는 여성들은 배란기에 가까울수록 더 많은 장신구를 걸치고 화장도 짙게 하는 경향이 있으며, 바람 피울 가능성도 더 높다. 남성에 대한 여성의 선호도 역시 월경 주기 중 어디에 해당하는지에 따라 달라진다. 뿐만 아니라 니코틴에 대한 민감도도 에스트로겐 분비량에 따라 달라지며, 코카인이나 암페타민에서 얻는 즐거움도 마찬가지다. 남자건 담배건 사실 별 차이가 없다. 여성의 선택은 내분비계의 영향을 강하게 받는 것이다.

남성도 마찬가지다. 몇 가지 연구를 통해 테스토스테론과 남성이 위험을 무릅쓰는 정도의 연관성이 밝혀졌다. 런던에 사는 남성 주식거래인들을 대상으로 한 연구에서 주식거래인의 아침 테스토스테론 수준으로 그날의 수익성을 예측할 수 있다는 사실이 밝혀졌다. 일반적으로 테스토스테론이 높은 남성들은 보다 공격적이고, 성욕이 강하며, 모험을 하는 성향이 강했다. 이 모든 행동은 만족을 지연하거나 포기하는 것과는 연관이 없지만 뉴욕 주지사로 당선된 후 고급 호텔에서 매춘부의 품에 뛰어드는 데는 안성맞춤이다. 많은 종에서(인간 역시 예외라고는 하기 어렵다.) 이러한 행동은 보상을 받는다. 일부 종의 경우 우두머리 수컷을 제외한 다른 수컷들은 거의 짝짓기를 하지 못한다. 이 모든 것은 진화란 만족을 지연하지 않는 쪽을 선호해 왔다는 의미다.

그렇다면 도발적인 이미지가 남성의 의사 결정을 왜곡한다는 것이 과연 놀랄 일인가? 한 연구에서는 예쁜 여자들의 사진을 본 남성들이 나중에 받을 수 있는 큰 보상보다 빨리 받을 수 있는 작은 보상을 선택할 확률이 높다는 것을 보여 줌으로써 이 일반적인 상식을 다시 한번 확인해 주었다. 나중에 받을 수 있는 큰 보상이 훨씬 더 유리하다는 것이 너무나 분명한데도 말이다. (이 연구의 결과로 나온 논문의 제목을 언급하지 않을 수 없다. "전반적으로 비키니는 성급함을 부추긴다.")

남성과 여성이 모두 호르몬의 지대한 영향을 받지만, 여성이 남성보다 자제력이 뛰어나다는 사실에는 의문의 여지가 없다. 어떤 문화에서나 남성은 여성보다 폭력을 훨씬 많이 저지르는데, 폭력은 충동과 관련이 있다. 또 여성은 남성보다 신앙심이 두터운 경우가 많은데, 신앙심은 만족을 지연하는 능력과 연관된다. 남성이 충동을 조절하는 능력이 있는지 여부는 이혼을 예측하는 가장 정확한 지표다. 여성들은 나이에 관계없이 수치심과 죄책감을 쉽게 느낀다. 남자아이들은 여자아이들보다 주의력 결핍 장애와 과잉 행동 장애 진단을 받을 확률이 높다. 19세기 영국에서 현대 중국에 이르기까지 방직공장과 의류 업계에서는 시대와 문화에 관계없이 근면하고 유순한 여성 직원들을 선호해 왔고, 특히 학교를 갓 졸업한 여성들을 채용하는 경우가 많았다. 모든 연령대의 학교에서 여학생들은 남학생들보다 좋은 성적을 받지만 IQ와 성취 평가에서는 비슷한 점수를 받는다는 사실 역시 남녀 간의 성적 차이는 자제력 차이에서 비롯되는 것일지도 모른다는 점을 암시한다. 이런 예는 무수히 많다. 따라서 결론은, 자제력은 Y 염색체를 가지고 있느냐의 여부에 영향을 받는다는 것이다.

자제력은 과연 타고나는 것인가, 아니면 길러지는 것인가? 물론 환경이 어느 정도 영향을 미친다. 여성은 전통적으로 남성과는 다른 사회화 과정을 거치고, 순결, 충성심, 자기희생에 대한 기대치가 더 높을 뿐 아니라 만족을 지연하고 자기보다 다른 사람을 먼저 생각하는 경향이 있다. 앤서니 트롤럽의 『지금 우리가 사는 방법The Way We Live Now』에 나오는 헨리에타처럼, 머지않아 그들은 "남성에게는 모든 죄악이 용서되지만 여성에게는 모든 덕목이 요구된다."는 사실을 깨닫게 되는 것이다. 역사학자 로럴 대처 울리히Laurel Thatcher Ulrich가 1000장의 티셔츠에 인쇄된 불멸의 글귀를 쓴 데는 충분한 이유가 있다. "행실이 바른 여성이 역사를 만드는 경우는 드물다."

그러나 여성에 대한 법적, 사회적 요구 사항이 변하면서 여성들은 자제력과 관련하여 더 큰 어려움을 겪고 있는 것처럼 보인다. 예를 들어 미국에는 여성 흡연 인구가 2000만 명 정도 되는데, 사실상 1세기 전만 해도 여성 흡연자는 전무하다시피 했다. 이러한 변화가 건강에 미치는 영향은 예상할 수 있을 것이다. 그리고 단순히 흡연만 문제가 되는 것은 아니다. 미국에서는 십 대 소녀들 가운데 25퍼센트가 성병에 감염되어 있고, 영국에서는 점점 더 많은 여성들이 폭력 혐의로 체포되고 있다. 대서양 양쪽의 여성들은 술을 점점 더 많이 마셔 알코올중독 부분에서 남성과의 차이를 좁혀 가고 있다.

하지만 여성은 생물학적으로 알코올에 민감하여 같은 양을 마시더라도 남성보다 높은 혈중알코올농도를 나타낸다. 따라서 타고나는 것의 중요성을 간과해서는 안 된다. 한 흥미로운 실험에서 학자들은 남성과 여성 집단의 세로토닌 분비를 억제했다.(특별히 제조된 아미노산 음료로 세로토닌을 억제할 수 있다.) 결과는 놀라웠다. 여성은 보다 신중해진 반면, 남성은 더 충동적으로 변했다. 성에 따라 전혀 다른 반응을 나타낸 것이다.[10]

자기 절제의 생물학에는 놀라운 사실이 있다. 금식을 한 남성과 여성을 가장 좋아하는 음식에 40분간 노출시킨 후 두뇌 사진을 찍은 연구에서는 마음속에서 허기를 몰아내는 데 남성이 여성보다 더 뛰어나다는 사실이 드러났다. 말하자면 강력한 감정이 일어나는 곳으로, 공포증과 강박성 장애와도 깊은 연관이 있는 원시적인 두뇌 구조인 편도체의 아우성을 억누르는 데 남성이 더 뛰어난 모습을 보였다는 것이다. (강박성 장애는 인구의 2퍼센트 정도가 앓고 있는 상대적으로 흔한 질환이다. 강박성 장애가 자기 절제와 관련하여 흥미로운 이유는 언뜻 강박성 장애 환자가 자제력이 너무 많은 것인지, 너무 적은 것인지가 분명하지 않기 때문이다. 한때 정신분석가들의 주목을 받았던 강박성 장애는 최근 낮은 세로토닌 수치, 그리고 전두엽 피질 부분과 깊숙한 두뇌 구조 사이의 연락 장애와 관련이 있는 것으로 드러나고 있다. 맥베스 부인이 현대에 살았다면 아마도 처방약을 받았을 것이다.)

태어난 계절도 문제가 된다. 우리의 잘못이 모두 별자리에 정확히 나와 있는 것은 아니지만, 일부는 실제로 관련이 있을지도 모른다. 일련의 연구에서 체질량지수BMI, Body Mass Index, 왼손잡이 또는 오른손잡이의 여부, 정신 질환, 심지어 수명까지도 태어난 달과 관련이 있음이 밝혀졌다. 이와 관련하여 영국에서 진행된 한 연구에서는 4월, 5월, 6월에 태어난 사람들은 다른 달에 태어난 사람들보다 자살할 확률이 더 높은 반면 10월, 11월, 12월에 태어난 사람들은 상당히 낮은 자살률을 기록했다. 여성의 경우 이 영향은 더 분명해서, 4월, 5월, 6월 출생자의 자살 위험률은 무려 30퍼센트나 증가했다.[11] 학자들은 태어난 달이 왜 그런 영향을 미치는지에 대해 의견이 분분하다.

아직도 자유의지를 믿는가? 그렇다면 잠시 유전으로 돌아가 보자. 단순히 전두엽만의 문제는 아니다. 예를 들어 니코틴 대사에 영향을 미치는 유전자가 있고, 이 유전자는 개인이 담배에 얼마나 쉽게 중독될 수 있는지에 일정 부분 관여하고 있을지도 모른다. 또한 가족 연구를 통해서도 강박성 장애에 유전적인 요소가 있음이 드러났다. 유전자가 체중이 불어나는 성향에 영향을 미치기 때문에, 어떤 사람에게는 건강한 체중을 유지하기 위해 다른 사람들보다 훨씬 많은 의지력이 필요하다. 유전자는 폭력적인 반사회적 행동과도 연관된다. (일부 범죄자들은 이러한 연구 결과를 자신의 죄에 대한 방패막으로 사용한다.) 또 학자들은 자기 절제의 주요 요소인 집중력에도 유전자가 영향을 미친다는 사실을 입증했다. 예를 들어 200쌍이상의 네덜란드 쌍둥이들을 대상으로 한 연구에서 학자들은 집중력 문제가 있는 학생들을 구별해 냈고, 이 특징이 약 60퍼센트 유전된다는 결론에 도달했다.[12]

그렇다면 자제력이란 스스로를 기만하는 것에 지나지 않는단 말인가? 우리에게 과연 자유가 있는가? 아니면 인간은 본래 보이지 않는 대본에 따라 행동하는 로봇에 불과한가? 과학적인 증거가 다소 암울하기는 하지만, 어쩌면 보이는 것만큼 절망적이지는 않을지도 모른다.

자유 거부 의지

모든 행동에는 원인이 있다. 하지만 비록 내가 선택한 행동이라 할지라도 그 원인을 모두 알거나 이해한다고 주장한다면 이는 스스로를 기만하는 것이다. 신경 과학에 관심 있는 철학자(사실 모든 철학자가 여기에 관심을 가져야 할지도 모른다.) 퍼트리샤 처치랜드Patricia Churchland는 선택의 자유란 대부분 정도의 문제이며 가능성의 스펙트럼을 따라 존재한다고 지적했다. 예를 들어 우리는 사실상 골수 기능에 대해서는 통제력이 전혀 없고, 호흡도 부분적으로 조절할 수 있을 뿐이지만 텔레비전에서 농구 경기를 볼지 말지에 대해서는 상당한 통제력을 가지고 있다. 따라서 다른 많은 요인 (그 가운데 일부는 우리 눈에 전혀 보이지 않는다.)이 행동과 통제력에 영향을 미치기 때문에 인간이 백지상태에서 아무런 편견 없이 행동한다고 암시하는 자유의지에 집착하기보다는 자제력, 즉 의식적인 의지를 사용하여 가능한 한도 내에서 스스로를 억제하는 쪽에 초점을 맞춰야 한다는 주장이다. 리벳은 우리가 행동의 자유라고 생각하는 것이 사실은 일종의 거부권이라고 주장했다. 이러한 견해에서는 인간에게 자유의지free will보다는 소위 "자유 거부 의지free won't"가 있다고 본다.

그러나 무언가 자유로운 것이 있다는 것만은 분명한 사실이다. 사람들이 발휘할 수 있는 자제력은 처벌과 보상에 따라 달라지는 것처럼 보이기 때문이다. 장려책은 중요하다. 뒷부분에서 자세히 살펴보겠지만 시간과 장소에 따라 분노에 대한 사회적 허용 기준이 다르면, 분노를 표출하는 방법 역시 달라지는 것으로 보인다. 무책 이혼이 증가하면서 많은 남편들이 아내가 떠날지도 모른다는 두려움에 아내에게 더 잘해 주게 되었을 가능성도 있다. 또 다른 많은 사례에서 장려책은 선택을 암시하는 방식으로 행동에 영향을 미친다. 펜실베이니아대학교의 법학 교수 스티븐 모스 Stephen Morse는 종종 청중들에게 일어서서 손을 들라고 부탁한다. 사람들은 언제나 예외 없이 그 말에 따른다. 그다음에는 다시 자리에 앉으라고 부탁하고, 사람들은 또 순순히 따른다. 자, 이것이 자유의지다.

운명이 별자리에 있지 않은 것처럼 유전자에 들어 있지도 않다고 말할 수 있으면 무척 좋겠지만, 꼭 그렇지만도 않다. 다만 전적으로 예정된 운명이라고 할 수 있는 것은 없다. 유전자는 가능성의 영역을 결정하는 인자 가운데 하나지만, 그 영역은 너무나 크고 경계도 분명하지 않기 때문에 대부분은 크게 연관성이 없다.

따라서 자유의지의 존재를 부정하는 이 모든 증거에서 찾아야 하는 교훈은 절망이 아니라 인정을 바탕으로 한 겸손함이다. 우리들 대부분은 원하는 만큼 많은 자제력을 지니고 있지 않다. 진화와 유전, 환경의 가공할 힘에 비하면 우리는 그야말로 하잘것없는 존재라고 생각해야 한다. 힘이 전혀 없는 것은 아니지만 미약하기 짝이 없다. 대신 우리 편이 되어주는 것은 바로 그런 사실에 대한 지식이며, 이를 엄청난 세상의 무게에 대항하는 지렛대로 사용할 수 있다. 의식적인 의지를 행사하는 데 방해가 되는 세 가지 힘 가운데 우리가 영향을 미칠 수 있는 것은 하나뿐이다. 여러분은 어느 정도 환경을 통제할 수 있다. 나쁜 습관을 버리고 싶은가? 자극 요소를 없애라. 결혼 생활을 유지하고 싶은가? 회계 부서에 새로 들어온 예쁜 여직원을 피해라. 그리고 (합리적인 한도 내에서) 유혹의 힘으로부터 보편적인 영역을 되찾는 데 도움이 될 것 같은 정치인에게 투표해라. 그렇다고 금주령으로 돌아가거나 남녀 관계에서 무조건 내숭을 떨어야 한다는 뜻은 아니다. 우리는 상충하는 여러 가지 욕망 가운데 일부를 다른 것보다 선호할지 모르고, 원치 않는 선택에 저항하기 위한 방법이 절실하게 필요하다는 사실을 인식해야 할 뿐이다.

좋든 싫든, 인생은 개인이 상당히 포괄적인 행위 능력을 지닌 것처럼 흘러간다. 여러분의 배우자, 고용주, 은행 담당자는 여러분이 스스로의 행동에 철저히 책임지기를 기대한다. 마치 법률제도처럼 말이다. 여태까지 사람들은 이 문제에 대해 두 가지 마음을 가져 왔다. 그리스인들은 자제력에 집착했지만, 그와 동시에 신이라는 존재를 두어 현명하지 못한 판단이나 격앙된 열정에 대한 책임을 물었다. 중세와 청교도들의 뉴잉글랜드 사회에서는 때때로 사람의 행동에서 악마를 감지해 냈다. 하지만 초자연적인 힘이 작용하는 경우에도 공범인 인간이 저항하지 않고 악마의 부추김에 따라 행동했다는 죄목으로 화형대의 이슬로 사라지는 경우가 많았다. 이는 어느 정도 일리가 있다. 모든 행동에는 무언가 원인이 있기 때문이다. 그 원인이 악마든, 나쁜 유전자든, 불행한 어린 시절이든, 그것이 실제로 그렇게 중요한가?

아리스토텔레스의 시대에는 윤리적인 주장이 설득력을 가지려면 어떤 방식으로든 유용하고 도움이 되어야 한다는 점을 잘 이해하고 있었다.(적어도 아리스토텔레스는 그랬다.) 그러나 또 하나의 오래된 철학적 개념인 유아론唯我論, 실재하는 것은 자아뿐이고 다른 모든 것은 자아의 관념이거나 현상에 지나지 않는다는 입장의 경우처럼 결정론은 자만심을 조금이나마 누그러뜨리고 동정심을 약간 더 유발한다는 것 외에 실제적인 효용을 발견하기 힘들다. 세상은 강요당한 것이 아니라면 스스로의 행동에 책임을 져야 한다는 사고방식에 의존하고 있다. 실제로는 그렇지 않을 수도 있다고 의심할 수는 있겠지만, 만약 그런 생각을 가지고 있다면 사회가 어떻게 질서를 유지할 수 있겠는가? 개인에게 책임이 없다면 우리가 어떻게 살아갈 수 있겠는가?

자유의지에 대해 회의적인 시각을 지닌 경우 상당한 대가를 치를 수도 있다는 증거도 있다. 캐슬린 보스와 조너선 스쿨러Jonathan Schooler가 실시한 실험에서, 자유의지에 반하는 글을 읽도록 한 대학생들은 일반적인 글을 읽은 학생들보다 부정행위를 저지를 확률이 더 높았다.[13] 여기서 드러난 점화 효과는 자유의지를 주장하는 사람들에게는 그다지 큰 위안이 되지 않을 것이다. 하지만 무슨 상관인가? 중요한 것은 자아 결정에 대한 신념을 버리는 것이 옳지 않음은 물론이요, 심지어 위험할 수도 있다는 사실이다. 물론 행동에 완전한 자유를 누리는 사람은 없지만, 실제 삶에서는 사람들이 자신의 행동에 상당한 통제력을 가지고 있다고 가정하는 것 외에는 대안이 없는 것이다.

점화와 인간의 자동성에 대한 모든 연구에도 불구하고 존 바그는 다른 사람들과 비슷한 삶을 살았다. 환경에 대해 좀 더 의식하고 실제로 환경을 개선하기 위해 노력했다는 점을 빼고는 말이다. 예를 들어 바그와 아이들은 만화 「심슨 가족The Simpsons」을 즐겨 봤지만, 심슨의 아이들이 폭력적인 텔레비전 만화를 잔인하게 패러디한 「이치와 스크래치Itchy & Scratchy」를 보는 장면에서는 텔레비전을 꺼 버렸다고 한다. 또한 바그는 스스로를 점화하려는 노력도 했다. 예를 들어 강연하러 가는 길에 차 안에서 레드 제플린의 음악을 들으면서 기분을 북돋우는 것이다. 바그는 나와의 인터뷰에서 이렇게 말했다. "주변 환경을 바꿔야 합니다. 그것이 올바른 방법이지요."

내 생각에는 이 문제에서 궁극적으로 가장 확실한 방법은 윌리엄 제임스의 주장대로 실용주의 노선을 따르는 것이다. 제임스는 자유의지라는 문제에 대해 오랫동안 고민하다가 마침내 독자적인 결론에 도달했다. "내가 자유의지로 행하게 될 첫 번째 행동은 바로 자유의지를 믿는 것이다."[14]

14 인간답게 산다는 것

자명종 시계의 문제점은 자명종을 맞출 때는 합리적으로 보이는 것이
실제로 그것이 울릴 때는 말도 안 되게 보인다는 점이다.
— 렉스 스타우트(Rex Stout), 「로데오 살인(The Rodeo Murder)」

B. F. 스키너B. F. Skinner는 라디오에서 교향곡을 듣던 중 진주만공격 소식을 들었다. 아직 유명해지기 전이었던 그는 당시 미네소타대학교의 심리학과 교수였고, '조작적 조건화', 즉 결과에 따라 행동을 조정하는 방식을 집중적으로 연구하고 있었다. 스키너는 미국이 참전하기도 전인 1940년에 전쟁과 관련된 연구를 시작했다. 기차 여행을 하던 중 창문을 통해 새들이 "특정한 대형을 이루어 무리 지어 날아가면서 부드럽게 회전하는" 모습을 보았던 것이다. 이 새들에게 영감을 얻은 스키너는 비둘기 몇 마리를 마련하여 특정한 시각적 신호에 반응하여 조작 단추를 부리로 쪼도록 훈련하기 시작했다. 스키너는 경험을 통해 비둘기가 조건화 연구에 적합한 대상이라는 사실을 알고 있었다. 비둘기는 다루기가 쉬웠고, 시력이 좋았으며, 색을 구별할 줄 알았다. 스키너의 아이디어는 훈련시킨 비둘기 한 마리를 폭탄의 노즈콘nose cone, 로켓, 항공기 등의 원추형 앞부분에 넣고 비둘기가 폭탄

을 정확하게 목표물로 인도하도록 만드는 것이었다. 비둘기 자살 특공대를 훈련시킨다는 생각은 오늘날뿐만 아니라 1941년에도 황당한 것이어서 정부 관계자들은 처음에 이 제안을 거부했다. 그러나 스키너는 자신의 생각이 틀리지 않았다는 점을 확신했다.

전쟁에 동물을 이용하는 연구를 한 사람은 스키너뿐만이 아니었다. 학자들은 여러 해에 걸쳐 이 목적을 위해 박쥐, 개, 돌고래를 비롯한 여러 가지 생물을 실험했다. 생물학전에서 무기로 사용 가능한 미생물에 대한 연구가 활발하게 진행되었음은 말할 것도 없다. 또 한 가지 기억해야 할 것은 당시 폭탄의 정밀도가 매우 낮았으며 미사일 유도 시스템이 상당히 원시적이었다는 사실이다. 한마디로 비둘기를 폭탄에 욱여넣고 목 주위의 장치를 마구 쪼아 발사체를 조종하게 하는 방식이 조잡해 보일 수 있으나 대부분의 대안들보다는 더 나았을지도 모른다. 때문에 미 해군에서 일정 기간 동안 스키너의 연구에 자금을 지원했다.

적어도 스키너의 생각에는 연구가 매우 성공적으로 진행되고 있었다. 그는 목표물을 찾는 새들의 머릿속에 오직 한 가지 생각을 심는 데 성공했다. 조건화가 얼마나 철저하게 진행되었는지 이 새들은 속도, 총성, 방공 화기를 모의실험하는 섬광, 심한 진동 또는 엄청난 관성력에도 전혀 영향을 받지 않았다. 어떤 시점에서는 창문을 박살 내고 스키너의 안경까지 깨뜨린 3000미터 상공에 해당하는 기압에도 꿈쩍하지 않았다. 어느 정도 시간이 지나자 스키너는 새들이 작은 공기해머 정도의 힘으로 조종 장치를 쪼아 대도록 훈련하는 데 성공했다. 이 애국적인 임무를 맡은 새들은 삼씨로 보상 받았고, 스키너는 삼씨를 먹은 새들은 "거의 두려움이 없었다."고 기록했다. (과거의 수많은 전사들처럼 스키너의 비둘기들은 폭력에 직면했을 때 주저함을 누그러뜨리는 환각제의 도움을 빌린 셈이다.)

스키너의 비둘기 특공대 연구는 새 한 마리가 해낼 수 있는 영웅적인 일의 절정이었다. 이 실험은 전시의 워싱턴에서 전쟁과 관련된 연구 개발 활동을 관장하던 정부기관인 과학연구개발국의 의심 많은 관계자들이 참석한 회의에서 진행되었다. 스키너는 비둘기를 어두운 상자 안에 넣고, 눈앞의 작은 화면에 비치는 목표물을 부리로 쪼도록 했다. 정부 관계자들은 차례로 좁은 구멍을 통해 무슨 일이 일어나는지 지켜보았다. 스키너는 한 사람씩 안을 들여다보는 것이 지나치게 많은 시간을 잡아먹는다고 여겼기 때문에 상자를 열 수 밖에 없었다. 빛이 한꺼번에 안으로 쏟아져 들면서 화면의 목표물이 흐려졌다. 게다가 비둘기는 과학연구개발국 관계자들이 지켜보는 가운데 임무를 완수해야 했다. 그러나 새는 흠잡을 데 없이 훌륭하게 목표를 달성했다. 몇 년 후, 이 사건을 회고한 유명한 논문에서 스키너는 그 결과를 이렇게 표현했다. "나는 그 회의가 마음껏 웃고 즐기는 분위기였다고 말하지는 않겠다. 왜냐하면 참석자들이 웃음을 참고 있었기 때문이다. 사람들은 술렁댔고, 우리가 관계자들을 설득하지 못했다는 것이 분명했다."[1]

하버드의 비둘기

스키너 박사의 삶과 연구 대부분이 그러했듯이 비둘기 특공대 실험 역시 큰 화제가 되었다. 그러나 이는 단순히 흥미로운 역사적 사실이라는 측면보다 더 많은 의미를 담고 있다. 비둘기를 전쟁에 동원하려 했던 이 실험에서 우리는 심리학자이자 철학자로서 스키너의 세계관을 엿볼 수 있다. 이 세계관 덕분에 스키너는 결국 일반 대중에까지 명성을 떨치게 되고 자기 절제 과학에서 중요한 인물로 떠올랐다.

스키너는 행동주의 심리학자로 사람의 감정, 내면의 삶, 어머니나 성기 등의 문제에 등을 돌린 행동주의 심리학의 아버지 존 B. 왓슨John B. Watson의 직계 후계자다. 행동주의는 이런 문제보다는 생물체는 강화에 반응하므로, 이를 통해 행동을 조절할 수 있다는 보다 직선적인 주장을 내세웠다. 행동주의 심리학자는 마음속에서 일어나는 일, 심지어 과연 마음이라는 것이 존재하는지에 대해 알 수 없다는 입장을 취한다. 중요한 것은 여러분의 행동이다. 스키너처럼 극단적인 행동주의 심리학자에게 여러분이 하는 일이란 여러분의 행동에 대한 표면상의 결과로 나타나는 것뿐이다. 현실은 피드백 체계이며, 우리 각자는 평생 강화에 의해 조건화된다. 어둠 속에서 맨발로 걸어 다니다가 소파에 부딪혀 발가락이 부러진 경험이 있다면 다음에는 불을 켜거나 슬리퍼를 신을 것이다.

행동주의 심리학자는 인간의 행동에 미치는 인센티브의 역할을 강조한다는 점에서 경제학자들과 공통점을 가진다. 그러나 대부분의 경우 경제학자들은 개인의 주장과는 관계없이 오직 행동을 통해서만 진정한 선호도가 드러난다고 주장한다. 반면 스키너는 선호에 대해 매우 확고한 생각을 지니고 있었고, 다른 사람들도 그러리라 믿었음이 분명하다. 이는 대중이 일반적으로 스키너를 생각할 때 떠올리지 않는 인간적인 모습이다. 그보다는 전시에 행했던 비둘기 실험과 거기서 드러난 생명체에 대한 기계적인 견해가 오랜 세월 악명을 떨친 스키너의 이미지에 더 가깝다. 스키너는 비둘기에게 탁구 치는 법을 가르쳤고, 아기들을 조건화하기 위해 끔찍하게 생긴 상자를 만들어 냈다.

여기에 담긴 암시는 상당히 으스스하다. 사람들은 스스로가 단지 피와 살로 이루어진 로봇에 지나지 않는다는 생각을 좋아하지 않는다. 하지만 스키너는 사람들을 이렇게 본다고 여겨졌다. 스키너의 오싹하도록 거창한 포부는 실험실을 벗어나 훨씬 멀리 뻗어 나갔다. 그는 1967년 《현대 심리학Psychology Today》이라는 심리학 잡지와의 인터뷰에서 이렇게 말했다. "나는 교육, 심리 치료, 경제학, 정부, 종교에 적용되고, 우리가 원하는 사람이 될 수 있도록 도와주는 세상을 만드는 데 효과적으로 활용된 모든 것을 연구한 사람으로 알려지기를 바란다."[2]

그러나 스키너는 사실상 점화 실험 이후 존 바그가 권유한 환경 통제의 규모를 확장한 것에 지나지 않는다. 결국 행동이 조건화된다면, 아예 환경을 적절하게 조절하여 스스로가 원하는 사람이 되도록 조건화하는 것이 좋지 않을까? 스키너는 행동의 빈도가 대부분 그 결과에 따라 달라진다고 생각했기 때문에 자기 절제의 문제를 원하는 행동을 이끌어 내는 결과를 만드는 것으로 보았을 가능성이 크다. 그렇다면 스스로를 조건화하는 것은 비둘기나 심지어 다른 인간을 조건화하는 것과 조금도 다르지 않게 된다. 스키너는 이렇게 썼다. 인간은 "다른 사람의 행동을 통제하는 것과 똑같이 스스로를 통제한다. 행동을 함수라고 할 때 여러 가지 변수를 조작하여 통제하는 것이다."[3]

신념에 따른 양육이라는 개념을 부인했던 프로이트와는 달리 스키너는 일생에 걸친 조직적 자기 관리를 통해 자신이 주장한 바를 열렬하게 실천했고, 말년에는 오랫동안 유지했던 왕성한 생산성을 자랑할 수 있었다. "나는 연구하고 싶지 않은 것을 연구했고, 가르치고 싶지 않은 것을 가르쳤으며, 논문과 보고서 마감 기한을 지켰다. …… 한마디로 어려운 일을 지극히 쉽게 할 수 있는 환경을 조성했다."[4]

스키너는 저서 『과학과 인간 행동Science and Human Behavior』에서 자기 관리 기술에 대한 분류법을 제시하기도 했다. 여기에는 신체적 제지(혀를 깨문다.), 자극의 변화, 혐오 자극(가장 살쪘을 때의 사진을 냉장고에 붙여 놓는다.), 보상과 처벌의 마련, 또는 원하지 않는 행동 대신 무언가 다른 일을 찾는 것 등이 포함된다. 이 목록은 벤저민 프랭클린까지 거슬러 올라가는 매우 미국적인 자기 계발의 오랜 전통에 스키너를 올려 놓았다. 스키너는 프랭클린과 마찬가지로 발명가이자 실용주의를 지향하는 문제 해결사였고, 두 사람 모두 공공연한 자기 관리 전략을 채택했다.

자서전의 꾸준한 성공을 통해 자기 절제의 표본으로 널리 알려진 프랭클린은 젊은 시절 "도덕적인 완벽함에 도달하려는 야심 차고도 힘든 프로젝트를 구상했다." 그는 이 계획을 실현하기 위해 도덕에 대한 장표를 만들어 윗부분에는 요일을 적고 옆에는 13개의 덕목을 나열했다. 이 장표를 활용하면 표에 매일 자신의 실수를 항목별로 표시할 수 있어 자신의 행동을 보다 쉽게 진단할 수 있었다. 프랭클린의 목록 가운데 첫 번째는 자제였고, 극단을 피하는 온건함은 아홉 번째였다. 일기에 불운한 연애사뿐 아니라 욕실 체중계 이야기까지 기록했던 브리짓 존스처럼 프랭클린 역시 자기 계발과 관련된 어떤 부분에서든 스스로를 점검하고 기록을 남기는 것이 매우 유용하다는 사실을 본능적으로 이해했던 것이다.

1948년 스키너에게 두 가지 큰 사건이 일어났다. 일단 『월든 투*Walden Two*』를 출판함으로써 소설의 형식을 빌려 인간 본성에 대한 견해를 전보다 설득력 있는 형태로 세상에 내놓았다. 또 같은 해 모교인 하버드로 복귀했고 덕분에 스키너는 영원히 하버드 석학으로 알려지게 된다. 윌리엄 제임스가 몸담았던 하버드에서 스키너는 메모리얼 홀의 거대한 지하실에 비둘기 실험실을 열었다. 그는 머리 위에 파이프들이 그물망처럼 지나가는 환경에서 실험심리학의 한계를 개척해 갔다.

20세기 후반 학계를 이끄는 뛰어난 실험심리학자들을 배출한 비둘기 연구실은 사실 새장이라기보다는 여러 가지 활동으로 윙윙대는 벌통과 같았다. 끊임없이 사람들이 드나들었으며 자동 기록 장치가 딸깍거리는 소리를 내고, 대학원생들은 정기적으로 연구에 대해 열띤 토론을 벌였다. 베트남 전쟁 당시에는 정치적 토론도 활발했다. 이 연구실에는 열정이 흘러넘쳤다. 모든 실험이 새로운 경지를 개척하는 것처럼 보였다. 스키너는 평생 이것저것 고치기를 좋아하는 사람이었고, 이러한 연구 환경에는 기계 다루기를 좋아하는 성향이 도움이 되었다. 이때는 개인용 컴퓨터 혁명이 일어나기 전이었다. 실험은 대부분 전화 회로 장치로 통제되었고, 높다란 세로 선반에 계전(繼傳) 장치가 빼곡히 들어찬 모습은 거대한 미로 같은 환경을 조성함으로써 다른 전통적인 실험 형태, 즉 미로에 갇힌 쥐들을 대상으로 한 실험 환경을 그대로 재현한 것처럼 보였다.

1967년이 되어 조지 에인즐리라는 이름의 빼빼 마른 청년이 연구실에 모습을 드러냈을 때, 비둘기 연구실은 새로 지어진 윌리엄 제임스 홀의 7층으로 이전한 상태였기 때문에 전보다 훨씬 아름다운 경관을 자랑하고 있었다. 이즈음 스키너가 연구실에 흥미를 잃고, 자신의 제자 중 한 명이었던 리처드 헤른슈타인Richard Herrnstein에게 연구소 운영권을 넘긴 것이 에인즐리에게는 큰 행운이었다.

대부분의 경력에서 헤른슈타인은 스키너만큼이나 많은 논란을 일으킨 사람이었다. 1971년 스키너가 『자유와 존엄을 넘어서Beyond Freedom and Dignity』를 출간한 그해에 헤른슈타인은 《애틀랜틱 먼슬리Atlantic Monthly》에 실은 기사를 통해 지능이 유전된다는 점을 강조하여 논란의 중심에 섰다. 헤른슈타인은 의기소침해질 만큼 강한 어조로 이렇게 예측했다. "더 많은 부와 건강, 자유, 공정성, 교육 기회를 통해서는 우리의 철학적 전통인 평등주의 사회를 이룩할 수 없다. 대신 철저하게 등급이 매겨진 사회가 주어

질 뿐이고, 그 안에서 최상층과 최하층의 간극은 점점 더 벌어지기만 할 것이다."⁵

이 기사는 엄청난 반발을 불러일으켰고, 일부 비평가들은 그를 인종차별주의자라고 낙인찍기까지 했다. 헤른슈타인은 이 불명예를 벗기 위해 노력했지만 그의 주장에 반대하는 시위가 계속되었고, 심지어 살해 위협에 시달리기도 했다. 그럼에도 불구하고 헤른슈타인은 자신의 주장을 옹호하는 책『능력주의 사회에서의 지능지수 I. Q. in the Meritocracy』를 썼다. 또 찰스 머레이 Charles Murray와 공동으로 저술한『벨 곡선 Bell Curvy』이라는 책에서 지능과 유전에 대한 생각을 발전시켜 더 큰 논란을 불러왔다.『벨 곡선』은 논쟁의 중심이 되었을 뿐 아니라 헤른슈타인의 이름을 널리 알리는 역할을 했다. 헤른슈타인은 이 책이 출간될 즈음에 세상을 떠났다.

자신을 비판하는 사람들 사이에서 헤른슈타인은 비둘기 인간으로 알려지게 되었다. 이 모욕적인 호칭은 정작 대상보다는 이름의 근원에 대해 더 많은 것을 알려 주고 있다. 왜냐하면 비둘기를 대상으로 한 헤른슈타인의 연구는 생명체의 선택 방법을 이해하는 데 매우 중요한 역할을 했기 때문이다. 헤른슈타인의 연구는 스키너의 연구를 기반으로 했지만 스키너와는 또 달랐다. 또한 이 연구는 자기 절제 문제를 이해하는 데 필수적이다.

에인즐리는 심리학자가 아니라 하버드 의대의 학생이었다. 게다가 결혼까지 한 몸이었기 때문에 어떤 기준으로도 비둘기 연구실에서 보낼 시간은 없어야 했다. 그러나 예일대학교에서 공부하던 시절 에인즐리가 들은 심리학 강의에서 교수는 미로 안에 들어 있는 쥐는 작은 먹이보다 큰 먹이가 보일 때 더 빨리 뛴다고 가르쳤다. 실제로 쥐가 달려가는 속도와 보상의 크기 사이에는 (합리적인 한도 내에서) 직접적인 연관 관계가 있다. 당시 심리학 교수가 설명하던 것은 '대응 법칙'이라 부르는 것으로, 이를 발견한 사람이 다름 아닌 리처드 헤른슈타인이었다.

대응 법칙은 자유롭게 행동하는 동물은 행위를 통해 획득할 수 있는 상대적 가치에 비례하는 시간을 행위에 투입한다고 주장한다. 헤른슈타인은 하버드의 비둘기를 가지고 연구하면서 이 법칙을 도출해 냈다. 부리로 쫄 수 있는 두 가지 물체를 주었을 때, 비둘기는 물체에서 얻을 수 있는 보상이 클수록 그 물체를 더 열심히 쪼아댄다. 얻을 수 있는 보상, 즉 곡식의 양을 다르게 해도 똑같은 효과가 나타났다. 여기서 가장 흥미로운 점은 선호도가 지연의 역수에 비례한다는 점이다. 쉽게 말해 보상이 늦어질수록 새의 선호도는 낮아졌다. 그리고 쪼는 빈도도 줄어들었다.

대응 법칙은 생명체가 미래의 보상을 평가절하한다는 실험적 증거를 수학적으로 설명한 것이다. 심지어 비둘기조차 나중에 받을 수 있는 큰 보상과 지금 받을 수 있는 작은 보상을 저울질하는 것이 분명하며, 미래의 보상이 충분히 크지 않으면 빨리 받을 수 있는 작은 보상을 선택한다. 마치 손안의 새 한 마리가 숲 속의 새 두 마리보다 낫다는 사실을 본능적으로 인지하고 있는 것처럼 말이다. 자제력은 지금과 나중(아마도 무한한 나중, 즉 '결코'라고 알려져 있는 기간) 사이에서 하나를 선택하는 것이기 때문에 대응 법칙이 자기 절제를 위한 일종의 공식을 제공하는 셈이다.

문제는 이미 그러한 공식이 존재하고 있었고, 그것이 새로 발견된 사실과 서로 모순된다는 점이다. 비둘기 연구실에서 조지 에인즐리는 어떤 것이 맞는지 증명하려는 참이었다.

평가절하된 미래

경제학자들은 현재와 미래 사이에서 하나를 선택하는 문제를 시간 사이의 선택이라고 부르는데, 이는 사려 깊은 사람들을 아주 오랫동안 괴롭혀 온 문제다. 적어도 스코틀랜드 출신의 의사이자 경제학자인 존 레이John Rae가 『자본의 사회학적 이론The Sociological Theory of Capital』을 출판한 1834년 이래로 말이다. 존 레이는 이 책에서 재산 축적에 대한 열망의 정도는 사람에 따라 다르고, 이 열망은 상당 부분 각자의 자제력, 즉 "지적인 힘의 정도 및 그 결과로 일어나는 심사숙고 습관과 신중함"에 따라 달라진다는 주장을 폈다. 존 레이는 자제력과 지능이 공존한다는 것을 인식했으며, 이는 훗날 심리학자들에 의해 증명되었다. 또한 그는 재산을 축적하고자 하는 욕망은 만족 지연과 연관되며, 이와 반대되는 것은 지금 소비하고자 하는 욕망으로, "마음속에서 탐내고 있는 바로 그 대상이 실제로 존재할 때" 최고로 불타오르는 충동이라고 했다.[6]

존 레이의 영향을 받은 존 스튜어트 밀도 몇 년 뒤인 1871년에 비슷한 관찰을 했다. "인간은 나약한 성격 때문에 가치가 떨어진다는 사실을 알면서도 종종 눈앞의 이익을 선택한다. 그리고 신체와 정신의 즐거움 사이, 혹은 신체의 여러 즐거움 가운데 하나를 선택해야 할 경우에도 마찬가지다. 이들은 건강을 해치면서까지 관능적인 향락을 추구하지만, 건강이 더 중요한 가치라는 사실을 완벽하게 인식하고 있다."[7]

일각에서는 현재와 미래 사이에서 올바른 선택을 하지 못하는 것을 상상력의 부재 때문이라고 보았다. 오스트리아의 경제학자 오이겐 폰 뵘바베르크Eugen von Bohm-Bawerk는 "우리는 상상력과 추상력을 충분히 갖지 못했거나 여기에 필요한 노력을 기울이려고 하지 않는다. 그러나 우리는 대부분 미래에 원하는 것에 대해 완전하지 못한 그림을 그리고, 특히 아주 먼 미래의 일에 대해서는 제대로 묘사조차 하지 못한다."고 추론했다. 아서 피구Arthur Pigou는 소크라테스가 『프로타고라스』에서 언급했듯이, 이 문제를 일종의 근시안적 시각이 관련된 것으로 보았다. 피구는 이렇게 썼다. "우리는 멀리 내다보는 능력에 결함이 있다. 따라서 우리는 미래에 누릴 즐거움의 크기를 과소평가한다."[8]

경제학자들은 점점 더 수학적인 면을 중시하게 되어, 1937년에 마침내 사람들이 미래의 가치를 얼마나 낮게 평가하는지를 나타내는 방정식을 도출해 냈다. 바로 폴 새뮤얼슨Paul Samuelson이 개발한 '할인 효용' 모델이다. 새뮤얼슨은 현대 경제학에 '현시 선호'라는 개념을 도입한 걸출한 학자였다. 그는 훗날 베스트셀러가 된 경제학 개론 교과서로 학부생들 사이에서 유명 인사가 되었다. 사실 새뮤얼슨은 경제학을 수학의 길로 이끄는 데 누구보다 크게 공헌한 인물이다. 우리는 경제학의 역사에서 "새뮤얼슨의 단순화 모델에서, 지난 세기에 논의되었던 모든 심리적인 우려는 단 하나의 매개변수, 즉 할인율로 압축되었다."라는 구절을 찾아볼 수 있다.[9]

이 공식은 복잡해 보이지만 기본적으로 호모 에코노미쿠스homo economicus, 경제적 인간)는 이성에 따라 미래를 일정한 비율로 할인한다고 상정한다. 미래를 할인한다는 것은 무슨 의미인가? 복권에 당첨되어 1년에 15만 달러씩 12년간 받거나, 당장 큰돈을 한꺼번에 받을 수 있는 선택권이 주어진다고 해보자. 문제는 돈을 얼마나 받아야 12년 동안 정기적으로 돈을 받는 선택안을 포기하겠는가다. 양쪽 모두 국가가 지불 의무를 이행하지 않을 위험은 없다고 가정하자. 1분간 생각해 보자. 12년 분할 지급 대신 어느 정도를 선불로 받겠는가?

100만 달러면 충분하겠는가? 75만 달러라면 어떨까? 숫자가 낮아질수록 여러분의 조급함은 더해 간다. 내가 아주 작은 숫자를 대면 여러분은 너무 배고픈 나머지 순간적으로 죽 한 그릇에 상속권을 팔아 버린 에서와 함께 역사에 남게 될 것이다. 여러분이 100만 달러를 받겠다고 제안했다 생각해 보자. 과연 국가가 그 제안을 받아들여야 하는가? 이 대답을 얻기 위해, 복권 관계자들은 분할 지급되는 돈이 100만 달러와 같은 가치를 지니는 이자율을 계산하게 될 것이다. 인터넷에서 찾을 수 있는 재무계산기는 이 '시간에 따른 돈의 가치'라는 문제를 쉽게 해결해 준다. 이 경우 이자율은 10퍼센트를 넘는데, 이는 국가로서는 훌륭한 투자인 반면 여러분에게는 손해다. 왜냐하면 100만 달러로 연간 10퍼센트의 수익을 올릴 수 있는 안전한 투자처는 없기 때문이다.

여기서 이자율은 할인율이기도 하며, 현재의 여러분에게 미래가 얼마나 중요한지를 측정하는 척도다. 이자율이 높을수록 만족을 지연하려는 의지는 낮아진다. 물론 인생은 복잡하고, 지금 또는 나중 가운데 하나를 선택해야 하는 경우 대부분 분명한 할인율을 계산하기란 쉽지 않다. 그럼에도 불구하고 이자율은 특정한 상황에서 자기 절제처럼 애매모호한 것을 정량화하는 데 사용할 수 있는 방법이 된다.

이 계산에는 어떤 비밀도 숨어 있지 않다. 전 세계의 빈틈없는 기업인들은 매일 이런 계산을 하고 있지만 대부분 자신들이 피사의 레오나르도라고 알려진 중세의 수학자 피보나치가 고안한 원칙을 사용하고 있다는 사실을 알지 못한다. 피보나치는 1202년에 『산반서*Liber Abaci*』를 썼고, 이 책에 실린 피보나치 수열로 영구적인 명성을 얻게 되었다. 피보나치 수열은 0, 1, 1, 2, 3, 5, 8 등으로 진행되며, 첫 번째 두 숫자를 제외한 모든 숫자는 앞의 두 숫자를 더한 합이다. 피보나치 수열은 20세기에 큰 관심을 끌었고, 자연계에서도 수많은 피보나치 수열이 발견되었다.

이 수열의 유명세 때문에 『산반서』가 상업과 관련된 수학서이며, 시간을 두고 지불될 금액의 현재 가치를 계산하는 법과 같은 내용을 포함하고 있다는 사실은 거의 알려지지 않았다. 미래에 대해 생각하고 안전한 은퇴나 노후 건강의 가치를 추산할 때, 우리는 머릿속으로 현재 가치 계산과 비슷한 작업을 하는 셈이다. 그리고 그렇게 하는 데 있어서 우리가 선택하는 할인율은 매우 중요하다.

어떤 사람들은 다른 사람들보다 더 높은 할인율 때문에 괴로워한다는 사실이 밝혀졌다. 즉 그들은 습관적으로 미래에 더 적은 가치를 부여한다는 의미다. 가난한 사람들과 젊은이들, 남성, 그리고 약물 남용에 빠지기 쉬운 사람들이 이 범주에 속하는 것으로 보인다. 나이 든 사람, 여성, 지능이 높은 사람은 미래에 더 많은 가치를 부여함으로써 낮은 할인율을 배정하고, 기꺼이 만족을 지연하려는 경향을 보인다. 중독에 대한 연구를 통해 코카인, 헤로인, 알코올, 도박, 담배에 중독되는 사람들은 그렇지 않은 사람들보다 돈에 대해 높은 할인율을 가지고 있다는 것이 드러났다. (즉 미래에 얻을 수 있는 돈의 가치를 낮게 평가했다.) 일본 학생들은 미국 학생들이나 중국 학생들보다 미래의 돈에 대한 할인율이 낮았다. 그리고 보편적으로 미래의 작은 돈은 미래의 큰 돈보다 할인율이 더 컸다.[10]

동물들 역시 미래의 보상을 할인하는 것으로 보인다. 비둘기, 쥐, 그리고 여러 가지 영장류를 대상으로 한 연구에서 대부분의 경우 동물들의 인내심을 몇 초 이상 끌어내기 어려웠다. 물론 일부 침팬지와 난쟁이 침팬지는 최대 2분까지 버틸 수 있었지만 말이다. 때때로 실제 자연환경에서 어떤 동물들은 비교적 낮은 할인율을 보이기도 한다. 겨울을 나기 위해 견과류를 비축해 두는 다람쥐는 일부 인간보다 훨씬 효과적으로 소비를 미룬다. 물론 이러한 행동은 의식적인 계획이라기보다는 본능에 따른 것일 가능성이 크다. 그리고 미래에 투자하는 것으로 보이는 동물들도 있는데, 예를 들면 댐을 짓는 비버나 소속된 집단의 계층구조를 타고 올라가려고 다른 침팬지들을 양육하는 침팬지의 경우가 여기에 해당한다.[11]

인간의 자기 통제 능력에 지나치게 후한 점수를 주기 전에 우리는 인간이 미래를 할인하는 경향이 어느 정도인지 고려해 보아야 한다. 학자들은 지금껏 이 문제를 연구해 왔다. 그리고 이에 대한 과학적인 대답은 인간의 미래 가치 할인율은 실로 엄청나다는 사실이다.

이 문제를 어떻게 연구하는 것일까? 기본적으로 두 가지 방법이 있다. 하나는 사람들에게 1년 후에 받을 수 있는 100달러를 포기하는 대신 오늘 얼마를 요구하겠느냐고 물어보는 것이다. 학자들은 그 결과를 이용하여 금액과 지연에 따른 할인율을 계산할 수 있다. 또 다른 방법은 할인율을 도출해 낼 수 있는 인간 행동을 실생활 속에서 찾는 것이다.

예를 들어 한 연구에서는 미군이 병력 감축이 요구되는 상황에 직면했을 때 어떤 결정을 내리는지 살펴보았다. 미국 정부는 군대를 떠나게 될 6만 5000명 이상의 군인들에게 한꺼번에 큰 금액을 받을 것인지, 아니면 매년 일정 금액을 받을 것인지에 대해 선택하도록 했다. 조건은 계급에 따라 달라졌지만 일반적으로는 처음에 2만 2283달러를 받거나 18년간 3714달러씩 받는 조건이었다. 이 금액은 미국 정부가 직접 지불하는 것이었기 때문에 채무불이행의 위험은 전혀 없었다. 그럼에도 불구하고 매년 지급받는 금액의 현재 가치와 한꺼번에 받기로 한 금액을 비교하자 18.9퍼센트의 할인율이라는 놀라운 숫자가 나왔다. 이는 상당히 전형적인 사례다. 따라서 매년 돈을 받는 것이 훨씬 더 좋은 조건이었다. 아마 투자의 귀재 워런 버핏이라 할지라도 이보다 효과적으로 투자할 수는 없을 것이다. 게다가 일시불에는 더 많은 세금이 매겨진다. 정부는 전단지, 상담, 언론을 통해 이 두 가지 선택안에 대해 홍보했다. 그러나 장교의 절반 이상, 그리고 일반 사병의 90퍼센트 이상이 일시불을 택했다. 이 사례는 만족을 지연하는 인간의 능력에 대해 매우 부정적인 인식을 준다. 하지만 약간의 긍정적인 소식이 있다. 군대를 떠나는 사람들이 이렇듯 자신에게 불리한 선택을 함으로써 미국의 납세자들은 17억 달러를 절약할 수 있었다.[12]

시간에 따른 인간의 할인율에 대한 연구에서는 다양한 결과가 나왔지만, 모두 비교적 높은 경향을 보인다는 공통점이 있다. 조지 에인즐리가 저서 『극미시 경제학Picoeconomics』에 적었듯이, 소비자 행동(예를 들어 가격이 비싸고 유지비가 낮은 에어컨과 전기를 더 많이 소비하는 저가 모델 사이의 선택)을 연구한 결과 내재된 할인율은 세 자리 수에 육박했다. 나중에 받을 수 있는 보너스를 포기하는 대신 직원들이 얼마나 많은 돈을 받고자 하는가에 대한 조사에서 할인율은 36~122퍼센트까지 나타났다. 심지어 재무를 공부하는 학생들조차 최대 60퍼센트 정도의 할인율을 기록했다. 영국의 한 대학에서는 대학원생과 직원들에게 즉시 5파운드를 받는 대신 10파운드를 받기 위해 얼마나 오래 기다릴 것인지 질문한 결과 무려 5000퍼센트에 해당하는 할인율이 나왔다.

시간 할인 쌍곡선

에인즐리는 행동을 수학적 함수, 즉 시간에 따른 인간의 선호도를 보여주는 부드러운 곡선으로 표현할 수 있다는 사실에 매료되었다. 새뮤얼슨의 이론에 따르면 우리는 미래를 일정한 비율로 할인하기 때문에 이 함수는 매끄러운 곡선을 그려야 한다.

에인즐리는 개인의 마음속 갈등에도 큰 흥미를 느꼈다. 우리는 노후를 위해 저축하거나 가정의 평화를 유지하는 등 장기적인 목표를 가지고 있을지 모른다. 하지만 그것들은 소비 또는 불륜이 가져오는 즐거움에 대한 단기적인 열망과 상충되기 마련이다. 인간은 항상 이러한 딜레마에 직면한다. 나는 계속해서 이 문단을 써 내려감으로써 작지만 장기적인 부와 행복에 기여할 수 있다. 한편 지금 당장 인터넷에서 음악을 구매하여 단기적인 행복을 급격하게 증가시킬 수도 있다. 나는 이 두 가지 열망을 지니고 있다. 둘 중 어떤 것을 존중해야 할까?

젊은 나이에도 이 딜레마의 본질을 정확히 이해하고 있었던 에인즐리는 예일대학교 졸업논문을 위해 독특한 형태의 미로를 만들었다. 쥐의 눈앞에 두 갈래의 길이 펼쳐져 있고, 각 길의 끝에는 먹이가 세 개씩 놓여 있었다. 한쪽에는 먹이가 딱 하나만 놓여 있는 유혹적인 지름길이 있다는 것만 빼면 두 길은 완전히 같았다. 문제는 반복해서 길을 달린 쥐가 과연 지름길이 없는 길을 택해야 한다는 사실을 깨닫느냐 하는 것이었다.

에인즐리는 실험에서 상충되는 결과를 얻었고, 이 문제를 더 자세히 연구하지 못하고 대학을 졸업했다. 하버드에 입학하고 난 뒤에도 이 문제는 여전히 그의 머릿속에 남아 있었다. 그리고 그 때문에 의과 대학의 상임 행동주의 심리학자 피터 듀스Peter Dews가 에인즐리를 헤른슈타인에게 보냈다. 에인즐리는 이곳에서 자신이 생각하고 있던 쥐의 문제를 비둘기의 문제로 새롭게 해석하는 법을 배웠다.

이때는 헤른슈타인과 정신호Shin-Ho Chung가 무척 흥미로운 연구 결과를 발표한 1967년이었다. 두 사람은 비둘기가 보상의 양과 빈도뿐 아니라 타이밍에도 민감하다는 사실을 발견했다. 나중에 보상을 받게 되는 경우보다 즉시 보상을 받을 수 있을 경우에 비둘기들이 쪼는 빈도가 급격하게 늘어났다. 에인즐리는 이 내용을 읽고 무언가를 깨달았다. 비둘기들이 장기적인 보상보다 단기적인 보상을 훨씬 선호한다면, 이들의 선호도를 나타내는 그래프는 부드러운 곡선을 그릴 리가 없다. 이런 경우 시간에 따른 선호도를 표시하면 보상까지의 시간이 짧아질수록 선호도는 급격하게 올라갈 것이고, 곡선도 다른 모양을 나타낼 것이다. 쌍곡선, 즉 오목한 형태가 되어 시간이 짧아질수록 급격히 위로 올라가는 형태 말이다.

할인 쌍곡선은 비둘기가 시간에 따라 합리적 또는 일관적으로 행동하지 않는다는 것을 의미한다. 그리고 에인즐리가 예상했던 대로, 비둘기의 사례는 인간에게도 그대로 적용된다는 것이 밝혀졌다.

심리학자 스튜어트 바이스Stuart Vyse는 할인 쌍곡선을 설명하기 위해 학생들에게 각각 10달러와 12달러가 담긴 봉투 두 개를 건네 준다. 학생들은 당연히 12달러가 담긴 봉투를 선택한다. 그다음에는 지금 10달러를 받을 것인지, 일주일 뒤에 12달러를 받을 것인지 결정하도록 한다. 이 시점에서는 대부분의 학생들이 여전히 더 많은 금액을 선택한다. 그러나 더 큰 금액을 2주 또는 3주 후에 주겠다고 하자 상황은 변했고, 대부분의 학생들이 지금 받을 수 있는 10달러를 택하겠다고 했다. 그러나 이야기의 끝은 이게 아니다. 학생들이 더 빨리 받을 수 있는 작은 금액 쪽으로 돌아서기 시작하는 시점을 알아낸 바이스는 수령 시기의 차이는 그대로 유지하고 두 보상 모두를 더 먼 미래로 옮겼다. 예를 들어 학생들이 28주 후에 받을 수 있는 10달러를 선호하겠는가, 아니면 30주 후에 받을 수 있는 12달러를 선호하겠는가? 이 시점에서, 먼 미래에 어딘가에 있는 보상으로 조건이 바뀌자 학생들의 선호도는 다시 원래대로 돌아왔다. 대부분의 학생들이 나중에 받을 수 있는 더 큰 금액을 선택한 것이다. 이는 시간에 따른 모순의 전형적인 사례다. 이성적으로 보면 우리는 어떤 경우에나 나중에 받을 수 있는 더 큰 보상을 선택해야 한다. 왜냐하면 더 큰 보상을 위해 기다려야 하는 시간의 길이는 변하지 않았기 때문이다.

왜 우리의 선호도는 이토록 크게 바뀌는 것일까? 왜 가까운 미래의 2주 차이는 받아들이기 힘들면서 먼 미래의 2주 차이는 비교적 쉽게 받아들이는 것일까? 그 이유는 인간에게는 가까운 미래에 손에 넣을 수 있는 보상에 과도한 가치를 부여하는 경향이 있기 때문이다. 데이비드 흄David Hume 은 250여 년 전에 이 문제를 인식했다. "비록 나중의 보상이 가까운 보상보다 뛰어나다는 사실을 충분히 인지하고 있다 하더라도 우리는 그런 판단에 따라 행동을 통제하지 못하고, 언제나 가깝고 인접한 것을 선호하는 욕정의 속삭임에 굴복하고 만다."[13]

우리는 단지 멀리 있는 것보다 가까이 있는 것의 가치를 약간 더 높게 평가하는 것이 아니다. 가까이 있는 것에 터무니없을 만큼 높은 점수를 준다. 한마디로 사람은 즉각적인 보상을 과도하게 선호하도록 만들어져 있다는 것이다. 아마도 본능적으로 케인스의 유명한 금언 "결국 우리는 모두 죽는다."에 담긴 진실을 체득하고 있는지도 모른다. 이제까지 인간이 진화해 온 환경에서는 삶이 불확실했다. 예를 들어 소중한 고기를 보관하거나 냉장할 믿을 만한 체계가 없는 상태에서 미래 지향성이 지나치다면 효과적인 선택을 하기가 어려웠을 것이다. 창조론자들은 성경에서 이와 유사한 인간 본성의 증거를 찾는다. 아담과 이브가 선악과를 먹을 때는 먼 미래까지 고려하지 않았음이 틀림없고, 그 후손인 에서 역시 자신이 맺은 거래의 장기적인 결과는 생각하지 못했을 것이다.

시간에 따른 선호도 변화가 매끄러운 곡선이 아닐지도 모른다는 생각은 사실 1956년에 경제학자 로버트 H. 스트로츠Robert H. Strotz가 「역동적 효용 극대화에서 근시안적 사고방식과 비일관성Myopia and Inconsistency in

Dynamic Utility Maximization」이라는 경쾌한 제목이 붙은, 재치와 깊이를 겸비한 논문에서 제시한 바 있다. 스트로츠는 때때로 선견지명이 있는 사람들은 유혹이 멀리 떨어져 있을 경우, 유혹이 가까이 다가올 때를 대비해 자신들의 선택권을 제한하는 '예방 조치' 기술을 사용한다는 것을 발견했다. 마치 세이렌에게 접근하는 오디세우스처럼 말이다. 스트로츠는 스스로의 자제력에 대해서도 매우 세련된 방법을 사용했다. 나중에 노스웨스턴대학교의 학장이 된 이 뛰어난 경제학자는 학교 측에 월급을 12개월로 나누어 지급해 달라고 부탁했다. 학년 단위로 연봉을 받다가는 자신이 여름을 견뎌 낼 만큼 충분한 돈을 저축할 수 있을지 믿을 수 없었기 때문이다.

에인즐리는 스트로츠에 대해 까맣게 몰랐고, 스트로츠의 논문에는 할인 쌍곡선이라는 말이 한 번도 언급되지 않았다고 이야기했다. 에인즐리가 하고자 했던 것은 대응 법칙이 암시하는 바, 즉 노력은 보상과 연관되어 있다는 점을 실험실에서 증명하는 것이었다. 에인즐리는 열등한 생명체조차 즉각적인 보상에 직면했을 때 선호도가 크게 변했다면, 즉 할인 쌍곡선과 같이 지금 바로 눈앞에 놓여 있는 것을 선호하는 쪽으로 변하게 된다면, 그런 선택을 하지 못하도록 방지하는 방법을 가르칠 수 있을지도 모른다고 생각했다. 물론 여기에는 그런 방법이 있다는 전제가 필요하지만 말이다. 에인즐리가 설명한 대로, "이 예측은 '더 높은 지능'의 존재 여부와는 관련이 없고 그보다는 방법이 있을 때 예방조치 방법을 배우도록 할 만큼 더 큰 보상의 효과가 매력적인지의 여부에 달려 있다." 다른 말로 하면 동물에게 오디세우스처럼 행동하도록 가르친다는 뜻이다.

이 목적을 달성하기 위해 에인즐리는 수컷 카르노 비둘기를 가지고 실험했다.(이 비둘기 실험에서는 유전적으로 균일하다는 이유로 오직 카르노 비둘기만을 사용했다. 또 발정주기를 피하기 위해 수컷을 사용했다.) 보통 체중의 80퍼센트 정도를 유지하도록 먹이를 제한한 이 새들은 매우 배고픈 상태였기 때문에 곡식 낟알이 떨어질 것처럼 보일 때마다 세심하게 주의를 기울였다. 에인즐리는 실험을 위해 새들을 한 마리씩 가로세로 약 30센티미터 정도 크기의 소리와 빛이 통과하지 않는 상자, 즉 스키너 상자에 넣었다. 상자 벽에는 하나 혹은 그 이상의 반투명한 원반이 붙어 있는데, 이 원반은 열쇠라고 불리며 두어 가지 색의 불이 들어왔다. 비둘기는 이 상자 속에서 열쇠를 지켜보는 것이다. 상자는 비둘기 실험실에서 사용하는 장치에 연결하여 그 속에서 일어나는 일을 추적하게 되어 있었지만, 윗면에도 작은 구멍이 있어 연구원들이 안을 들여다볼 수 있었다.

수작업으로 일일이 비둘기 실험을 관리하는 것은 상당히 따분한 일이었고, 그 때문에 각각의 상자를 초기 컴퓨터 시스템 같은 것에 연결했다. 물론 마이크로칩은 들어 있지 않았지만 말이다. 상자 안에는 돌아가는 필름에 프로그램된 간격에 따라 불이 켜졌다 꺼졌다를 반복하는 열쇠(원반)가 설치되었고, 불을 켜는 데에는 7와트짜리 크리스마스 전구를 사용했다. 당시 컴퓨터의 천공카드와 비슷한 기능을 하는 장치였다. 필름의 구멍이 전기회로의 개폐를 조절하고, 비둘기의 반응은 영수증을 찍어내는 기계와 비슷한 프린터로 기록했다.

에인즐리는 비둘기를 상자 안에 넣고 벽에 달린 열쇠에 2.5초씩 주기적으로 빨간불을 켰다. 비둘기가 그때 열쇠를 쪼아댄다면 먹이통이 1.5초간 열린다. 그러나 열쇠에 빨간불이 들어왔을 때 비둘기가 그것을 쪼지 않으면 먹이통은 4초간 열린다. 따라서 비둘기는 약간의 자제력을 발휘함으로써 훨씬 더 많은 것을 얻을 수 있는 셈이다. 그러나 비둘기들은 예외 없이 빨간불이 들어오는 순간 열쇠를 쪼았다. 도저히 참을 수가 없었던 것이다.

따라서 에인즐리는 다른 접근 방식을 시도했다. 이번에는 열쇠에 빨간불이 들어오기 11초전에 초록불을 켰다. 초록불이 들어온 상태에서 열쇠를 쪼게 되면 열쇠에 빨간불이 들어오지 않고 비둘기는 4초간 먹이를 먹을 수 있었다. 결국 먹이를 먹을 수 있는 시간은 빨간불이 들어온 열쇠를 쪼지 않았을 때와 같았다. 새가 녹색불을 쪼지 않고 빨간불을 쪼게 되면 1.5초간의 먹이밖에 얻을 수 없었다.

이 실험은 아주 훌륭했다. 에인즐리는 새들에게 다가오는 유혹에 빠지지 않도록 자신을 묶은 재치 있는 오디세우스를 모방할 기회를 준 것이었다. 이 실험에서 초록불은 전형적인 예방조치, 즉 자기 관리법 중에서도 가장 강력한 장치다. 놀랍게도 비둘기 두 마리가 사전예방 조치를 사용할 수 있음을 증명해 냈다. 두 마리는 90퍼센트의 확률로 초록불을 쪼는 법을 학습했던 것이다.

우연처럼 보이는가? 에인즐리는 비둘기가 초록불을 쪼는지 여부에 관계없이 빨간불이 켜지는 대조 실험을 실시했다. 당연히 오디세우스 비둘기들은 쓸모없어진 초록불을 쪼지 않았지만, 빨간불은 계속해서 쪼았다. 의심의 여지가 없었다. 원 실험에서 녹색불을 쫀 비둘기들은 사전 예방 조치를 효율적으로 사용하고 있었으며, 자신의 조급증을 제약함으로써 이익을 얻을 수 있다는 사실을 발견했던 것이다.

1972년에 논문을 발표한 하워드 라클린Howard Rachlin과 레너드 그린 Leonard Green은 다른 형태의 실험을 실시하여 에인즐리보다 더 많은 비둘기가 사전 예방 조치를 학습하도록 만들었고, 2년 후 에인즐리 역시 더 많은 비둘기를 대상으로 실험을 실시하여 연구의 폭을 넓혔다.

비둘기가 오디세우스처럼 행동하도록 만드는 것은 상당히 흥미로운 일이지만, 에인즐리가 하버드에서 실시한 연구에서 진정 중요한 것은 비둘기든 인간이든 생명체란 생물학적으로 즉각적인 보상에 과도한 가치를 부여하도록 되어 있다는 점을 보여 주었다는 사실이다. 다른 많은 사람들도 즐거움과 관련해서는 인간이 내일보다 오늘을 선호한다는 사실을 인식했지만(성 아우구스티누스는 "순결을 주소서. 절제를 주소서. 그러나 아직은 마소서."[14]라는 말을 남겼다.) 선호도의 변화를 그래프로 나타낸 것은 에인즐리가 처음이었다. 에인즐리의 실험은 결국 할인 쌍곡선에 대한 평생에 걸친 사고와 저술로 이어졌으며, 상충하는 욕망이 진화 과정에서 굳어져 생명체의 몸속에 자리 잡고 있을뿐 아니라 자기 절제의 문제에 있어서는 인간이나 비둘기나 별반 차이가 없음을 보여 주었다.

15 우발 범죄

2009년 뉴질랜드에서는 클레이턴 웨더스턴이라는 청년이 여자 친구인 소피 엘리엇이라는 전도유망한 경제학도와 벌인 말다툼이 큰 화제가 되었다. 재판에서 웨더스턴은 엘리엇이 너무 화가 난 나머지 가위를 들고 자신을 공격했기 때문에 자신도 이성을 잃고 눈, 성기, 가슴, 얼굴, 목을 216번이나 찌르고 말았다고 주장했다. 웨더스턴은 통제력을 잃은 상태에서 저지른 범죄이기 때문에 살인죄가 아니라 처벌이 좀 더 가벼운 과실치사죄를 적용받아야 한다고 주장했다.

이러한 도발 변호는 큰 논란을 불러일으켰다. 이는 법이 계획적인 범죄와 격정에 사로잡혀 저지른 범죄를 어느 정도로 구분하는지 여부에 달린 문제였다. 도발 변호는 뉴질랜드뿐만 아니라 다른 곳에서도 이미 효과를 거둔 바 있었다. 사실 웨더스턴의 재판이 진행되는 동안, 한편에서는 퍼디낸드 암바흐라는 헝가리 관광객이 오클랜드 교외에서 술버릇이 고약한

264

연상의 애인을 죽였다고 인정하면서도, 애인이 다가오는 모습을 보고 강간당할지 모른다는 두려움을 느꼈기 때문에 그런 죄를 저질렀다고 항변했다. 강간의 두려움 때문에 이성을 잃은 암바흐는 밴조기타와 비슷하게 생긴 현악기로 상대방을 잔인하게 구타한 다음 밴조의 손잡이 부분을 희생자의 목으로 쑤셔 넣었다. 하지만 그녀는 고작 과실치사 판결을 받았다.

웨더스턴 재판의 배심원들은 그냥 넘어가지 않았다. 이들은 웨더스턴의 살인 혐의에 유죄를 선고했다. 그러나 이 사건은 도발 변호가 과연 법정에서 용납되어야 하는지에 대한 새로운 논쟁을 불러왔고, 머지않아 뉴질랜드 의회에서 이러한 변호가 금지되기에 이르렀다. 아이러니하게도 같은 시기 다른 영어권 국가에서도 도발 변호가 서서히 자취를 감추고 있었다. 신경 과학이 발달하면서 일부 폭력 범죄에 대한 생물학적 증거를 확보할 수 있게 된 것이다. 이러한 증거는 도발 변호를 반대하는 사람들이 요구하는 책임성을 쉽게 무너뜨릴 수 있다.

예를 들어 1990년대 초반 예순다섯 살의 광고회사 중역인 허버트 바인슈타인은 아내의 목을 졸라 살해한 다음 12층 아파트 창문으로 시체를 던져 자살처럼 위장했다는 혐의를 받았다. 바인슈타인의 변호사는 자신의 의뢰인은 두뇌에 낭종이 있으므로 이 사건에 대한 책임이 없다고 주장했다. 판사가 배심원들에게 낭종에 대한 정보를 공개할 수 있다는 판결을 내리자 검사는 바인슈타인이 좀 더 죄질이 가벼운 과실치사죄로 인정받을 수 있도록 허락해 주었다.

재판 중에 검찰 측에서는 대니얼 마텔이라는 법의학 심리학자를 소환했고, 마텔은 두뇌 스캔 기술(이 기술을 사용하여 낭종을 밝혀냈다.)이 신기술이라 아직 검증되지 않았다고 증언했다. 그 후 마텔은 말 그대로 수백 건의 형사 및 민사재판에 출석하여 때로는 검찰 측, 때로는 피고 측 변호사를 위해 신경 과학적 증거를 제시했다. 마텔은 사형에 해당하는 사건에서는 이러한 증거가 꼭 필요하게 되었다고 적었다.

아직도 살인을 저지른 사람들은 죗값을 치르고 있지만, 이른바 신경 법학이 부상하면서 책임성도 흔들리고 있다. 실제로 많은 살인자들이 정상인들과 다른 두뇌를 가지고 있고, 그렇듯 두뇌 변이가 발생한 것은 그들의 잘못이 아니다. 앞서 바인슈타인의 변호사가 주장한 대로 두뇌에 이상이 있다면 범죄자의 책임이 경감되어야 하는가? 만약 이러한 두뇌 변이가 유전된 것이라면, 책임을 완전히 면제해 주어야 하는가?

이 문제는 궁극적으로 사회가 우리에게 어느 정도의 자기 절제를 요구할 수 있느냐, 그리고 자제력을 잃었을 때 우리를 어떻게 대해야 하느냐로 귀결된다.

범죄의 일반 이론

1990년에 마이클 갓프레드슨Michael Gottfredson과 트래비스 허시Travis Hirschi가 발표한 『범죄의 일반 이론A General Theory of Crime』은 폭풍처럼 범죄학계를 강타했다. 이 책에서 말하는 '일반 이론'은 범죄란 자기를 제대로 통제하지 못하여 발생한다는 것이다. 비록 이 개념이 약간의 논란을 불러오기는 했지만, 오랜 세월 후에도 대체로 인정받고 있다. 두 사람은 대부분의 범죄에 계획이나 노력이 거의 개입되지 않으며, 범죄행위로 즉각적인 만족을 얻을 수 있다고 주장한다. 다만 여기서 얻을 수 있는 만족감은 상당히 제한적인데, 강도나 절도로 얻을 수 있는 평균적인 금전적 이득은 비교적 크지 않기 때문이다. 또 한 종류의 범죄를 저지른 사람은 다른 종류의 범죄도 저지르는 경우가 많고, 실제로 "범죄자의 다재다능함에 대한 증거는 엄청나다."[2]

범죄자들은 범법 행위나 범죄행위는 아니지만 수상쩍거나 해로운 행동에 연관될 가능성이 일반인보다 훨씬 높다. 예를 들어 도둑질하는 사람은 다른 사람들보다 흡연, 음주, 약물 남용, 싸움, 결석 등의 행동을 할 확률이 높고, 화재, 자동차 사고, 원치 않는 임신 등 사고 역시 많이 당하는 것으로 보인다. 범죄자들의 수명이 일반인들보다 짧은 것도 그리 놀랄 일은 아니다.[3]

여기서 일정한 패턴을 찾는 것은 어렵지 않다. 갓프레드슨과 허시가 관찰한 바와 같이, 자제력이 강한 사람들은 행동을 앞세우기보다는 말로 문제를 해결하려고 하며, 미래를 생각하고, 장기적인 계획에 헌신하는 능력이 뛰어나다. 반면에 범죄자들은 그렇지 않다.

"범죄행위는 일시적이고 즉각적인 만족을 주며, 쉽고, 단순하고, 재미있다." 갓프레드슨과 허시는 이렇게 덧붙인다. "범죄행위의 성격은 거기에 연루될 가능성이 높은 사람들의 특징과 밀접한 관련이 있다."[4] 어떤 의미에서 두 저자는 적어도 부분적으로나마 진흙이 잔뜩 묻은 프로이트의 거대한 발자국을 따르고 있었는지도 모른다. 프로이트는 많은 범죄자들이 무의식적으로 자위행위나 또 다른 형태의 유아기의 죄 때문에 처벌되기를 바랄지도 모른다고 주장했으나 갓프레드슨과 허시는 그렇게 주장하지 않았다. 그러나 심리학자 로버트 R. 홀트Robert R. Holt는 프로이트가 이런 주장을 펼치면서 "사회 전체의 범죄 문제를 개인의 충동 조절 문제로 재해석하는 경향이 있었다."[5]라는 견해를 내놓았고, 『범죄의 일반 이론』에서 주장하는 바도 이와 매우 비슷했다.

갓프레드슨과 허시는 세인트루이스의 아동상담소에 맡겨진 아이들

524명의 운명을 추적한 사회학자 리 로빈스Lee Robins의 연구를 인용했다. 로빈스는 성별, IQ, 나이, 거주지를 바탕으로 이 아이들과 비교할 수 있는 대조군을 만들었다. 대조군에 비해 아동상담소에 위탁된 아이들의 삶은 엉망진창이었다. 그 아이들은 체포되거나 알코올을 남용할 확률이 훨씬 높았다. 결혼할 확률은 낮았고, 결혼한 경우에도 이혼하거나 행동에 문제가 있는 배우자를 만날 가능성이 높았다. 또한 그들의 자녀들도 같은 문제를 지니는 경우가 많았다. 직업과 관련해서는 실업자거나 자주 일자리를 바꾸었으며, 생활 보조금에 의존할 가능성 역시 높았다. 이는 어쩌면 당연한 결과일지도 모른다. 아동상담소의 위탁 아동들은 사회적으로도 고립되어 있었는데, 어른이 된 후에도 친척들과 연락을 취하거나 교회를 다니는 경우가 적었다. 친구도 많지 않았으며, 정신 질환으로 입원하는 경우가 많았다. 로빈스는 이 아이들이 '반사회적 성격'을 지니고 있다고 묘사했지만, 갓프레드슨과 허시는 이 개념에 그다지 동의하지 않았다. 그들 두 사람에게 이 불행한 영혼들은 단지 자제력이 극도로 낮은 것뿐이었다. 로빈스의 연구는 "낮은 자제력은 매우 다양한 형태로 표현된다."는 주장에 대한 좀 더 확실한 증거였다.

　모두가 갓프레드슨과 허시의 의견에 동의하는 것은 아니었다. 허시 본인조차 훗날 『범죄의 일반 이론』에 몇 가지 오류가 있다고 적은 바 있다. 하지만 그렇다고 책의 핵심 논지에 대해서는 주장을 굽히지 않았다. 2001년에 준 탱니June Tangney, 로이 바우마이스터Roy Baumeister, 앤지 루치오 분Angie Luzio Boone은 높은 자제력을 나타내는 다양한 요소들에 대한 검토에서 "이 이론은 후에 이어진 실증적인 실험에도 무너지지 않고 잘 견뎌냈다."고 적기도 했다. 2000년에 《범죄학Criminology》이라는 학술지에 4만 9000명 이상의 조사 대상과 17개의 자료를 바탕으로 한 21개의 연구에 대한 메타 분석이 실렸는데, 분석 결과 비록 자제력의 부족을 측정하는 방법에는 약간의 차이가 있었지만, 범죄 및 유사 행위는 일관되게 예측할 수 있다는 사실이 밝혀졌다.[8]

1998년 555명의 성인을 대상으로 실시한 연구에서는 성별에 따른 자제력의 차이는 범죄에서 특히 분명하게 드러난다는 사실이 밝혀졌다. 다른 말로 하면 남자들이 범죄를 많이 저지른다기보다는 자제력이 부족한 사람들이 범죄를 저지른다는 것이다. 따라서 자제력이 부족한 사람 가운데 남성이 훨씬 많은 것뿐이다.[9]

한편 자제력이 낮으면 범죄를 저지르기 쉬울 뿐 아니라 범죄의 희생양이 되기도 쉽다. 2006년에 발표된 연구에서 크리스토퍼 J. 슈렉Christopher J. Schreck과 공동 저자들은 미국의 여섯 개 도시에 사는 초등학교 6학년과 중학교 1학년생들을 대상으로 조사를 실시하며 자제력이 낮은 아이들이 훗날 범죄의 희생자가 될 확률이 높다는 사실을 발견했다. "범죄에 희생되는 것은 우연한 일이 아니다." 학자들은 이렇게 썼다. "지난 25년간 진행된 연구들은 한결같이 특정한 생활 방식과 전후 맥락 때문에 범죄의 희생자가 될 확률이 높아진다고 주장해 왔다."[10]

갓프레드슨과 허시는 아이들의 자제력이 낮은 것은 부모가 교육을 잘 못시킨 탓이라고 비난했다. 그러나 『범죄의 일반 이론』이 출간된 후, 충동성, 과잉 행동, 주의력 결핍 장애 등 자제력 부족처럼 보이는 이 모든 문제들이 유전과 큰 연관이 있다는 연구가 발표되었다. 오랫동안 범죄의 원인이 부분적으로나마 유전과 관련된다고 주장하는 것은 금기로 여겨져 왔고, 특정한 집단에서는 아직도 그렇다. 그러나 안타깝게도 이러한 금기는 증거로 뒷받침되지 않는다. 두뇌 영상 기술의 발전으로 뇌 구조에 유전적인 요소가 미치는 영향에 대한 증거와 뇌 구조를 범죄와 연관 짓는 증거들이 제시되면서 범죄가 유전과 관련되어 있다는 주장이 설득력을 얻고 있다. 다른 연구에서는 쌍둥이 가운데 한 명이 범죄를 저지르면 다른 한 명도 범죄를 저지를 가능성이 50퍼센트나 된다는 사실이 밝혀지기도 했다. 쌍둥이 연구로 범죄와 유전을 연구한 범죄학자 케빈 비버Kevin Beaver는 자기 절제와 관련해서는 유전의 영향이 아마도 60~75퍼센트를 차지할 것이라고 이야기했다.

그렇다고 비버가 양육이 중요하지 않다고 주장하는 것은 아니다. 그는 부모와 자식 사이의 상호작용은 매우 복잡하며, 환경 역시 분명히 영향이 있음을 인정했지만, 그 영향은 개인의 유전자형에 따라 달라진다고 주장했다. 많은 사람들이 이 주장에 불편함을 느꼈다. 문화적으로 우리는 환경과 범죄의 연관성에 대한 설명을 훨씬 선호하며, 우생학의 느낌을 풍기는 것, 희생자를 비난하는 것, 범죄가 집안 내력이라는 주장 등에 큰 거부감을 드러낸다. 비버는 유전에 대해 이렇게 말했다. "범죄학에서 유전에 대해 언급하는 것은 바람 속에서 오줌을 누는 것과 같습니다."

그러나 이 바람은 다른 방향으로 불기 시작했다. 이는 부분적으로 에이드리언 레인Adrian Raine이라는 청소년 범죄자 출신 학자의 연구 덕분이다. 레인은 청소년기에 영국에서 몇 차례 말썽에 휘말렸지만 이후 옥스퍼드대학교에 진학하여 심리학 박사 학위를 땄고, 세계에서 가장 저명한 신경범죄학자의 반열에 오르게 되었다. 현재는 펜실베이니아대학교에서 신경범죄학을 연구하며 학생들을 가르치고 있다.

레인이 발견한 것은 범죄자들과 일반인들 사이에 다양한 신체적 차이가 있다는 사실이었다. 반사회적 인격 장애가 있는 사람들, 즉 법을 어기는 경향이 있는 사람들은 말 그대로 일반인들보다 더 냉혈한 것으로 드러났다. 이들은 안정 시 심박수가 더 낮고, 땀도 적게 흘린다. 추적 연구를 통해 심박수가 낮은 세 살짜리 아이는 열한 살이 되면 보다 공격적인 성향을 보이고, 스물세 살까지 범죄를 저지를 확률이 높다는 사실이 밝혀졌다. 또한 레인은 로스앤젤레스에서 사이코패스 21명의 두뇌를 연구하여 이들의 전두엽(레인은 이 영역을 변연계에서 올라올 수 있는 공격적인 충동을 감시하는 '수호천사'라고 불렀다.)이 평균적인 사람들의 두뇌보다 11퍼센트 작다는 사실을 발견했다. 또 다른 연구에서 레인과 동료들은 살인자들의 경우 일반인보다 전두엽의 신경 활동이 훨씬 낮다는 점도 알아냈다. 아마도 이런 사람들은 두뇌에서 논리적인 사고를 하는 영역의 처리 역량이 떨어지기 때문에 화가 났을 때 폭력의 형태로 폭발할 가능성이 더 클지도 모른다.

위와 같은 연구를 통해 과연 그러한 문제를 지닌 사람들이 어느 정도의 자제력을 행사할 수 있으며 자신의 행동에 대해 얼마만큼 책임을 져야 하는지, 그리고 그 행동에 대해 얼마나 심한 벌을 받아야 하는지, 혹은 과연 벌을 받아야 하는지에 대한 의문이 생겨났다. 일생 동안 가둬 두는 대안 역시 그다지 매력적이지 않다. 그리고 사이코패스에게는 인센티브가 무효한지 여부조차 확실하지 않다. 사이코패스 가운데 일부는 죄를 저지르면 벌을 받게 된다는 사실을 인식함으로써 범죄를 억누를 수 있다. 분노에 대한 연구를 통해 잠재적인 폭력 충동을 가지고 있는 사람들도 실제로 벌과 보상에 반응한다는 점이 밝혀지기도 했다.

분노, 오인된 감정

아리스토텔레스에 따르면 사람들이 자제력을 잃고 이성에 반하는 행동을 하는 이유는 크게 즐거움과 분노 두 가지 때문이라고 한다. 이 책에서는 주로 즐거움에 대해 이야기하지만 사실 분노 역시 자기 절제 문제를 드러내고, 통찰력을 제공한다. (또한 분노는 즐거움과 함께 통제력을 약화한다. 분노를 표출할 때 순간적인 기쁨이라도 누릴 수 있다는 사실을 누가 부정할 수 있겠는가?)

자제력과 관련된 대부분의 문제처럼 분노도 인간의 이중적인 본질을 잘 드러낸다. 분노가 치밀어 오르면 우리는 '이성을 잃게' 된다. 분노는 우리를 휩쓸고 가지만, 우리가 거기에 몸을 싣는 것은 어느 정도 자발적인 행동이다. 왜냐하면 인간은 인센티브가 있거나 의지가 강한 경우 성질을 억누를 수 있다는 충분한 증거가 있기 때문이다. 호라티우스가 "분노란 순간적인 광기다."라고 말했듯이, 철학자들은 분노를 하나의 광기로 생각했지만 여기에도 이성이 일정 부분 작용한다고 여겼다. 이성이 작용하지 않는다면 자신이 모욕당했다는 사실을 어떻게 알겠는가? 아리스토텔레스는 이렇게 말했다. "분노는 이성에 주의를 기울이는 것처럼 보이지만, 이성의 외침을 제대로 듣지 않는다. 마치 의욕 넘치는 하인이 주인의 말을 끝까지 듣지 않고 달려 나가는 바람에 지시를 잘못 알아듣는 것처럼 말이다."[11]

도발은 예측이 쉽지 않기 때문에 분노를 조절하는 것은 매우 어려울 수 있다. 따라서 일단 분노가 일어나면 그저 분노를 억제하려고 노력하는 도리밖에 없다. 이 시점에서 우리는 도널드 덕이 만화 「자기 절제」 편에서 화를 내기 전에 열까지 세려고 노력했던 것과 같은 지연 기술을 시도할 수 있다. 하지만 토머스 셸링의 지적처럼 "너무 화가 나서 내 행동을 개의치 않을 정도가 되면 어떻게 열까지 셀 수 있겠는가?"[12]

법조계에서는 오래전부터 이 문제를 인식해 왔고, 그 때문에 도발 변호가 만들어졌다. 미국의 조지아, 텍사스, 유타 주에서는 남편이 자신의 아내와 여러 차례 불륜을 저지른 사내를 죽인 것은 정당한 살인이므로 범죄에 해당하지 않는다는 판결을 내렸다. 뉴멕시코에서는 심지어 아내를 살해한 죄도 면제했다. 주 상소법원에서는 이렇게 주장했다. "법률의 목적은 보복이 아니다. 법은 인도적이다. 법은 아내의 부정을 목격한 남편이 느낄 통제할 수 없는 분노를 인정한다."[13]

분노에 대한 법적인 관용은 아내들에게는 보통 적용되지 않는다. 예를 들어 1930년대 텍사스에서는 남편의 불륜 상대를 권총으로 쏘아 살해한 여성이 살인죄로 유죄판결을 받았다. 법원에서는 자신의 살인이 정당한 살인이었다는 여성의 주장을 기각했다. 텍사스 주의 형법에는 "아내의 부정을 목격한 남편이 살인을 저질렀을 경우 이는 정당화된다."[14]라고 분명하게 적혀 있는데, 법원은 이 법을 글자 그대로 따른 셈이다.

한편 열정에 휩싸여 범죄를 저지른 여성 피고인이 동정심 많은 판사와 배심원, 또는 영화 「아담과 이브Adam's Rib」의 캐서린 헵번처럼 똑똑한 변호사를 만나 무죄로 풀려나는 경우도 있다. 주디 할리데이가 연기한 피고인은 남편과 그의 정부에게 권총을 쏘았지만 극적인 재판 끝에 배심원 무죄 판결로 풀려났다. (성차별적인 법률에도 불구하고, 살인죄로 재판 받는 여성 피고인들은 남성들보다 더 관대한 처분을 받는 경우가 많다. 아마도 여성이 살인을 하는 경우가 드물고, 살인을 했다 하더라도 남성 피해자의 손에 오랫동안 폭력과 학대를 당해 온 경우가 많기 때문이다. 이런 경우에도 우리는 통제력을 잃고 폭력으로 발전한 사례를 엿볼 수 있다. 물론 도발이 있었다는 것은 분명하지만 말이다.)

이제 우리가 파멸에 이르는 비탈길 위에 서 있다고 생각하기 시작했다면, 옳은 생각이다. 물론 비탈길로의 추락은 형사재판에서 범죄의 동기와 심리 상태를 고려하도록 허락했던(피할 수 없는 조치였다.) 오랜 옛날부터 시작되었지만 말이다. 그러나 법 앞에서 드는 의문은 과연 우리가 서로에게 어느 정도의 자기 통제력을 기대할 수 있을까 하는 점이다. 그리고 인간의 신경학적 구조와 같은 요소를 재판에 허용하기 시작하면 비탈길은 더 가파르게 변할 뿐이다.

따라서 도발 변호는 "이성적인 사람이 피고인의 입장이 되었을 때 극심한 흥분 상태에 빠질 경우 법률적으로 인정되는 도발이 존재한다고 본다."[15]라는 현대의 원칙이 출연하면서 더 보편적으로 사용되기 시작했다.

더 이상 배우자가 부정을 저지르는 모습을 '목격'할 필요도 없다. 법의 시각에서 자제심은 모든 종류의 부적절한 관계 때문에 무너질 수 있으므로 전처, 전 여자 친구, 그리고 그들의 연인 또는 배우자 모두에게 공정한 상황이 되었다. 1987년 2월 28일 꼭두새벽에 코네티컷의 이스트 윈저에 사는 마크 치카노가 전 여자 친구인 엘런 배빗의 집에 찾아갔다. 침실 창문 밖에 숨어 있던 치카노는 배빗이 다른 남자와 사랑을 나누는 소리를 듣고 엄청난 충격에 휩싸였다. 그는 집 안으로 몰래 들어가서 두 사람이 잠들 때까지 숨어 있다가 쇠 지렛대로 새 남자 친구의 머리를 내리쳤다. 배빗의 열한 살짜리 아들이 침실로 들어와서 소리 지르기 시작하자 치카노는 아이의 목을 졸라 죽였다. 그리고는 배빗 역시 쇠 지렛대로 때려 죽였다. 치카노는 재판에서 전 여자 친구가 다른 남자와 성관계하는 소리를 듣고 극심한 정서장애에 시달렸으며 이를 도저히 견딜 수가 없어 그 같은 행동을 저질렀다고 주장했다. 배심원들은 치카노에게 살인 대신 과실치사 판결을 내렸다.[16]

많은 여성들이 변호사, 판사, 법대 교수 등으로 활동하기 시작하고, 법원은 남성들에게 보다 높은 수준의 자제력을 요구해야 한다고 주장하면서 도발 변호는 역풍을 맞게 되었다. 그러나 이 문제를 연구한 법학자 수전 로젤Susan Rozelle은 미국 대부분의 주에서 도발 변호가 여전히 허용되고 있으며, 해당 도발이 이성적인 사람을 미치게 할 정도로 충분한지 여부를 배심원들의 판단에 맡기는 것이 최근의 추세라고 이야기했다. 로젤은 여기에 불만을 표시했다. "도발 변호는 배우자의 불륜을 목격한 사람이 스스로를 통제하리라 기대할 수 없다고 주장한다. 그러나 이는 사실이 아니다. 우리는 변호사나 학자들 대다수가 생각하는 것보다 격정에 대해 더 많은 통제력을 행사할 수 있고, 또 그렇게 해야한다."[17]

인센티브는 분노에도 효과적이다. 그렇기 때문에 사전 예방 조치가 분노를 막는 데 효과를 발휘할 수 있는 것이다. 자기 절제에 대한 통찰력이 담긴 글을 썼던 사회학자 욘 엘스터Jon Elster는 "아름답고 화려한 식기를 가져온 사람에게 후하게 사례했지만, 하인들에게 화를 내면서 식기를 던질까 봐 그 자리에서 식기를 박살 내 버렸던"[18] 고대 왕의 이야기를 들려준다. 람반Ramban이라는 이름으로 더 잘 알려진 13세기의 율법학자 랍비 모셰 벤 나흐만Moshe ben Nachman은 분노를 조심하도록 거듭 강조했고, 극단적인 경우라도 분노의 폭발을 피할 수 있다고 여겼다. "절대 이성을 잃지 마라. 녹초가 되고, 진이 빠지고, 실망하고, 짜증 나고, 충격받고, 혼란스럽고, 두려운 경우에도." 그는 훈계하는 데 그치지 않고 전략까지 제시했다. "일정 양의 돈을 마련해 두고 화를 낼 경우에는 그 돈을 다른 사람에게 나누어 주도록 하라. 이때 이성을 잃기 전에 다시 한번 생각하게 할 만큼 충분한 돈을 할당해 두어라."[19]

분노 조절에 장려책이 중요한 역할을 한다면, 문화 역시 마찬가지다. 나라마다 살인사건의 비율이 다르고, 분노에 대한 사회적 용인의 수준도 다르다. 예를 들어 일본에서는 사람들이 분노를 억누를 것이라고 기대한다. 심리학자 캐럴 태브리스Carol Tavris는 『분노 — 오인된 감정Anger: The Misunderstood Emotion』이라는 뛰어난 책에서 협력을 강조하는 소규모 사회가 분노에 너그럽지 못하다는 사실을 발견했다. 이는 실제로 미국인들이 분노에 두는 가치와는 상반되는 것이다. 미국 문화에서는 분노를 진정성의 상징이라고 생각할 뿐 아니라 심지어 건전한 것으로 보기도 한다. 또한 프로이트 덕분에 많은 사람들이 감정이 쌓이면 압력이 커진다는 견해를 갖게 되어, 감정 분출을 강조하게 되었다. 이 이론에 따르면 감정을 밖으로 드러내지 않으면 위태롭게 쌓이다가 결국 스스로에게 좋지 않은 영향을 미치거나 자신을 소모하게 된다고 한다. 태브리스는 미국의 성인들 가운데 대다수가 이러한 견해를 받아들이고 있으며, 심지어 브루노 베텔하임 Bruno Bettelheim 같은 전문가들조차 이를 믿는다고 적었다.[20] 우울증은 분노가 내면으로 향한 것으로 해석되었고, 궤양의 원인 역시 분노라고 믿었다.

문제는 이 모든 것이 사실이 아니라는 데 있다. 우울증은 분노가 내면으로 향한 것이 아니며, 궤양의 원인은 분노가 아니라 박테리아다. 분노를 분출하는 것은 감정을 더욱 고조시킬 뿐이다. 최근의 연구에서 증명되었듯이 표정과 보디랭귀지는 대개 양방향으로 작용하기 때문에 감정을 신체적으로 표현하면 오히려 감정이 증폭될 수 있다. 찰스 다윈과 윌리엄 제임스는 오래전부터 그렇지 않을까 의심했다. "감정을 자유롭게 밖으로 드러내면 감정이 고조된다." 다윈의 정확한 관찰이다. "반대로 되도록 감정을 드러내지 않도록 억제하면 감정이 누그러진다."[21]

누구나 화날 때가 있다. 그러나 대부분의 경우 우리는 분노에 대한 반응에 상당한 통제력을 행사할 수 있다. 이에 대한 증거는 미친 듯이 날뛰는 사람이라는 뜻을 지닌 말레이시아의 펭가목20대~40대의 남성이 갑자기 광기를 일으키며 손에 잡히는 무기로 사람들을 살해하는 증후군 전통에서 찾을 수 있다. 펭가목이 문제를 일으키면 보통 유혈 사태가 뒤따른다. 전통적으로 펭가목은 광기의 한 형태로 여겨져 왔으나, 최근 이러한 행동이 사전에 계획된 것까지는 아니더라도 어느 정도 자발인 것이라는 증거가 다수 발견되었다. 1970년대에 실시한 한 연구에서 살인을 저지르고 정신병원에 감금된 펭가목들을 조사한 결과, 이들 모두 손에 잡히는 무기를 닥치는 대로 사용한 것이 아니라 말레이시아 전통 무기를 사용했고, "대부분의 경우 희생자를 알고 있었으며, 희생자는 가해자에게 비난을 가하거나 좌절감을 주거나, 그를 도발했던 사람이었다."[22]는 사실이 밝혀졌다.

일부 펭가목들은 희생자를 선택하는 데 일정한 패턴을 보였고, 때로는 분명한 의도를 보이기도 했다. 이는 모두 미리 생각해 두었음을 암시한다. 한 펭가목은 커피 전문점 세 곳을 돌아다니며, 중국인들만 골라 다섯 명을 죽였다. 가장 놀라운 일은 말레이시아 사회가 이러한 행태를 용인하는 입장에서 일정 기간 동안 펭가목을 잡아 두고 사지를 절단하는 등 매우 가혹하게 처벌하는 입장으로 선회했을 때, 통제 불가능한 것처럼 보이던 이 분노의 분출 사례가 급격히 줄어들었다는 점이다.[23]

펭가목은 통제력을 잃었다기보다 그저 통제하기를 포기한 사람들이라는 것이 분명히 입증된 셈이다.

16 중독, 강박, 선택

그리스인들은 자신의 내적 즐거움을 분명히 인식했던
반면 우리는 욕망에 대한 통제력 상실을 소비된 객체에 내재하는
충동적 동인, 또는 어린 시절, 유아기, 혹은 자궁 속에서 입은
정신적인 손상 탓으로 돌리는 경향이 있다.
— 제임스 데이비드슨, 『창녀와 어묵(*Courtesans and Fishcakes*)』

무시무시해 보이는 문제를 극복하는 것은 사실 그렇게 어렵지 않다.
…… 진짜 어려운 것은 결정이다.[1]
— 로버트 다우니 주니어

질병의 양상은 변한다. 남북전쟁이 끝난 후 수십 년 동안 위대한 사람들은 모두 근대화를 접한 민감한 영혼들을 괴롭히는 모호한 신경 장애, 즉 신경쇠약에 걸렸다. 사회적으로 인정받기 전까지는 동성애 역시 일종의 병으로 취급되었다. 질병으로 상당한 수익을 올릴 수 있다는 점도 주목할 만하다. 게리톨Geritol, 노인용 강장제은 '혈액 내 철분 부족' 현상을 완화해 준다고 선전하여 큰돈을 벌었다. 최근에는 사회 공포증이나 주의력 결핍 장애와 같은 새로운 질병들을 공론화하고 치료법을 제시한 사람들이 돈을 벌고 있다.

현대사회와 관련된 질병 가운데 가장 고약한 것은 최근 급증하는 여러 중독들일 것이다. 한 가지 이상의 중독을 질병이라는 개념으로 보기 시작한 것은 의사나 과학자가 아닌 홍보 전문가 드와이트 앤더슨Dwight Anderson 때문이었다. 알코올중독을 극복한 경험이 있는 앤더슨은 제2차 세계대전

중에 알코올문제연구위원회라는 의학 그룹에 고용되어 만성적인 과음에 관할권을 주장하는 임무를 맡았다.

1942년에 세미나 자료의 형태로 출간된 앤더슨의 영리한 조언은 알코올중독자를 아픈 사람으로 새롭게 정의하는 것이었다. "병이라는 말은 치료 가능성을 암시한다. 또한 적어도 어느 정도까지는 개인에게 현재의 상황에 책임이 없다는 것도 암시한다. …… 따라서 이 모든 것은 의료계와 보건 당국, 그리고 일반 대중의 책임이라는 것이다."[2]

물론 앤더슨이 알코올중독을 보편화한 것은 사실이지만, 그가 이 질병을 만들어 낸 것은 아니다. 17세기로 거슬러 올라가면 영국의 성직자들은 교인들에게 알코올이라는 '질병'에 대해 경고하면서 이 문제가 "만연해서 영국의 모든 의사들은 이 질병을 멈추는 방법을 알아야 한다."고 경고했다. 18세기에 미국 「독립선언서」 서명에 참여했던 필라델피아 출신의 벤저민 러시Benjamin Rush는 이 문제에 주목한 의사 가운데 한 명이었고, 다음과 같은 글을 남겼다. "주벽(酒癖)은 특정한 유전, 가족력, 전염병을 닮았다."[3]

그러나 앤더슨이 등장하기 전까지는 알코올중독이 질병이라는 개념이 완전하게 받아들여지지 못했다. 그러나 이제 알코올중독이 질병이라는 개념은 확실하게 자리를 잡았고, 한때 자기 절제 문제로 여겨지던 온갖 종류의 자기 파괴적 행동 역시 치료의 대상이 되고 있다. 게다가 이제는 중독에 특정한 대상이 필요한 것도 아니다. 오늘날에는 의료 전문가들과 대중문화에서 일상적으로 다뤄지는 수많은 '충동 장애'에 사람들이 무력하다고 여겨진다. 미국정신의학회의 『정신 질환 진단 및 통계 편람DSM-IV』에서는 병적인 도박과 도벽을 포함한 몇 가지 중독을 질병으로 인정하고 있다. 대중문화는 쇼핑, 섹스, 음식, 일, 비디오게임, 텔레비전, 인터넷, 전배우자 중독 등을 포함하여 무수한 중독들을 만들어 냈다. 이런 중독들을 『정신 질환 진단 및 통계 편람』의 개정판에 넣을지는 토론해 볼 일이지만, 그러한 중독 증상이 모두 제외되리라고 생각하기는 어렵다. 최신판에 실린 병적 도박의 진단 기준을 읽어 보면 앞에서 언급한 이 모든 중독들과 비슷한 특징들을 쉽게 뽑아낼 수 있기 때문이다.

신체에 화학적인 영향을 미치는 물질과 최근에 대두되기 시작한 쇼핑, 섹스 등에 대한 중독 사이에 분명한 선을 긋기가 어려운 데는 중요한 이유가 있다. 철학자 게리 왓슨Gary Watson이 설명했듯이, "중독은 일반적인 욕구의 연장선 위에 있기" 때문이다. 이런 시각에서 보면 중독은 자기 절제의 문제를 이해하는 데 도움이 된다. 왜냐하면 단기적 선호와 장기적 선호 사이의 충돌, 즉 욕구가 관련될 때 자주 일어나는 갈등을 이보다 확실하게 설명해 주는 것은 없기 때문이다.

중독을 비정상적으로 오래 지속되는 욕구의 한 형태로 보는 데에도 그만한 근거가 있다. 모든 인간은 즐거움을 추구한다. 그 즐거움이 약물에서 오는 것이든, 행동에서 오는 것이든, 그것들은 비슷한 생화학적 방법으로 우리에게 영향을 미친다. 그리고 한 종류의 중독에 취약한 사람은 다른 종류의 중독에도 취약한 경우가 많기 때문에 문제는 특정한 중독 대상이라기보다 욕구 그 자체라는 사실을 알 수 있다.

그렇다면 중독은 과연 무엇일까? 자신에게 나쁘다는 사실을 알면서도 멈출 수 없는 해로운 행동을 반복하는 것이다. 중독은 일반적으로 의도한 것보다 해당 대상을 더 많이 소비하고, 줄이려고 노력하지만 실패하고, 그 때문에 사회적 또는 직업적 활동을 희생하며, 중단하면 금단 증상에 시달리게 되는 상태를 말한다.

상류사회에서는 이 증후군이 질병이라는 사실을 누구도 의심하지 않지만, 솔직히 나는 중독이 질병인지 아닌지 알 수 없다는 입장이다. 중독자의 행동은 장려책에 따라 분명한 영향을 받는 반면, 낭포성 섬유증 환자들은 거기에 전혀 영향을 받지 않기 때문이다. 그리고 우리가 중독이라고 부르는 것은 엑스레이나 혈액검사에서 분명히 나타나는 것이 아니라 좋지 않은 행동의 패턴에 불과하다. 그렇다면 중독이 어떻게 질병이 될 수 있겠는가?

많은 질병은 사회와 큰 관련이 있다. 그리고 질병이라는 데 반론의 여지가 없는 여러 가지 문제 역시 행동 패턴 때문에 발생한다. 흡연자들도 잘 알고 있듯이, 간암은 대체로 흡연 때문에 발생한다. 심장 질환, 당뇨병, 간경변, 고혈압, 에이즈, 그리고 많은 다른 질병은 대부분 약물이나 알코올 남용 같은 행동 패턴을 바꾸면 예방할 수 있다. 하지만 누구도 이러한 증상이 질병이라는 사실을 의심하지는 않는다.

중독은 특히 강박에 대해 많은 것을 가르쳐 준다. 우리는 깔끔한 사람을 강박적이라고 부르고, 좋은 영화나 책은 설득력 있다고 칭찬하며, 중독이 어떤 점에서는 불가피하다고 말한다. 그러나 대다수 중독자들의 행동을 보면 정말 선택의 여지가 없었던 것은 아니다. 예를 들어 중독성 강하기로 유명한 아편에 중독된 사람들 대부분은 대략 서른 살 정도가 되면 전문가의 도움 없이 아편을 끊는다. 리 로빈스는 1974년에 알려지기 시작한 유명한 연구에서 헤로인에 중독된 베트남전 참전 군인들 가운데 미국으로 돌아온 후 3년 뒤까지 중독을 고치지 못한 사람은 12퍼센트에 불과하다는 사실을 발견했다. 베트남에서 전쟁 임무를 수행하는 스트레스가 사라지자 전문가의 개입 없이도 헤로인 사용을 중단할 수 있었던 것이다. 사실 고치기 어려운 중독자들 대부분은 치료에 의존하는 경향이 있고, 아마도 그 때문에 중독 치료가 그토록 자주 실패하는 것일지도 모른다. 배우 로버트 다우니 주니어가 중독에서 벗어나지 못해 거듭 치료 시설을 드나든 사실이 너무 유명해서 중독은 통제할 수 없는 것이라는 인상을 줄지도 모르지만 이것이 진정으로 나타내는 것은 치료를 원하는 중독자가 상당히 드물다는 점이다.

또한 중독자의 비율이 시대나 장소에 따라 크게 달라진다는 점도 주목할 만하다. 이는 약물중독이 욕구에 따른 다른 행동들처럼 충동보다는 관습과 더 밀접하게 관련된다는 점을 암시한다. 제2차 세계대전 이후에 태어난 미국인들은 전쟁 전에 태어난 사람들보다 약물중독 비율이 훨씬 높은데, 이는 다른 정신 질환에서 나타나는 연령 집단별 차이를 훨씬 능가한다. 할리우드의 극심한 스트레스, 어마어마한 돈, 자기중심적인 문화는 특히 약물의존을 야기하기 쉬운 것으로 보인다.(멜 깁슨, 린지 로한, 켈시 그래머, 찰리 신, 라이자 미넬리를 비롯한 수많은 연예인들에게 물어보라.) 중독에 있어서만큼은 식사, 쇼핑, 분노 표출을 비롯한 어떠한 다른 형태의 만족감과 마찬가지로 문화가 중요한 역할을 하는 것이 분명하다.

역사를 살펴보면 사회적 압력이나 법을 현명하게 활용하는 것 같은 요인이 중독의 효과적인 해결책이 될 수 있다는 사실을 알 수 있다. 1790년에 미국인들은 1년에 평균 9.5리터의 알코올을 소비했는데, 이는 오늘날과 비교할 때 그리 많은 양은 아니다. 그러나 19세기의 처음 30년간 알코올 소비는 급격하게 증가하여 1830년 무렵이 되면 연간 알코올 섭취량은 순수 알코올로만 26.5리터에 달했다. 그 결과 한 역사학자는 미국을 '알코올 공화국'이라고 부르기도 했다. 이는 결코 바람직한 모습이 아니다. 술집이 우후죽순 생겨나고, 폭력이 난무하며, 수많은 여성들과 아이들에게 가정생활은 점점 더 혼란스럽고 잔인해졌다.[4]

그러다 문화가 변했다. 자기 절제를 다시 신의 영역으로 돌려놓은 신교도 부흥 운동의 물결은 전국적인 절제 운동을 낳았다. 역사학자 잭슨 리어스Jackson Lears는 "복음주의 전도사들은 절제의 문화를 보편화하는 핵심 세력이 되었으며, 인간의 선택을 영적인 질서의 중심에 놓았다."[5]고 말했다. 다른 말로 하면 숙명을 부인하고 자유의지를 인정하기 시작했다는 뜻이다. 그 결과 미국인들은 행동을 바로잡았다. 1845년 즈음에는 일인당 알코올 소비량이 연간 7.6리터로 떨어졌다.(이 수치들은 모두 출처에 따라 다르지만 변화의 규모와 방향은 분명히 드러난다.) 전국 각지에서 술집 허가 수를 큰 폭으로 줄였고 많은 상점들이 더 이상 술을 구비하지 않았다. 도박, 경마뿐 아니라 투계처럼 유혈이 낭자한 스포츠도 음주와 함께 쇠퇴했다.

중독자들이 장려책에 반응한다는 사실은 그들이 무력하다는 주장에 더 강한 반론을 제기한다. 예를 들어 약물중독 치료는 상대적으로 효과가 크지 않지만 조종사와 의사의 경우는 예외적이다. 이들은 치료 후 무작위 약물 테스트를 받기 때문에 여차하면 면허증을 잃거나 경력을 망칠 수도 있다. 이 두 직업군의 경우 중독이 재발하면 끔찍한 결과를 맞을 것이라는 두려움 때문에 치료 성공률이 높다. 그렇다고 반드시 이렇듯 가혹한 처벌로 위협하는 것만 성과를 거두는 것은 아니다. 영화표처럼 소소한 보상을 제공하는 프로그램도 어느 정도 성공한 사례가 있다.[6]

치러야 할 대가 또한 소비에 영향을 미친다. 심지어 그 대가가 조기 사망처럼 심각한 것이 아닌 경우에도 말이다. 경제학자 필립 쿡Philip Cook과 조지 타우첸George Tauchen은 주세를 인상하면, 만성적인 과음을 나타내는 믿을 만한 징표인 간 경변 발생률이 크게 줄어든다는 사실을 발견했다. 대마초나 코카인 같은 약물을 합법화하는 문제에 대한 가장 큰 반론은 더 많은 사람들이 이러한 약물을 남용하게 될 것이라는 주장인데, 위 사실은 법과 처벌을 통해 약물남용 여부가 달라질 수 있으므로 사람들이 어쩔 수 없이 중독에 빠지는 것은 아니라는 사실을 암시한다.

아마도 인센티브는 대부분의 중독자들에게 효과를 발휘할 것이다. 한 달 동안 자제하면 백만 달러를 주겠다고 약속할 경우, 대부분의 중독자들은 돈을 받을 때까지 그 나쁜 버릇을 끊을 것이다. 존 치버의 사례를 돌아볼 수도 있다. 치버는 술을 끊을 수 없어서 스스로를 "나약한 인간, 인격이 갖춰지지 않은 인간"이라고 묘사했다. 어떤 면에서 치버는 스스로에게 너무 가혹했던 것일지도 모른다. 알코올중독은 당시에도 질병으로 간주되었고, 유전적인 요인이 특히 강하게 작용하는 부분이기 때문이다.(세월이 흐른 후 딸인 수전 치버 역시 중독과 관련하여 어려움을 겪었다.) 한편 그가 인격을 언급했다는 것은 술의 유혹에 굴복할 때 스스로 묵인한다는 생각이 있었음을 시사한다. 치버가 술을 입에 대는 순간, 술을 마시고 싶지 않았을 수도 있을까? 만약 그렇다면 치버가 갑자기 외계인 손 증후군^{Alien hand syndrom, 환자의 손이 독립적인 마음을 가진 것처럼 제멋대로 움직이는 질병}이라도 걸렸단 말인가? 그럴 가능성은 높지 않다. 두뇌의 양 반구를 수술로 분리하지 않았다면 말이다.

오랫동안 남편의 주벽에 시달리던 치버의 아내가 그의 머리에 총을 들이대고 "눈을 깜빡하면 쏘겠어!"라고 말하는 광경을 상상해 보자. 자율신경계는 이러한 위협에 영향을 받지 않으므로 우리는 결국 치버가 눈을 깜빡이게 되리라는 사실을 분명하게 예측할 수 있다. 그리고 그렇기 때문에 이 문제에 선택의 여지가 없다는 점이 증명된다. 그러나 이제 다른 시나리오, 보다 현실적인 시나리오를 생각해 보자. 아내가 밤새 화를 내고 눈물 흘린 후 완전히 넋이 나간 상태로 "술을 마시면 쏘겠어!"라고 말한다. 이 경우 치버는 아마 술을 마시지 않을 것이며, 그렇기 때문에 우리는 그의 음주 습관이 정말로 강제적이어서 그토록 끊기 어려웠던 것인지에 의문을 제기하지 않을 수 없다. 알츠하이머병이나 다발성 경화증의 경우 머리에 총을 겨눈대도 증상이 사라지지는 않으니 말이다.

바로 여기서 강제적이라는 것이 어떤 의미인지 다시 한번 생각해 보는 것이 도움이 될지 모른다. 강제적이라는 개념은 최근 몇십 년간 너무도 폭넓게 사용되고 있어서 그 본질을 파악하기가 쉽지 않다. 만약 여러분이 자동차를 운전하다가 신호등 앞에서 멈추었는데 토네이도가 여러분의 자동차를 통째로 휩쓸어 갔다면 이는 분명 강제적이다. 여러분은 그런 일이 일어나길 바라지 않았지만 자연의 힘 앞에서는 무력할 뿐이다. 그러나 이 모델이 과연 중독에도 적용될까? 만약 중독이 강제적이라면, 어떻게 그렇게 많은 사람들이 중독을 극복할 수 있을까? 강제적이라는 말은 중독이 스스로의 의지에 반하는 행위임을 암시하지만, 욕망을 만족시키는 동안 의지를 강제로 행사하기 위해 치료를 받거나, 약물이나 돈을 나눠 주거나, 경찰에 자수하는 등의 조치를 취하지 않는 이유는 무엇인가?

중독은 다른 수많은 행동과 마찬가지로 적어도 어느 정도까지는 자발적인 것 같다. 일반적으로 우리는 심리학자 진 M. 헤이먼Gene M. Heyman의 "어떤 행동이 얼마나 자발적이냐 하는 정도는 해당 행동이 결과의 함수로서 얼마나 체계적으로 변하는지 여부에 달려 있다."[7]는 설명에 동의할 것이다. 그리고 우리는 중독이 다양한 결과로 나타난다는 사실을 알고 있다. 중독은 직장 업무나 가족의 재무 상태, 배우자와의 관계 등에 좋지 않을 뿐 아니라 건강까지 해친다. 중독자는 강도질을 하거나 더 심한 경우 불법 약물을 찾아 헤매기도 한다. 이런 결과는 약물중독자들 대부분이 처음 약물에 손대기 시작하는 십 대 후반이나 이십 대 초반에게는 그리 비중 있게 다가오지 않는다. 그러나 이십 대 후반에 이르면 남용을 멈추거나 양을 크게 줄인다. (모든 중독자가 깔끔하게 중독을 끊는 것은 아니다.) 이 시점이 되면 성숙한 두뇌가 더 많은 자기 절제 요소를 생성할 수 있다는 설명도 가능하다. 또 이십 대 후반이 되면 성인으로서의 책임은 사라지지 않는다는 것과 가정을 잘 꾸리고 직장을 잃지 않는 것이 충분한 인센티브라는 사실을 알아채기 때문일 수도 있다.

중독이 자발적이라는 증거가 더 있는데, 이는 지식과 관계되는 것이다. 중독성이 강한 물질을 사용하는 사람들 가운데 대다수는 처음 접할 때부터 중독의 위험을 인식하고 있다. 어쩌면 이들은 더 오래 사용할수록 중독이 심해질 가능성이 크다는 사실도 알고 있을 것이다. 만약 이러한 사실을 알지 못한다면, 마땅히 알아야 한다. 사람이 가득한 도심 공원에서 활을 쏘는 사람은 누군가 다칠 수도 있다는 것을 알아야 마땅한 것처럼 말이다. 담배의 경우 이 지식의 역할은 분명하다. 니코틴은 중독성이 강하지만 수백만의 흡연자들이 전문가의 도움 없이 담배를 끊었다. 담배를 피우면 일찍 죽을 수도 있다는 인식이 퍼졌기 때문이다. 여기서 우리는 그들이 처음부터 어쩔 수 없이 담배를 피운 것은 아니라는 점을 알 수 있다.

오늘날에는 중독이 무언가 신체적인 것과 관계된다고 여겨진다. 물론 다른 욕구의 경우도 마찬가지다. 어떤 사람들은 중독자의 충동은 그들이 남용한 물질 때문에 뇌에 변성이 생겨서 일어난다고 말한다. 또 다른 사람들은 유전에 대해 이야기한다. 유전자는 물론 중독과 일반적인 자제력 문제에 영향을 미친다. 범죄자들처럼 중독자들은 광범위한 자제력 문제를 지니고 있는 경우가 많다. 한 학자는 "흡연자, 알코올 및 마약 중독자, 병적인 도박 중독자는 모두 운동신경의 충동성과 만족 할인에 이상을 겪고 있다. 그리고 이러한 문제는 전두엽 피질의 활동이 저하되는 현상과 연관되어 있다.[8]" 다른 말로 하면 중독자들은 가라사대 게임에서처럼 스스로의 행동을 억제하는 데 어려움을 겪고 있는 것이며, 다른 사람들보다 미래에 더 낮은 가치를 부여한다는 의미다. 이런 부류에 속하는 사람들의 문제는 자제력 기능이 자리 잡고 있다고 알려진 전뇌에 손상을 입은 사람들의 문제와 별반 다르지 않다. 한마디로 중독자들은 욕망을 다스리는 능력이 다른 사람들보다 떨어지는 것이다.

그러나 생화학이나 유전자를 동원한다고 해도 중독에서 자발적인 행동의 영역을 완전히 배제할 수는 없다. 헤이먼은 두뇌의 거의 모든 것이 변한다고 기록했다. 적응성은 두뇌의 정수이지만, 그렇다고 선택의 여지가 없는 것은 아니다. 또한 유전이 강박성을 암시하는 것도 아니다. 모든 행동이 유전의 영향을 받지만, 인간이 거기에 완전히 구속되는 것은 아니기 때문이다. 심지어 중독된 행동의 자멸적 특성이 반드시 강박성을 의미하는 것도 아니다. 아무도 그들 선택의 자발성에 의문을 제기하지 않는 상태에서도 사람들은 좋지 않은 선택을 하는 경우가 많다.

그렇다고 강박성에 가까운 행동이 있음을 부인하는 것은 아니다. 비슷한 질환 중에서도 거식증이나 강박성 장애와 같은 병에 시달리는 사람은 의지 장애로 고통을 겪는다. 마치 외계 침략자들이 그들의 자율성을 빼앗고 끈에 달린 꼭두각시처럼 생존에 필요한 음식 섭취를 피하게 하거나 가스 밸브가 잠겼는지 백 번쯤 확인하게 만든 것처럼 말이다. 몇몇 중독자들 역시 비슷한 증상을 보인다. 무언가에 의지를 빼앗겼거나 의지 자체에 이상이 생긴 사람들은 부차적인 심리 문제를 지니고 있는 경우도 많다. 그들은 목숨을 잃을 때까지 술을 마시거나 마약을 주사해 대는 것이다.

그런 사람들이 병을 앓고 있다는 주장은 합리적일지도 모른다. 하지만 우리는 '중독'이라는 용어를, 욕구를 다스리기로 마음먹으면 얼마든지 행동을 바꿀 수 있는 수백만의 흡연자들과 커피 중독자들, 인터넷 중독자들과 코카인 사용자들 대신 진정으로 치료가 어려운 사례에만 사용해야 할지도 모른다. 숨쉬기를 멈출 수 없듯이 쇼핑도 멈추면 죽기라도 하는 양,

오랜 시간에 걸쳐 너무나 많은 행동들이 자발적인 영역에서 비자발적인 영역으로 옮아갔다. 그러나 무언가를 비자발적인 영역으로 옮길 때마다 우리는 스스로의 인간성을 조금씩 깎아내리고 있는 셈이다.

어쩌면 그리스 인들처럼 우리가 중독이라고 부르는 많은 행동들이 실제로는 습관의 힘을 지닌 욕구에 대한 애착이라는 것을 인정하는 편이 나을지도 모른다. 우리가 무언가에 중독되는 이유는 대부분 모든 자제력 문제의 핵심 요소, 즉 단기적 보상에 지나치게 많은 가치를 두기 때문이다. 약물을 남용하는 사람이나 크랩스^{craps, 주사위 두 개로 하는 도박의 일종} 테이블로 향하는 사람들은 점진적 악화를 경험한다. 마치 외부와 단절된 상태에서 선택한 것처럼 무작정 코카인 주사를 한 방 더 맞거나 주사위를 한 번 더 던지고자 하는 것이다. 행동주의 경제학자들은 이것을 땅콩 효과라고 부른다. 대부분의 경우 단지 하나만 더 취하는 것은 그야말로 거대한 더미 속 땅콩 한 알에 불과하기 때문이다.

그러나 선택은 계속 쌓이며 하나가 다른 선택에 영향을 미친다. 따라서 즐거움을 추구하며 단기적인 만족을 택하는 것이 여러 차례 모이면 장기적으로 훨씬 좋지 않은 상황에 처하게 될 수도 있다. 이것이 중독자의 딜레마이며, 그 때문에 모든 종류의 중독이 증가하고 있는지도 모른다. 기술의 발달로 코카인이나 비디오게임처럼 훨씬 강하게 유혹하는 쾌락이 등장했고, 단기적인 즐거움에 대한 문화적, 현실적 장벽이 전보다 훨씬 낮아졌기 때문이다.

17 내일 일은 내일 생각하지 뭐

누구나 일을 미루지만 나보다 더 미루는 버릇이 고약한 사람은 없다. 타고난 재능과 경험을 살리고 다채로운 전략을 사용하면서, 나는 거의 모든 일을 무한대로 미루는 법을 찾았다.

예를 들어 나는 때때로 일을 미뤄 두고 사무실을 정리한다. 어떤 때는 돈을 쓰지 않으면 어떤 일에도 집중할 수 없을 것 같다는 생각에 배관공을 알아보거나, 생산적인 것처럼 보이는 잡일을 처리하는 데 한눈팔기도 한다. 물론 인터넷은 제대로 된 성과를 내는 데 가장 큰 걸림돌이며, 영양 섭취 역시 자주 문제가 된다. 섹스한 다음에 담배를 피우고 싶어 하는 사람들이 있듯이, 나는 일하기 전에 군것질이 하고 싶어진다. 내가 자주 하는 변명은 '때가 되면'이라는 말인데, 무언가 '준비되지' 않았다는 뜻이다. 퉁퉁 붇은 시체처럼 무의식 깊은 곳에서 글의 개요가 떠오를 때까지는 아무것도 쓸 수 없다는 것이다.

미루기는 자위처럼 죄책감을 느끼며 누리는 대표적인 즐거움이다. 사람들은 대개 스스로를 위해 미루기를 선택하는데, 그것이 만족스럽거나 공공연하게 행해지는 경우는 드물다. 그럼에도 불구하고 모든 사회가 미루기를 하는 것으로 알려져 있다. 뉴욕 시는 비용 부담과 번거로운 혼란을 피하려고 꼭 필요한 2번가 지하철 건설을 몇 년 동안이나 미루어 왔다. 사실 자가용 사용이 일반화된 도시에서는 자가운전을 억제하기 위해 기름 값과 주차 요금에 엄청난 세금을 부과하기보다는 예산을 들여 지하철을 건설하는 편이 더 쉬운데도 말이다. 게다가 자금을 빌리는 것은 고통을 미루어 주고, 철도를 건설하는 것은 무언가 하고 있다는 인상을 준다. 이 두 가지는 미루기가 일어나는 곳이라면 어디서든 발견되는 전형적인 특징이다.

미루는 사람들은 어디에나 있다. 미루기 연구로 경력을 쌓은 드폴대학교의 심리학자 조지프 페라리Joseph Ferrari는 미국, 오스트레일리아, 페루, 스페인, 터키, 영국 사람들을 조사한 결과 국가별 미루기 점수에 유의미한 차이가 없다는 사실을 발견했다. 심지어 몇몇 동물들도 미루기를 한다. 자기 절제와 연관된 많은 문제가 그렇듯이, 도파민도 한몫하는 것으로 보인다.

미국국립정신보건연구소National Institute of Mental Health에서 실시한 연구에서는 몇 주 동안 특정한 도파민 수용체를 일시적으로 막는 작업을 통해 원숭이를 일중독에 걸리게 할 수 있었다. 간단한 지렛대 풀기 작업에 투입된 "원숭이들은 엄청난 일중독으로 변했고, 보상이 얼마나 멀리 떨어져 있는지에 관계없이 지속적으로 낮은 실수율을 보였다. 이는 원숭이에게는 분명 드문 일이다. 원숭이 역시 사람처럼 보상 받기 전에 더 많이 일해야 한다는 사실을 알게 되면 일을 미루는 경향이 있다."[1] 연구소 소속 과학자 배리 리치먼드Barry Richmond의 말이다.

미루기Procrastination는 오래전부터 존재해 온 고민거리로, "내일까지 밀쳐놓는다."라는 뜻의 라틴어 procrastinare에서 유래했다. 기원전 800년경 그리스 시인 헤시오도스는 "내일까지 일을 미루지 마라."라고 경고했으며, 일을 내일로 미루는 사람은 "항상 실패를 손에 쥐고 있다."고 규정했다. 로마인 중에서는 키케로가 "대부분의 일에서 더딤과 미루기는 혐오스럽다."라고 지적했다. 그러나 일각에서는 1750년경 산업혁명이 도래하면서 생산을 조직화하기 위해 인간 행동을 더욱 철저히 통제해야 할 필요가 생기기 전까지는 미루기가 중요한 문제로 여겨지지 않았다고 주장한다. 새뮤얼 존슨은 1751년에 미루기가 "일반적인 약점 가운데 하나이며, 윤리학자들의 가르침과 이성의 항의에도 불구하고 모든 사람의 마음에 자리 잡고 있다."고 묘사했다. 같은 시대를 살았던 필립 스탠호프Philip Stanhope는 "오늘 할 수 있는 일을 결코 내일로 미루지 마라."고 조언했다.

미루기의 역사에 대해서는 미루기를 전문적으로 연구한 캘거리대학교의 심리학 교수 피어스 스틸Piers Steel에게 감사해야한다. 그의 말에 따르면 적어도 몇몇 학자들의 연구를 살펴볼 때 미루기 현상이 점점 더 널리 퍼지고 있다고 한다. 미루기를 연구하는 것은 쉽지만은 않다. 이 분야의 연구자들은 쥐를 대상으로 한 실험에서 치즈를 사용할 때, 보고서에 스틸턴과 에담스틸턴과 에담은 둘 다 치즈의 종류다이라는 저자를 언급하는 농담을 포함하여 수많은 장난들을 견뎌 내야 한다. 그러나 스틸은 미루기를 심각한 문제로 인식했고, 심지어 일의 선호도와 지연에 대한 개인의 민감도 같은 요소를 사용하여 그럴듯한 공식을 만들어 내기도 했다. 스틸은 미루기 웹 사이트도 운영하고 있는데, 이 사이트에는 미루기 성향을 가늠할 수 있는 81개의 설문이 실려 있다. 물론 이 테스트를 한다고 해서 의문에 대한 대답을 얻을 수 있으리라 생각하지는 않겠지만 말이다. (필요하다면 구글 검색을 해 보라.)

미루기는 전형적인 자기 절제의 실패 사례. 미루는 사람들은 항상 미루지 않으려는 강한 2차적 욕구를 가지고 있기 때문이다. 해야 할 일은 사라지지 않고 미룬다고 해서 일이 쉬워지는 것도 아니다. 또한 미루기는 다른 자기 절제 부족과도 연관된다. 한 연구에 따르면 늑장 부리는 사람들은 자기 절제 설문에서 낮은 점수를 기록했고, 심리학자들이 성실성이라고 부르는 특정한 성격 영역에서도 높은 점수를 얻지 못했다.[2] 그리스인들이 사용했을 법한 용어로 표현하자면, 미루기는 아리스토텔레스가 아스테네이아, 또는 순수한 연약함이라고 불렀던 아크라시아의 한 종류를 나타내는 사례다. 이때 우리는 눈앞의 일을 하고자 하며, 그래야 한다는 것도 알고 있다. 주문을 외워 일을 마칠 수만 있다면 그렇게 할 것이다. 그러나 우리는 도저히 그만큼 강한 의지를 끌어 모을 수 없는 것이다.

미루기는 마약이다

사람들은 두려운 대립, 귀찮은 과제, 차고 청소 등 하기 싫거나 지루한 일을 미루기 위해 늑장을 부린다. 어려운 일일수록 늑장 부릴 가능성은 더 높아진다. 6년 후에나 박사 학위를 받을 수 있고 그 후에도 취직이 보장되지 않는 경우처럼 보상이 오래 늦어지는 경우에도 미루기가 자주 발생한다.

그러나 늑장은 단순히 어떤 일을 뒤로 미루는 것만이 아니다. 그것은 행위자에 대한 것이기도 하다. 타의 추종을 불허하는 미루기 경험을 기반으로 세운 나의 이론에 따르면, 사람들은 자신에게 실망할 때 자기 위안을 위해 미루기를 사용한다. 톨스토이가 사람들이 왜 담배와 술을 하는지에 대해 설명했던 것처럼 말이다. "오직 양심이 경고하는 목소리를 묻어버리기 위해서지."[3]

미루기를 일종의 마약이라고 생각해 보자. 미루기는 기분을 바꿔 주고, 약간 중독성이 있고, 지나치면 해롭고, 일종의 의식 변화를 일으켜 우리를 파멸로 이끄는 독특한 정신 상태에 도달하게 한다. 이런 관점에서 미루기는 당당히 자제력 문제의 중심을 차지할 수 있는데, 대부분 자기 위안이 그 중심 요소로 자리 잡고 있기 때문이다. 마약과 알코올중독은 명백한 사례이지만, 강박 장애의 경우에도 불안감을 줄이기 위해 순간적으로 바람직하지 못한 행동을 하게 된다. 문을 여러 번 잠그고 수도꼭지를 한 번 더 확인하는 것은 마치 가려움 같아서, 긁으면 기분이 나아지기 마련이다.

자신에게 주어진 일 때문에 불안하거나 우울한 때는 자기 위안이 어느 정도 합리적인 선택이다. 따라서 미루기는 무언가를 먹거나 마약에 손대는 것처럼 근시안적이기는 해도 기분 관리에는 효과적인 기술이다.

그러나 우리는 미루기가 실제로 도움이 된다고 생각할 때 그것에 가장 취약하다. 자기 절제 분야의 권위자인 미국의 심리학자 로이 바우마이스터는 두 명의 공저자와 함께 흥미로운 연구를 실시했다. 그들은 먼저 피실험자인 88명의 대학생에게 그들의 연구가 방향 요법aromatherapy과 기분이 색상 선택에 어떤 영향을 미치는지 알아보는 실험이라고 이야기했다. 뒤이어 그들은 수학과 연관된 지능 테스트를 진행할 것이며, 10~15분간 미리 연습하면 점수가 향상된다는 사실이 증명되었다고 말했다. 연습 시간은 원하는 대로 사용할 수 있으나, 실험자가 '시간 낭비 요소'라고 부르는 것들이 들어 있는 방에서 연습해야 했다.

어떤 학생들은 따분한 시간 낭비 요소(어린이용 퍼즐과 오래된 기술 잡지)만 받은 반면, 다른 학생들은 재미있는 것을 받았다(비디오게임, 고난도의 플라스틱 퍼즐, 인기 있는 잡지의 최근호). 그런 다음 실험자는 학생들에게 불쾌감을 주거나 기분이 좋아지게 만드는 글귀를 나누어 주고 그것을 읽으라고 지시했다. 그들의 기분을 통제하기 위해서였다. 잠시 후 다시 일부 학생들에게 향초를 주고 향기를 맡아 보라고 말했다. 이를 통해 일시적으로 기분이 나아질 것이라는 이야기도 덧붙였다. 이 실험을 방향 요법 연구라고 했다는 사실을 잊지 말자.

이 모든 절차를 걸쳐 어떤 결과가 나왔을까? 가장 심각한 미루기가 발생한 집단은 불쾌한 내용의 글을 읽었지만 향초 덕분에 기분이 좋아졌다고 믿고 흥미 있는 오락거리를 접했던 학생들이었다. 이 집단은 15분의 준비 시간 동안 14분에 가까운 시간을 빈둥거리는 데 사용했다! 기분이 나아지지 않았다고 생각한 학생들(기분 좋게 만드는 촛불의 향기를 맡지 않은 학생들)은 빈둥거리는 데 6분 이하의 시간을 썼다. (심지어 본래 기분이 좋았던 학생들도 기분이 바뀔 수 있다고 믿은 경우 비교 집단보다 조금 더 미루는 경향을 보였다.)[4]

결국 우리는 미루기를 통해 기분이 나아질 수 있다고 생각하는 듯하다. 그러나 치료법(미루기)은 병(우울한 마음)보다 심각하다. 일을 미루다 보면 보통 더 불안해지고 우울해지기 때문이다.

미루기의 존재 자체가 자기 파괴적인 행동이 자발적일 수 있다는 추가적인 증거가 된다. 직장에서의 여러분을 떠올려 보자. 여러분은 찰나의 위안을 위해 잠시 하고 있는 일에서 눈을 떼고 이메일을 확인해야겠다고 생각한다. 책상을 떠나는 것은 아니니까 괜찮다고 위안하면서. 여전히 키보드 앞에 앉아 있는걸! 그러나 잠깐 한눈이라도 팔 기회가 생기면 얼마나 기꺼이 달려드는가, 《파이낸셜 타임스》의 기사를 읽거나 이베이에서 좋은 물건을 찾는 지금은 얼마나 더 행복한가. 열등감에 대한 연구를 남긴 위대한 심리학자 알프레트 아들러Alfred Adler는 노이로제를 "무의식적인 억압이 아니라 두려운 일을 피하려는 의도적인 책략"으로 보았다. 이 기준으로 볼 때 미루기는 분명 노이로제다.[5]

미루기, 나를 위한 모노드라마

미루기는 책략이다. 우리는 실제로 무슨 일이 일어나고 있는지 알지만 자신이 속아 넘어가기를 간절히 바라는 것이다. 예를 들어 사람들은 사실을 알면서도 계속해서 어떤 일을 하는 데 필요한 시간과 노력의 양을 과소평가한다. 예를 들어 대니얼 카너먼Daniel Kahneman과 에이머스 트버스키Amos Tversky는 "과학자와 작가들은 과거의 실패를 통해 계획된 일정을 지킬 수 있을 만큼 상당한 경험을 쌓았음에도 프로젝트를 완료하는 데 필요한 시간을 과소평가하는 것으로 유명하다."라고 말했다.[6]

카너먼과 트버스키는 이를 계획의 오류라고 불렀다. 계획의 오류는 어디서나 발생하고, 특히 매우 부담스러운 일에 직면했을 때 자주 나타난다. 여러 차례의 실험을 통해 사람들은 실제로 필요한 시간보다 자신이 일을 더 빨리 해낼 수 있을 것이라고 생각한다는 사실이 밝혀졌다. 이 과도한 낙관주의는 미국에 한정된 현상이 아니라 일본과 캐나다에서도 발견된 바 있다.

어떤 사람들은 특정한 일을 하는 데 필요한 시간을 과소평가하는 것, 그 결과 일을 미루게 되는 것의 장점이 제대로 계획을 세우지 못하여 발생하는 대가보다 더 크다고 주장하기도 한다. 일의 규모에 겁먹고 도망가지 않도록 어느 정도의 자기기만은 필요하다. 또 실제보다 일이 대수롭지 않다고 믿으며 좋은 기분을 유지하는 것은 나중에 일을 처리하는 데 도움될지도 모른다.

계획의 오류는 자발적인 행동인 듯하다. 사람들은 과거의 경험에도 불구하고 계속해서 계획의 오류를 저지른다. 게다가 인센티브 또한 여기에 영향을 미칠 가능성이 높다. 대학생들에게 철자 퍼즐을 풀도록 했던 한 흥미로운 실험에서는 퍼즐을 완료하는 시간을 정확하게 예측한 사람에게 돈을 주겠다고 했는데, 이 경우 피실험자들은 놀랍게도 완료 시간을 훨씬 정확하게 예측해 냈다. 그들은 대조군과 비슷한 속도로 퍼즐을 풀었기 때문에 자신들의 예측에 맞춰 퍼즐 푸는 시간을 조절한 것은 아니었다. 돈을 받을 수 있다는 생각이 학생들의 지나친 낙관주의를 몰아낸 것 같다. 이때 실제로 퍼즐을 풀어 낸 시간은 예측한 시간보다 빨랐다.[7]

때때로 우리는 다른 일에 눈을 돌림으로써 스스로를 기만하기도 한다. 예를 들어 갑자기 집안일을 긴급하게 처리해야 한다고 느끼는 경우가 그렇다. 누군가 헤밍웨이에게 소설 쓰는 방법을 물어보자 그는 우선 냉장고 청소를 하라고 말했다고 한다.

우리는 일의 첫 번째 단계에서 마냥 시간을 끌기도 한다. 색소폰 연습을 해야 하는 나의 아들은 악기를 꺼내서 아주 오랫동안 리드를 손질하고 나서야 비로소 연주를 시작한다. 이러한 종류의 지연이 극단적인 형태로 나타나면 일종의 병이 된다. '초기 강박 지연'은 강박 장애가 있는 사람들이 옷을 입거나 외출 준비 하는 것처럼 일상적인 일을 시작하는 데도 지나치게 오랜 시간이 걸리는 것을 말한다.

심리학자 존 사비니John Sabini와 모리 실버Maury Silver는 해야 할 일을 하는 대신 늑장을 부릴 때 우리가 어떤 행동들을 하는지 자세히 연구했다.

우리는 거의 가치가 없지만 그래도 여기저기 존재하는 사소하고 부수적인 일에 열중하는 경우가 많다. 미루기가 심한 사람은 친구들과 파티를 즐기지는 않는다. 마감이 까마득히 멀어서 시간이 넘쳐 나는 경우가 아니라면 말이다. 마감이 눈앞에 닥쳐오기 시작하면 우리는 책상에 앉아서 넋을 잃고 주의를 빼앗길 만한 것이라면 무엇이든 닥치는 대로 발견한다. 때로는 책상에 앉은 내내 이것저것 손대 보다가 결국 하루가 다 가도록 아무 진전도 보지 못하는 경우도 있다. 죄책감을 안고 컴퓨터로 카드 게임을 할 바에야 친구들과 외출해서 즐거운 시간을 보내는 편이 나을지도 모르는데 말이다.

그러나 미루기에는 어느 정도 과시적인 요소가 있다. 일에 대한 헌신을 극적으로 과장할 필요가 있는 것이다. 단순히 다른 사람들에게뿐만 아니라 나 자신에게도 말이다. 그렇기 때문에 학기 말 리포트를 쓰는 사람은 나가서 무언가 보람 있는 일을 하지 않는다. 그 대신 책상 앞에 앉아 진지하게 리포트 작업을 시작하려 하지만 곧 친구들이 어떻게 지내는지 확인하기 위해 잠깐 페이스북에 접속해야겠다고 생각한다. 또는 야후에서 정신없이 골프 기사를 읽거나 (지난번에 늑장 부릴 때 이베이에서 주문한) 책상 위의 프로이트 조각상을 싸는 데 사용되었던 다른 도시 신문에 정신이 팔린다. 이 학생은 골프에는 조금도 관심이 없지만, 마감이 임박한 리포트에 대해 생각하는 것은 너무나 큰 스트레스다. 그렇다고 책상을 벗어나 다른 일을 할 수도 없다. 골프에 대한 기사는 딱 맞는 대안이었는데, 그 이유는 그 기사를 읽으면서 그다지 큰 즐거움을 느끼지 않았기 때문이다.(그랬다면 죄책감이 들었을 것이다.) 비록 거기서 얻는 안도감이 씁쓸한 것이라고 해도 미루기는 일종의 마취 효과를 가져온다. 사비니와 실버는 이 사례에서 가장 중요한 것은 학생이 책상에 앉아 있음으로써 다른 일에 몰두하는 것을 방지할 수 있었다는 점이라고 지적한다. "이렇듯 불합리한 행동은 늑장 부리는 사람들이 언제든지 뛰어들 수 있는 만반의 준비가 된 영역, 즉 '미루기 영역'에 머물기 위한 시도라고 할 수 있을 것이다."[8]

포테이토칩을 너무 많이 먹는 것처럼, 일을 미루고 싶은 충동에 굴복하면 기분이 좋으면서도 나쁘다. 그리고 매우 피곤하기도 하다. 언젠가는 해야 하는 일을 피하려면 때때로 대단한 집중력이 필요한데, 일을 미루면 나중에 더 어려워지기도 하기 때문이다. 우선 눈앞에 있는 일에서 다른 곳으로 주의를 돌려야 하는데, 어떤 종류건 주의력을 통제하는 데는 에너지가 필요하다. 그 상황을 끝맺을 수 있는 유일한 방법, 즉 미루던 일에 착수하는 것을 피하는 데 그토록 많은 에너지를 낭비하다니 얼마나 안타까운 일인가.

미루기는 단어의 정의상 불합리한 행동이다. 합리적인 지연은 미루기에 해당하지 않기 때문이다. 그러나 근시안적인 특정 시각에서는 미루기가 합리적으로 보일 수도 있다. 사비니와 실버는 이러한 사례를 보여 주었다. 리포트 제출일이 몇 주 남았다고 생각해 보자. 하지만 그사이에 다음 5분 동안 무엇을 할 것인지 결정해야 한다. 핀볼(핀볼 기계로 하는 당구와 비슷한 게임)을 하는 것은 리포트에 별다른 영향을 미치지 않으며 리포트 쓰는 일보다 훨씬 재미있기 때문에 핀볼 게임을 시작한다. 약간의 변화는 있을지언정 그다음 5분에도 똑같은 결론을 적용한다. 이런 상황은 계속되고, 리포트 마감일이 될 때까지 대부분의 5분을 이렇게 써 버린다. 여기서 우리는 모든 종류의 중독에서 볼 수 있는 것과 유사한 점진적 악화 현상이 일어나는 것을 관찰할 수 있다. 물론 작가들에게만큼은 이것이 전혀 적용되지 않는다. 그들은 "합리적이지 않게 행동하고 일을 미루는 방법 중 하나는 불합리하게 짧은 시간에 대해 합리적으로 계산하고 행동하는 것이다."라고 말

하니 말이다.[9]

미루기, 죄책감, 수치심

미루기는 죄책감을 주는 즐거움이지만, 사실 수치심과 더 밀접한 관계가 있다. 죄책감과 수치심은 완전히 다른 것임에도 불구하고 지금껏 같은 종류로 여겨져 왔는데, 둘 중에서는 죄책감이 그나마 좋은 쪽이다. 죄책감의 초점은 행동이며, 우리는 그 행동에 대해 회한이나 후회를 느낀다. 무언가에 대해 죄책감을 느끼는 사람은 사과하고 싶은 생각이 들기도 하고 죄책감을 일으키는 행동을 되돌리거나 고치려고도 한다.

죄책감이 여러분이 한 행동에 대해 좋지 않은 감정을 느끼는 것이라면, 수치심은 여러분의 현재 상태에 대해 좋지 않은 감정을 느끼는 것이다. 수치심을 느낀다는 것은 자신의 행동이 나쁘다고 생각하는 것이 아니라 스스로가 가치 없는 사람이라고 느낀다는 의미이며, 비난의 대상이 되는 것은 행동이 아니라 여러분 자신이다. 죄책감이 특정한 행동이나 조치를 바꾸는 데 초점을 맞추는 반면, 수치심은 나라는 존재 자체를 바꾸는 데 초점을 맞춘다. 콜리지가 말했던 '영혼을 질식시키는 수치심'은 진정 슬픈 것이며, 이런 감정은 죄책감보다 훨씬 더 고통스럽다. 수치심은 자신이 보잘것없고 열등하다는 감정과 연관되어 있으며, 다른 사람들이 자신을 하찮게 본다고 느낀다. 죄책감을 느끼는 사람은 무언가를 고치고자 하지만, 수치심을 느끼는 사람은 그저 숨고 싶어 한다.

심리학자 준 탱니와 론다 L. 피Ronda L. Fee가 86명의 대학생들에게 설문지를 사용하여 수치심, 죄책감, 완벽주의 성향, 양심, 그리고 다른 요소들을 조사한 결과, 미루기는 죄책감이 아니라 수치심과 연관되어 있다는 사실을 발견했다.

수치심은 다른 자제력 문제와도 관련이 있다. 380명의 아이들(및 그 부모와 조부모)을 대상으로 한 연구에서 탱니와 동료들은 "초등학교 5학년 때 쉽게 수치심을 느끼는 것으로 진단된 학생들은 고등학교에서 정학을 당하거나, 다양한 종류의 마약(암페타민, 기능 저하제, 환각제, 헤로인)에 빠지거나, 자살을 시도할 가능성이 높았다. 또 그들은 수치심을 덜 느끼는 학생들에 비해 대학 입학시험에 응시하거나 지역 봉사 활동에 참여할 확률이 낮았다."

이 결과는 죄책감을 잘 느끼는 아이들에 대한 연구 결과와 상반된다.(이 결과는 연구 대상의 사회적, 경제적 지위를 바꿔서 실험했을 때도 그대로 적용되었다.) "초등학교 5학년 때 쉽게 죄책감을 느꼈던 아이들은 죄책감을 느끼지 않는 아이들에 비해 대학에 진학하거나 지역 봉사 활동에 참가할 확률이 높다. 반면 자살을 시도하거나, 헤로인을 사용하거나, 알코올 또는 약에 취한 상태로 운전할 가능성은 낮으며, 술을 마시기 시작하는 연령대도 높다. 또 체포되거나, 유죄판결을 받거나, 감옥에 갇힐 확률이 낮고, 청소년기에 성관계를 맺는 상대의 수도 적고 '안전한 섹스'를 하며 피임할 가능성은 높다."[10]

때때로 수치심은 죄책감의 사악한 쌍둥이 형제처럼 보이기도 한다. 죄책감은 행동과 책임에 초점을 맞추기 때문에 보편적으로 자제력을 강화하고 감정이입도도 높인다. 그러나 수치심은 거의 전적으로 파괴적인 특징을 지니고 있어서 다른 사람들뿐만 아니라 자신까지 신랄한 비판의 대상으로 삼는다. 또 수치심이 사람을 자살로 이끄는 경우가 많다는 사실역시 잘 알려져 있다. 한편 여러 차례의 연구를 통해 수치심과 약물 남용의 관련성이 증명되기도 했다. 수치심이 얼마나 흉측한 것인지는 어빙 고프먼Erving Goffman의 저서 『스티그마 — 망쳐진 정체성 관리에 대한 고찰 Stigma: Notes on the Management of Spoil Identity』에 잘 나타나 있다.

탱니와 피가 "종적 가족 연구를 실시한 결과 수치심의 고통에서는 어떠한 혜택도 도출되지 않았다. 수치심이 문제 행동을 방지한다는 증거는 전혀 없다. 수치심은 젊은이들이 범죄를 저지르는 것을 막아 주지 않고, 안전하지 않은 성행위를 자제하도록 도와주지 않을 뿐 아니라 책임감 있는 운전 습관을 길러 주지도 않는다. 오히려 생산적인 지역 봉사 활동에 참여하는 것을 가로막을 뿐이다. 반면 죄책감은 강력한 도덕적, 감정적 요소다."[11]

자세히 들여다볼수록 수치심은 점점 더 질병처럼 보인다. 대부분의 질병이 그러하듯이 수치심 역시 부분적으로는 유전과 관련되거나, 최소한 죄책감보다는 훨씬 유전적인 영향이 큰 것으로 보인다. 1995년에 160명의 쌍둥이를 대상으로 실시한 연구에서 그러한 사실이 밝혀졌다. 반면 죄책감은 주변 환경과 더 깊이 연관된다.[12]

수치심과 죄책감의 공통점 가운데 하나는 좋지 않은 기분을 피하는 방법으로 미루기를 유발할 수 있다는 점이다. 그리고 이 두 가지 모두 미루기의 결과로 일어날 수 있으며, 미루기 자체가 좋지 않은 기분을 유발할 가능성 또한 높다. 따라서 미루기는 원인이자 결과이며, 도피처이자 감정을 더 악화하는 요인인 것이다.

꾸물거리며 시간만 죽이는 일을 중단하는 것은 보통 우리의 역량 안에 있지만, 미루는 성향 자체는 유전적인 요소를 가지고 있는 것으로 보인다. 쌍둥이, 유전자, 성격에 대한 또 하나의 연구에서는 미루기 변수의 22퍼센트 정도가 유전이라는 결과가 나왔다.[13]

동기부여 전쟁

미루기가 점점 더 자주 일어나는 이유 중 하나는 일의 본질이 바뀌었기 때문이다. 기술의 발달 덕분에(기술 발달은 자제력과 관련된 문제 중에서도 가장 심각한 축에 속한다는 점을 잊지 말자.) 직장에서의 노동이 시간을 낭비하기에 더 좋은 방향으로 변하고 있다.

예를 들어 공장의 조립라인에서는 늑장 부릴 기회가 거의 없다. (시트콤 「아이 러브 루시I Love Lucy」에서 루시와 에설이 초콜릿 공장에 취직했던 에피소드를 기억하는가?) 그러나 여러분이 대다수의 다른 사람들과 마찬가지로 매일 책상에 앉아 측정하기 불가능한 일을 하고 있다면, 미루기는 거의 불가피한 것으로 보인다. (어떤 조직에서는 이를 인정하기도 한다. 예를 들어 베스트바이의 본사에서는 결과를 중시하는 작업 환경을 구축하여 투입된 시간 같은 요소보다는 결과로 실적을 평가한다.)[14]

문제는 우리의 생산성을 높여 준 기술의 발달이 동시에 미루기를 부추기는 역할도 한다는 점이다. 사실 많은 사람이 일을 할 때 사용하는 주요 도구, 즉 인터넷이 연결된 컴퓨터는 일하지 않게 하는 가장 큰 유혹이며, 이메일, 채팅 초대, 시선을 사로잡는 수많은 웹 사이트에서 들려오는 유혹의 노래는 끊임없이 주의력을 흐트러뜨린다. 게다가 이런 유혹의 노래는 해야 할 일이 있는 사람들에게 특히 더 생생하다. 그 결과 오늘날의 '지식 근로자'들은 밤낮으로 일에 매달린다고 주장하지만 일에 그다지 많은 시간을 소비하지 않는 것처럼 보인다.

흐트러진 집중력은 언제나 큰 문제였다. 토마스 만Thomas Mann은 그의 소설 속 등장인물인 1870년대의 사업가 토마스 부덴브로크를 설명하면서 이렇게 썼다. "그는 조금도 중요하지 않은 수천 가지 일에 시달리고 있었다. 약해 빠진 그의 의지로는 시간을 합리적으로 관리한다는 것이 거의 불가능했다."[15]

이러한 유혹의 도전이 오늘날 더욱 심각해졌다는 점은 부인하기 어려울 것이다. 우리는 이제 전화, 이메일, 문자 메시지, 동료들의 꼬임과 유혹에 끊임없이 집중력이 떨어지는, 이른바 동기부여라는 측면에서 해로운 환경에서 살고 있다. 시장경제는 지속적으로 새로운 것을 추구하는 인간의 욕망을 충족해 주기 때문에 하루가 멀다 하고 참신한 상품들이 사방에서 우리를 스치고 지나간다. 이는 미루기에 대한 정중한 초대와도 같다. 피어스 스틸이 말했듯이, "아이스크림이 담긴 마법의 수저가 자신을 계속 따라다니는 상태에서 다이어트를 하려고 하는 것"이나 마찬가지다.

미루기를 유발하는 일과 미루기를 방지하는 일의 차이는 우리 집에서 특히 극명하게 나타난다. 치과 의사인 아내는 직장에서 일을 미룰 기회가 없으므로 집에서 무언가 미룰 기회를 찾아야 한다. 아내의 하루는 빡빡한 일정으로 짜여 있고, 불안해 하는 환자가 항상 아내의 얼굴을 바라보고 있다. 이 모든 요소가 합쳐져 엄청난 동기부여가 된다. 아내는 매우 피곤할 때에도 직장에서만큼은 놀라운 집중력을 발휘한다.

반면 작가는 보통 아무것도 안 하는 것처럼 보이지만 미루기를 한다.

글은 내일 써야지

아마도 언젠가는 건장한 남자들이 술집 여기저기를 돌아다니며 머스킷총을 들이대고 사람들에게 글을 쓰라고 위협하는 일이 생길지도 모른다. 그러나 일단 그런 날이 오기 전까지는 대부분의 작가들이 자발적으로 글을 쓰는 사람들이라고 가정해야 한다. 따라서 아마도 작가들은 모두 글을 쓰고 싶어 하는 사람들일 것이다. 그렇다면 작가들은 왜 그토록 미루기로 악명을 떨치는가?

내 생각에 그 이유 중 하나는 글을 쓰려면 눈에 보이는 구체적인 일이 아닌 추상적인 사고를 해야 하기 때문이다. 그리고 이런 추상적인 사고는 사실 먼 훗날에나 보상받을 수 있거나, 어쩌면 전혀 보상받지 못할 수도 있다. 게다가 오늘날에는 추상적인 생각을 인터넷이 연결된 컴퓨터 앞에서 하게 된다. 미루기를 유발하는 데 이보다 더 그럴듯한 시나리오를 상상할 수 있겠는가?

여러분 자신의 늑장 성향을 분석해 보면, 불편한 생각과 기억이 떠오를 때 일을 더 심하게 미루는 경향이 있음을 알게 될지도 모른다. 그 이유는 자기 인식과 관련이 있다. 추상적으로 사고하게 되면 자아를 심도 깊게 인식하게 된다. 어떤 의미에서 새뮤얼 존슨은 다음과 같은 말로 우리 모두를 대변했다고 할 수 있다. "나의 삶은 나 자신으로부터의 기나긴 도피이다."

로이 바우마이스터는 내면 활동 사이의 위계를 상상했다. 그는 높은 단계에 있는 것은 시간이 더 오래 걸리고, 보다 정교한 의미를 지니며, 조금 더 추상적인 목표를 가지고 있다고 주장했다. 높은 단계에 있는 것이 낮은 단계에 있는 것을 억누르지 못할 때 자기 절제가 실패하게 된다. 미루기는 이를 극명하게 나타내는 사례다.

따라서 여러분이 책상 앞에 앉아 텅 빈 화면을 응시하며 무수히 많은 소재들을 복잡하게 조합하여 읽기 좋고 짜임새 있는 어떤 것을 만들기 위해 골머리를 앓고 있다고 생각해 보자. 그러다 보면 최근에 경험했던 당황스러운 일이나 자신이 잘못한 일을 생각해 내게 될 것이다. 어쩌면 전날 일하지 않고 빈둥거린 것을 떠올릴지도 모른다. 이러한 생각들은 자기 인식을 고통스럽게 만들 가능성이 크다. 그러다 보면 생각은 위계를 따라 내려가 모든 미루기 환자들에게 너무도 익숙한, 낮은 단계의 무언가를 추구하게 된다. (인터넷과 냉장고 말이다.)

글쓰기는 일종의 해방구로 기능하지만, 매우 고독한 동시에 스스로 동기를 부여해야 하며 추상적인 성격을 지닌다. 따라서 미루기는 사라지지 않는 유혹이 된다. 글을 쓴다는 것은 사실 사고한다는 것이며, 이는 언제나 변함없는 진리이다. 그러나 대부분의 사람들은 사고 자체를 미루는 경향이 있다. 18세기에 조슈아 레이놀즈Joshua Reynolds는 "인간은 사고라는 진정한 노동을 피하기 위해 모든 방법에 의존한다."라고 썼다.

작가들은 자신이 추상적인 사고에서 얼마나 이탈하기 쉬운지 잘 알기 때문에 결과물을 추적하거나 집필 작업을 계속할 수 있도록 별도의 조치를 취하는 경우가 많다. 앤서니 트롤럽, 어빙 윌리스Irving Wallace, 어니스트 헤밍웨이 같은 위대한 작가들은 집필 작업의 진척도를 꼼꼼하게 관리했고, 앤 패디먼Ann Fadiman은 존 맥피John McPhee가 글이 잘 안 써질 때마다 목욕 가운 줄로 자신을 집필실 의자에 묶어 놓았다고 적었다. 다작으로 유명한 트롤럽은 하루에 써야 할 원고 매수를 정해 놓았을 뿐 아니라 각 페이지에 들어가는 단어 수까지 지정해 놓았다. 물론 63권의 책을 펴낸 트롤럽은 쉰 살의 나이에 문단에 입문하여 114권의 소설을 쓴 그의 어머니와 비교하면 아무것도 아니다. 트롤럽은 이렇게 썼다. "거역하지 못하는 규칙만큼 강력한 것은 없다. 이는 결국 바위를 뚫어 내는 낙숫물의 힘을 지녔다. 일상적인 일도 매일매일 실천하면 가끔 헤라클레스도 이길 수 있는 법이다."[16]

벽난로 위에 "한 줄이라도 글을 쓰지 않고 지나가는 날은 없다."라는 글을 새겼던 19세기 소설가 에밀 졸라Emile Zola 역시 이 점을 분명히 알고 있었을 것이다.

경제학자 조지프 슘페터만큼 집필 작업을 철저하게 관리한 사람은 아마 없을 것이다. 슘페터는 학생들에게 하는 것처럼 자신이 쓴 글에 성적을 매겼다. 슘페터는 자신의 일을 엄격하게 감독했다. 슘페터의 전기를 집필한 토머스 매크로의 말에 따르면 "그는 수학을 마스터하기 위해 했던 끝없는 노력과 집필 및 연구 활동에 정확한 수치로 점수를 매겼지만 학생들을 가르치거나, 상담을 하거나, 그 외의 업무를 하면서는 점수 매기는 일이 거의 없었다. 슘페터는 라틴어와 그리스어로 된 글을 즐겨 읽었으며, 유럽 소설과 전기들도 즐겼다. …… 때로는 엘러리 퀸을 비롯한 탐정소설에 빠지기도 했다. 그는 외식을 하거나 미술 전시회, 클래식 콘서트도 즐겼다. 그러나 그는 이런 활동의 대부분을 집중을 방해하는 부적절한 유혹으로 보았다. 진정 중요한 것은 오직 하나, 일이었다. 이런 측면에서 슘페터는 달성할 수 없는 기준을 세우고 끊임없이 자신의 양심과 다툼을 벌였다고 할 수 있다."[17]

성과를 추적하는 것은 체중을 기록하는 것과 마찬가지로 유용한 작업이다. 그러나 그러고 싶지 않을 때에도 누군가가 억지로 하게 만드는 것만큼 철저한 조치는 아니다. 물론 때로는 스스로 극단적인 방법을 택할 수도 있다. 고대 그리스의 정치가 데모스테네스는 일부러 머리의 반쪽을 밀어 버려 3개월 동안 은둔 생활을 했다고 한다. 머리가 다시 자랄 때까지 사람들 앞에 모습을 드러내지 않기로 결심한 데모스테네스는 그 시간을 활용하여 웅변 기술을 갈고닦았다.

애리조나대학교의 사회학과 교수 제프리 J. 샐러즈Jeffrey J. Sallaz는 페이스북에 부끄러운 사진을 올린 후, 작성한 원고의 교정본 검토를 마칠 때까지 그 사진을 삭제하지 않기로 결심함으로써 미루기를 극복했다. 그는 나중에 "제조업에 종사하는 사람들은 자유업에 종사하고자 하는 꿈을 가지고 있을지 모르지만, 자유업에 종사하는 전문가들은 조립라인에 묶여 감시받는 것에 대한 환상을 가지고 있다. 사르트르는 인간은 자유롭도록 저주받았다는 말을 남겼다."라고 말했다.[18]

그러나 누군가 다른 사람을 동원해 억지로 결과를 얻어 내는 편이 나은 경우도 많다. 빅토르 위고는 하인에게 자기 옷을 압수하게 하여 위대한 소설의 집필을 계속할 수 있도록 했다. 이러한 접근 방식은 추후의 연구를 통해 그 효과가 증명되었다. 슬럼프에 빠진 작가들을 대상으로 한, 하나 이상의 연구에서 기분이 내킬 때만 무언가를 끼적거리는 대신 억지로 글을 쓰도록 했을 때, 보다 생산적이고 창의적인 결과가 도출되었음이 밝혀졌다.[19] 역사학자 죄르지 루카치Georg Lukacs는 여기에 전적으로 동의할 것이다. 조지 스테이너George Steiner가 루카치를 방문하여 그의 놀라운 생산성에 대해 물었을 때, 루카치는 웃으며 이렇게 설명했다. "내가 어떻게 일을 마치는지 알고 싶나? 가택 연금! 스테이너, 가택 연금이라네!"[20]

미루기를 이겨 내려고 시도한 작가 가운데 가장 흥미로운 사례는 제프 다이어Geoff Dyer인데, 그는 『순수한 분노의 발로 — D. H. 로렌스와의 씨름 Out of Sheer Rage: Wresling with D. H. Lawrence』에서 정교한 미루기의 역사(광범위한 여행이 포함되어 있다.)를 연대순으로 기록했다. 다이어는 로렌스에 대한 책을 쓸 작정이었지만 계속 미루다가 결국 미루기에 대한 글을 가지고 돌아왔다.

18 지나치게 멀리 내다보는 사람들

자제력 없는 좋은 인생이란 있지도 않고, 있을 수도 없다.[1]
— 레프 톨스토이

유혹에 저항하기 위해 유혹에 저항한다.
— 《뉴요커》에 실린 광고

현대사회에서 자기 절제는 대개 좋은 삶으로 이어진다. 오늘날에는 충분한 자제력을 가진 사람이 매우 드물기 때문에 시장에서는 자기 절제 엘리트들에게 엄청나게 후한 보상을 제공한다. 이들 엘리트는 대학원에서 그 모든 따분한 것들을 견뎌 냈을 뿐만 아니라 동틀 무렵 헬스클럽에 가서 몸에 붙은 지방을 털어 낸 후 식습관을 철저하게 조절하여 날씬한 몸매를 유지하는 자제력의 화신들이다.

우리 모두는 그들이 누구인지 안다. 그들은 1분 단위로 계획을 세워 유치원에서부터 하버드까지 그들의 어린 자녀가 걸어갈 길을 정해 놓는 사람들이다. 물론 그들을 놀리기는 쉽다. 하지만 그들이 무언가 잘못하고 있다고 생각되지는 않는다. 적어도 신용카드 대금 상환을 미친 듯이 연장하고 눈에 보일 때마다 치즈 케이크를 주문하는, 종잇장처럼 얇은 의지를 지닌 일반 대중에 비하면 말이다. 반면 미국의 자기 절제 귀족들은 강철 같은 의지를 자랑하며 현대사회에 완벽하게 적응한 것으로 보인다. 그들은 마치 다른 사람들보다 먼저 그 소식을 접한 것 같다. 자제력은 21세기에 가장 중요한 개성임이 틀림없다는 소식말이다.

내밀한 욕구를 억누르는 것은 비극으로 향하는 지름길이라고 믿는 일반 대중에게 이는 상당히 씁쓸한 이야기일지도 모른다. 어쨌든 행복은 대개 즐거움을 방해하는 끔찍한 제약들의 노예가 되기보다는 자기 절제의 끈을 느슨하게 풀고 어느 정도 욕망에 굴복해야 얻을 수 있는 것으로 묘사된다.

그러나 자기 절제의 슈퍼스타들 가운데 상당수를 포함한 많은 사람들이 실제로 긴장을 풀어야 할 필요가 있다. 지나친 자기 절제는 자기 절제의 부족만큼이나 문제가 되기 때문이다. 여기서는 과학이 구원에 나선다. 최근 원시성(遠視性), 즉 지나치게 멀리 내다보는 성향에 대한 연구가 다수 발표되었다. 이것은 다른 말로 지나친 자기 절제라고 할 수 있는데, 안타깝게도 이런 성향을 가진 사람들은 재치 있는 칼럼니스트 돈 마퀴스 Marquis의 행동을 따라하고 싶어 하는 것이 분명하다. 돈 마퀴스는 한 달 동안 금주한 끝에 술집으로 달려가 이렇게 말했다. "나는 내 망할 의지력을 정복했소. 스카치 더블 한 잔 주시오."[2]

지나친 자기 절제가 끔찍한 증상을 야기하는 경우는 드물지만 노이로제, 후회, 은연중에 속마음을 드러내는 실수처럼 그럼에도 불구하고 그것이 치러야 할 대가는 분명히 존재한다. 이해를 돕기 위해 진귀하고 맛있는 차를 선물 받아서 특별한 기회에 마시려고 아껴 두었다고 상상해 보자. 아끼고, 아끼고, 또 아끼다가 결국은 상하여 거름이 되어 버리는 경우 말이다. 만족을 지연하려다가 부유해지기는커녕 더 가난해지는 것이다. 몽테뉴는 이렇게 일깨워 주었다. "지혜도 지나칠 때가 있다. 어리석음 만큼이나 지혜에도 자제가 필요하다."[3]

우리는 버번위스키를 마시고, 마리화나를 피우고, 프라이멀 스크림^{유아기}
<small>의 외상 체험을 재체험시켜 신경증을 치료하는 정신요법</small> 치료를 받고, 애인에게 자신을 묶어 달
라고 부탁한다. 이는 모두 자신으로부터 자유로워지기 위해서다. "우리는
전두엽에서 멀리 떨어져 감각과 충동에 따른 본능의 축제를 즐기고 싶어
한다." 올리버 색스Oliver Sacks는 두뇌에서 자기 절제가 자리 잡고 있다고
알려진 부분을 가리키며 말했다. "이것이 바로 억제되고, 문명화 되고, 전
두엽이 왕성하게 활동하는 본성이 모든 시대와 문화에서 인정한 욕구"라
고 말이다.[4]

신중함을 피하는 신중함

예상하듯이 내적 갈등에 대한 대부분의 연구는 신중한 자아가 어떻게
그의 충동적인 형제에게 자신의 의지를 강요할 것인가와 연관된다. 이는
체중을 줄이거나 인터넷 서핑을 중단하고 일을 시작하고자 노력하는 우
리 모두에게 익숙한 문제다. 그러나 "유혹을 없애는 유일한 방법은 유혹에
굴복하는 것이다."라고 주장했던 오스카 와일드의 영향을 받았을 몇몇 경
제학자들은 정반대의 노선을 걸었다. 그들은 인간이 지나치게 탐닉을 억
제한 결과 불행해진 경우도 많다고 주장한다.

'규칙을 준수하는 자아'와 '충동적인 자아'의 개념을 받아들였던 타일
러 코웬Tyler Cowen은 인간이 후자에게 그다지 관심 두지 않는 경향이 있다
고 주장한다. 관심만 있다면 엄청난 이익을 얻을 수 있는데도 말이다. 코
웬은 최소한 두 자아가 서로 협력해야 한다고 이야기한다. 예를 들어 둘

중에서 더 미래 지향적인, 규칙을 준수하는 자아가 충동적인 자아를 시뮬레이션해 보는 것은 합리적인 일일지도 모른다. 규칙을 준수하는 자아는 새로운 것과 놀라운 것의 가치를 이해하기 때문에 충동적인 자아가 즉흥적으로 즐거움에 빠질 기회를 만들어 주려고 노력할지도 모른다.

대부분의 사람들은 너무도 쉽게 스스로가 충분히 하고 싶은 대로 하지 못한다고 생각한다. 맥주 한 잔 더 하는 데 이보다 더 훌륭한 구실이 어디 있겠는가? 하지만 실제로 스스로를 지나치게 통제하며, 때로는 충동에 몸을 맡기기 위해 규칙을 중시하는 자아가 노력해야 하는 사람들도 있다. 긴장을 푸는 전형적인 방법은 술을 마시는 것이다. 술은 증명된 탈억제제이며, 사람들은 대개 바로 그 때문에 술이 나쁜 영향을 끼칠 수 있다는 사실을 알면서도 술을 마신다. 『오셀로』에서 카시오가 말했듯이, 사람들은 "뇌를 마비시키기 위해 기꺼이 적을 입안에 밀어 넣는다." 역사적으로도 병사들은 술을 마시면서 죽이고 죽을 준비를 했다. 스페인 내전에서 총살형 집행대에 소속된 병사들은 이른 아침부터 상당량의 브랜디를 배급 받았고, 제2차 세계대전 중의 프랑스 군대는 무너지기 직전 병사들에게 상당량의 와인을 제공했다.

긴장을 푸는 쪽으로 선택을 유도하는 방법은 술 마시기뿐만 아니다. 또다른 방법은 탐닉을 촉진하는 보상을 선택하는 것이다. 이 방법의 좋은 예는 조지 버나드 쇼George Bernard Shaw의 『피그말리온Pygmalion』에서 찾아볼 수 있는데, 일라이자 둘리틀의 무능한 아버지 앨프리드가 헨리 히긴스와 피커링 대령에게 이야기하는 장면이다.

히긴스 그에게 5파운드를 줘야 한다고 생각하네.
피커링 하지만 돈을 잘못 써 버리지 않을까 걱정된다네.

앨프리드 저는 그러지 않을 겁니다, 주지사님. 그러니까 잘못 쓰지 않도록 도와 주십시오. 그 돈을 보관하고 저축하여 빈둥거리며 살지는 않을까 두려워하지 마십시오. 월요일에는 단 1페니도 남아 있지 않을 테니까요. 돈을 받은 적이 없는 것처럼 직장에 나가야 할 겁니다. 절대 그것 때문에 가난해지는 일은 없을 겁니다. 딱 한번 나 자신과 아내를 위해 한바탕 즐김으로써 우리에게는 즐거움을, 다른 사람들에게는 일자리를 제공하며, 주지사님께 돈을 허투루 쓰지 않았다는 만족감을 드릴 것입니다. 이보다 더 가치 있게 돈을 쓸 수 있을까요?

히긴스 어쩔 도리가 없구먼. 10파운드를 주자고. (청소부에게 지폐 두 장을 건넨다.)

앨프리드 아닙니다, 주지사님. 아내는 10파운드를 쓸 만한 배짱이 없고, 저도 마찬가지입니다. 10파운드는 큰돈이죠. 사람을 신중하게 만들고, 행복에 작별을 고하게 하지요. 딱 제가 말씀드린 만큼의 돈을 주십시오, 주지사님. 단 한 푼도 많거나 적지 않게 말입니다.

이와 비슷한 맥락에서, 성실한 사람들이 대회의 우승 상품으로 현금 대신 스포츠카나 호화로운 휴가 여행을 택하는 경우를 종종 보게 되는데, 그 역시 딱히 불합리한 선택은 아니다. 그렇게 특수한 상황이 아니라면 스스로에게 그런 사치를 허용할 리가 없기 때문이다. 그런 사람들은 앨프리드 둘리틀처럼 상을 현금으로 받게 되면 그 돈을 저축이나 공과금 내는 데 써 버리고는 늘 꿈꿔 왔던 발리 여행을 하지 못하게 될까 봐 두려워한다. 이는 지나친, 또는 원치 않는 신중함을 막기 위한 일종의 다짐이다. (물론 지나친 신중함을 피하기 위해서는 신중함이 필요하다.)

2002년에 마케팅 교수인 랜 키베츠Ran Kivetz와 이타마 시몬슨Itamar

Simonson은 이 문제를 설명하는 흥미진진한 실험을 진행했다. 그중 하나에서 키베츠는 여성 여행자 124명에게 85달러의 현금과 80달러 상당의 스파 상품권 중에 하나를 선택하라고 제안했다. 상당히 쉬운 선택처럼 보인다. 그렇지 않은가? 그렇지 않다. 여행자들 가운데 40명이 스파 상품권을 선택했다. 현금을 택할 경우 똑같은 상품권을 구입하고, 5달러를 남길 수 있는데도 말이다. 키베츠는 모든 실험 대상자들에게 자신이 왜 그런 선택을 했는지 이유를 적으라고 부탁했고, 스파 상품권을 선택한 대다수는 사치를 즐기기 위해 일부러 그쪽을 택했다고 답했다. 전형적인 답은 다음과 같았다: "그렇게 해야 그 돈을 식료품 구입 같은 데 쓰지 않고 나를 위해 쓸 수 있잖아요."[5]

긴장 해소의 필요성은 성적 피학대 행위에서 즐거움을 얻는 사람들에 대해 설명해 줄지도 모른다. 일반적으로 사회에서 자기 절제가 가장 철저한 사람들이 이 성적 피학대 행위에 특히 매력을 느끼는 것 같다. 로이 바우마이스터는 성적 피학대 행위란 알코올이나 영적인 경험과 마찬가지로 자의식에서 탈출하는 방법, 즉 현대사회에서 수많은 사람들이 짊어지고 있는 엄청난 자아의 짐을 잠시나마 내려놓을 수 있는 방법이라고 주장한다. 이 견해로 볼 때, 불현듯 수갑을 차고 누군가에게 맞고 싶어 진다면, 여러분에게 잠깐 휴식이 필요한 것인지도 모른다.

"나를 묶어 주세요."

우리의 친구 오디세우스 역시 그런 자아의 짐을 지고 있었고, 세이렌의 에피소드는 엔크라테이아, 즉 자기 절제를 유지하는 동시에 거기서 벗어나고자 하는 욕망이 극적인 형태로 드러난 사례라고 볼 수 있다. 여기서 자기 절제의 목표는 물론 아내가 기다리는 고향으로 돌아가 다시 왕위에 오르는 것이었다. 이 이야기를 해방의 필요성이라는 관점에서 생각해 보자. 동성애 성향의 병사들이 가득한 가운데, 우리의 영웅은 부하들에게 자신을 배의 거대한 남근, 즉 돛대에 묶으라고 지시했다. 어쩌면 오디세우스는 자신의 가부장적인 관점도 묶어 놓았을지 모른다. 그래서 수상할 만큼 매력적인 여성들이 그를 유혹하여 신념을 버리게 하지 못하도록, 그리고 자신의 힘을 거대한 대양에 녹여 버리지 못하도록 말이다. 대부분의 수컷 우두머리처럼 오디세우스는 이 지극히 자발적인 구속을 즐겼고, 세이렌들이 노래로 그를 유혹하기 시작했을 때, 오디세우스는 유혹에 굴복할지 말지 선택할 만한 힘이 없었다.

이 장면에서 오디세우스는 힘을 유지하기 위해 일정 기간 동안 힘을 포기해야 했다. 아마 다양한 성적 피학대 행위에도 이와 비슷한 원리가 작용하고 있을 것이다. 성적 피학대 행위는 여러 가지 위험한 행위를 포괄하지만, 그것들 대부분이 가진 공통점은 자제력을 완화하려는 욕망을 극적으로 나타낸다는 점이다. 특히 애인에게 자신을 묶어 달라고 부탁하는 것은 그가 긴장을 늦추겠다는 구체적인 의도 아래 연기하고 있음을 암시한다. 왜냐하면 무기력한 '피해자'는 제대로 저항할 수 없기 때문이다.

신체 결박에 '굴복'하는 사람들이 다가올 해로운 충동에 대비하여 자신을 묶어 달라고 요구함에 있어서 오디세우스와 구별되는 점이 있다. 그것은 그들이 치명적인 황홀감이 아니라 사회적 예절에 대한 책임을 피하고 싶어 한다는 사실이다. 따라서 스스로를 지나치게 통제하는 사람들에게 신체 결박은 일종의 자유를 나타내고, '노예'처럼 행동하는 것은 피학대 성애자가 진정으로 원하는, 달콤한 죄악을 느끼는 방법이다. 신체 결박이 자유를 의미한다는 것은 전체주의적인 개념처럼 들릴지도 모르지만, 중요한 사실 한 가지를 고려하면 납득할 수 있다. 이들은 스스로가 원해서 이런 방식으로 복종하고 있다는 사실 말이다. 심지어 가학 또는 피학 성애를 가장 열렬하게 옹호하는 사람들조차 이러한 성행위는 동의하에 이루어져야 한다고 강조한다. 피학대 성애자는 오디세우스처럼 스스로의 요청에 따라 묶여 있는 것이고, 그들을 묶는 사람은 그들의 소망을 이루어 주는 셈이므로 어떤 의미에서는 그들에게 복종하는 것이라 할 수 있다.

오디세우스의 경우, 일시적이기는 하지만 실질적으로 권위가 넘어갔다. 세이렌들이 노래하는 동안, 자유를 외치는 오디세우스의 요청에는 아무도 복종하지 않았다. 반대로 일반적인 피학대 성애자는 힘을 넘겨주는 시늉만 할 뿐, 사전에 합의된 '암호 말' 같은 방법으로 계속 통제력을 유지한다. 그가 암호 말을 입 밖에 내면 모든 행위는 멈춰진다. 다르게 말하면 신체 구속은 진정으로 구속력을 가진 것이 아니다. 하지만 우리가 삶의 다른 영역에서 스스로에게 부과하는 약간 엉성한 제약처럼 피학대 성애자는 이 정도로도 충분히 구속력을 가진다고 느낄 수 있다. 정신분석가 제시카 벤저민Jessica Benjamin은 이들 피학대 성애자를 '행위의 배후 조종자'라고 부르기도 한다.[6]

약 300년 전에 존 클리랜드John Cleland는 소설 『패니 힐Fanny Hill』에서 고객인 바빌이 합의하에 자신을 때리는 대가로 패니에게 돈을 지불하는 장면을 통해 가학과 피학 사이의 괴상한 역학 관계를 생생하게 묘사했다. 처음에는 바빌이 "약간의 형식적인 주저함을 보였지만", 그런 다음 자신의 가터벨트로 "일종의 의식처럼" 스스로를 묶어 매 맞을 준비를 했다. 패니는 바빌을 "그런 취향의 노예"라고 표현했으며, 그러한 행위를 한 후 바빌이 자기혐오에 빠지는 것처럼 보인다고 이야기했다. 사실 심리학자들은 가학적 성애처럼 피학적 성애가 고통이나 장애를 야기할 경우 병으로 취급한다.

최근에 가학 및 피학성애가 양성화되면서 이런 성행위를 하는 사람들이 느꼈던 사회적 수치심 역시 점진적으로 사라질 가능성이 커졌다. 오늘날 가학과 피학이라는 주제는 대중문화에 자주 등장한다. 예를 들어《뉴욕 타임스》에 실린 값비싼 여성용 가죽 구두 광고를 통해 분명하게 알 수 있듯이, 몸을 묶을 때 사용되던 의상들은 패션에 영향을 미쳤다. 실생활에서 피학적 성애는 진짜 병이라고 하기에는 너무도 무해하고 광범위하며, 심지어 지나치게 정상적일지도 모른다. 진위가 약간 의심스럽기는 하지만 한 연구에 따르면 미국인의 대략 5~10퍼센트가 가학 또는 피학적 성행위에 참여하고 있다고 한다. 그리고 이에 대해 상상하는 사람들은 이보다 훨씬 많을 것임이 틀림없다.[7]

자기 절제를 연구하는 사람들이 흥미를 느끼는 부분은 그들이 누구이며, 그들이 좋아하는 것은 무엇이냐 하는 점이다. 대부분은 복종자, 즉 학대받는 역할을 선호하는 것으로 보이는데, 이는 현대 생활에서 피학이 특히 인기를 끌게 되었다는 생각과 일맥상통한다. 사회적으로 성공한 사람들이 특히 복종자 역할을 선호하며, 피학적 성애는 주로 부유하고 개인주의적인 사회, 즉 서구에서 발견된다. 대부분의 성적 관행이 성행위 자체만큼이나 오래된 반면, 피학성애는 개성이 넘쳐 났던 1500년에서 1800년대 사이에만 분명하게 두각을 드러냈다.[8]

18세기 후반에 출판된 『고백록Les Confessions』에서 루소는 평생 여성에게 매 맞고 지배당하고 싶었다고 고백했다. "군림하는 여주인 앞에 무릎 꿇고 주인의 명령에 복종하며 용서를 비는 것은, 나의 기쁨 중에서도 가장 은밀한 것이었다." 루소는 수치심과 안도감을 동시에 담아 이렇게 설명했다. "이는 범죄 행위는 아니지만, 우스꽝스럽고 수치스러워 고백하기 어렵다."

그럼에도 불구하고 남성이 여성보다 가학·피학적 성행위를 확실히 더 좋아하며, 그중에서도 복종하는 역할을 훨씬 선호한다는 것은 놀라운 일이 아닐지도 모른다. 전통적인 성 역할과 남성, 여성의 신체적인 차이를 고려할 때 이는 의도적인 성 역할 전환처럼 보인다. 남성들에게 성적 복종은 자신과 자기를 둘러싼 사람들에 의한 통제를 거부하는 기회로 작용할 가능성이 크다.

또 강한 권력을 지닌 남성들 역시 이를 선호한다는 증거가 있다. 그랑프리 자동차경주를 관장하던 영국인 맥스 모즐리도 F1 회장직을 맡고 있을 때 피학적 성행위를 하는 동영상이 공개되어 큰 화제가 되었다. 《뉴욕 타임스》에 따르면 모즐리가 벌거벗은 채로 스무 차례 이상 채찍질 당하는 장면이 카메라에 담겼다고 한다. 이 스캔들 이후 높은 사회적 지위를 누리던 남성들은 자신처럼 피학성애를 지닌 사람이 드물지 않고, 그것이 다만 수치스러울 뿐이라는 사실을 알고 다소 위안을 얻었을지도 모른다. 로이 바우마이스터는 매춘부에게 피학대 성행위를 요구하는 사람들은 대부분 부유하고 권력 있는 남성들이라고 한다. 한 연구에 따르면 워싱턴의 콜걸들은 상당히 많은 가학·피학적 성행위 요구를 받으며, 피학적 성행위에 대한 요청이 가학적 성행위보다 무려 여덟 배나 많다고 한다. "자아의 짐이 클수록 사람들은 피학성애 쪽으로 기우는 것처럼 보인다." 바우마이스터의 말이다.

물론 피학성애의 매력 가운데 하나는 궁극적으로 피학성애자가 주도권을 쥐고 있다는 점이다. 비록 원하는 것보다 더 오랫동안 예속당하는 방법도 있지만 말이다. 카르티에처럼 유명한 브랜드에서도 도구나 열쇠 없이는 잠금 장치를 풀 수 없는 보석을 판매한다. 내 생각에는 이러한 제품의 전제가 당사자의 연인에게 이들 보석에서 해방될 수 있는 수단을 준다는 것인 듯하다. 자리에 없거나, 연락이 되지 않거나, 심지어는 비협조적일 수도 있는 사람에게 말이다.

정조대는 이 개념을 발전시킨 극단적인 사례다. 정조대 제조업체들의 말을 믿는다면 정조대의 판매는 지난 10여 년 동안 상승 곡선을 그리고 있으며, 제조업체의 수는 확실히 늘었다. 이는 아마도 사람들이 부끄러움 없이 무엇이든 살 수 있는 인터넷 덕분일 것이다. 최고로 비싼 정조대는 열쇠 없이는 절대 벗을 수 없게끔 만들어졌는데, 아마도 그 열쇠는 결코 착용하는 사람의 손에 주어지지 않을 것이다. 이는 오디세우스가 세이렌을 만났을 때 했던 바꿀 수 없는 일시적인 권력 이양과 유사하다. 참고로 이야기하자면, 요즘은 플라스틱 소재로 제작되어 공항 검문에서도 경보기가 울리지 않는 정조대를 구입할 수 있다고 한다.

"최선을 다해 살아라. 그러지 않는 것은 잘못이다."

헨리 제임스Henry James의 말이다. 지나치게 멀리 보는 성향에 시달리는 사람들에게는 그들의 권리를 옹호하는 조직이나, 모금을 위한 5킬로미터 마라톤 행사, 형형색색의 모금용 팔찌, 지나치게 신중한 사람이 조심스러운 눈길로 말없이 도움을 청하는 감성적인 잡지 광고도 없다. 이 조용한 미덕의 희생자들이 겪는 비극적인 고통은 거의 모든 사람들에게 무시당한다. 소설가들은 제외하고 말이다.

소설가들은 이 주제를 사랑했다. 『우연한 여행자*Accidental Tourist*』에서 불면증에 대비해 작은 술병에 셰리주를 담아 갖고 다니던 메이컨 리리를 기억하는가? 리리 같은 사람들의 문제는 그 술을 언제 사용할지였다. "그는 현재 상황이 어떻든 간에 더 나쁜 상황이 올 때를 대비해 술을 아껴 두었다. 하지만 그런 날은 결코 찾아오지 않았다. …… 사실 리리가 술병을 열려고 했을 때 그는 술병의 금속 뚜껑 안쪽이 녹슬었다는 사실을 발견했다."[9] 이타적인 리리가 비행을 두려워하는 낯선 사람을 위해 마침내 술병을 열었을 때, 응급 상황을 대비해 술을 비축해 둔 것은 한 경제학자의 말마따나 '끝없이 미룬 소비의 모순' 사례인 것처럼 보인다.[10]

소설이 항상 지나친 자기 절제에 대해 우려한 것은 아니었다. 19세기에 헤스터 프린, 안나 카레니나, 보바리 부인은 유혹에 제대로 저항하지 못해 크나큰 대가를 치렀고, 끔찍한 범죄를 저질러 가차 없이 처벌받은 라스콜니코프, 과도한 충동의 화신과도 같은 알코올중독자 마이클 헨처드, 누이인 캐리가 스타덤에 오르기 시작하자 횡령을 저질러 처절한 결말을 맞았던 조지 허스트우드같이 불운한 남성들도 마찬가지였다. 또한 불같은 성질과 탐욕이 모두의 생명을 앗아 간 맥티그 이야기도 있다.

로버트 루이스 스티븐슨Robert Louis Stevenson은 『지킬 박사와 하이드 씨』를 통해 이 주제를 매우 솔직하고 세심하게 다루었다. 이 소설은 자제심, 중독, 기술의 상호작용이 윤리적으로 모호했던 빅토리아시대의 런던을 배경으로 하는데, 특히 복잡하고 은유적인 묘사가 압권이다. 안개 긴 거리에서 자라나는 금단의 과일을 맛보고 싶었던 착한 지킬 박사는 우선 자제력을 끊기 위한 약을 만들어야 했다. 다시 통제력을 되찾는 약도 필요했다. 하지만 이 약은 지킬 박사가 습관적으로 하이드 씨로 변하게 되면서 점차 효과를 잃어 갔다. 지킬 박사는 후회하며 자신이 지은 죄는 스스로에게서 분리할 수 없음을 배웠다. 이를 통해 우리는 계획하는 자아가 충동적인 자아와 손을 잡게 되면 도덕적으로 위험해질 수 있다는 사실을 깨닫는다.

그러나 어떤 시점에서 강조점은 죄악의 업보에서 억제를 위해 치러야 하는 높은 대가로 옮겨 간다. 『시스터 캐리Sister Carrie』와 『맥티그McTeaque』보다 몇 년 늦게 출판된 헨리 제임스의 『대사들The Ambassadors』에 등장하는 램버트 스트레서와, 싱클레어 루이스의 1922년 소설 『배빗Babbit』의 등장인물 조지 배빗은 둘 다 자기 억제를 후회하며 극심한 고통을 겪었다. 보다 최근의 사례를 살펴보면 가즈오 이시구로의 『남아 있는 나날The Remains of the Day』에 등장하는, 스스로를 너무 억압한 나머지 아주 오랫동안 자신이 누군가를 사랑했다는 이야기조차 할 수 없었던 애처로운 집사 스티븐스보다 더 슬픈 이야기가 어디 있겠는가?

스스로를 지나치게 통제하는 사람은 가끔 긴장을 풀어야 한다는 생각은 할리우드에서도 쉽게 찾아볼 수 있는 주제다. 영화 「필라델피아 스토리The Philadelphia Story」에서 주인공 캐서린 헵번은 알코올중독에 걸핏하면 아내를 학대하는 전남편 캐리 그랜트와 심각한 여성편력으로 가문의 평판을 위협하는 아버지를 둔 트레이시 로드라는 여성으로 등장한다. 전남편과 아버지는 모두 그녀를 차갑고 무자비한 도덕주의자라고 공격한다. 심지어 로드의 아버지는 자신의 잘못을 로드의 탓으로 돌리기까지 했다. 사실 로드는 자존심이 강하고, 독립적인 사고방식을 가진 성공한 여성으로 누구에게나 존경받아 마땅한 사람이었는데도 말이다. 물론 남자 보는 안목이 형편없다는 점을 제외하고 말이다. 이 영화에서 로드는 술을 진탕마신 후에야 자신의 진정한 개성을 찾게 된다. 긴장을 푼다는 주제는 로맨스나 우정을 다룬 영화에서도 흔히 사용된다. 「프로듀서스The Producers」의 결말에서 레오 블룸은 구제 불능의 맥스 비알리스톡에게 관대한 처분이 내려지도록 하려고 법정에서 일부러 흐트러진 모습을 보이기도 한다. 그러나 실제 상황에서는 억압의 대가를 확실히 파악하기 어려운 경우가 많다. 램버트 스트레서가 좀 더 평온한 삶을 살았다면 무슨 후회를 했을지 누가 알겠는가?

자제력을 행사하는 데는 많은 에너지가 소모되지만, 이를 통해 자신의 가치를 높일 수도 있다. 임신한 아내 곁에 머무르기 위해 사랑을 포기한 『순수의 시대*The Age of Innocence*』의 주인공 뉴랜드 아처처럼 말이다. 오늘날 우리는 주로 아처가 감정을 억제하기 위해 치른 대가와 그를 묶어 놓았던 사회적 관계의 끈끈한 힘에 주목하고, 이러한 억제가 아이들, 공동체, 심지어 아처 자신에게 미치는 이익은 그다지 중시하지 않는다.

20세기에는 이렇듯 과감한 긴장 풀기를 강조하는 추세가 당시 지배적이었던 시나 회화 같은 약간의 형식적인 요구에 제약을 받았다면 최근에는 새로운 작품의 형태로 예술에 폭넓게 반영되고 있다. 『풀려난 오디세우스*Ulysses Unbound*』에서 자기 절제와 그 이익을 다루었던 욘 엘스터는 앙리 페르Henri Peyre의 말을 인용한다. "개인주의가 득세했던 길고 긴 세기가 지난 후, 많은 현대인들은 어떠한 형식의 반항도 재미없게 느껴지는 절대적인 예술적 자유를 얻게 되면서 여기에 압도당하고 있는 것으로 보인다."[11]

한편 상업 예술에서는 마치 형식이 모든 것인 양 보인다. 할리우드 영화는 중세의 종교만큼이나 철저하게 정형화되어 있다. 하지만 자제력 때문에 억압받는 사람들은 피터 스턴스의 말대로 '환상적인 과잉의 문화'에서 간접적인 해방감을 얻을 수 있다.[12] 예를 들어 미식축구 경기장의 화려한 광경을 상상해 보자. 선수들은 분노하고, 기뻐하고, 서로를 공격하고, 자유롭게 팀 동료들을 얼싸안는다. 그 외에 다른 보편적인 보상 출구는 백인 중산층 젊은이들을 위한 랩 음악이나 자제력 없는 인물들이 잔뜩 등장하는 만화 「패밀리 가이Family Guy」나 시트콤 「매리드 위드 칠드런Married with Children」 같은 텔레비전 프로그램일 수도 있다. 아리스토텔레스가 말했던 따분하고 온화한 사람 중 하나인 나는 「호머 심슨Homer Simpson」을 보며 즐거움을 느낀다. 심슨이 와플을 만들 때, 나는 어떤 의미에서 그가 시청자들을 대신해 와플을 먹는다는 사실을 알고 있다.

집단적인 원시안(遠視眼)

멀리 내다보는 성향이 개인뿐 아니라 집단적으로도 발생할 수 있다는 것은 그리 놀랍지 않다. 프로이트는 유대인이 지나치게 활발한 초자아를 가지고 있을지 모른다고 추정했고, 유대인의 전통과 지적 역사를 연구해 온 역사학자 제리 Z. 멀러Jerry Z. Muller는 내게 이렇게 말한 적이 있다. "유대인은 자기 절제에 능통한 사람들이다." 유대의 법률보다 더 확실한 예방조치가 있을까?

그러나 멀리 내다보는 성향을 특정한 집단의 특징으로 단정 짓기는 어렵다. 물론 필립 로스Philip Roth가 이를 시도하기는 했지만 말이다. 현대사회에서 유대인들이 큰 성공을 거두는 것은 그들의 특별한 자기 절제의 전통이 낳은 결과일 것이며, 프로이트(및 그의 많은 유대인 환자들) 역시 이 전통에 전적으로 참여했다. 미국의 유대인들은 다른 집단보다 술을 적게 마시고, 교육을 더 많이 받으며, 경제적으로도 더 부유하고, 폭력에도 적게 관여한다. 한편 뉴욕의 유대인들에 대해서는 참을성이 부족하다는 고정관념이 있는데, 만약 그것이 사실이라면 보다 장기적인 계획을 위해서 그런 것이리라. (아마 청교도들처럼 더 중요한 할 일이 있을지도 모른다.) 어쨌든 나는 참을성이 부족하다는 유대인에 대한 고정관념이 다른 무수한 고정관념과 마찬가지로 사실이 아니라고 생각한다. 그토록 오랫동안, 그토록 많은 어려움을 겪으면서도 아직 구세주를 기다리는 사람들보다 더 참을성 있는 사람들이 있을까?

반면 국가 전체가 지나치게 멀리 내다보는 성향으로 고통받고 있는 사례로는 중국을 꼽을 수 있는데, 이는 아마도 중국의 국가정책 때문일 것이다. 최근 중국이 오직 현재만을 생각하며 줄곧 낭비를 일삼았던 미국으로부터 반대급부를 얻은 것은 그들의 결연한 만족 지연 성향 덕분이었다. 이들은 미국이 원하는 수출품을 생산하는 데 필요한 공장과 설비에 투자했고, 국채 형태로 여기에 자금을 댔다. 중국의 저축률은 아주 높은 수준이기 때문에 산처럼 쌓인 달러 보유고로 국채 가격을 올림으로써 미국의 이자율 억제를 도왔고, 그 결과 경제에 거품이 끼며 호황을 누리다가 결국에는 그 거품이 터지고 말았다. 중국인들이 저축을 줄이고 소비를 늘렸더라면, 그들 자신을 포함한 모든 사람에게 더 좋은 결과가 있었을 것이다.

과연 우리는 특정 문화의 만족 지연 능력이 어느 정도라고 규정할 수 있을까? 어떤 사회는 다른 사회보다 더 미래지향적인가? 경영학자 만수르 하비단Mansour Javidan은 61개 사회에서 수년간 1만 7000명의 중간 관리자들을 조사하여 이를 알아내고자 했다. 하비단은 만족 지연과 투자, 계획 성향은 문화에 따라 크게 다르다는 사실을 발견했다. 싱가포르가 가장 미래지향적이었고, 그다음은 스위스, 네덜란드, 말레이시아, 오스트리아 순이었다. 일본도 나쁘지 않았다. 가장 낮은 점수를 기록한 나라는 러시아였고, 그다음은 아르헨티나, 폴란드, 콜롬비아, 베네수엘라 순이었다. 미국은 국토의 크기와 인구의 다양성이 높은 점수로 연결되지 않는다는 점을 고려할 때 비교적 괜찮은 점수를 받았다. 미국은 그럭저럭 미래지향적이지만, 싱가포르처럼 집단 전체가 원시안적인 특징을 가졌다고 할 정도는 아니었다.

19 정부와 자기 절제

> 우리는 의식적인 자아가 아무리 선하고 총명하다 하더라도
> 아무런 도움 없이 혼자 힘으로 모든 임무를 해낼 수 있을 거라는
> 말도 안 되는 환상을 버려야 한다.[1]
> ── 올더스 헉슬리

만약 자제가 그토록 문제라면, 우리 자신으로부터 우리를 더 철저하게
보호하도록 정부에 요구해야 하지 않을까? 정부는 진정으로 그렇게 할 수
있을까?

답은 그렇다, 그리고 아마도이다. 정부는 정치인과 유권자를 포함한 많
은 장애를 안고 일한다. 그리고 미국인들은 정부에 그리 많은 것을 바라
지 않는 전통을 가지고 있다. 나는 사람들이 더 자유로울 수 있다는 것이
미국이 가진 힘의 원천이자 독특함이라 생각한다. 물론 더 자유롭기 때문
에 재정적인 자살을 할 수도 있었지만 말이다. 그리고 어쩌면 사람들이 국
가의 힘이 커지는 것을 두려워하고, 정부에서 일하는 누군가가 우리 자신
보다 우리에게 더 좋은 것이 무엇인지를 제대로 파악하고 있을 리가 없다
고 생각하는 것이 당연할지도 모른다. 존 스튜어트 밀은 『자유론On Liberty』
에서 그러한 입장을 간략하게 피력했다. "문명화된 공동체의 일원에게 그

들의 의지에 반하여 권력을 행사하는 단 하나의 정당한 이유는 그들이 다른 사람에게 미치는 피해를 막기 위해서다. 신체적이든 도덕적이든 자신의 이익을 위해서라는 것은 충분한 이유가 되지 못한다."[2]

아, 그러나 사람들은 자기 마음대로 하도록 완전히 내버려 두면 실제로 다른 사람에게 해를 미친다는 증거가 있다. 예를 들어 빚을 잔뜩 쌓아두어 나중에 사회에 책임을 떠넘기는 경우가 그렇다. 또 외부의 도움 없이 2차적 욕구에 충실하게 살 수 있는 사람은 거의 없다는 점을 잊지 말자. 문제는 단지 우리가 나약하다는 것만이 아니다. 인간은 나약한 동시에 무지하다. 여기서 말하는 무지는 학교 교육의 부재를 의미하는 것이 아니다. 내가 말하는 무지란 현대 생활의 복합성에 대한 이해 부족, 시간, 에너지, 합리성의 제약, 혼자서는 아무것도 할 수 없는 무능함이다. 정부가 의료 허가제를 폐지하고 누구나 사무실에 외과 간판을 걸 수 있도록 하기를 바라는 사람이 우리 중에 몇이나 되겠는가? 스스로 실력을 갖춘 의사를 가려낼 수 있다고 믿는가? 정부가 자동차 안전 규제를 철폐하기를 바라는 사람은 또 얼마나 되겠는가? 혹은 안전 요원이 자리를 떴을 때 물살의 세기나 깊이를 확인할 수 없는 위험한 곳에서 수영하도록 허용하는 것은 어떤가? "이 같은 상황에서 우리는 누군가의 가부장적인 개입이 광범위하고, 잠재적으로 위험하고, 우리가 되돌릴 수 없는 결정을 내리지 못하도록 막는 보험이 될것이라 생각한다."[3]는 것이 철학자 제럴드 드워킨 Gerald Dworkin의 생각이다.

게다가 무지 때문에 약점에 대한 대책을 마련하기도 어렵다. 예를 들어 운동을 시작한 사람들은 평소보다 과식하는 경우가 많다. 정확한 수치를 모른 채, 운동으로 태운 열량을 과대평가하여 평소보다 훨씬 더 많이 먹어도 된다고 생각하기 때문이다.

다른 사람들의 약점으로부터 자신을 보호하는 문제도 있다. 총기 규제란 정부가 우리를 이웃들의 욕망에서 보호하기 위한 방법이 아니던가? 애덤 스미스가 『도덕 감정론』에서 언급했듯이, "인간 본성에 너무도 큰 고통을 안겨 자제력이 아무리 뛰어나다 하더라도 약점의 목소리를 완전히 억누르거나 열정의 폭력을 제어할 수 없는 상황이 분명 존재한다."[4]

정부가 우리를 보호하는 방법 가운데 하나는 모순되게도 우리 행동의 결과에 우리를 완전하게 노출시키는 것이다. 그것이 아무리 끔찍할지라도 말이다. 만약 사회가 사람들이 굶어 죽도록 방치한다면, 사람들은 돈을 훨씬 주의 깊게 관리할 것이다. 만약 병원에서 보험이 없는 사람들은 치료하지 않아도 된다면 더 많은 사람들이 보험에 가입할 것이다. 끔찍한 이야기를 몇 가지만 퍼뜨려도 훨씬 많은 사람들이 두려움을 느끼고 행동을 바로잡도록 할 수 있다. 그러나 다행히도 우리는 사람들이 거리에서 죽어 가는 것을 방관할 준비가 되어 있지 않고, 그러한 사회에서 살고 싶어 하지도 않는다. 불운한 사람들은 단순히 운명에 희생된 것일 뿐이며, 사람들은 대부분 그들도 도움의 손길을 받을 자격이 있다고 믿는다. 문제는 마지못해 그 짐을 떠맡게 되면 우리는 모두 서로의 선택에 훨씬 많은 이해관계를 갖게 된다는 점이다.

정부의 역할에 대한 의문은 금융 위기 이후 새롭게 조명받기 시작했다. 금융 위기를 통해 정부가 씨티그룹이나 AIG 같은 거대 기업들을 제대로 규제하지 못하여 금융 시스템 구제를 위해 긴급 구제 자금을 제공해야 했다는 사실이 적나라하게 드러났던 것이다. 또한 금융 위기는 일반인들이 자신이 빌린 돈을 갚을 능력은 고사하고 위험한 금융 상품을 제대로 평가할 능력조차 없다는 사실도 분명하게 보여 주었다. 지금껏 너무도 많은 사람들이 탐욕스럽고 근시안적인 대출 기관으로부터 엄청나게 많은 돈을 빌려 쓴 것이다. 모든 사람이 효과적인 금융 수단에 접근할 수 있도록 자유를 주는 것은 물론 좋은 일이다. 하지만 되돌아보면 심지어 금융 전문가들조차 상당수의 상품을 안전하게 운용할 수 없었다. 어쩌면 원숭이가 다이너마이트와 성냥 옆에 가지 못하게 하는 것은 그리 잔인한 일이 아닐지도 모른다.

가족의 유대가 약하고 유혹이 강한 현대사회에서, 가족의 역할 중 일부가 정부로 옮겨 가는 것은 불가피한 일이다. 우리에게 정부가 필요한 이유 중 하나는 개인이 스스로를 적절하게 규제할 수 없기 때문이다. 데이비드 흄은 이 점을 잘 지적했다. 흄은 시간 차가 있는 선택안에 대한 우리의 반응, 즉 나중에 받을 수 있는 큰 보상보다 빨리 받을 수 있는 작은 보상을 선호하는 성향 때문에 우리는 단기적 이익을 추구하게 될 것이고, 그 결과 본인과 사회에 피해를 입히게 될 것이라고 생각했다. 심지어 그렇게 행동하고 싶지 않은 사람들조차 내일은 생각하지 않고 오늘 손에 쥘 수 있는 것을 추구하는 나머지 사람들의 기세에 떠밀려 어쩔 수 없이 따라가게 될 것이다. 신중한 사람도 신중하지 못한 사람들과 똑같이 고통받게 되는데, 이는 오늘날의 상황을 정확하게 반영하고 있다.

흄이 생각하는 해결책은 정부가 시민들의 동의를 얻어 모든 사람의 이익을 위해 일부 행동을 제한하는 것이었다. 사람들이 자신의 근시안적 성향을 상쇄하기 위해 스스로에 대한 권한을 일부 포기한다는 점에서 정부 규제는 일종의 사전 예방 조치와 같다. 사람들은 이런 방식으로 "자신과 다른 사람들 모두의 약점과 열정으로부터 안전을 획득"할 수 있을지도 모른다.[5]

그러나 여기에는 잠재적인 문제가 있다. 정부에 너무 많은 권한을 주면 북한처럼 되고 말 것이다. 그럼에도 나는 정부가 더 많은 역할을 할 수 있고, 그렇게 해야 한다고 생각한다. 시민들이 위험한 욕심 때문에 이익에 눈먼 부도덕한 이들의 손에 놀아나지 않도록 최소한 정보 불균형 문제에는 개입해야 한다. 또 건전한 선택을 촉진하는 방식으로 공공의 영역을 만들어 나가야 한다. 그리고 무엇보다도 정부는 사용할 의사가 있는 사람들에게는 강력한 사전 예방 조치라는 무기를 제공해야 한다.

물론 쉽지만은 않을 것이다.

민주주의가 지독한 근시인 이유

민주주의가 안고 있는 근본적인 문제는 자신을 통제하는 능력조차 충분하지 않으면서 투표로 그 일을 대신해 줄 사람들을 선출하는 개인들에게 의지하고 있다는 사실이다. 민주주의에서는 사람들이 2차적 욕구를 가지고 있어야 하고, 누군가 다른 사람이 자신에게 그것을 강요할 수 있도록 허용할 의지가 있어야 한다. 게다가 문제는 그뿐만이 아니다. 어느 곳이나 정부를 구성하는 것은 사람이고, 그들 역시 나머지 사람들과 똑같은 유혹에 시달린다. 게다가 그들은 권력이라는 독특한 유혹에도 노출되어 있다.

사실상 미국에 대해 알아야 할 모든 것을 발견했던 날카로운 관찰자 알렉시 드 토크빌은 오래전에 자기 절제가 민주주의에 문제를 야기할 수 있다는 점을 인식했다. 다음은 그의 충격적인 진단 결과이며, 이는 오늘날에도 정확히 맞아떨어진다.

열정을 극복하고 미래의 이익을 위해 순간적인 욕구를 잠재우는 데 있어서 민주주의가 경험하는 어려움은 매우 사소한 것들에서 관찰된다. 칭찬에 둘러싸인 사람들은 자신을 통제하는 것을 무척 어려워했다. 심지어 스스로도 납득하는 목적을 위해 약간의 고통이나 불편함을 강요당할 때면 거의 언제나 일단 거부하면서 시작했다.[6]

게다가 처음에만 거부하는 것도 아니다. 1973년 아랍의 석유 통상 금지 조치로 미국 전역의 석유 공급에 비상이 걸린 후 미국은 계속 에너지 문제를 인식하고 있었다. 뒤이은 석유파동을 통해 석유를 수입하는 것은 세계에서 가장 위험한 정권에 돈을 대주는 것이나 다름없고, 화석연료를 태우면 지구온난화가 일어나 끔찍한 결말을 맞을 수도 있다는 깨달음이 있었다. 하지만 그럼에도 불구하고 특별한 변화는 일어나지 않고 있다. 효과적인 에너지 세금을 부과하기 위한 정치적 의지라곤 조금도 없고, 일부 정치인들은 원유 값이 올라갈 때면 국민들을 돕기 위해 세금을 내리라고 요구하기도 한다. 다른 많은 것들과 마찬가지로 우리는 석유와 관련해서도 근시안적인 성향을 극복하지 못하는 것이다.

그렇다면 왜 변화를 추진하려는 정치적인 의지가 부족한 것일까? 우선 토크빌이 관찰한 대로 선거를 통해 선출된 대표들은 유권자들에게 달갑지 않은 일을 하라고 부탁하기가 쉽지 않다. 적어도 미국에서만큼은 민주주의란 가부장주의의 반대다. 미국 정부는 일종의 잔소리꾼이지만, 태평하고 관대하여 우리에게 약을 먹이려는 시도조차 하지 않고, 심지어 우리에게 약을 사 주고 싶어 하지도 않는다.(우리가 고령자라면 또 모를까.) 그렇다고 정부를 비판할 수 있을까? 유권자들은 유류세를 올리거나 사회보장 혜택을 줄이려는 후보에게 등을 돌릴 것이 뻔하다. 아무런 행동도 취하지 않는 대가가 아주 크다 할지라도 말이다. 민주주의는 사람들에게 무언가를 약속하는 것에 능하고, 때로는 그 약속을 지키기도 한다. 하지만 그들에게 세금을 부과하여 약속을 이행할 자금을 마련하는 데는 그다지 뛰어나지 못하며, 그렇기 때문에 돈을 대출하는 능력이 그토록 발달한 것이다.

미국 체제의 강점과 약점 중 다수는 건국의 아버지들이 헌법이라는 형태로 예방 조치를 포용한 결과다. 국가의 헌법은 대개 이 같은 기능을 수행하지만 미국 헌법처럼 수정하기가 어려운 경우는 더욱 그렇다. 헌법이라는 문서는 현재와 미래의 시민, 그리고 정치 지도자들이 특정한 길을 택하도록 제한하는 방법이며, 미래의 사람들은 여러 가지 사안에 대해 다르게 생각할지도 모른다는 사실을 충분히 숙지한 상태에서 채택되었다. 내 생각에는 이 점이 관건이라고 생각한다. 19세기의 정치꾼 존 포터 스톡턴John Potter-Stockton의 말을 빌리자면, "헌법이란 광기를 일으켰을 때 몹시 위험한 행동을 하여 죽지 않도록 정신이 맑을 때 스스로를 묶어 놓는 사슬"과도 같은 것이다.[7]

이러한 제약은 필연적으로 융통성이 없다. 미국의 헌법은 기본적인 자유는 보호하지만, 심각한 위급 사태가 아니면 거대하고 복잡한 나라의 연방 정부가 커다랗고 복잡한 문제를 처리하기는 어렵게 되어 있다.

또 투표권을 행사하는 사람들은 오늘의 유권자들이기 때문에 민주주의 정부에서 미래를 강조하기란 쉽지 않다. 오늘의 유권자들은 내일의 유권자들보다 자신을 훨씬 중요하게 생각한다. 따라서 민주주의 정부는 과도한 약속을 하고 세금을 지나치게 적게 부과하는 경향이 있으며, 예산의 균형을 맞추는 편법에 의존할 뿐 아니라 미래의 세입을 지나치게 낙관적으로 전망한다. 그 결과 2008년 말 미국의 공공 연금은 3조 달러의 부채를 안은 반면 자산은 2조 달러에 불과했다. 이렇듯 엄청난 부채는 정치인이 공무원에게 값비싼 연금 혜택을 거리낌 없이 약속했기 때문에 발생한다. 이런 약속을 하면 즉각적인 이익이 따라온다. 근로자들의 화가 누그러지고, 선거운동에 기부금이 들어오며, 근로자들의 지지율이 올라간다. 심지어 공무원들에게 주는 현금 연봉이 낮아질 수도 있다. 그 결과 세금은 낮은 수준으로 유지된다. 유권자들을 포함해 누구든 이 모든 즉각적인 혜택에 대해 기뻐할 수밖에 없다. 여기에 소요되는 비용은 모두 미래의 자신이나 자손 세대로 떠넘겨지기 때문이다. 미래의 납세자들은 "대표 없이 과세하다니!" 하고 외쳐야 마땅하다. 물론 비용 지불을 미뤄 둔 현세대 사람들이 그때까지 살아남아 그들의 외침을 들을 수 있다면 말이다. 이는 마치 호텔에 세금이 높게 매겨지는 것과 같은데, 여행객들은 투표하지 않기 때문에 그런 세금이 존재하는 것이다.

민주주의는 자기 절제에 의존하고, 이를 강화하는 동시에 와해하기 때문에 자기 절제와 관련한 근본적인 모순에 시달린다. 그런 측면에서 규제와 계산에 의존하는 동시에 이를 야기하고 와해하는 자본주의와 비슷하다고 할 수 있다. 그러나 민주주의의 개념 자체가 시민들이 어떤 형태로든 자기 규제를 해야 한다는 것을 암시한다. 또한 이론상 민주적 절차로 선출된 정부는 시민들이 자신의 최대 이익에 헌신하도록 돕는 수단이 되어야 한다. 분명하게 밝혀 두자면 개인의 의지로 해결하지 못하는 공백은 국가와 그 대리인에 의해 채워지게 될 것이다. 심지어 굳건히 정착된 민주주의 안에 사는 시민들도 자제력이 동반되지 않는 자유라면 시민권에 대한 침해를 받아들여야 한다.

따라서 한때 자유와 자제력으로 유명했던 영국에서는 전체주의를 연상시키는 400만 개 이상의 공공 감시 카메라, 즉 범죄라는 자양분을 먹고 자라난 악의 꽃이 설치되어 모든 영국인들의 일거수일투족을 잡아내고 있다.[8] 마치 영국이 제러미 벤담Jeremy Bentham의 거대한 패놉티콘으로 변신하기로 결정한 것처럼 보인다. 패놉티콘은 보이지 않는 간수들이 모든 수감자들의 행동을 24시간 지켜볼 수 있도록 고안된 원형 감옥으로, 누군가 지켜보는지 여부에 관계없이 지속적인 감시 분위기를 형성한다. 한편 미국에서는 고용주들이 지원자들에게 이력서뿐만 아니라 소변 샘플까지 요구하여 약물검사를 한다. 두 가지 모두 바람직하지 않은 공공 정책이 작용하고 있는 것처럼 보이지만, 이들 정책은 아무 근거 없이 만들어진 것이 아니다. 오히려 범죄와 약물 남용 같은 자기 절제 실패의 결과 시민의 자유가 부분적으로 위태로워졌다고도 볼 수 있을 것이다. 1791년 에드먼드 버크Edmund Burke는 이렇게 썼다. "인간이 자유를 누릴 권리는 스스로의 욕구에 도덕적인 사슬을 감을 수 있는 성향에 정비례한다."

미국 정부도 통제의 메커니즘에 대한 여러 가지 실패 사례를 제시한다. 이 중에는 유명한 금주법과 그만큼이나 고약한 마약과의 전쟁 등이 있다. 금주법이 시행되기 전부터 투표로 선출된 정치인들은 값싼 공업용 알코올에 역겨운 화학물질을 첨가하여 사람들이 술을 마시지 못하게 했다.(나중에 이 제안은 더 강화되어 치명적인 독약을 넣는 것으로까지 발전했다.) 안타부스나 그와 비슷한 처방약으로 개인이 직접 할 수도 있었던 이 같은 집단적인 사전 예방 조치는 수천 명의 미국인을 사망으로 이끌었다.

통제 수단은 때때로 방종을 장려하여 역효과를 내기도 한다. 연방 예금 보험이 그 예다. 1980년대의 저축은행 위기를 생각해 보자. 예금자들은 가장 높은 이자율과 가장 큰 위험성을 가진 금융 기관에 돈을 예치할 이유가 충분했다. 그들은 저축은행이 잘못될 경우 국가가 그들의 손실액을 보상해 주리라는 사실을 알고 있었기 때문이다. 저축은행이 대규모로 무너지기 시작하자 보험금은 재앙에 가까운 수준으로 불어났다. 납세자들은 부실한 금융기관에 투자하는 위험을 고려하지 않았기 때문에 많은 이익을 얻은 예금자들의 돈을 배상해 주어야 하는 입장에 처하게 되었다. 현대 복지국가의 출현이 한때 개인적인 저축, 가족의 유대, 공제 조직을 비롯한 다른 강력한 민간 단체가 제공하던 사적 안전망을 와해시켰을 가능성도 있다.

그러나 정부가 우리를 우리들 자신에게서 보호하는 데 어떤 역할도 하지 못한다거나, 그런 성공 사례가 거의 없는 것처럼 생각해서는 안 된다. 탈리도마이드^{Thalidomide, 비바르비탈계 수면제로 임산부가 복용할 경우 기형아를 낳는 부작용이 있다고 알려지면서 사용이 금지된 약품}는 프랜시스 올댐 켈시^{Frances Oldham Kelsey} 박사라는 주의 깊은 연방 관계자 덕분에 미국 약품 시장에서 자취를 감추었다. 자동차 안전띠 착용 법안은 수많은 생명을 구했고, 작업장 안전 법률과 과학 연구에 대한 정부 지원 역시 의학의 진보를 뒷받침함으로써 같은 결과를 낳았다. 또 금연을 촉구하는 공익광고와 담배에 높은 세금을 매기는 정부 정책 덕분에 오늘날 미국의 흡연율은 1950년대의 절반 수준으로 떨어졌다. 사실 미국은 1970년에서 2000년 사이에 다른 어느 나라보다 일인당 담배 소비량을 크게 줄였다.(비록 그 때문에 미국인들이 다른 나라 사람들보다 체중이 더 많이 늘었는지도 모르지만 말이다.)

정부가 도울 수 있는 방법

내 생각에 정부의 역할을 결정하는 첫 단계는 정부가 이미 우리의 행동에 상당한 영향을 미치고 있고, 앞으로도 그럴 것이라는 점을 인정하는 것이다. 예를 들어 미국 정부는 세법을 이용하여 국민들이 실제로 필요한 것보다 더 큰 집을 사게 하고, 주택 건설에 자원을 쏟아붓고, 집을 임대하는 것보다 소유하는 것이 더 나은 여건을 만든다. 실제로 정부 행동에 약간의 변화가 일어나면 국민 한 사람 한 사람의 행동에 영향을 미쳐 엄청난 돈을 절약할 수 있다. 소득보다 소비에 세금을 매기면 생산성이 증가하는 중에도 저축이 늘고 소비자 부채가 줄어들 것이다. 소비세는 현재 우리가 사용하고 있는 소득세 체계보다 상당히 혁신적이고 단순하게 만들 수 있다. 물론 미국의 세법은 아인슈타인의 상대성이론보다도 이해하기 어렵지만 말이다.

두 번째 단계는 정부가 우리를 보호하기 위해 우리의 선택권을 제한할 때마다, 정부는 스스로를 돌볼 수 있는 사람들에게 별도의 세금을 부과한다는 사실을 인정하는 것이다. 여기에는 부유한 사람, 교육 수준이 높은 사람, 매우 성실한 사람이 포함되며, 이들은 현재 누리는 특권 가운데 일부를 잃게 된다. 그러나 특권이 완전히 사라지는 것은 아니다. 대부분의 경우 그러한 특권은 가난한 사람, 교육 수준이 낮은 사람, 소외된 사람 등 단지 자신들의 충동을 가장 통제하기 어려운 사람들에게 돌아갈 뿐이다. 달리 말해 나는 보다 광범위한 온정주의에는 그만한 대가가 따른다는 사실을 인정하며, 기꺼이 그 대가를 지불할 의사가 있다. 하지만 나에게 어떤 선택권이 있는지에 대해서는 확신하지 못한다. 부주의하게 낭비한 사람들이 그 때문에 무너지도록 허용하지 않는 한 나는 어떤 식으로든 대가를 치르게 되어 있다. 오늘날 신중한 사람들이 어쩔 수 없이 다른 사람들의 방만한 자금 운용에 대한 대가를 치르고 있듯이 말이다. 글로벌 금융 체제 역시 대마불사(大馬不死)의 상황이며, 정부가 가끔씩 이를 구제하려 할 때마다 책임감 있는 납세자들이 그 비용을 감당해야 한다. 따라서 돈이 없으면 집을 살 수 없도록 하거나 씨티은행부터 일반인에 이르기까지 모든 대출업자에게 더 높은 자금 보유 요건을 요구하는 것이 우리 모두를 위해 더 나은 일일지도 모른다. 심지어 존 스튜어트 밀도 이를 인정했다. "사고로부터 시민들을 보호하는 것이 올바른 공권력의 활용 방법이다."[9]

사회는 개인이 스스로 원하지 않는 선택들을 온전히 제한하지 못한다는 사실을 알고 있다. 따라서 사회적 제약이 그다지 합당하지 않은 경우라 할지라도 공동체의 법률이 다른 사람의 행동으로부터만 우리를 보호해 주는 경우는 매우 드물다. (법률은 우리들 스스로의 행동으로부터 우리를 지키는 역할도 한다.) 미국에서 코카인은 유해 물질로 분류되어 금지된 반면 똑같이 해로운 버번은 허용된다. 도박은 한때 대부분의 사람들이 접근할 수 없는 것이었지만 요즘은 그렇지 않다. 자살은 법률에 위반되는 행위이지만 특정한 형태의 점진적인 자살은 오히려 장려되기도 한다. 담배 혹은 그보다 덜 해로운 상품들의 소비를 통해 상업적 이익을 얻으려는 기업들에 의해서 말이다. 오랜 세월 동안 미국 정부는 술 마시는 것, 금을 소유하는 것, 합의하에 다른 성인과 특정한 형태의 성행위를 벌이는 것, 장기를 사고파는 것, 낙태하는 것, 다른 인종과 결혼하는 것, 일부 수입된 고기를 먹는 것 등으로부터 우리를 보호할 방법을 추구해 왔다. 그 장대한 역사는 거의 모든 사람을 자유지상주의자로 만들기에 충분했다.

많은 부분에서 나도 그중 하나이지만, 자유지상주의에도 역시 한계는 있다. 자유지상주의자의 관점에서 볼 때 진보주의자와 보수주의자가 공통적으로 가지고 있는 자만심은 그들이 모든 사람에게 무엇이 최선인지 알고 있다고 생각한다는 것이다. 그러나 자유지상주의자들 역시 해로운 자만심에 시달리는데, 바로 우리 모두가 스스로에게 최선이 무엇인지 알고 있으며 합리적인 판단하에 행동할 수 있다는 믿음이다. 그러나 현실을 살펴보면, 대부분의 사람들이 스스로에게 최선이 무엇인지에 대해 대략적인 생각만을 가지고 있을 뿐 인간의 본성과 유혹 앞에서 최선의 이익에 따라 행동할 수 있는 능력은 제한되어 있다.

그렇다면 어떻게 해야 할까? 금주령이나 마약과의 전쟁에서 배웠듯이, 단순히 사람들이 하고 싶어 하는 일을 금지하는 것은 효과를 거두지 못한다. 물론 해로운 품목에 더 높은 사치세를 부과하는 것은 어느 정도 효과가 있을지도 모르지만 결국 적당히 먹고 마시는 사람도 덩달아 피해를 입게 된다.(사탕이 치즈보다 더 해로운가?) 예를 들어 약간의 알코올은 몸에 좋다고 한다. 그렇다면 주세를 올려야 하는가, 낮춰야 하는가?

이에 대한 분명한 해답 중 하나는 보다 철저한 교육이다. 대부분의 대학에서는 한 개 이상의 외국어를 공부하지 않으면 졸업이 거의 불가능하다. 그러나 재무관리나 영양에 대해서는 아는 것이 하나도 없어도 대학을 졸업하는 데 전혀 문제가 되지 않는다.(여러분도 아마 그랬을 것이다.) 국민들을 교육하려는 전국적인 홍보 활동조차 의지박약으로 고통받고 있는 사람들에게는 거의 효과가 없다. 하지만 그렇다 하더라도 최소한 그들의 의식을 고취함으로써 부주의함을 조금이나마 완화할 수 있을지 모른다. 아리스토텔레스가 사용한 용어를 빌리자면 이렇게 충동적인 아크라시아 상태의 사람들이 건전한 2차적 욕구를 형성하고(만사 계획대로 된다면) 그 2차적 욕구에 충실하도록 설득할 수 있을는지 모른다.

그러나 사람들에게 진정으로 필요한 것은 이 장기적인 욕구에 헌신할 수 있는 구속력 있는 수단이다. 앞서 언급했던 바와 같이 몇몇 정부와 국가에서는 자기 차단 프로그램을 제공하여 도박 중독에 시달리는 사람들이 일정 기간 동안 카지노에 출입하지 못하게 할 수 있다. 다만 이 프로그램은 집행하기가 매우 어려워서 스스로를 차단한 몇몇 도박꾼들은 자기들을 들여보냈다며 카지노를 고소하기도 했다. 그럼에도 불구하고 이 프로그램은 어느 정도 효과를 거두고 있는 것으로 보인다. 2007년에《도박

연구 저널Journal of Gambling Studies》에 실린 161명의 참가자를 평가한 연구에서 이 프로그램을 통해 도박에 대한 충동과 도박 문제가 줄어들었다는 사실이 밝혀졌다.

그렇다면 왜 도박에서 멈추겠는가? 자발적인 참여를 바탕으로 하는 모든 종류의 프로그램을 생각해 보자. 예를 들어 체중이 지나치게 많이 나가거나 혈압이 높은 사람들은 그와 관련된 세금을 내는 데 동의할 수 있다. 이는 생명보험 회사에서 위험 인자를 지닌 사람들에게 더 많은 보험료를 부과하는 것과 마찬가지다. 또한 사회보장제도에 자발적으로 추가 분담금을 내도록 하되, 은퇴할 때까지 분담금을 인출할 수 없도록 할 수도 있다. 그리고 일반적인 결혼보다 깨뜨리기 어려운 계약 결혼의 개념도 실험해 볼 가치가 있다. 남편과 아내가 결혼 생활의 중요한 단계에 도달할 때마다 세금 혜택을 줄 수도 있는데, 이렇게 되면 '금혼식'이라는 용어에 새로운 의미를 부여하는 셈이 될 것이다.

이 개념을 더 발전시켜 담배나 알코올을 구입할 때 운전면허증이나 사진이 있는 신분증을 요구하고, 적어도 신분증을 갱신할 때까지는 절대로 제거할 수 없는 '알코올 금지' 또는 '담배 금지' 표시를 하도록 요구할 수도 있다. 마지막으로 확인한 바에 따르면 캘리포니아, 텍사스, 플로리다를 포함한 몇몇 주에서는 성범죄자들에 대한 거세 법안에서 이 사전 예방 조치라는 개념을 더욱 발전시켰다. 거세법에서는 피고인들에게 특정 기간 동안 의무적으로 성충동 약물치료(화학적 거세)를 받도록 하는 판결이 내려졌다고 해도(이 방법은 약물에 의존하는 일시적인 조치다.), 수술을 통한 물리적 거세를 요구할 수 있도록 허용하고 있다. 텍사스에서는 또 다른 아이에게 피해를 미치기 전에 수술로 거세해 달라고 애원했던 성범죄자의 사례에 힘입어 1997년에 이 법안이 통과되었고, 2005년까지 세 남성이 수술을 선택했다. 텍사스대학교의 의료 윤리학자 빌 윈슬레이드Bill Winslade는 이렇게 말했다. "내가 알기로 수술을 받은 세 사람은 후회하는 모습을 보이지 않았고, 그 수술이 자제력을 행사하는 데 도움이 되었다고 여겼다."[10]

거의 어디에나 붙어 있는 모든 경고문들은 대부분 낭비에 불과하나, 스스로를 합리적인 온정주의자라 칭하는 사람들은 이러한 정보 공개를 환영해야 마땅하다. 식품에 유통기한과 영양 정보를 표기하도록 규정하는 것은 분명히 도움이 되고, 보이지 않는 독성 물질로 장점이라고는 거의 없는 트랜스 지방을 금지하는 것도 도움이 된다. 정부가 우리의 선택에서 자율성의 힘을 인정하고, 인센티브와 심리적인 '프레이밍framing, 문제의 범위를 파악하고 문제를 쉽게 다룰 수 있는 단위로 나누는 것' 등 다양한 기술을 동원하여 장기적인 관점에서 대부분의 사람들이 최선이라고 생각하는 방향으로 사람들을 이끌어 가야 한다. 그렇게 하지 않으면 우리가 치러야 할 대가는 너무나 커서 로크의 말처럼, "정부는 고작 늪지와 벼랑만 피할 수 있도록 우리를 지켜주는 감옥이라는 불명예스러운 칭호를 얻어야 마땅하다."[11]

자제력이 부족한 사람들은 수입이 낮고 교육도 제대로 받지 못한 경우가 많기 때문에 이 같은 노력이 도움이 될지도 모른다. 물론 낮은 수입이 자기 절제 부족을 야기하는지, 아니면 반대인지 확실하지는 않지만 말이다. 소득 불균형을 바로잡고(국가 의료보험은 여기에 도움이 될 것이다.), 공립학교의 수준을 향상시키는 것(공공자금 지원에 대한 독점권을 없앰으로써)은 자제력 키우는 데 도움을 줄 수 있는 확실한 방법이다.

유권자들은 대개 스스로의 자기 절제 문제를 인식하고 있다. 그렇기 때문에 수많은 유권자들이 사회보장제도가 은퇴 후 자신들의 삶에 실질적으로 도움이 될지 여부조차 알지 못하면서 그것을 그토록 열렬하게 지지하는 것이리라. 영국 사람들 역시 시청자들을 해로운 본능에서 보호해 주는 BBC에 기꺼이 시청료를 내고 있다. 사실상 영국의 유권자들은 해로운 프로그램 대신 좋은 프로그램을 시청하기 위해 돈을 내기로 선택한 것이다. (한편 영국의 시청료는 미국인들이 케이블 텔레비전을 보기 위해 지불하는 비용보다 훨씬 작다.)

경제학자 애브너 오퍼Avner Offer는 바로 그것이 서구 민주주의 국가에서 공공 부문이 국내총생산의 30~55퍼센트 정도를 소비할 만큼 큰 이유라고 주장했다. 오퍼의 관점에서 보면 사람들은 국가가 제공하는 혜택, 즉 자신들이 돈을 내야 얻을 수 있는 혜택이 같은 돈을 스스로 소비하도록 내버려 두었을 때 얻을 수 있는 것보다 더 많은 복지를 가져다주리라는 것을 알고 있다. 이 같은 관점에서 보면 세금이란 유권자들이 고령, 질병, 빈곤 보험을 마련하기 위해 별다른 만족을 주지 못하는 낭비를 포기하도록 만드는 방법으로서, 일종의 값비싼 사전 예방 조치일 뿐이다.

그러나 모든 것에는 한계가 있으며, 공공 지출과 납세자들의 인내심도 예외는 아니다. 적어도 미국의 납세자들은 자신이 납부한 돈을 정부가 자신들보다 더 효과적으로 활용할 수 있을지 확신하지 못한다. 사회주의에 대한 오래된 격언이 있다. '남의 돈'은 머지않아 바닥날 것이라고. 재미있는 점은 2008년의 금융 위기 후, 자본주의에 대해서도 똑같은 말을 적용할 수 있다는 것이다. 버크가 언급했듯이, 그 과정에서 누군가는 자제력을 발휘해야 한다. "어떤 시점에서든 사회는 의지와 욕구를 통제하지 않고서는 존재할 수 없으며, 통제되는 부분이 적을수록 통제 밖에 있는 부분이 많아질 수밖에 없다."[12]

20 스스로에게 살인 청부를

"우리는 인간의 본성을 부인해서는 안 돼."

"우리가 우리의 본성을 부인하는 것은 당연한 일이야⋯⋯.
그게 바로 인간이 다른 동물들과 다른 점이라고."

"하지만 말도 안 돼."

"생존하기 위한 유일한 방법이야." 나는 그녀의 가슴을 쳐다보며 말했다.[1]
— 돈 드릴로(Don Delillo), 『화이트 노이즈(*White Noise*)』

10년쯤 전에 MIT의 대학원생이었던 딘 칼런Dean Karlan과 존 로멀리스 John Romalis는 학교에서 마음의 양식만 쌓은 것이 아니었다. 학위를 마칠 즈음 그들의 몸이 상당히 불어 있었던 것이다.

둘 다 불어난 몸이 마음에 들지 않았지만, 그들은 일반인들처럼 다이어트 책을 사거나 웨이트워처스Weight Watchers 다이어트 서비스 프로그램에 가입하는 것으로 문제를 해결하려 들지는 않았다. 이 통통한 학자들은 세계 최고의 경제 석학들이 모인 사고의 전당에서 살찌고 있었음을 기억하라. 칼런과 로멀리스는 인센티브가 어떤 효과를 발휘하는지에 대해 알고 있었기에 다이어트 내기를 했다. 각자가 6개월간 17킬로그램 정도를 빼야 하고, 그러지 못하면 상대방에게 연봉의 반을 몰수당한다는 조건이었다. 두 사람 모두 실패할 경우 둘 중 체중을 더 적게 줄인 사람이 연봉의 4분의 1을 상대에게 주기로 했다.

이는 아주 훌륭한 생각처럼 보였다. 그만한 돈을 걸었는데 도대체 어느 누가 기름진 햄버거를 입에 욱여넣겠는가? 하지만 별다른 성과가 보이지 않자 두 사람은 마감 일자를 연장하기 시작했다. 계속해서 마감을 늦추던 그들은 결국 이대로는 안되겠다는 데 동의했다. 마감일을 연장할 수 있다는 가능성이 내기에서 끌어내려던 자제력을 와해시키고 있었기 때문이었다. 그들은 내기에 더 진지하게 임하기로 결정했다. 새로운 규칙은 두 사람 중 한쪽이 다시 한번 시간을 연장하려 하면 즉시 연봉을 몰수하는 것이었다.

칼런이 뉴헤이번에서 내게 이 이야기를 들려준 것은 그로부터 몇 년이 지난 어느 화창한 오후였다. 나는 자기 절제가 도대체 왜 그렇게 힘든지, 그리고 우리가 취할 수 있는 조치는 무엇인지 알아보려고 그곳을 방문했던 것이다. 다부진 체격과 절제된 태도를 가진 칼런은 제3세계 개발에 대한 연구로 잘 알려져 있으며, 현재 예일대학교의 교수로 재직 중이다. 칼런은 자신이 항상 체중 때문에 어려움을 겪어 왔다고 말했다. 가족력이 있다는 것이다. 칼런의 어머니는 오랫동안 비만으로 고통받았고, 마침내 위 절제 수술까지 받았다고 했다.

어쨌거나 다시 그들의 대학원 시절로 돌아가 보면, 그들은 새로운 내기가 효과를 거두었다는 사실을 발견했다. 2002년 즈음에는 두 사람 모두 체중을 줄였고, 내기에 걸린 이해관계가 상당히 크고 거기에 협상의 여지가 없는 한 대부분 목표를 달성하여 대가를 치르지 않아도 되었다. 그러나 한번은 로멀리스의 체중이 다시 한계치 이상으로 불어나 칼런이 친구에게서 1만 5000달러를 압수했다. 대안이 없었다. 칼런은 거래의 신뢰성을 유지하기 위해 돈을 받아야 했다. 그 거래가 없었다면 두 사람 모두 살이 찔 테니 말이다.

두 사람이 서로 다른 도시에서 살게 되었을 때는 불시에 체중을 측정함으로써 내기를 유지했다. 두 사람 모두 상대방에게 빠른 시간 내에 체중을 재도록 요구할 권리가 있었다. 그러나 결과적으로 두 사람은 이 내기를 그만두었고, 내가 두 사람과 이야기를 나눈 시점에는 두 사람 모두 각자 체중 때문에 골머리를 앓고 있었다. 현재 시카고대학교에 재직 중인 로멀리스는 2008년에 칼런과의 계약을 끝낸 후 체중이 늘었다고 말했다. 칼런 역시 벌금의 위협이 사라지자 체중이 불었고, 결국 예일대학교 법대 교수인 친구 이언 에이리스와 비슷한 계약을 맺었다. 그는 이런 방식으로 오랫동안 적절한 체중을 유지하고 있으며, 한번은 5만 달러에 달하는 벌금을 걸기도 했다.

왜 자제력 강한 석학들이 겨우 먹는 것을 조절하기 위해 이토록 극단적인 계약을 맺었을까? 칼런이 설명한 대로 이 계약은 적절한 체중과 적당한 콜레스테롤 수치라는 장기적인 목표보다 지금 당장 입안에 들어오는 하겐다즈 아이스크림을 선호하는 인간의 본성을 억누름으로써 효과를 발휘한다. 누구나 이런 규칙을 만들 수 있다. 칼런의 다이어트 계약은 이 규칙을 깨는 경우에 치러야 할 대가를 크게 높인 셈이다. 계약 없이도 체중을 줄일 수 있었을까? 어느 화창한 오후에 맛있어 보이는 웰빙 샐러드를 앞에 둔 칼런은 조금의 주저함도 없이 대답했다. "아니오."

사전 예방 조치는 효과를 발휘한다. 그렇기 때문에 칼런은 사전 예방 조치에 관한 인터넷 쇼핑몰 격인 자신의 웹 사이트 스틱케이닷컴stickK.com을 통해 이 방법을 공개했다. 이 웹 사이트를 활용하면 누구든 계약을 맺고 스스로의 행동을 통제할 수 있으며, 계약을 위반할 경우 자신이 선택한 처벌을 받게 된다. 이론적으로 이 사이트는 고집스럽기로 유명한 작가 트롤럽으로 하여금 자신이 원하던 거역할 수 없는 규칙을 만들어 스스로에게 부과하도록 할 수 있다. 이 사이트는 기발하고 멋진 모토를 내걸고 있다. "스스로에게 살인 청부를!"

이 사이트의 기본 개념은 극도로 단순하다. 스틱케이닷컴은 체중 감량, 금연, 정기적인 운동 등을 위해 미리 준비된 몇 가지 구속력 있는 계약을 맺게 해 준다. 또 스스로에게 적합한 맞춤형 계약을 만들 수도 있는데, 4만 5000명의 회원 중 상당수가 그렇게 하고 있다. 조건을 정하고(예를 들어 20주간 1주일에 약 0.5킬로그램씩 줄이기), 약간의 돈을 건다. 결과를 검증해 줄 사람이 필요한 경우 심판의 이름을 입력한다. 여러분이 실패할 때마다 스틱케이닷컴은 여러분이 걸었던 돈 가운데 일부를 미리 선택한 자선단체에 기부한다. 여러분이 실패하든 성공하든, 스틱케이닷컴은 돈을 받지 않는다.

보다 확실한 장려책을 원한다면 '반대편 자선단체' 옵션을 선택할 수도 있다. 예를 들어 민주당원들은 계약된 목표를 달성하지 못했을 경우 기부할 자선단체로 조지 부시 대통령 도서관을 선택할 수 있다. 자신들이 힘들여 번 돈 가운데 일부가 여기에 기부된다는 사실을 알면 목표를 달성하고자 하는 의지가 더 솟구칠 것이다. 반대편 자선단체 기부 프로그램은 의욕을 상당히 높여 주는 것이 분명하다. 스틱케이닷컴의 주장에 따르면 이 프로그램의 성공률은 85퍼센트라고 한다. "스틱케이닷컴이 하는 일은 나쁜 행동의 대가를 높이거나 좋은 행동의 비용을 낮추는 것뿐입니다." 칼런의 말이다.

(사실 이 반대편 자선단체 기부라는 개념을 처음 고안한 것은 스틱케이닷컴이 아니다. 1984년에 존 베어는 『협박 다이어트*The Blackmail Diet*』라는 책에서 체중을 줄이지 못할 경우 끔찍한 결과가 뒤따르도록 함으로써 억지로 체중을 줄이는 것이 어떻겠느냐고 제안했다. 베어는 실패할 경우 미국 나치당에 5000달러를 기부하기로 서약하여

체중을 줄였다.)

건강에 좋을 거라는 막연한 희망만으로는 당신이 오늘 오후에 조깅을 할지 말지 확신할 수 없다. 반면에 만약 오늘 조깅을 하지 않으면 1000달러를 내야 한다면 어떨까? 아마 당신은 날씨나 업무량, 시큰거리는 발목에 관계없이 밖으로 나가 조깅을 할 것이다. 욕구가 뜨거워지면 냉정할 때 내렸던 명령을 쉽게 뒤집었던 콜리지나 짐게 사장과는 달리 스틱케이닷컴과 계약을 맺은 사람들은 뒤로 물러설 수가 없다. 에이리스는 이렇게 말하며 우리를 안심시킨다. "모두 법적으로 유효한 계약입니다. 저는 법학 교수거든요."

사람들은 크고 작은 다짐을 하기 위해 스틱케이닷컴을 활용한다. 수많은 사용자들이 소설을 쓰겠다고 다짐했으며, 적어도 한 명 이상은 직장에 도시락을 싸 갖고 다니기로 다짐했다. 대다수의 사람들이 매일 기도하기, 정기적으로 치실 사용하기 등 무언가를 하겠다고 다짐하는 한편, 어떤 사람들은 무언가를 그만두겠다고 다짐하기도 한다.(어떤 사람은 자위를 끊겠다고 다짐했다.) 상당수의 다짐이 손톱 물어뜯기와 '자해' 등 이른바 강박적 행동이라고 부르는 것을 대상으로 하고 있다. '헤어진 연인에게 전화하지 않기' 같은 다짐은 애처롭기까지 하다.

스틱케이닷컴을 이용하는 사람들은 인센티브에 대해 잘 이해하고 있는 것 같다. 예를 들어 한 사용자는 설탕을 섭취하지 않겠다고 선언하고는 실패할 경우 매주 10달러씩 내기로 했다. 어느 날 그녀는 '다짐 일기'에 실패했다는 이야기를 적었다. "나는 4월 9일에 생강 쿠키를 먹었다. 당시 나는 배가 고프다는 사실을 알고 있었지만 손님에게 갓 구운 쿠키를 대접하고 싶었다. 먹고 싶은 유혹에 저항할 수 있을 것이라 생각했지만 그러지 못했다. 하지만 아주 조금만 먹었다. 지금 드는 생각은 어차피 10달러를 낼 것이었다면 아예 더 큰 쿠키를 먹어야 했지 싶다."

복권으로 저축하는 사람들

딘 칼런은 스틱케이닷컴을 열기 전에 사전 예방 조치에 대해 상당히 오랫동안 고민했고, 이를 자신의 전공 분야인 제3세계 개발과 관련지어 고찰했다. 몇 년 전, 칼런과 그의 동료들은 사람들이 저축을 하는 데 도움이 되는 사전 예방 장치를 선택할 것인지, 만약 그렇다면 그것이 과연 어떤 차이를 만들어 낼 수 있을지에 대해 조사하기 시작했다.

이들은 정교한 실험을 고안하여 놀라운 결과를 도출해 냈고, 이 실험 결과를 「오디세우스를 돛대에 묶기 — 필리핀의 구속력 있는 저축 상품에서 얻어 낸 증거Tying Odysseus to the Mast: Evidence from a Commitment Savings Product in the Philippines」라는 제목의 논문으로 발표했다. 이들은 필리핀의 민다나오에서 그린 뱅크라는 지역 금융기관과 손을 잡고 이 프로젝트를 추진했다. 연구에 참여한 교수들은 처음에 이 은행의 고객 1777명을 대상으로 이들이 만족을 지연하는 데 얼마나 뛰어난지 조사했다. 이 설문 조사에는 "오늘 200페소를 받겠습니까, 아니면 한 달 뒤에 300페소를 받겠습니까?" 또는 "6개월 후에 받을 수 있는 200페소와 7개월 후에 받을 수 있는 300페소 중 어느 쪽을 선호합니까?"라는 질문이 들어 있었다.

연구자들은, 첫 번째 질문에서는 전자인 작은 보상을 택했지만 두 번째 질문에서는 나중에 받을 수 있는 큰 보상을 선택한 사람들이 자기 통제에 문제가 있을 가능성이 크다고 판단했다. 학자들은 이 710명에게 저축하고, 이자를 얻고, 돈을 안전하게 예치하는 새로운 종류의 저축 계좌 상품SEED을 권했다. 이 계좌는 4퍼센트의 표준 이자율을 제공하지만 한 가지 조건이 있다. 사전에 합의한 날짜나 금액에 도달할 때까지 인출이 허용되지 않는 것이다. (거의 모든 예금자가 금액 대신 날짜를 선택했다. 목표로 한 금액에 도달하지 못하면 저축한 돈을 영원히 사용할 수 없게 될지도 모르기 때문이다.)

SEED 계좌를 권유받은 사람의 28퍼센트인 202명이 실제로 이 권유를 받아들였다. 가입자 중에는 여성이 약간 많았다. SEED 상품에 가입한 사람 가운데 83퍼센트는 은행에서 가난시야 상자도 함께 구입했다. 이 상자는 자물쇠가 달린 저금통 같은 것인데, 열쇠를 은행에서 보관한다는 점이 일반적인 저금통과 달랐다. 예금자들은 1~2페소씩 넣어 잔돈을 모으기 위해 이 상자를 활용했다. 물론 이 상자는 가난한 사람의 사전 예방 장치로, 비록 규모는 작지만 SEED 계좌의 상품과 같은 취지를 갖고 있다.

칼런과 동료들은 SEED 계좌를 연 사람들에게는 이 상품이 효과가 있었음을 발견했다. 고작 1년밖에 지나지 않았는데 SEED 계좌를 보유한 사람들은 저축을 81퍼센트나 늘리는 놀라운 성과를 보였다. 이는 규모가 큰 실험은 아니었으나, 사람들에게 사전 예방 조치를 취할 수 있는 기회를 주면 그들이 빠른 속도로 자본을 축적하는 데 도움이 된다는 사실만은 분명히 보여 주었다. 심지어 그들의 수입이 얼마 되지 않더라도 말이다.

또한 이 실험은 자기 절제에 문제가 있는 많은 사람들이 자신의 문제를 인지하고 있음을 보여 주었다. SEED 계좌를 개설한 사람들 가운데 대다수는 가난시야 상자도 함께 구입할 만큼 스스로에 대해 잘 알고 있었다. 이러한 자아 인식은 제3세계의 빈곤층에서 드물지 않다. 남아프리카공화국의 가난한 사람들을 연구한 결과 이들은 남에게 돈을 맡기는 경우가 많음을 발견했다. 한 학자의 설명에 따르면 "믿을 수 있는 이웃이나 친척, 친구에게 돈을 건네며 '이 돈을 보관해 줘, 그리고 내가 절대 손대지 못하게 해.'라고 한다"는 것이다. "때로는 돈을 맡은 상대방 역시 반대로 자기 돈을 맡기고 갑니다. 누군가 돈을 빌리러 오면 '이건 내 돈이 아니야.'라고 말합니다. 이 방법은 효과가 있지요."[2]

1990년대에 조기 인출을 할 경우 불이익을 받도록 하면 미국인들이 연금 계좌에 돈을 많이 저축하려 하지 않을지도 모른다는 주장이 제기되었다. 하지만 조사를 실시한 결과 미국인의 60퍼센트가 조기 인출에 불이익을 주는 제도를 선호했고, 조기 인출에 별다른 제재가 없는 쪽을 선택한 사람들은 36퍼센트에 지나지 않았다. 왜 이렇게 큰 차이가 날까? 내 생각에는 사람들이 둥지에 든 알을 깨뜨리고 싶어 하는 유혹에 자신이 얼마나 취약한지를 잘 이해하고 있기 때문이라고 생각한다. 그리고 자신들이 손대지 못하도록 장벽을 세우고 싶어 하는 것이다.[3]

내게는 그 결과가 그리 충격적이지 않다. 나는 1960년대에 어머니가 지역 은행의 크리스마스 클럽 계좌에 꾸준히 정기예금을 하셨던 것을 기억한다. 어머니는 자동차 대출을 받을 때 주는 것 같은 작은 지불 장부를 가지고 계셨다. 그러나 표면상으로는 크리스마스 클럽 계좌란 아무런 의미가 없었다. 정기적으로 돈을 예치하는데도 이자는 거의 받지 못했기 때문이다. 게다가 더 놀라운 것은 12월이 될 때까지는 은행에서 돈을 인출할 수 없었다는 사실이다. 물론 어머니가 계좌를 여신 것은 바로 그 때문이었다. 어머니는 계좌의 조건 때문에 어쩔 수 없이 돈을 저축할 수밖에 없었고, 그 덕분에 예치금에 손대지 않을 수 있었다.

나 역시 신문사에서 일할 때 이와 비슷한 일을 했다. 월급의 일부를 차감하여 신용조합 저축 계좌에 자동으로 이체되도록 하는 상품에 가입한 것이다. 그러고는 월급이 인상될 때마다 같은 금액만큼 저축액을 늘렸다. 수입이 는다고 해서 생활이 더 여유로워지지는 않았지만 상당량의 현금

348

을 모을 수 있었다. 내 동료 중에는 정부의 소득세 원천징수를 이 같은 방식으로 활용하는 사람들도 있다. 이런 방법에 익숙하지 않은 사람들은 정부가 월급에서 거두어 가는 금액에 약간의 재량을 발휘할 수 있다는 사실이 생소할지도 모른다. (주택 담보 대출금, 자녀 공제, 그리고 다른 중요한 공제 요소가 있을 경우 당신의 실제 재산에 비해 원천징수액이 낮아진다.) 어쨌거나 여러분은 세금 신고를 할 때까지 정부가 원천징수한 돈에 손댈 수 없다. 하지만 마지막에 당신이 세금 신고를 하게 되면 뿌듯한 마음이 들 정도로 많은 환급금을 받게 된다. 이때 받지 못한 이자는 저렴한 봉사료라고 생각해 보자. 이 정도 봉사료는 다른 방식으로는 절대 저축하지 않을 것임을 아는 사람들에게는 충분히 지불할 가치가 있는 돈이다.

자기 절제에 능한 사람들은 무엇이든 가까이 있는 도구를 활용하는데, 도시에서 성행하는 숫자 맞히기 노름의 사례에서 이를 분명하게 파악할 수 있다. 만약 여러분이 복권이 어떻게 유지되는지 알고 있다면 이 숫자 맞히기 노름 역시 이해할 수 있을 것이다. 물론 숫자 맞히기는 일반 복권보다 확률이 훨씬 높다.

나는 이 숫자 맞히기 노름을 하는 사람들 속에서 자랐다. 도박업자에게 25센트나 50센트를 주고 꿈이나 생일, 기타 여러 가지 의미 있는 숫자를 건다. 만약 그 숫자가 맞아떨어지면 노름에서 승리하는 것이다. 매일 달라지는 이 숫자는 항상 조작이 불가능한 객관적인 출처에서 가지고 와야 한다. 예를 들어 그날 경마장에서 걸린 판돈의 마지막 세 자리일 수도 있고, 뉴욕 증권거래소 거래 규모의 마지막 세 자리일 수도 있다. 복권을 사는 사람들이 대개 그러하듯이 숫자 맞히기 노름을 하는 사람들 역시 대부분 즐기기 위해서 여기에 참여한다.

1970년에 사회학자 아이반 라이트Ivan Light는 뉴욕 할렘에서 성행하는 숫자 맞히기 노름을 조사했다. 그는 이 노름을 단순한 오락거리나 '멍청함에 부과되는 세금'(국가에서 운영하는 복권에 대해 경제학자들이 조롱하며 사용하는 용어)이 아니라 효과적인 금융 체계이자 사람들이 돈을 저축할 수 있도록 도와주는 효과적인 사전 예방 장치라고 생각했다. 외부인들이 이해하지 못하는 것은 할렘의 거주민들은 은행을 믿지 않으며, 은행 역시 그들에게 친절하지 않다는 사실이었다. 이 숫자 맞히기 노름은 불법일지는 몰라도 은행의 공백을 부분적으로나마 메워 주고 있었던 것이다.

우선 당첨 숫자는 언제나 000에서 999까지의 세 자리에 불과하므로 적중 확률은 천문학적인 숫자가 아니라 1000분의 1이라는 점을 기억하자. 그리고 판돈이 수백만 달러 수준까지 올라가는 일은 없지만, 1달러를 내고 노름에 참여하여 당첨된 사람은 운영자에게 주는 10퍼센트의 팁을 제외하고도 무려 500달러나 받을 수 있다.(물론 세금은 내지 않는다.) 그렇다면 이 노름이 어떻게 할렘의 도박꾼들에게 저축 상품의 역할을 할 수 있단 말인가? 조사 결과에 따르면, 숫자 맞히기 노름을 하는 사람들은 꾸준히 노름에 참여하며, 일주일에 두세 차례씩 하는 사람이 75퍼센트, 매일 하는 사람이 42퍼센트에 달하며, 수년간 장기적으로 이 노름에 참여하는 경우가 많다는 사실을 보여 주었다. 다른 말로 하면 이들은 일종의 장기 투자자 같은 행동을 하고 있었던 것이다. 그리고 1달러를 1000번 정도 걸면 500달러를 받게 될 가능성이 크다. 투자한 금액에 비해 수익률이 낮다고 생각할지도 모르지만 많은 사람들이 25센트짜리 동전으로 노름을 한다는 사실을 잊지 말자. 심지어 가난한 사람들 사이에서도 25센트는 의식하지 않고 사라지기 십상인 돈이다. 이들은 적어도 약간의 희망을 가질 수 있었던 것이다. 이들은 당첨될 때까지 자신들의 '저축'에 손댈 수 없다. 그리고 돈을 통해 편리한 점도 생겨났다. 노름판을 운영하는 사람들이 그들의 집을 방문하는데, 이들이 집까지 찾아옴으로써 사람들은 계속 노름을 하게 된다. 인도의 일부 가난한 지방에서는 '예치금 징수원'이 이와 비슷한 역할을 한다. 이 징수원은 저축을 하려는 사람에게 220개의 칸이 인쇄되어 있는 카드를 주는데, 예를 들어 고객이 매일 5루피씩 지불하여 칸을 채워 나간다면 예금자는 마지막에 수수료 100루피를 제외한 1100루피를 받게 된다. 예금자는 사전 예방 장치를 사용하며 편리하게 예금하는 대신 마이너스 이자율을 기꺼이 감수한다.[4]

할렘에서 숫자 맞히기 노름을 하는 사람들 역시 자신들이 노름에 거는 돈이 흑인 기업, 지역 내 일자리, 그리고 주변 지역에 대한 투자에 어느 정도 활용된다는 점을 알고 있다. 그리고 무엇보다 언젠가 목돈을 만지게 될 것이라는 기대를 안고 살아갈 수 있다. 또한 언제 그 돈을 만지게 될지에 대해서는 전혀 손을 쓸 수가 없다.

"도박에 참여하는 사람들 대부분은 이 숫자 맞히기 노름이 개인적인 저축 수단이라는 점을 이해하고 있습니다." 라이트는 다음과 같은 말을 덧붙였다. "도박꾼들이 이 말도 안되는 저축 수단을 동원한 것은 그들이 돈을 비축해 두는 예금 상품에서 그다지 만족스러운 경험을 하지 못했기 때문입니다. 숫자 맞히기 노름을 운영하는 사람들이 25센트짜리 동전을 걷어 가고 나면 아무리 마음이 약해지는 순간이 와도 그 돈을 되돌릴 수 없습니다. 반면 그 동전을 집에 모아 두면 충족되지 못한 욕구의 계속되는 외침을 들으면서 살아야 합니다. 마음이 약해진 순간, 그 돈을 쉽게 써 버릴 수도 있지요. 따라서 도박꾼의 관점에서 보면 잔돈을 가장 미래지향적으로 사용하는 방법은 바로 숫자 맞히기 노름에 쓰는 것입니다."[5]

사전 예방 조치와 가부장주의

가부장주의가 새롭게 주목을 받고 있는 시점에 때마침 스틱케이닷컴이 등장한 것은 어쩌면 우연이 아닐지도 모른다. 가부장주의라는 말은 한때 우생학만큼이나 금기시되던 용어다. 그러나 최근에는 경제학자 리처드 탈러와 법학자 캐스 선스타인Cass Sunstein을 필두로 한 많은 석학들이 이제는 좀 더 사려 깊은 '넛지'라는 수단을 동원하여 사람들이 더 나은 선택을 할 수 있도록 도와야 할 때라고 주장하고 있다. 세계적 금융 위기와 그로 인한 초국적인 불황은 이런 생각에 더 큰 활력을 불어넣었다. 예를 들어 기업의 구내식당에서는 케익이나 과자보다는 과일과 야채를 더 잘 보이게 전시해 놓고 거기에 매력적인 가격을 책정하여 사람들의 선택을 유도한다. 관건은 특정 행동을 강요하는 것이 아니라 누구라도 명백하게 더 나은 옵션을 고를 수 있도록 적절한 선택안을 제시하는 것이다. 다른 말로 하면 '완곡한 가부장주의'라 할 수 있다.

완곡한 가부장주의의 전형적인 사례는 기업이 직원들에게 401k 연금에 자동 가입하도록 하고 탈퇴할 수 있는 기회를 주는 것이다. 이는 직원들이 직접 가입하도록 하는 기존의 접근 방식과는 완전히 반대된다. 이를 통해 인간은 현재 상태를 유지하려는 경향이 매우 강하다는 사실을 확인할 수 있으며, 조금 더 적나라하게 표현하자면 타성은 인간의 삶에서 아주 강력한 힘을 발휘한다고도 할 수 있다. 예를 들어 2001년에 발표된 연구에서 브리짓 매드리언Brigitte Madrian과 데니스 시어Dennis Shea는 한 기업에서 자동 연금 가입 제도를 도입한 이후 신규 채용자들의 가입 비율이 49퍼센트에서 86퍼센트로 상승했다는 사실을 발견했다. 기본 조건을 반대로 바꾸는 데에는 비용이 한 푼도 들지 않았고, 이를 통해 어떠한 구

속도 없이 상당히 많은 직원들의 은퇴 후 전망을 한층 밝게 하는 효과를 가져왔다.[6]

스틱케이닷컴은 사람들이 스스로 이러한 조치를 취할 수 있도록 돕는다. 이 사이트는 개인이 자유의지에 따라 2차적 욕구, 즉 욕구에 대한 욕구를 충족시킬 수 있도록 돕는다. 예를 들어 담배 피우는 것을 좋아하는 사람이라도 동시에 그러한 욕구가 없는 쪽을 선호할 수도 있다. 이성은 대개 폐암이나 흡연으로 인한 다른 여러 가지 문제를 피하도록 도와주는 2차적 욕구 쪽으로 기울기 마련이다. 스틱케이닷컴의 뛰어난 점은 사람들이 장기적인 목표를 자유롭게 결정할 수 있어서 사실상 자신이 스스로를 통제하는 역할을 하도록 도와준다는 점이다. 또 이 사이트에서는 2차적 욕구를 강요하는 수단을 제공한다. 마치 먹는 것을 제한하기 위해 위를 축소하거나 턱을 철사로 고정해 놓는 것처럼 말이다. 비토 콜레오네^{Vito Corleone,} _{영화 「대부」에 등장하는 인물}가 그랬듯이 스틱케이닷컴은 여러분이 스스로에게 거부할 수 없는 제안을 하기를 바란다. 스스로의 대부가 되는 것보다 우리에게 더 좋은 일이 어디 있겠는가?

21 카르페 디엠

당신과 부하들은 갖은 역경을 겪지만 결국 고향에 도달하게 될 것이다.
그대가 부하들과 당신의 본능적인 욕구를 다스릴 힘만 가지고 있다면.[1]
— 『오디세이아』

우리는 어떻게 스스로의 대부가 될 수 있을까? 그 대답은 아무것도 모
르는 순진함을 버리고 우리 자신과 의도에 대해 좀 더 치밀하게 접근하는
것이다. 그러려면 우선 유혹에 맞설 때 의지력에 기대는 부분을 최소한으
로 줄여야 한다. 오디세우스의 부하들처럼 배고픔을 참지 못해 태양신의
소 떼를 잡아먹고 끔찍한 벌을 받기보다는 그냥 소 떼를 지나치는 편이
훨씬 낫다. 이는 우리가 주변 상황에 얼마나 많은 영향을 받는지를 인정
하고, 환경을 조절하여 그것이 우리가 선호하는 방식으로 영향을 미치도
록 하는 것이다.

좀 더 치밀한 접근이란 혼자 힘으로는 최선의 의도를 지켜 낼 수는 없
다는 점을 인식하는 것을 의미한다. 자유와 풍요로움으로 가득한 세계에
서 자신의 운명을 개척하려면 다른 사람들의 도움을 구하는 것 외에는 선
택의 여지가 없다. 여기에는 가족뿐 아니라 친구, 동료, 지역사회의 도움까

지 포함된다. 한마디로 유일한 희망은 우리 자신을 본인의 의도라는 돛대에 묶어 놓을 수 있도록 가능한 모든 일을 하는 것이다. 마치 벳시 켈러처럼 말이다.

켈러는 코네티컷 주 그리니치에 사는 영양사이자 어린 자녀들을 둔 평범한 주부다. 그녀는 본래 야외 활동을 좋아하는 사람이었지만 스키를 타다가 무릎 인대가 찢어지는 바람에 다리 보호 기구를 차게 되었다. 운동으로 열량을 소비할 수 없게 된 켈러는 극단적인 조치를 취했다. 가령 아이들에게 간식을 준 직후 손톱에 잘 마르지 않는 매니큐어를 칠해서 자신은 과자 봉지에 손을 넣을 수 없게 하는 것이다. 또 음식을 작은 접시에 놓아 양이 더 많아 보이도록 했고, 식사 후에는 이를 닦고 치실을 사용하여 식탁을 치우면서 음식을 집어 먹을 수 없게 했다. 디저트가 나오면 그 즉시 그중 절반에 소금을 뿌려 그 부분을 먹지 못하게 만들었다. (켈러는 이 방법을 나이가 든 후에도 적절한 체중을 유지하는 어머니에게서 배웠다.) 켈러는 이렇게 하는 이유가 매우 단순하다고 했다. "효과가 있으니까요!"

켈러 같은 사람들은 자신이 사용하는 방법 때문에 때때로 미심쩍은 시선을 견뎌야 한다. 대부분의 사람들은 켈러가 자기 관리에 매우 철저한 사람이라고 생각하지만, 사전 예방 조치에 매달리는 사람은 사실 자제력이 부족하다고 생각하는 사람도 있기 때문이다. 예를 들어 뚱뚱한 사람이 살을 빼기 위해 턱을 철사로 고정하고 있다면 이는 대부분의 사람에게 그가 인위적인 장치에 의존하지 않고는 식욕을 조절할 수 없다는 인상을 준다. 욘 엘스터는 대부분의 사회에서 만취뿐 아니라 금주도 좋지 않게 생각한다는 것을 알아냈다. 시드니 그린스트리트Sydney Greenstreet는 『몰타의 매 The Maltese Falcon』에서 술을 따르며 이 점을 정확하게 지적한다. "나는 '그만 따르시오.'라고 말하는 사람을 믿지 않는다네. 술을 지나치게 많이 마시지 않도록 주의해야 할 정도라면, 그 사람은 취했을 때 믿을 수 없는 사람이 된다는 뜻이지."

지금쯤이면 그 방법이 어떤 인상을 주는지에 관계없이 자신이 가지고 있는 최선의 의도에 헌신하는 것, 가능하다면 되돌릴 수 없도록 헌신하는 것이 자제력과의 전쟁에서 사용할 수 있는 가장 강력한 무기라는 점을 분명하게 이해했을 것이다. 앞으로 여러분이 선택하고 싶지 않은 옵션이 나타나면 어떤 수단을 쓰든 이를 배제하라. 자신이 의지력을 발휘하여 피할 수 있을 거라 생각하지 마라.

의지 근육 만들기

의지력은 근육과도 같다. 장기적으로는 단단하게 키울 수 있지만, 단기적으로는 금방 지쳐 버리고 만다. 수차례의 연구를 통해 밝혀진 바에 따르면 자제력에 부담이 가해질 때 우리는 유혹에 저항하기가 더 어려워진다. 어떤 사람들은 이것이 가장 핵심적인 문제라고 생각한다. 현대사회에서의 삶은 자제력에 너무도 큰 짐을 부과하여, 어떤 분야에서는 거의 항상 자제력이 바닥나 있는 상태다. 몽테뉴가 영혼에 대해 말했듯이, 자제력을 발휘할 때에는 "휴식과 조절이 필요하다. 지나치게 오래 긴장 상태를 유지하면 이상해지고 만다."[2]

소위 자아의 고갈이라고 부르는 문제에 대한 연구는 상당히 직설적이다. 조사 대상에게 약간의 자제력을 발휘하라고 부탁하고(초콜릿 쿠키의 유혹에 저항하는 등), 그 후에는 한층 강한 자제력이 요구되는 두 번째 상황을 조성한다. 자제력이 바닥난 사람들은 이 두 번째 상황에서 거의 언제나 대조군보다 약한 모습을 보인다. 여기서 대조군은 자제력을 고갈시키기 위한 사전 실험에 노출되지 않아 자제력이 정상 수준을 유지하고 있는 사람들이다. 흰곰에 대해 생각하지 말라는 지시를 받은 사람들은 재미있는 비디오를 보면서 웃음을 참는 것을 더 어려워했다. 초콜릿 쿠키에 저항했던 사람들은 나중에 어려운 문제가 주어지자 일찍 포기하는 경향을 보였다. 자제력이 바닥난 사람들은 더 형편없는 오락과 음식을 선택했다. 다이어트를 하는 사람들은 자제심이 고갈되었을 때 더 많이 먹었다.

한 흥미로운 연구에서는 사람들에게 따분한 역사 전기 시리즈를 큰 소리로 읽으라고 지시하고, 그 과정에서 자신의 감정을 몸짓과 표정으로 과장되게 표현하라고 했다. 두 번째 집단의 사람들은 같은 글을 스타일의 변화 없이 큰 소리로 읽으라고 지시했다. 그런 다음 양쪽 집단에게 일반적인 가정용품을 할인된 가격에 살 수 있도록 했다. 감정적으로 고갈된 사람들이 더 많은 돈을 소비했다는 것이 놀라운가? 뿐만 아니라 그런 사람들은 더 높은 가격도 기꺼이 지불했다.

자제력이 바닥날 때 어떠한 생물학적 과정이 진행되는지, 또한 자제력을 발휘한 후 시간이 지남에 따라 그것이 어떻게 다시 회복되는지는 분명하지 않다. 아마도 관련된 두뇌 부분이 포도당을 더 효과적으로 사용하게 되거나, 자제력을 행사함으로써 중요한 신경전달물질의 분비가 활발해지는지도 모른다. 여기서 흥미로운 점은 자제력과 의사 결정 능력이 동일한 에너지원에서 힘을 얻는 것처럼 보인다는 것이다. 아마도 우리는 현대 사회에서 직면해야 하는 수많은 선택의 결과 지속적인 자제력 고갈 상태에서 살아가고 있는지도 모른다.

혈당도 이와 관련이 있다. 한 연구에서는 자제력을 요하는 일의 전후 혈당을 측정했다. 당연히 일을 마친 후에는 혈당이 크게 낮아진다는 결과가 나왔다. 그리고 혈당량이 낮아질수록 비슷한 두 번째 일에서의 능률은 더 떨어졌다. 이때 인공감미료가 아닌 설탕으로 단맛을 낸 레모네이드 한 잔을 마시면 도움이 된다. 하지만 이것이 다이어트를 하는 사람들에게 미칠 영향을 생각해 보자. 음식을 멀리하려는 노력이 자제심 때문에 허사가 될 수도 있으니 말이다. "의지력은 단순한 상징만이 아니다." 로이 바우마이스터의 말이다. "더 나은 자신이 되려면 생물학적으로 그만한 대가를 치러야 한다."[3]

그렇다면 우리가 내릴 수 있는 결론은 무엇인가? 석사 논문을 마무리하려고 고군분투하는 동안 갑자기 담배를 끊는 것은 쉽지 않을 것이다. 의지력이 바닥난 것처럼 생각될 때에는 초콜릿 한 개나 게토레이 한 병이 매우 유용한 회복제가 될 수도 있다. 물론 식단을 복합 탄수화물과 단백질로만 채우라고 조언하는 전문가들과 논쟁을 벌일 생각은 없다. 또 숙면을 취하는 것도 도움이 된다.

거짓보다는 진실을 말하는 편이 나을지도 모른다. 거짓말을 하면 자제력을 관장하는 영역에 부담을 지울 가능성이 크기 때문이다. 하버드대학교의 도덕인지연구실에서는 두뇌 스캔을 활용하여 "정직하지 않게 행동하는 사람들의 경우 전두엽 피질 중 통제와 관련된 영역의 활동이 늘어난다."는 점을 발견했다.[4] 이는 거짓말을 할 경우 유혹에 저항하는 데 필요한 심리적인 자원이 고갈된다는 것을 암시한다.

의지력이 근육과 비슷하다는 개념과 같은 맥락에서, 의지력을 사용하는 습관을 들임으로써 그것을 단련할 수 있다는 증거가 있다. 어쩌면 대부분의 종교에서 신도들에게 금식과 같은 의식을 수행하라고 요구하는 것은 바로 그 때문인지도 모른다. 신앙심이 깊은 사람들은 실제로 자제력이 더 뛰어난 것으로 보이지만, 단순히 자제력만 갈고닦는 사람들도 마찬가지다. 한 연구에서는 2주간 자기 절제 운동(자세 바로잡기, 좋지 않은 기분 버리기)을 실시한 대학생들이 손잡이를 잡고 얼마나 오래 버틸 수 있는지 알아보는 시험에서 대조군에 비해 뛰어난 자제력을 보였다.

윌리엄 제임스는 이 실험의 결과에 그다지 놀라지 않았을 것이다. 실험은 의지를 근육과 동일한 것으로 보는 연구의 개척자였던 마크 뮤러벤 Mark Muraven에 의해 진행되었다. 제임스는 19세기 특유의 활력으로 우리에게 조언했다.

매일 조금씩 연습하고 노력을 게을리하지 마라. 중요하지 않은 일에도 조직적이고 열성적인 모습을 보이고, 매일 무언가 어려운 일을 극복하는 연습을 하면 그것이 절실히 필요한 시기가 왔을 때 용기를 잃지 않고 시련을 견딜 준비가 되어 있는 당신을 발견하게 될 것이다. 이러한 종류의 수행은 집과 재산을 지키기 위해 보험에 가입하는 것과 같다. 보험료를 낼 때에는 아무런 이익도 없고, 영원히 보상받지 못할 가능성도 있다. 그러나 실제로 화재가 나면 그때까지 지불한 보험료가 폐허로부터 일어날 수 있는 생명줄이 된다. 매일매일 그다지 중요하지 않은 일에 주의를 집중하고, 열성적인 자유의지 및 자제력을 행사하는 습관을 쌓아 온 사람도 마찬가지다. 이런 사람은 주변의 모든 것이 흔들릴 때, 의지가 약한 주변 사람들이 거센 바람에 쓸려 짚처럼 흩날릴 때에도 탑처럼 꼿꼿이 서 있게 될 것이다.[5]

그러나 모든 근육에는 한계가 있다. 보디빌더들도 팔굽혀 펴기를 영원히 할 수는 없는 것처럼. 따라서 제임스의 조언을 따르는 것은 좋지만, 자기 통제 도구 상자에 들어 있는 모든 전략을 내던져 버리는 것은 바보 같은 일, 아니 자기 절제와 관련된 용어로 본다면 지나치게 순진한 일이 될 것이다. 운전할 때 과속을 피하고 싶다면 자동 주행속도 유지 장치를 사용해라. 운전석에 앉기 전부터 두 잔째를 떠올리게 된다면 아이들의 이름을 되뇌고, 아이들이 슬퍼하는 표정을 그려 보아라. 그보다 더 좋은 방법은 술집에 앉기 전 아이들의 사진을 꺼내 보는 것이다. 애착에 대한 감정, 즉 웃음이나 호감 등은 의지력을 향상시켜 주는 것으로 알려져 있다. 또 죄책감은 여러분의 친구이며, 친구들에게 의지하는 것도 언제나 도움이 된다. 물론 좋은 친구들에 한해서.

영혼의 거울 보는 법

억제는 대개 누군가 자신을 바라보고 있다는 느낌에서 시작된다. 단지 거울 하나 설치함으로써 사람들이 더 정직하게 행동하도록 만들 수 있다는 것이 실험을 통해 증명되었다. 예를 들어 무인 신문 판매대 같은 경우에 말이다. 또 거울은 고정관념을 무너뜨리고, 성실한 노력을 고취하며, 속임수를 쓰려는 의욕을 꺾어 놓는 효과도 있다. 아이들을 대상으로 실시한 연구에서는 거울을 놓기만 해도 핼러윈 사탕을 슬쩍하는 비율이 70퍼센트나 줄어들었다.[6]

타인을 인간 거울이라고 생각할 수도 있다. 하워드 래클린Howard Rachlin은 이렇게 말했다. "친구와 친척들은 오랫동안 우리의 행동을 비춰 주는 중요한 거울, 즉 영혼의 거울이다. 그들은 술 한 잔, 담배 한 대, 아이스크림선디 하나, 코카인 한 방이 새로운 미래의 일부가 될 것인지, 아니면 오랜 과거의 일부가 될 것인지에 대해 이야기해 줄 수 있는 마법의 '거울'이다. 그런 사람들을 가까이 두지 않는 것은 우리의 자제력에 엄청난 위험이 된다."[7]

인간관계는 여러 가지 면에서 매우 중요하지만, 자제력이라는 영역에서는 특히 더 중요하다. 사람들은 오디세우스가 부하들에게 의존하는 것만큼이나 지인들에게 많이 의지한다. 왜냐하면 다른 사람들 없이는 스스로를 우리 자신의 의지에 묶어 놓을 수가 없기 때문이다. 12단계 중독 치료 프로그램에 참여하는 사람들은 의지가 약해졌을 때 연락할 수 있는 후견인을 두며, 인터넷 사전 예방 조치 사이트인 스틱케이닷컴에서도 사용자들에게 자신의 목표 달성 여부를 입증할 수 있는 심판의 이름을 입력하도록 권고한다.

외로움은 자기 절제를 약화시키지만, 공동체는 자제력을 여러 가지 방식으로 강화할 수 있고, 특히 사회적 고립을 최소화하고 표준을 정립하는 등의 효과를 발휘한다. 또한 공동체는 사회적 정보 체계이기도 해서, 공동체에서 알리는 것은 확실한 조정력으로 작용한다. 평판이란 매우 가치 있는 것이기 때문이다. 공동체는 존경으로 보상을 제공하고 무관심으로 벌을 줄 수 있다. 그러므로 여러분은 이 사실을 자신을 통제하는 방법으로 사용할 수 있는데, 예를 들어 새해 계획을 세운다면 모든 사람에게 자신의 계획에 대해 이야기하는 편이 훨씬 낫고, 블로그에 관련 내용을 올리는 것도 좋다. 일단 결심이 주변에 알려지게 되면 그것을 지키게 될 가능성이 훨씬 커진다. 여러분의 평판이 걸려 있기 때문이다.

최선의 의도를 지키기 위해 다른 사람들을 동원하는 것은 널리 사용되는 기술이며("세상에, 오늘 밤에 내가 디저트를 주문하려고 하면 좀 말려 줘요!"), 거기에는 그만한 이유가 있다. 모든 사람은 이를 적극 활용해야 한다. 친구들의 잠재적인 인정이나 비난은 여러분이 충분히 활용할 수 있는 일종의 무료 보상 체제에 해당한다. 만약 이런 체제가 존재하지 않으면 많은 사람들이 자기 절제에 큰 어려움을 겪게 될 것이다.

개인적으로 현대사회의 가장 큰 병폐를 하나 꼽자면 공동체의 와해라고 생각한다. 사람들은 너무나 쉽게 거주지를 옮긴다. 약간의 돈이나 더 좋은 날씨, 혹은 단순히 무언가 새로운 것을 시도해 보고 싶은 생각에 행복의 근원이었던 친구, 친척, 이웃, 동료로 이루어진 공동체의 그물망을 버리고 떠나는 것이다. 결혼이 파국으로 치닫는 경우에도 친척과 우정의 네트워크가 깨지면서 비슷한 결과를 낳는다. 우리가 진정으로 욕망을 통제하고자 한다면, 앞다투어 주변인들로부터 멀어지려는 성향을 다시 생각해 보아야 할 것이다.

특히 우정을 과소평가하는 경우가 많은데, 우정은 가족의 붕괴로 생겨난 거대한 틈을 메울 수 있는 유일한 희망일지도 모른다. 아리스토텔레스도 강조했듯이 친구는 매우 중요하며, 신중하게 선택해야 한다. 세상에는 동료 집단의 압력이 존재하고, 이는 우리가 하는 많은 것에 영향을 미친다. 따라서 불가피하게 자신에게 압력을 주게 될 또래를 조심스럽게 선택해야 한다. 존스홉킨스대학교 보건대학원의 보건, 행동, 사회학과 학장인 데이비드 홀트그레이브David Holtgrave의 말이다. "행동을 바꾸고 오랫동안 그 행동을 유지하고자 한다면 이러한 변화를 지지해 줄 사람들이 필요합니다."[8]

전문 치료사를 고용할 수도 있다. 비록 프로이트가 자기 절제에 대한 우리의 태도에 지대한 영향을 미치기는 했지만, 프로이트의 후계자들이 제공하는 비싸고 시간이 오래 걸리는 정신분석 치료는 피하는 것이 좋겠다. 대신 앨버트 엘리스Albert Ellis, 미국의 심리학자로 50년대에 합리적-정서적 치료법을 창시했다에 대해 생각해 보자.

냉담한 부모 사이에서 병약한 아이로 태어난 앨버트는 열아홉 살 때 뉴욕의 한 식물원에서 혼자 앉아 있는 여성을 볼 때마다 다가가서 말을 걸었다. 결국 그는 약 130명의 여성에게 말을 걸었는데 데이트 약속을 얻어내는 데 성공한 것은 딱 한 번뿐이었지만 "아무도 구역질을 하거나 도망가지 않았다. 경찰을 부른 사람도 없었다." 앨버트는 《뉴욕 타임스》와의 인터뷰에서 이렇게 말했다. "나는 생각을 바꾸고, 감정을 바꾸고, 무엇보다 행동을 바꿈으로써 수줍음을 완전히 극복했습니다."

앨버트는 결국 작가가 되었고, 그다음에는 프로이트의 이론을 따라 심리치료사가 되었다. 하지만 머지않아 정통 정신분석학을 버리고 이제는 인지 행동 치료라고 불리는 분야를 창시했다. 치료 기간이 길고 주로 과거의 관계나 트라우마에 초점을 맞추는 정신분석과는 달리 인지 행동 치료는 치료 대상이 스스로의 문제에 대해 생각하는 방식을 신속하게 바꾸려는 목적을 가지고 있다. 관건은 불평을 멈추고, 감정적인 왜곡 없이 자신의 상황을 살피며, 문제를 해결하는 데 필요한 조치를 취하는 것이다. 이는 마치 「마티Marty」라는 영화에 나오는 필레티 부인이 여동생의 과장된 행동을 보고 "이게 무슨 오페라인 줄 알아!"하고 말하는 것과 마찬가지다.

인지 행동 치료를 하는 사람들은 스토아학파의 영향을 받아 행위자로서의 인간을 강조하고, 환경이나 사건에 대한 반응처럼 스스로 통제할 수 있는 것들에 초점을 맞춘다. 앨버트와 스토아학파는 둘 다 감정을 대체로 자발적인 상태로 보았고, 그것이 적절한지에 대한 판단에 따라 이를 승인하거나 거부할 수 있다고 여겼다. 알코올, 분노, 미루기를 다루는 방법과 감정 조절에 대한 책을 쓴 앨버트는 자신의 문제를 생각하는 방식을 바꾸라고 강조했다. 자기기만, '재앙화catastrophizing, 걱정하는 사건에 대해 최악의 경우를 예상하여 두려워하는 것', 그 외에 다른 해로운 심리적 활동들을 멈추고, 다른 나쁜 습관들과 함께 전두엽 피질의 철저한 검토 대상으로 삼아야 한다. 핵심은 자신과 자신을 둘러싼 환경을 정확히 파악하고 이를 활용하는 것이다. 인지 행동 치료는 자신에게 적용할 수도 있다. 걱정거리가 있다고 음식을 먹는 것이 합리적인 행동인가? 그렇지 않다면 그런 습관을 버릴 수 있는 길을 찾아라.

환경을 활용하라

순진함을 버려라. 환경은 여러분이 알아채지도 못하는 방식으로 여러분에게 영향을 미친다. 그렇다면 원하는 결과를 얻어 낼 수 있도록 환경을 구성하는 것이 바람직하지 않겠는가? 여러분이 해야 할 일은 삶의 기본 조건, 즉 타성의 결과로 일어나는 일들이 여러분의 2차적 욕구에 부합하도록 만드는 것뿐이다. 그렇게 하면 앞으로 더 좋은 일들이 일어날 가능성이 크며, 불필요한 여러 가지 선택에 여러분의 인지 자원을 낭비하지 않아도 된다. 태양신의 소 떼를 지나쳐 갈 수 있도록 미리 결정을 내려라.

환경 조절에 투자할 수 있는 최적의 분야 가운데 하나는 집중력 관리다. 책상에서 집중력을 흐트러뜨리는 물건을 치워라. 인터넷에 시간을 덜 뺏기고 싶다면 특정 프로그램에 접근을 막는 소프트웨어를 사용하거나 당분간은 이메일을 끄고 채팅 프로그램에서 로그아웃해라. 휴대전화를 끄고, 오디세우스의 부하들처럼 귀마개를 하는 등, 집중을 방해하는 요소를 제거하기 위한 조치면 무엇이든 해라. 만약 집중 방해 요소와 유혹을 없앨 수 없다면 당신의 사고방식을 바꾸도록 노력해 보라. 가장 유혹적인 특징에 집중하지 말고 여러분이 진정 어떤 사람이 되고 싶은지 생각해 보자.

가정환경에 취할 수 있는 조치는 피해야 할 물건을 사지 않는 것이다. 배고프지 않을 때 쇼핑을 해라. 매장에 가서 직접 온몸으로 강한 유혹을 받기보다는 온라인으로 물건을 주문해라. 지갑에서 신용카드를 빼내어 서랍에 넣어 두고 외출해라. 지금 이 물건을 구입하려면 세금 공제 전 기준으로 얼마나 많은 돈을 벌어야 하는지 생각해 보라.

환경을 활용하여 자제력을 키우는 또 다른 방법은 자연을 접할 기회를 갖는 것이다. 내가 자연에서 관심을 갖는 유일한 대상은 인간이기 때문에 이런 글을 쓰기가 쉽지는 않지만, 여러 연구를 통해 스트레스와 익명성으로 점철된 도시 생활이 자제력을 위협한다는 것이 증명되었다. 도시는 대단히 흥미로운 동시에 인지적인 부담이 큰 곳이기도 하다. 도시에서는 잠깐 걷기만 해도 주의력과 기억력에 타격을 입는다. 주의력 결핍 장애가 있는 아이들은 자연과 가까운 환경에 살 경우 증세가 완화된다. 도심의 여자아이들을 대상으로 한 연구에서는 녹색 공간이 보이는 곳에서 사는 아이들과 그렇지 않은 아이들 사이의 자제력 점수 차이가 20퍼센트나 된다는 결과가 나오기도 했다. 시카고의 공영 주택 프로젝트에서는 녹지 공간이 내려다 보이는 아파트에 사는 여성들이 그런 광경이 보이지 않는 이웃들보다 뛰어난 집중력을 보였고 인생에서 부딪히는 어려움에 더 잘 대처해 나갔다. 또한 '자연이 보이는' 아파트에서는 가정 폭력도 적게 발생했다. 브루스 스프링스틴Bruce Springsteen은 「도시에서 성자가 되기는 너무나 어렵다It's so hard to be a saint in the city」라는 노래에 핵심을 담았다.

여러분이 진지하게 2차적 욕구에 충실한 삶을 살고자 하고 새해 결심을 할 때처럼 기꺼이 노력할 준비가 되어 있다면, 여러분이 선택할 수 있는 극단적인 접근 방식은 스스로를 스키너의 비둘기처럼 취급하는 것이다. 사람들은 특정한 목표에 도달했을 때 좋은 와인을 따거나, 새 드레스를 사거나, 하와이로 휴가를 떠나는 등 스스로에게 특정한 보상을 약속함으로써 이러한 접근 방식을 취한다. 그러나 여러분에게 상을 주거나 주지 않을 사람을 정하지 않는 한 스스로에게 주는 보상은 매우 모호해질 수 있다. 스스로를 실험실의 쥐처럼 다루는 것에 별다른 거부감이 없다면 친구와 가족들이 큰 도움이 될 수 있다. 사실 우리는 쥐와 크게 다를 것이 없다는 점을 직시하자. 만약 내가 아내에게 그날 쓴 원고 세 장을 보여 줄수 없으면 저녁에 술을 마시지 못하게 해 달라고 부탁했다면 이 책은 벌써 몇 달 전에 여러분의 손안에 들어갔을지도 모른다. 만약 아내가 벌칙으로 섹스 금지 조건을 내걸었다면 이 책은 2007년에 완성되었을 것이다.

어렵지만 오래가는 변화를 추구하는 경우, 일찌감치 다른 사람들에게 알려라. 약혼 기간은 약혼자를 식장까지 데려가는 데 매우 유용하다. 군입대 신청을 한 사람들에게 신청과 실제 입영 사이에 어느 정도 기간을 허용하는 것도 우연이 아니다. 자선 단체 기부금을 분석한 결과 기부 약속 시점과 실제 기부 사이에 어느 정도 지연이 허용되었을 때 기부금이 더 많아진다는 사실이 밝혀졌다. 다른 연구에서는 사람들이 식료품을 더 일찍 주문할수록 돈을 더 적게 쓰는 동시에 건강에 더 좋은 식료품을 선택한다는 결과가 나왔다.

한편 속도와 근접성이 자기 절제에 큰 타격을 미치기 때문에 여러분과 가장 의심스러운 만족 사이에 시간과 공간의 완충제를 두는 것은 어느 정도 효과를 발휘한다. 예를 들어 워싱턴 근교에 사는 시스템 관리자 스콧 자파Scott Jaffa는 "401k 계좌의 온라인 접속 코드를 없애서 연금 계좌에 즉시 접속할 수 없도록 했다. 그의 목표는 계좌 접근을 '무척 어렵게' 만들어 감정에 휘둘려 행동하기 전에 '다른 사람과의 상호작용'이 필요하도록 하는 것이었다." 이러한 사전 예방 조치는 충격적일 만큼 급락하는 주식시장을 보면서도 해로운 행동을 하지 않도록 하는 데 도움이 된다.[9]

책을 쓰는 것은 현대 노동의 본질을 드러내는 뛰어난 은유다. 현대의 노동은 정해진 구조가 없고, 신체적이기보다는 정신적이며, 먼 미래에나 받을 수 있는 보잘것없는 보상에 기대는 경우가 많다. 여러분이 이런 상황에 처해 있다면 최선의 대책은 구체적인 목표를 설정하고, 이러한 목표가 합리적인지 확인하고, 자신의 성과를 모니터링하는 것이다. 글로 기록하면 더욱 좋다. (자신과의 본질적으로 적대적인 관계를 유지하기 위하여 우리는 냉전 시대의 금언인 "신뢰하되 검증하라."라는 원칙을 따라야 한다.)

환경을 통제한다는 것은 일을 더 쉬운 방식으로 구성한다는 것을 의미한다. 커다란 프로젝트를 분명하게 정의된 '눈앞의 목표', 즉 달성하기 쉽고 매일 성취감을 느낄 수 있는 단위로 쪼개는 것이다. 예를 들어 오늘의 목표는 책을 쓰는 것이 아니라 단지 글 두 장을 쓰는 것이 된다. 그 두 장을 채우면 비록 책은 완성되지 않았다 하더라도 뿌듯한 감정을 느낄 수 있다. 이는 마치 건전한 개선 과정과 같다. 단기간에 얻을 수 있는 보상을 선택하지만, 매번 보상받을 때마다 목표점에 착실히 다가가는 것이다.

음식과 관련된 환경을 통제하는 것은 특히 중요하다. 코넬대학교의 식품 점화 전문가인 브라이언 완싱크는 쿠키나 그 외의 살찌는 음식을 포장에서 직접 꺼내 먹지 말도록 제안한다. 그 대신에 한 움큼 집어 접시에 덜어 놓고 먹는 것이다. 야채는 커다란 그릇에 담아서 식탁 위에 두지만, 살이 찌는 음식은 각자 부엌에서 접시에 조금씩 담아 가도록 하는 것이다. 여럿이서 함께 식사한다면 가장 늦게 먹기 시작해라. 뷔페에 가면 (잠깐, 도대체 거긴 왜 갔는가?) 한 번에 두 가지 음식만 가져다 먹도록 하라.

자기 절제와 관련된 모순 중 하나는 자제력을 얻으려면 어느 정도의 자제력이 필요하다는 점이다. 예를 들어 운동은 자제력을 향상시키고, 나이에 따른 전두엽 피질의 쇠퇴를 지연하며, 치매의 위험을 줄인다. 설치류의 경우 운동이 두뇌에 여러 가지 다른 이득을 가져오는 것으로 나타났다. 그러나 선조들보다 앉아 있는 시간이 훨씬 긴 직업을 가진 대부분의 현대인들의 경우 운동을 하려면 어느 정도 자제력을 투자해야 한다. 여기서도 적당한 수준의 전략이 도움을 줄 수 있다. 예를 들어 가능한 한 걷기를 피할 수 없는 곳에 사는 것이다. 또는 '억지로' 체육관에 가게 해 줄 운동 파트너를 구할 수도 있다.

운동은 세로토닌 분비량을 늘리는 방식으로 자제력을 키우는 데 도움을 준다. 밝은 조명 역시 도움이 되는 것으로 보이지만 칠면조나 다른 세로토닌 촉진제를 섭취하는 것은 그다지 도움되지 않는 것이 분명하다. 세로토닌은 기분에 영향을 미치지만, 반대로 기분 역시 세로토닌에 영향을 미친다. (배우들은 다른 기분을 '연기'함으로써 세로토닌 수치를 바꿀 수 있다는 것이 증명되었다.) 기분이 좋지 않다면 밖으로 나가 밝은 햇살 아래서 무언가 활동적인 일을 해 보자. 그러나 신용카드는 두고 나가자.

습관의 힘

2차적 욕구에 충실하게 사는 가장 좋은 방법은 아마도 습관을 만드는 것이리라. 습관은 우리가 계속 반복하는 행동이며, 영화 「오스틴 파워 Austin Powers」의 닥터 이블이 부끄러운 듯 새끼손가락을 입가에 가져다 대는 것처럼 거의 자동으로 하게 되는 행동이다. 처음에는 이러한 행동을 하기 위해 의식적인 노력이 필요하지만 반복을 통해 계기만 주어지면 사실상 자동으로 나오게 만들 수 있다. 누구나 습관을 가지고 있다. 왜냐하면 의식은 한정된 자원이며 인간은 의식을 절약하도록 진화했기 때문이다. 따라서 의식은 거의 모든 것을 두뇌의 자동 영역으로 넘기려 하고, 반복되는 행동을 전두엽 피질에서 훨씬 깊숙한 곳에 있는 기저핵으로 옮김으로써 더 중요한 일을 위해, 그리고 실수할 가능성을 줄이기 위해 처리 역량을 절약한다. 앨프리드 노스 화이트헤드Alfred North Whitehead는 이렇게 말했다. "문명이란 우리가 생각하지 않고도 수행할 수 있는 작업의 수를 늘리면서 발전한다. 사고라는 작업은 기병의 돌격과도 같다. 숫자가 엄격하게 제한되어 있고, 팔팔한 말이 필요하며, 결정적인 순간에만 실행해야 한다."[10]

사실 우리가 가장 잘하는 일의 상당수는 아무 생각 없이 하는 일이다. 처음 운전을 배웠을 때 운전대가 부서져라 꼭 쥐었던 기억이 나는가? 처음에는 가족들이 탄 차를 운전하는 것에 엄청난 집중력이 요구되지만, 시간이 지남에 따라 일 문제에 대해 고민하거나 뒷좌석에서 아이들이 다투는 소리를 들으면서도 아무 생각 없이 운전을 할 수 있게 된다. 나는 아들에게 이야기하면서 넥타이를 맬 수 있지만 그 일에만 집중하면 오히려 헷갈린다. 나의 아내는 영화를 보거나 따분한 남편을 둔 친구들을 위로하면서 스웨터를 뜰 수 있다.

따라서 습관이 꼭 나쁜 것만은 아니다. 그러나 습관의 특징은 좀처럼 바꾸기가 어렵다는 것이다. 특히 무리 지어 다니는 나쁜 습관들은 고치기가 가장 어렵다. 나쁜 습관은 우리의 가장 본능적인 충동에서 나온 것이기 때문이다. 좋은 습관은 소중히 여겨야 한다. 아리스토텔레스는 "이성에 복종하는 것이 습관화될 때" 자제력을 얻을 수 있다고 했다.[11] 윌리엄 제임스는 『심리학의 원리The Principles of Psychology』라는 기념비적인 책의

한 장을 통째로 습관에 할애했으며, 관찰한 내용을 다음과 같이 열정적인 고딕체로 적었다. "그렇다면 모든 교육에서 가장 중요한 것은 우리의 신경계를 적이 아닌 아군으로 만드는 것이다. 이것은 우리가 습득한 것에 자금을 대고 활용하여 투자한 것에 대한 이자를 받으며 수월하게 살아가는 것이다. 그렇게 하기 위해 우리는 최대한 빨리 가능한 한 많은 유용한 행동을 자동화 및 습관화해야 하며, 마치 전염병을 경계하듯이 그러한 습관이 우리에게 불리하게 변하는 것을 경계해야 한다."[12]

제임스는 습관의 윤리적인 중요성에 대해 핵심을 찔렀다. 그리고 우리는 인간이 습관적인 행동으로 이루어진 존재라는 사실을 알고 있는 것처럼 보인다. 마크 리리가 말했듯이, "이미 형성된 자아 개념은 의사 결정에 중요한 정보를 제공한다. 우리의 행동은 스스로가 어떤 사람인지, 예를 들어 어떤 특징과 역량을 가지고 있는지에 대한 믿음에 영향을 받는 경우가 많다. 우리는 때때로 스스로가 그런 일을 할 법한 사람이라고 생각하기 때문에 어떤 일을 하기도 하고, '그런 사람이 아니기 때문에' 그 일을 하는 것에 저항하기도 한다."[13]

따라서 우리가 자신의 의도에 따라 행동할 가능성은 우리가 얼마나 습관적으로 행동하느냐에 달려있다. 토마스 만은 운동과 흡연 문제로 어려움을 겪는 중년 남성 토마스 부덴브로크를 묘사할 때 이를 정확히 이해하고 있었다. "그의 의지력은 게으름 부리고 하찮은 일을 하는 동안 무기력해졌다. 매일 밤 일찍 일어나 식사 시간이 되기 전에 정해진 길을 산책하겠다고 분노에 차 다짐했지만 늦잠을 잤다. 이 결심을 실천에 옮긴 것은 고작 두세 번에 지나지 않았다. 그리고 다른 모든 일도 마찬가지였다. 자신의 의지에 박차를 가하려는 끊임없는 노력에도 불구하고 계속해서 실패하자 그의 자존심은 큰 상처를 입었고, 결국 절망에 빠지고 말았다.

그는 담배를 끊으려는 시도조차 하지 않았다. 담배 없이는 살 수가 없었다……."[14]

한편 우리가 특정한 상황에서 자제력을 발휘할 때, 스스로에 대한 약간의 신뢰를 얻게 되면, 이는 다음번에 의지할 수 있는 힘이 된다. 머지않아 우리는 우리 자신에 대한 평판을 쌓게 되고, 거기에 흠을 내지 않기를 간절히 바라게 된다. 매번 시험을 통과할 때마다 의지는 더욱 굳어지고, 이는 우리가 유혹에 굴복하여 자신의 약점에 대한 좋지 않은 선례를 남기게 될지도 모른다는 두려움으로 더욱 단단해진다. 실수를 선회하는 방법 역시 중요하다. 만약 실수를 예외 사례로 보거나 어느 정도 의도적인 것으로 합리화할 경우, 기억에 안전하게 격리되어 의지가 앞으로 나아가는 데 방해되지 않는다. 의도와 행동을 충분히 쌓아 올리면 곧 여러 가지 일들이 의지력이라는 불안한 영역에서 벗어나 자동조종 장치의 힘을 발휘할 수 있는 습관이라는 영역으로 진입하도록 밀어낼 수 있다. 이것은 훌륭한 성과다. 존 듀이는 이런 말을 남겼다. "습관은 예술이다."[15]

나쁜 습관을 피하고 좋은 습관을 들이고자 하는 경우, 대부분의 습관은 특정한 시간이나 장소, 사람, 기분, 혹은 반복적으로 하는 행동 등 환경적인 신호에 크게 의존한다는 점을 기억해 두는 것도 도움이 된다. 차의 시동을 걸고 익숙한 길을 따라 회사까지 가는 행동은 처음에는 목표(출근) 때문에 동기화되었을지 모르지만 곧 암시(아침, 커피, 주차장 등)에 따라 동기화되는 행동으로 바뀐다. 우리는 그냥 개가 아니라 파블로프의 개다. "습관은 기억이 어떤 행동을 특정한 장소 또는 분위기와 연관 지을 때 형성된다." 서던캘리포니아대학교의 심리학자 웬디 우드Wendy Wood의 말이다. "여러분이 소파에 앉아 있는 동안 계속 과자를 먹을 경우 어느 정도 시간이 지나면 소파를 보기만 해도 자동으로 과자에 손이 가게 된다.

때때로 이러한 연관성은 너무나 강력해서 다이어트에 성공하기 위해서는 소파를 나무 의자로 바꿔야 할 수도 있다."[16]

나쁜 습관이 골칫거리라면 좋은 습관은 소중한 존재다. 좋은 습관은 올바른 일을 하는 데 필요한 심리적인 비용을 낮춰 주고, 의식적인 의사 결정의 필요성을 없애 줌으로써 올바른 일을 하지 않을 위험성을 낮춰 준다. 『탈무드』에서는 이렇게 조언한다. "가장 작은 임무를 적극적으로 완수하고 위반을 멀리하라. 하나의 임무는 또 하나의 임무를 불러오고, 하나의 위반 역시 다른 위반을 불러오기 때문이다."

호머 심슨과 네드 플랜더스

가끔 미국인들은 호머 심슨과 네드 플랜더스_{심슨의 이웃이자 독실한 기독교 신자. 두 명 모두 만화 「심슨 가족」의 등장인물이다} 중의 하나인 것처럼 보인다. 호머는 지방으로 꽉 막힌 심장이 제자리에 자리 잡고 있기는 하지만 대부분 욕구의 노예다. 반면 네드는 자제력의 귀감과도 같은 사람으로 한순간도 성질을 못 이기고 폭발하는 것을 용납하지 않는다. 하지만 그 이유는 사이비 종교 같은 복음주의에 사로잡혀 있기 때문이다. 따라서 두 사람 모두 의지가 정상적으로 작동하지는 않는다.

나는 둘 중 어느 쪽이 되고 싶을까 고민한다. 호머는 이기적이고, 근시안적이고, 무기력하고, 멍청하고, 튀김옷이 두꺼운 프라이드치킨 한 통에서 위안을 찾는 사람이다. 네드는 더 친절하고, 잘생기고, 사업체를 운영하고 있지만 뭔가 심각한 문제를 안고 있다. 네드의 삶의 근간은 부자연스럽고, 심지어 미리 짜 맞춘 것처럼 보인다. 게다가 그의 선택은 효율적이지만 어딘가 과시하는 것 같은 느낌을 준다.

내 생각에 우리의 과제는 진정으로 선호하는 바(2차적 욕구)에 따라 결정을 내리고, 우리가 선호하지 않는 끈질긴 유혹에서 이 결정을 보호함으로써 호머와 네드 두 사람의 운명을 모두 피하는 것이다. 해리 프랑크푸르트의 공식에 따르면 이것이 바로 여러분을 사람으로 만드는 것이다. 그러지 않으면 호머처럼 무턱대고 충동에 굴복하거나 네드처럼 자신이 아닌 다른 강력한 존재에게 맹목적으로 복종하게 되기 십상이다.

이러한 선택을 앞두고, 우리는 다시 한번 고향으로 향하는 험난한 여정에서 스킬라와 카리브디스 사이를 항해해야 하는 오디세우스의 상황에 처하게 된다. 다행히도 오디세우스가 보여 준 영웅적인 행동의 본질은 누구나 이 방법을 사용할 수 있음을 의미한다. 비록 자신의 욕망을 통제하기는 어렵지만 우리가 무엇을 선호하는지는 분명히 결정할 수 있고, 그것을 기반으로 그다음 행동 방안을 모색할 수 있기 때문이다.

자기 절제와 관련된 문제의 핵심은 미래, 즉 우리가 미래를 얼마나 중요하게 생각하느냐다. 현 상황에서는 미래가 두렵게 느껴질 수 있다. 부분적으로는 지구온난화, 늘어 가는 빚, 지나친 음식 섭취로 인한 비만에서 드러나듯 인간이 너무나 방만하기 때문이다. 개인적으로나 집단적으로나 우리는 이보다 더 좋은 모습을 보일 수 있다. 만약 기술 때문에 우리가 이러한 상황에 처하게 되었다면 마찬가지로 기술을 활용하여 이 상황을 탈출할 수도 있을 것이다. 알약 하나로 살찌지 않고 거의 모든 것을 먹을 수 있게 되는 날은 까마득히 먼 미래일까? 마침내 후손들의 유전자를 조작할 수 있게 되는 때는 어떨까? 우리 중 누군가가 초인간적인 자제력을 발휘하는 방법을 발견해 낼 수 있을까? 법이 과연 예방주사나 의무교육처럼 자제력 행사를 강요하게 될까?

이러한 의문들에 대한 대답은 앞으로 다른 책에서 탐구하도록 하고, 그동안에는 최대한 긍정적으로 생각하자. 수많은 사람들이 직면하는 가장 큰 문제가 자제력이라는 사실은, 시각을 달리해 보면 오히려 축복이라 할 수 있다. 자기 규제는 영원히 사라지지 않는 문제가 되겠지만, 누군가 책임져야 한다면 차라리 내가 지는 편이 낫겠지.

주

서문

Tyler Cowen, "Self-Constraint Versus Self-Liberation," *Ethics*, vol. 101, no. 2 (January 1991), pp. 360~373.

1 유혹의 민주화

1   David Marquand, "Accidental Hero," *New Statesman* (December 2007). http://www.newstatesman.com/books/2007/12/mill-british-john-intellectual.

2   Gary Alan Fine, "Everybody's Business," *Wilson Quarterly*, (Winter 2008), p. 92.

3   Daniel Akst, "Losing Control," *Wall Street Journal* (May 15, 2009).

4   Robert S. Wilson et al., "Conscientiousness and the Incidence of Alzheimer's Disease and Mild Cognitive Impairment," *Archives of General Psychiatry*, vol 64, no. 10 (October 1, 2007), pp. 1204~1212.

5   Mark Pittman, "Evil Wall Street Exports Boomed with 'Fools' Born to Buy Debt," *Bloomberg.com* (October 27, 2008).

6   John Dewey, *Human Nature and Conduct: An Introduction to Social Psychology* (Modern Library, 1957), p. 5.

7   Harry G. Frankfurt, *The Importance of What We Care About: Philosophical Essays* (Cambridge University Press, 1988), p. 18.

8   John Stuart Mill, *On Liberty and the Subjection of Women*, ed. Alan Ryan (Penguin, 2007), p. 69.

9   Daniel M. Wegner, *White Bears and Other Unwanted Thoughts: Suppression, Obsession, and the Psychology of Mental Control* (Viking, 1989), p. 19.

10   Anthony Trollope, *The Way We Live Now* (Wordsworth, 2004), p. 16.

11   Plato, *The Dialogues of Plato, trans. Benjamin Jowett* (Random House, 1937), p. 124.

2 역겨운 과잉

1   Jonathan M. Samet, J. Michael McGinnis, and Michael A. Stoto, *Estimating the Contributions of Lifestyle-Related Factors to Preventable Death: A Workshop Summary* (National Academies Press, 2005), p. 5.

2   Gene M. Heyman, *Addiction: A Disorder of Choice* (Harvard University Press, 2009), p. 14.

3   Alan D. Lopez et al., "Global and Regional Burden of Disease and Risk Factors, 2001: Systematic Analysis of Population Health Data," *Lancet* vol. 367, no. 9524 (May 27, 2006), p. 1751.

4   "Largely Preventable Chronic Diseases Cause 86% of Deaths in Europe," (September 16, 2006), http://www.medicalnewstoday.com/articles/52025.php.

5   David George, *Preference Pollution: How Markets Create the Desires We Dislike. Economics, Cognition, and Society* (Ann Arbor: University of Michigan Press, 2001), p. 25에서 인용.

6   "Smoking 101 Fact Sheet," American Lung Association; http://www.healthymissouri.net/cdrom/lesson3b/smoking%20Fact%20Sheet.pdf.

7   Julia Hansen, *A Life in Smoke: A Memoir* (Free Press, 2006), p. 39.

8   Juliet Eilperin, "Climate Shift Tied to 150,000 Fatalities," *Washington Post* (November 17, 2005); "WHO | Tobacco Key Facts," n.d.; http://www.who.int/topics/tobacco/facts/en/index.html.

9   Jane Allshouse, "Indicators: In the Long Run—April 2004," *Amber Waves: The Economics of Food, Farming, Natural Resources, and Rural America* (April 2004), U.S. Department of Agriculture, http://www.ers.usda.gov/AmberWaves/April04/Indicators/inthelongrun.htm.

10   Deirdre Barrett, *Supernormal Stimuli: How Primal Urges Overran Their Evolutionary Purpose* (W. W. Norton & Company, 2010), pp. 52~53.

11   Linda A. Johnson, "Study: Over Half of Americans on Chronic Medicines," Associated Press, May 14, 2008, as published on signonsandiego.com에서 인용.

12   Earl S. Ford, Wayne H. Giles, and Ali H. Mokdad, "Increasing Prevalence of the Metabolic Syndrome Among U.S. Adults," *Diabetes Care* vol. 27, no. 10 (October 2004), pp. 2444~2449.

13   "Number of Persons with Diagnosed Diabetes, United States, 1980–2007," Centers for Disease Control and Prevention, n.d.; Margie Mason, "China's Diabetes Epidemic," *Time*, March 25, 2010.

14   B. F. Skinner, *Science and Human Behavior* (Free Press, 1953), p. 232.

15   "Guns and Death," Harvard Injury Control Research Center; http://www.hsph.harvard.edu/research/hicrc/fi rearms-research/guns-and-death/index.html.

16   Andrew Solomon, *The Noonday Demon: An Atlas of Depression* (Scribner, 2001), p. 255에서 인용.

17   Scott Anderson, "The Urge to End It All," *New York Times*, July 6, 2008.

18   Aurelie Raust et al., "Prefrontal Cortex Dysfunction in Patients with Suicidal Behavior," *Psychological Medicine* vol. 37, no. 3 (March 2007), pp. 411~419.

19   Dani Brunner and Rene Hen, "Insights into the Neurobiology of Impulsive Behavior from Serotonin Receptor Knockout Mice," *Annals of the New York Academy of Sciences* vol. 836, no. 1 (December 1997), pp. 81~105.

20   Richard M. Restak, *Brainscapes: An Introduction to What Neuroscience Has Learned About the Structure, Function, and Abilities of the Brain* (Hyperion Books, 1996), p. 117.

3 스스로를 구속하기

1   'Krusty Love,' "SpongeBob SquarePants" (September 6, 2002), reported in Internet Movie Database; www.imdb.com/title/tt206512/episodes.

2   Mandy Stadtmiller, "Nixed Drink," *New York Post* (December 16, 2008).

3   Solomon, *The Noonday Demon*, p. 275.

4   Janet Landman, *Regret: The Persistence of the Possible* (Oxford University Press, 1993), p. 172에서 인용.

5   Tyler Cowen, *Discover Your Inner Economist: Use Incentives to Fall in Love, Survive Your Next Meeting, and Motivate Your Dentist* (Dutton, 2007), p. 170.

6   Michael Shnayerson, "Something Happened at Anne's!" *Vanity Fair* (August 2007), p. 128.

7   Arnold Lobel, *Frog and Toad Together* (Harper & Row, 1972).

8   Ray Monk, *Ludwig Wittgenstein: The Duty of Genius* (Penguin, 1991), p. 171에서 인용.

9   Katherine Ashenburg, *The Dirt on Clean: An Unsanitized History* (North Point Press, 2007), p. 59.

10 Thomas C. Schelling, *Strategies of Commitment and Other Essays* (Harvard University Press, 2006), p. 1.

11 Adam Gopnik, "Man of Fetters: Dr. Johnson and Mrs. Thrale," *New Yorker* (December 8, 2008)에서 인용.

12 Rebecca West, *The Fountain Overflows* (New York Review of Books Classics, 2002), p. 21.

13 Richard Conniff, "Cultured Traveler: Seeking the Comte de Buffon—Forgotten, Yes. But Happy Birthday Anyway," *New York Times* (December 30, 2007).

14 Whitney Matheson, "A true tale of tattoo envy," *USA Today* (July 30, 2003).

15 Natasha Singer, "Erasing Tattoos, Out of Regret or for a New Canvas," *New York Times* (June 17, 2007).

4 기술혁신이 가져온 뼈아픈 대가

1   Thomas K. McCraw, *Prophet of Innovation: Joseph Schumpeter and Creative Destruction* (Harvard University Press, 2007), p. 9.

2   Robert Kubey and Mihaly Csikszentmihalyi, "Television Addiction Is No Mere Metaphor," *Scientific American* (February 2002).

3   Neil Tickner, "Unhappy People Watch TV; Happy People Read/Socialize," *press release* (University of Maryland, November 14, 2008)에서 인용.

4   Brink Lindsey, *The Age of Abundance: How Prosperity Transformed America's Politics and Culture* (Collins, 2007), p. 34.

5   "Americans Waste More Than 2 Hours a Day at Work," salary.com (July 11, 2005); http://www.salary.com/sitesearch/layoutscripts/sisl_display.asp?filename-&path-destinationsearch/par485_body.html.

5 위험한 번역

1   Stephen Innes, *Creating the Commonwealth: The Economic Culture of Puritan New England* (W. W. Norton & Company, 1995), p. 26에서 인용.

2   Douglas Belkin, "A Bank Run Teaches the 'Plain People' about the Risks of Modernity." *Wall Street Journal* (July 1, 2009); http://online.wsj.com/article/SB124640811360577075.html#printMode.

3   Ibid.

4   Mark Landler, "Outside U.S., Credit Cards Tighten Grip," *New York Times* (August 10, 2008).

5   Karl Marx and Friedrich Engels, *The Communist Manifesto*, ed. Gareth Stedman Jones, trans. Samuel Moore (Penguin Classics, 2002), p. 222.

6   William Leach, *Land of Desire: Merchants, Power, and the Rise of a New American Culture* (Pantheon Books, 1993), p. 3.

7   Charles R. Morris, *The Tycoons: How Andrew Carnegie, John D. Rockefeller, Jay Gould, and J. P. Morgan Invented the American Supereconomy* (Times Books, 2005), p. 177.

8   Daniel M. Fox, *The Discovery of Abundance: Simon N. Patten and the Transformation of Social Theory* (Cornell University Press, 1967), p. 93.

9   Leach, *Land of Desire*, p. 235에서 인용.

10 Brink, *The Age of Abundance*, p. 73에서 인용.

11 Ibid., p. 61.

12 John Patrick Diggins, *Ronald Reagan: Fate, Freedom, and the Making of History* (W. W. Norton & Company, 2007), xvii.

13 Ibid., p. 5.

14 *New York Times* (July 20, 2008), A15; Christian E. Weller. "Drowning in Debt: America's Middle Class Falls Deeper in Debt as Income Growth Slows and Costs Climb," *Center for American Progress* (May 2006)에서 발췌한 자료.

15 Edmund L. Andrews, "My Personal Credit Crisis," *The New York Times Magazine* May 17, 2009.

16 Barbara Dafoe Whitehead, "A Nation in Debt," *American Interest* (August 2008).

6 자제력과 사회 변화

1   Tony Judt, blog entry, http://www.nybooks.com/blogs/nyrblog/2010/mar/11/girls-girls-girls.

2   Lindsey Brink, *The Age of Abundance*, p. 5.

3   Jonathan Haidt, *The Happiness Hypothesis: Finding Modern Truth in Ancient Wisdom* (Basic Books, 2005), p. 133에서 인용.

4   Eli Zaretsky, *Secrets of the Soul: A Social and Cultural History of Psychoanalysis* (Knopf, 2004), p. 9.

5   Andrew J. Cherlin, "American Marriage in the Early Twenty-First Century," *The Future of Children* vol. 15, no. 2 (fall 2005), p. 46.

6   Jon Elster, *Ulysses Unbound: Studies in Rationality, Precommitment, and Constraints* (Cambridge University Press, 2000), p. 14에서 인용.

7   Mary Pilon, "Should I Get a Prenup?" The Juggle, WSJ.com, July 6, 2010; http://blogs.wsj.com/juggle/2010/07/06/to-prenup-or-not-to-prenup.

8   John T. Cacioppo and William Patrick, *Loneliness: Human Nature and the Need for Social Connection* (W.W. Norton & Company, 2008).

9   Ibid.

10 Thomas Mann, *Buddenbrooks, trans. H. T. Lowe-Porter* (Vintage Books, 1961), p. 508.

11 Darrin M. McMahon, "The Pursuit of Happiness in Perspective," Cato.org (April 8, 2007); http://www.cato-unbound.org/2007/04/08/darrin-m-mcmahon/the-pursuit-of-happiness-in-perspective.

12 Sarah Bronson, "No Sex in the City," *Jewish Week* (August 3, 2001)에서 인용.

7 그리스 인들의 방식

1   John J. Winkler, *The Constraints of Desire: The Anthropology of Sex and Gender in Ancient Greece* (Routledge, 1990), p. 50에서 인용.

2   George William Cox, *Tales from Greek Mythology* (Longman, Green, Longman, Roberts & Green, 1863), p. 117.

3   Helen North, *Sophrosyne: Self-Knowledge and Self-Restraint in Greek Literature* (Cornell University Press, 1966), p. 176.

4   Ibid., p. 258.

5   Plato, *The Republic, trans. Desmond Lee* (Penguin Classics, 2003), 134ff.

6   Ibid., p. 136.

7   Ibid., p. 81.

8   Plato, *The Dialogues of Plato, trans. Benjamin Jowett* (Random House, 1937), p. 551.

9   North, *Sophrosyne*, p. 14~15.

10   James N. Davidson, *Courtesans and Fishcakes: The Consuming Passions of Classical Athens* (St. Martin's Press, 1998), p. 213~218.

11   North, *Sophrosyne*, p. 12.

12   Eva Cantarella, *Bisexuality in the Ancient World*, trans. Cormac O Cuilleanain (Yale University Press, 2002), p. 55.

13   E. J. Lemmon, "Moral Dilemmas," *Philosophical Review* vol. 71, no. 2 (April 1962), pp. 139~158.

14   Dewey, *Human Nature and Conduct*, p. 19.

15   Will Durant, *The Story of Philosophy: The Lives and Opinions of the Greater Philosophers* (Simon & Schuster, 1961), p. 98.

16   William S. Walsh, *International Encyclopedia of Prose and Poetical Quotations from the Literature of the World* (John C. Winston, 1908); attributes this line to Aristotle via Srobaeus.

17   Aristotle, *The Nicomachean Ethics*, trans. J. A. K. Thomson (Penguin Classics, 2004), p. 48.

18   Ibid., p. 16.

19   Ibid., p. 61.

20   Ibid., p. 50.

21   Juliano Laran, "Choosing Your Future: Temporal Distance and the Balance between Self-Control and Indulgence," *Journal of Consumer Research* (April 2010).

22   Aristotle, *The Nicomachean Ethics*, trans. David Ross (Oxford University Press, 2009), p. 122.

23   Aristotle, *The Nicomachean Ethics*, trans. Thomson, 65.

24   Ibid., p. 63.

25   Jennifer L. Geddes, "Blueberries, Accordions, and Auschwitz: The Evil of Thoughtlessness," *Culture* (Fall 2008).

26   Davidson, *Courtesans and Fishcakes*, p. 314.

8 마시멜로 테스트

1   Walter Mischel, *A History of Psychology in Autobiography*, eds. G. Lindzey and W. M. Runyan (American Psychological Association, 2007), p. 231.

2   Ibid., p. 240.

3   Ibid.

4   W. Curtis Banks et al., "Delayed Gratifi cation in Blacks: A Critical Review," *Journal of Black Psychology* vol. 9, no. 2 (February 1, 1983), pp. 43~56.

5   Bonnie R. Strickland, "Delay of Gratifi cation as a Function of Race of the Experimenter," *Journal of Personality and Social Psychology* vol. 22, no. 1 (1972), pp. 108~112.

6   "Mischel's Marshmallows," Radiolab, WNYC (March 9, 2009).

7   Walter Mischel and Carol Gilligan, "Delay of Gratifi cation, Motivation for the Prohibited Gratifi cation, and Responses to Temptation," *Journal of Abnormal and Social Psychology* vol. 69, no. 4 (October 1964), pp. 411~417.

8   Walter Mischel, Yuichi Shoda, and Monica Rodriguez, "Delay of Gratifi cation in Children," *Science* vol. 244, no. 4907 (May 1989), p. 934.

9   Mischel, *A History of Psychology in Autobiography*, p. 243.

10 Ibid., p. 246.

11 Ibid., p. 247.

12 Walter Mischel and Ozlem Ayduk, "Willpower in a Cognitive–Affective Processing System: The Dynamics of Delay of Gratifi cation," in Roy F. Baumeister and Kathleen D. Vohs, eds., *Handbook of Self-Regulation: Research, Theory, and Applications* (Guilford Press, 2004), p. 109.

13 Carey Goldberg, "Marshmallow Temptations, Brain Scans Could Yield Vital Lessons in Self-Control," *Boston Globe* (October 22, 2008).

14 Mischel, Shoda, and Rodriguez, "Delay of Gratifi cation in Children," p. 934.

15 Yuichi Shoda, Walter Mischel, and Philip K. Peake, "Predicting Adolescent Cognitive and Self-Regulatory Competencies from Preschool Delay of Gratifi cation: Identifying Diagnostic Conditions," *Developmental Psychology* vol. 26, no. 6 (November 1990), p. 980.

16 Angela L. Duckworth and Martin E. P. Seligman, "Self-Discipline Outdoes IQ in Predicting Academic Performance of Adolescents," *Psychological Science* vol. 16, no. 12 (December 2005), pp. 939~944.

17 Angela Lee Duckworth and Martin E. P. Seligman, "Self-Discipline Gives Girls the Edge: Gender in Self-Discipline, Grades, and Achievement Test Scores," *Journal of Educational Psychology* vol. 98, no. 1 (February 2006), pp. 198~208.

18 Raymond N. Wolfe and Scott D. Johnson, "Personality as a Predictor of College Performance," *Educational and Psychological Measurement* vol. 55, no. 2 (April 1,

1995), pp. 177~185.

19   Catrin Finkenauer, Rutger Engels, and Roy Baumeister, "Parenting Behaviour and Adolescent Behavioural and Emotional Problems: The Role of Self-Control," *International Journal of Behavioral Development* vol. 29, no. 1 (January 2005), p. 59.

20   Baumeister and Vohs, eds., *Handbook of Self-Regulation*, p. 548.

21   Alex Spiegel,"Creative Play Makes for Kids in Control," National Public Radio, (February 28, 2008).

9 시소 게임

1   John Carey, *The Intellectuals and the Masses: Pride and Prejudice Among the Literary Intelligentsia, 1880–1939* (St. Martin's Press, 1993), p. 75에서 인용.

2   Quoted in Tyler Kepner, "Rivera's a Closer with an Open Heart," *New York Times* (March 9, 2008).

3   Horace and Persius, *Horace: Satires and Epistles; Persius: Satires*, trans. Niall Rudd (Penguin Classics, 2005), p. 120.

4   Max Weber, *Economy and Society: An Outline of Interpretive Sociology*, eds. Guenther Roth and Claus Wittich (University of California Press, 1978), p. 561.

5   Dewey, *Human Nature and Conduct*, p. 5.

6   Innes, *Creating the Commonwealth*, 30; on Puritan literacy, see Daniels, 27ff.

7   Innes, *Creating the Commonwealth*, p. 159.

8   Ibid., p. 145.

9   James Q. Wilson, *The Marriage Problem: How Our Culture Has Weakened Families* (HarperCollins, 2002), p. 207.

10   Peter N. Stearns, *Battleground of Desire: The Struggle for Self-Control in Modern America* (New York University Press, 1999), p. 43.

10 본능이 있는 곳에 자아가 있게 하라

1   Mark Edmundson, *The Death of Sigmund Freud: The Legacy of His Last Days* (Bloomsbury USA, 2007), p. 32에서 인용.

2   Carol Tavris, *Anger: The Misunderstood Emotion* (Touchstone, 1989), p. 41.

3   Rebecca West, *The Return of the Soldier* (Modern Library, 2004), p. 70.

4   Peter Gay, *Freud: A Life for Our Time* (W. W. Norton & Company, 1988), p. 454.

5   Ibid.

6   Ibid.

7   Eric Caplan, *Mind Games: American Culture and the Birth of Psychotherapy* (University of California Press, 2001), p. 9.

8   Peter Gay, *Freud*, p. 316.

9   Ibid., p. 157.

10   Ibid.

11   Evan J. Elkin, "More Than a Cigar," *Cigar Aficionado* (Winter 1994)에서 인용.

12   Scott Wilson, "Dying for a Smoke: Freudian Addiction and the Joy of Consumption," *Angelaki: Journal of the Theoretical Humanities* vol. 7, no. 2 (2002), pp. 161~173 에서 인용.

13   William M. Johnston, *The Austrian Mind: An Intellectual and Social History, 1848–1938* (University of California Press, 1983), p. 174.

14   Sigmund Freud, *The Freud Reader*, ed. Peter Gay (W. W. Norton & Company, 1995), p. 33.

15   Willard Gaylin, "Knowing Good and Doing Good," *Hastings Center Report* vol. 24, no. 3 (June 1994), p. 37.

16   Robert R. Holt, "Freud's Impact on Modern Morality," *Hastings Center Report* vol. 10, no. 2 (April 1980), pp. 38~45.

17   Sigmund Freud, *The Freud Reader*, ed. Gay, p. 18.

18   Sigmund Freud, *New Introductory Lectures on Psychoanalysis*, trans. James Strachey (W. W. Norton & Company, 1965), p. 100.

11 내면의 대립

1   Quoted in A. W. Price, *Mental Conflict* (Routledge, 1995), p. 183.

2   Skinner, *Science and Human Behavior*, p. 229.

3   Quoted in Jon Gertner, "The Futile Pursuit of Happiness," *New York Times Magazine* (September 7, 2003).

4   Richard H. Thaler and H. M. Shefrin, "An Economic Theory of Self-Control," *Journal of Political Economy* vol. 89, no. 2 (April 1981), pp. 392~406.

5   Plato, *The Republic*, trans. Desmond Lee, pp. 134~135.

6   Quoted in Michel Foucault, *The History of Sexuality, Vol. 2: The Use of Pleasure*, trans.

Robert Hurley (Vintage, 1986), pp. 68~69.

7   William James, *The Principles of Psychology* (Henry Holt and Company, 1890), p. 122.

8   Plato, *The Dialogues of Plato*, p. 257.

9   Russell Meares, "The Contribution of Hughlings Jackson to an Understanding of Dissociation," *American Journal of Psychiatry* vol. 156, no. 12 (December 1, 1999), pp. 1850~1855.

10 George Ainslie, "Précis of Breakdown of Will," *Behavioral and Brain Sciences* vol.28, no. 5 (2005), p. 637.

11 Derek Parfi t, *Reasons and Persons* (Clarendon Press, 1987), p. 313.

12 자제력의 신경 과학

1   Steve Clark, " 'Get Out As Early As You Can': Larkin's Sexual Politics," In *Philip Larkin*, ed. Stephen Regan (Palgrave Macmillan, 1997), p. 104에서 인용.

2   Jeffrey M. Burns and Russell H. Swerdlow, "Right Orbitofrontal Tumor with Pedophilia Symptom and Constructional Apraxia Sign," *Archives of Neurology* vol. 60, no. 3 (March 1, 2003), pp. 437~440.

3   Charles Choi, "Brain Tumour Causes Uncontrollable Paedophilia," *New Scientist* (October 21, 2002).

4   Nicholas Thompson, "My Brain Made Me Do It," *Legal Affairs* (February 2006).

5   George Loewenstein, Scott Rick, and Jonathan D. Cohen. "Neuroeconomics," *Annual Review of Psychology* vol. 59 (2008)에서 인용.

6   Leda Cosmides and John Tooby. "Evolutionary Psychology: A Primer," Center for Evolutionary Psychology, University of California at Santa Barbara, n.d.; http://www.psych.ucsb.edu/research/cep/primer.html.

7   Mark R. Leary, *The Curse of the Self: Self-Awareness, Egotism, and the Quality of Human Life* (Oxford University Press, 2004), p. 180.

8   John Paul Wright and Kevin M. Beaver, "Do Parents Matter in Creating Self-Control in Their Children? A Genetically Informed Test of Gottfredson and Hirschi's Theory of Low Self-Control," *Criminology* vol. 43, no. 4 (November 2005), p. 1175.

9   Steven Schultz, "Study: Brain Battles Itself over Short-Term Rewards, Long-Term Goals," Princeton University (October 14, 2004); http://www.princeton.

edu/pr/news/04/q4/1014-brain.htm.

10 Ibid.

11 이 논의는 일반적으로 다음을 따른다. Deirdre Barrett, *Supernormal Stimuli: How Primal Urges Overran Their Evolutionary Purpose* (W. W. Norton & Company, 2010).

12 Leary, *The Curse of the Self*, p. 180~181.

13 Ibid., p. 180.

14 Daniel R. Weinberger, Brita Elvevåg, and Jay N. Giedd, "The Adolescent Brain: A Work in Progress" (The National Campaign to Prevent Teen Pregnancy, June 2005), 2-3; http://www.thenationalcampaign.org/resources/pdf/BRAIN.pdf.

15 Jane F. Banfield et al., "The Cognitive Neuroscience of Self-Regulation," in Roy F. Baumeister and Kathleen D. Vohs, eds., *Handbook of Self-Regulation: Research, Theory and Applications* (Guilford Press, 2004), 62ff.

16 이 논의의 전체는 Weinberger, Elvevåg, and Giedd, "The Adolescent Brain," pp. 2~3에서 발췌했다.

17 Scott Shane, Born Entrepreneurs, *Born Leaders: How Your Genes Affect Your Work Life* (Oxford University Press, 2010), p. 26, p. 157.

18 J. C. B. Gosling, *Weakness of the Will* (Routledge, 1990), p. 163.

13 자기 절제, 자유의지, 그리고 다른 모순

1 Benjamin Franklin, *Autobiography of Benjamin Franklin* (Henry Holt and Company, 1916), p. 68.

2 Benedict de Spinoza, *Ethics, trans. Edwin Curley* (Penguin Classics, 2005), p. 53.

3 Ibid., pp. 2~3에서 인용.

4 Chen-Bo Zhong and Katie Liljenquist, "Washing Away Your Sins: Threatened Morality and Physical Cleansing," *Science* vol. 313, no. 5792 (September 8, 2006), pp. 1451~1452.

5 Foreman, "Environmental Cues Affect How Much You Eat," *Boston Globe* (August 18, 2008)에서 인용.

6 Michel de Montaigne, *The Complete Essays of Montaigne, trans. Donald Murdoch Frame* (Stanford University Press, 1965), p. 648.

7 Foreman, "Environmental Cues Affect How Much You Eat."에서 인용

8 Wegner, *White Bears and Other Unwanted Thoughts*, p. 3.

9 Robert Lee Hotz, "Get Out of Your Own Way," *Wall Street Journal* (June 27, 2008)

에서 인용.

10 Espen Walderhaug et al., "Interactive Effects of Sex and 5-HTTLPR on Mood and Impulsivity During Tryptophan Depletion in Healthy People," *Biological Psychiatry* vol. 62, no. 6 (September 15, 2007), pp. 593~599.

11 Emad Salib and Mario Cortina-Borja, "Effect of Month of Birth on the Risk of Suicide," *British Journal of Psychiatry* vol. 188, no. 5 (May 1, 2006), pp. 416~422.

12 Tinca J. C. Polderman et al., "Genetic Analyses of Teacher Ratings of Problem Behavior in 5-Year-Old Twins," *Australian Academic Press* (February 20, 2006); http://www.atypon-link.com/AAP/doi/abs/10.1375/twin.9.1.122.

13 Kathleen D. Vohs and Jonathan W. Schooler, "The Value of Believing in Free Will: Encouraging a Belief in Determinism Increases Cheating," *Psychological Science* vol. 19, no. 1 (January 2008), pp. 49~54.

14 Theo Anderson, "One Hundred Years of Pragmatism," *Wilson Quarterly* (Summer 2007).

14 인간답게 산다는 것

1 B. F. Skinner, "Pigeons in a Pelican," *American Psychologist* vol. 15, no. 1 (January 1960), pp. 28~37.

2 Mary Harrington Hall, "Best of the Century: Interview with B.F. Skinner," *Psychology Today* (September 1967); http://www.psychologytoday.com/print/22682.

3 B. F. Skinner, *Science and Human Behavior* (Free Press, 1953), p. 228.

4 William T. O'Donohue and Kyle E. Ferguson, *The Psychology of B. F. Skinner* (Sage, 2001), p. 170.

5 Richard J. Herrnstein, "I.Q.," *Atlantic Monthly* (September 1971).

6 이 논의는 전반적으로 다음을 따른다. Shane Frederick, George Loewenstein, and Ted O'Donoghue in "Time Discounting and Time Preference," *Journal of Economic Literature* vol. 40, no. 2 (June 2002), pp. 351~401. 존 레이는 이 논문에 언급되어 있다.

7 George Ainslie, *Picoeconomics: The Interaction of Successive Motivational States within the Person* (Cambridge University Press, 1992), p. 57에서 인용.

8 Frederick, Loewenstein, and O'Donoghue, "Time Discounting and Time Preference," p. 354.

9 Ibid., p. 351.

10   Stuart Vyse, *Going Broke: Why Americans Can't Hold On to Their Money* (Oxford University Press, 2007), p. 81.

11   Jeffrey R. Stevens and David W. Stephens, "Patience," *Current Biology* vol. 18, no. 1 (January 8, 2008), R11~R12.

12   John T. Warner and Saul Pleeter, "The Personal Discount Rate: Evidence from Military Downsizing Programs," *American Economic Review* vol. 91, no. 1 (March 2001), pp. 33~53.

13   David Hume, *A Treatise of Human Nature* (Oxford University Press, 2000), p. 343.

14   Augustine, *Confessions*, trans. R. S. Pine-Coffin (Penguin, 1961), p. 169.

15 우발 범죄

1   Susan D. Rozelle, "Controlling Passion: Adultery and the Provocation Defense," *Rutgers Law Journal* vol. 37, no. 197 (2005), p. 221에서 인용.

2   Michael R. Gottfredson and Travis Hirschi, *A General Theory of Crime* (Stanford University Press, 1990), p. 91.

3   Ibid., p. 92.

4   Ibid., p. 14.

5   Holt, "Freud's Impact on Modern Morality."

6   Gottfredson and Hirschi, *A General Theory of Crime*, p. 93.

7   Ibid., p. 91.

8   Travis C. Pratt and Francis T. Cullen, "The Empirical Status of Gottfredson and Hirschi's General Theory of Crime: A Meta-Analysis," *Criminology* vol. 38, no. 3 (August 2000), pp. 931~964.

9   Velmer S. Burton et al., "Gender, Self-Control, and Crime," *Journal of Research in Crime and Delinquency* vol. 35, no. 2 (May 1, 1998), pp. 123~147.

10   Christopher Schreck, Eric Stewart, and Bonnie Fisher, "Self-Control, Victimization, and Their Influence on Risky Lifestyles: A Longitudinal Analysis Using Panel Data," *Journal of Quantitative Criminology* vol. 22, no. 4 (December 2006), pp. 319~340.

11   Aristotle, *The Nicomachean Ethics*, p. 180~181.

12   Elster, *Ulysses Unbound*, p. 13.

13   Cynthia Lee, *Murder and the Reasonable Man: Passion and Fear in the Criminal Courtroom* (New York University Press, 2003), pp. 20~21.

14 Ibid., p. 22.

15 Ibid., p. 25.

16 Ibid., pp. 38~39.

17 Rozelle, "Controlling Passion," p. 199.

18 Elster, *Ulysses Unbound*, Ibid., p. 14.

19 Iggeres Haramban and Avrohom Chaim Feuer, *A Letter for the Ages: The Ramban's Ethical Letter with an Anthology of Contemporary Rabbinic Expositions* (Mesorah Publications, 1989), p. 28, p. 31.

20 Tavris, *Anger, The Misunderstood Emotion* (Touchstone, 1989), p. 45.

21 Tavris, *Anger*, p. 36에서 인용.

22 John E. Carr and Eng Kong Tan, "In Search of the True Amok: Amok as Viewed Within the Malay Culture," *American Journal of Psychiatry* vol. 133, no. 11 (November 1, 1976), pp. 1295~1299.

23 John E. Carr and Eng Kong Tan, "In Search of the True Amok: Amok as Viewed Within the Malay Culture," *American Journal of Psychiatry* vol. 133, no. 11 (November 1, 1976), pp. 1295~1299.

16 중독, 강박, 선택

1 "The Comeback Kid," *The Oprah Winfrey Show* (November 23, 2004). http://www.oprah.com/oprahshow/The-Comeback-Kid/slide_number/3.

2 Gary Greenberg, *The Noble Lie: When Scientists Give the Right Answers for the Wrong Reasons* (Wiley, 2008), p. 12.

3 Gene M. Heyman, "Drug of Choice," *Boston College Magazine* (Fall 2009).

4 John C. Burnham, *Bad Habits: Drinking, Smoking, Taking Drugs, Gambling, Sexual Misbehavior, and Swearing in American History* (New York University Press, 1993), p. 52.

5 Jackson Lears, *Something for Nothing: Luck in America* (Viking, 2003), p. 60.

6 Heyman, *Addiction*, pp. 105~106.

7 Ibid., p. 104.

8 W. Van Den Brink, "The Role of Impulsivity, Response Inhibition and Delay Discounting in Addictive Behaviors," *European Psychiatry* vol. 22, no. 1 (March 2007), S29.

17 내일 일은 내일 생각하지 뭐

1   "Brain's Reward Circuitry Revealed in Procrastinating Primates," *National Institute of Mental Health* (August 10, 2004), http://www.nimh.nih.gov/science-news/2004/brains-reward-circuitry-revealed-in-procrastinating-primates.shtml.

2   Dianne M. Tice, Ellen Bratslavsky, and Roy F. Baumeister, "Emotional Distress Regulation Takes Precedence over Impulse Control: If You Feel Bad, Do It!" *Journal of Personality and Social Psychology* vol. 80, no. 1 (2001), p. 61.

3   Rebecca Shannonhouse, ed., *Under the Influence: The Literature of Addiction* (Modern Library, 2003), p. 41.

4   Tice, Bratslavsky, and Baumeister, "Emotional Distress Regulation Takes Precedence over Impulse Control," p. 63.

5   Ibid., p. 61.

6   Markus K. Brunnermeier, Filippos Papakonstantinou, and Jonathan A. Parker, "An Economic Model of the Planning Fallacy," *National Bureau of Economic Research Working Paper Series* No. 14228 (August 2008)에서 인용.

7   Ibid.

8   John Sabini and Maury Silver, *Moralities of Everyday Life* (Oxford University Press, 1982), p. 135~136.

9   Ibid., p. 133.

10   June P. Tangney and Ronda L. Dearing, *Shame and Guilt* (Guilford Press, 2002), pp. 134~135.

11   Ibid., p. 138.

12   Ibid., p. 154.

13   Piers Steel, "The Nature of Procrastination: A Meta-Analytic and Theoretical Review of Quintessential Self-Regulatory Failure," *Psychological Bulletin* vol. 133, no. 1 (January 2007), p. 67.

14   Lisa Belkin, "Time Wasted? Perhaps It's Well Spent," *New York Times* (May 31, 2007).

15   Thomas Mann, *Buddenbrooks, trans. H.T. Lowe-Porter* (Vintage Books, 1961), p. 515.

16   Irving Wallace, "Self-Control Techniques of Famous Novelists," *Journal of Applied Behavior Analysis* vol. 10, no. 3 (Fall 1977)에서 인용.

17   McCraw, *Prophet of Innovation*, p. 221.

18   David Glenn, "Falling Behind? Try Shame, Fear, and Greed," *Chronicle of Higher*

Education (March 27, 2009).

19   Robert Boice, "Contingency Management in Writing and the Appearance of Cre-
      ative Ideas: Implications for the Treatment of Writing Blocks," *Behaviour Research
      and Therapy* vol. 21, no. 5 (1983), pp. 537~543.

20   Schelling, *Strategies of Commitment and Other Essays*, p. 72.

18 지나치게 멀리 내다보는 사람들

1   Martin Henley, *Teaching Self-Control: A Curriculum for Responsible Behavior* (National
     Educational Service, 1997), p. 1에서 인용.

2   Don Marquis, *The Lives and Times of Archy and Mehitabel* (Doubleday, 1950), xxiii.

3   Michel de Montaigne, *Michel de Montaigne: The Complete Essays*, trans. M. A. Screech
     (Penguin Classics, 1993), p. 948.

4   Oliver W. Sacks, *An Anthropologist on Mars: Seven Paradoxical Tales* (Knopf, 1995),
     p. 64.

5   Ran Kivetz and Itamar Simonson, "Self-Control for the Righteous: Toward a
     Theory of Precommitment to Indulgence," *Journal of Consumer Research: An Interdis-
     ciplinary Quarterly* vol. 29, issue 2, pp. 199~217.

6   Jessica Benjamin, *The Bonds of Love: Psychoanalysis, Feminism, and the Problem of Domi-
     nation* (Pantheon, 1988), p. 262.

7   June M. Reinisch and Ruth Beasley, *The Kinsey Institute New Report On Sex* (St. Mar-
     tin's Press, 1991), p. 162.

8   Roy F. Baumeister, *Escaping the Self: Alcoholism, Spirituality, Masochism, and Other
     Flights from the Burden of Selfhood* (Basic Books, 1991), p. 120ff.

9   Anne Tyler, *The Accidental Tourist* (Ballantine Books, 2002), p. 273.

10   Frederick, Loewenstein, and O'Donoghue, "Time Discounting and Time Prefer-
     ence," p. 359.

11   Elster, *Ulysses Unbound*, p. 268에서 인용.

12   Stearns, *Battleground of Desire*, p. 27.

19 정부와 자기 절제

1   John A. Bargh, Peter M. Gollwitzer, Annette Lee-Chai, Kimberly Barndollar,
     and Roman Trötschel, "The Automated Will: Nonconscious Activation and

Pursuit of Behavioral Goals," *Journal of Personality and Social Psychology* vol. 81, no. 6 (December 2001), pp. 1014~1027에서 인용.

2   Mill, *On Liberty and the Subjection of Women*, p. 16.

3   Debra Satz, *Why Some Things Should Not Be for Sale: The Moral Limits of Markets* (Oxford University Press, 2010), p. 87에서 인용.

4   Adam Smith, *The Theory of Moral Sentiments* (Cambridge University Press, 2002), p. 31.

5   Hume, *A Treatise of Human Nature*, p. 345.

6   Alexis de Tocqueville, *Democracy in America* (Penguin Classics, 2003), p. 262.

7   Frederick, Loewenstein, and O'Donoghue, "Time Discounting and Time Preference."

8   "Britain Is 'Surveillance Society'," BBC News (November 2, 2006); http://news.bbc.co.uk/1/hi/uk/6108496.stm.

9   Mill, *On Liberty and the Subjection of Women*, p. 109.

10   Robert Crowe, "Drugs, Surgery May Temper Drive, but Sexual Interest Won't 'Normalize'," *Houston Chronicle* (May 10, 2005).

11   Ian Carter, "Positive and Negative Liberty," in Edward N. Zalta, ed., *Stanford Encyclopedia of Philosophy* (Winter 2007); http://plato.stanford.edu/archives/ win2007/ entries/liberty-positive-negative/.

12   Gertrude Himmelfarb, *The De-Moralization of Society: From Victorian Virtues to Modern Values* (Knopf, 1995), p. 51에서 인용.

20 스스로에게 살인 청부를

1   Don DeLillo, *White Noise* (Penguin,1999), p. 282.

2   Farah Stockman, "Q and A with Daryl Collins: Financial Secrets of the World's Poorest People," *Boston Globe* (May 17, 2009).

3   David I. Laibson et al., "Self-Control and Saving for Retirement," *Brookings Papers on Economic Activity* vol. 1998, no. 1 (1998), p. 91.

4   Stuart Rutherford, *The Poor and Their Money* (Oxford University Press, 2001), p. 13.

5   Ivan Light, "Numbers Gambling Among Blacks: A Financial Institution," *American Sociological Review* vol. 42, no. 6 (December 1977), pp. 892~904.

6   Brigitte C. Madrian and Dennis F. Shea, "The Power of Suggestion: Inertia in 401(k) Participation and Savings Behavior," *Quarterly Journal of Economics* vol. 66,

no. 4 (November 2001).

21 카르페 디엠

1   Homer, *The Odyssey, trans. Robert Fagles* (Penguin, 1999), p. 253.

2   Montaigne, *The Complete Essays of Montaigne, trans. Donald Murdoch Frame* (Stanford University Press, 1965), p. 638.

3   Hara Estroff Marano, "Building a Better Self," *Psychology Today* (June 2007)에서 인용.

4   Joshua D. Greene and Joseph M. Paxton, "Patterns of Neural Activity Associated with Honest and Dishonest Moral Decisions," *Proceedings of the National Academy of Sciences* vol. 106, no. 30 (July 28, 2009), pp. 12506~12511.

5   William James, "The Laws of Habit," in *Talks to Teachers on Psychology; and to Students on Some of Life's Ideals* (Henry Holt and Company, 1925).

6   Roy F. Baumeister, *Losing Control: How and Why People Fail at Self-Regulation* (Academic Press, 1994), p. 140.

7   Howard Rachlin, *The Science of Self-Control* (Harvard University Press, 2000), p. 67.

8   Anita Huslin, "Are You Really Ready to Clean Up Your Act?" *Washington Post* (January 2, 2007)에서 인용.

9   Jason Zweig, "How to Handle a Market Gone Mad," *Wall Street Journal* (September 16, 2008).

10   John A. Bargh and Tanya L. Chartrand, "The Unbearable Automaticity of Being," *American Psychologist* vol. 54, no. 7 (July 1999), pp. 462~479.

11   Helen North, *Sophrosyne: Self-Knowledge and Self-Restraint in Greek Literature* (Cornell University Press, 1966), p. 203에서 인용.

12   William James, *The Principles of Psychology* (Henry Holt & Co., 1890), p. 122.

13   Mark R. Leary, *The Curse of the Self: Self-Awareness, Egotism, and the Quality of Human Life*, 1st ed. (Oxford University Press, 2004), p. 9.

14   Thomas Mann, *Buddenbrooks*, trans. H. T. Lowe-Porter (Vintage Books, 1961), p. 508.

15   John Dewey, *Human Nature and Conduct: an Introduction to Social Psychology* (Modern Library, 1957), p. 15.

16   Charles Duhigg, "Warning: Habits May Be Good for You," *New York Times*, July 13, 2008에서 인용.

찾아보기

자기 절제 사회

유혹 과잉 시대, 어떻게 욕망에 대항할 것인가

1판 1쇄 펴냄 2013년 8월 19일
1판 5쇄 펴냄 2017년 6월 22일

지은이   대니얼 액스트
옮긴이   구계원
발행인   박근섭·박상준
펴낸곳   (주)민음사

출판등록   1966. 5. 19. 제 16-490호
주소   서울특별시 강남구 도산대로1길 62(신사동)
          강남출판문화센터 5층 (우편번호 06027)
대표전화   515-2000 | 팩시밀리   515-2007
홈페이지   www.minumsa.com

ISBN 978-89-374-8807-8 03300